Treasures for Scholars Worldwide

古籍保护丛书

姚伯岳 主编

中国图书版本学

（新一版）

姚伯岳 著

广西师范大学出版社
GUANGXI NORMAL UNIVERSITY PRESS
·桂林·

ZHONGGUO TUSHU BANBENXUE

图书在版编目（CIP）数据

中国图书版本学 / 姚伯岳著. -- 新 1 版. -- 桂林：广西师范大学出版社，2022.6
（古籍保护丛书 / 姚伯岳主编）
ISBN 978-7-5598-4903-8

Ⅰ.①中… Ⅱ.①姚… Ⅲ.①版本学－中国 Ⅳ.①G256.22

中国版本图书馆 CIP 数据核字（2022）第 057344 号

广西师范大学出版社出版发行

（广西桂林市五里店路 9 号　邮政编码：541004）
网址：http://www.bbtpress.com
出版人：黄轩庄
全国新华书店经销
广西广大印务有限责任公司印刷
（桂林市临桂区秧塘工业园西城大道北侧广西师范大学出版社集团有限公司创意产业园内　邮政编码：541199）
开本：880 mm × 1 240 mm　1/32
印张：15.375　　字数：332 千字
2022 年 6 月第 1 版　2022 年 6 月第 1 次印刷
定价：96.00 元

如发现印装质量问题，影响阅读，请与出版社发行部门联系调换。

《中国图书版本学》(新一版)修订说明

　　《中国图书版本学》(新一版)沿袭了本书前两个版本的主体内容,但改为分上、下两编:上编继承了第一版《版本学》章节名称整齐的特点,重在构建版本学的学科框架;下编沿用第二版《中国图书版本学》最后三章的基本内容,但做了必要的修改和补充。新一版纠正了以往版本的文字错误,增添了诸如覆刻本、锡活字本等最新研究成果,对个别章节的内容做了较大的调整,发扬了以前版本的优点,改正了过去的缺点,版本质量得到提升。

目录

上 编

第一章 版本学论 …………………………………………… 3
  第一节 "版本"析义 ………………………………………… 3
    一、什么是"版" ………………………………………… 4
    二、什么是"本" ………………………………………… 5
    三、什么是"版本" ……………………………………… 9
  第二节 版本学辨理 ………………………………………… 11
    一、版本学的研究范围 ………………………………… 11
    二、版本学的研究对象 ………………………………… 13
    三、版本学的研究内容 ………………………………… 15
    四、版本学的研究目的 ………………………………… 18

五、版本学的研究任务 …………………………………… 18
　　六、版本学的学科性质 …………………………………… 19
　　七、版本学的定义 ………………………………………… 19
第三节　版本学的作用 ………………………………………… 20
　　一、读书学习需要讲求版本 ……………………………… 20
　　二、学术研究须有版本依据 ……………………………… 22
　　三、古籍整理不能脱离版本 ……………………………… 24
　　四、藏书活动必须重视版本 ……………………………… 24
第四节　版本学与其相关学科的关系 ………………………… 26
　　一、与目录学的关系 ……………………………………… 26
　　二、与校勘学的关系 ……………………………………… 27
　　三、与图书史的关系 ……………………………………… 28

第二章　版本学史 …………………………………………………… 29
第一节　版本学的萌芽时期（先秦—五代）………………… 29
　　一、版本学的萌芽 ………………………………………… 29
　　二、版本学的产生 ………………………………………… 30
　　三、版本学的缓慢发展 …………………………………… 33
第二节　版本学的初步兴盛时期（宋—明）………………… 36
　　一、宋代版本学的初步兴盛 ……………………………… 36
　　二、明代版本学的继续发展 ……………………………… 45
第三节　清代版本学的繁荣 …………………………………… 48
　　一、清初的版本学 ………………………………………… 49

二、乾嘉时期的版本学 ……………………………… 52

　　三、清末的版本学 …………………………………… 59

第四节　现代版本学的独立与发展 ……………………… 62

　　一、民国时期的版本学 ……………………………… 62

　　二、新中国成立之后的版本学 ……………………… 65

第三章　版本分析 …………………………………………… 73

第一节　版本的背景情况 ………………………………… 73

　　一、版本的著述背景 ………………………………… 74

　　二、版本的制作背景 ………………………………… 74

　　三、版本的流传背景 ………………………………… 78

第二节　版本的外观形式 ………………………………… 78

　　一、图文符号 ………………………………………… 78

　　二、载体材料 ………………………………………… 88

　　三、装订形式 ………………………………………… 95

　　四、版式 ……………………………………………… 104

　　五、装帧结构 ………………………………………… 110

第三节　图书版本的类型划分 …………………………… 113

　　一、按出版时间划分 ………………………………… 113

　　二、按出版地划分 …………………………………… 114

　　三、按出版者划分 …………………………………… 114

　　四、按制作方式划分 ………………………………… 116

　　五、按出版印刷先后划分 …………………………… 117

六、按抄写、出版方式划分 117
七、按图书用纸划分 117
八、按版本形态划分 117
九、按图书内容划分 118
十、按版本价值、作用划分 118
十一、按书版和版本流传情况划分 118

第四章 版本鉴定 119
第一节 查检考证法 120
一、牌记 120
二、封面（内封） 123
三、卷端 125
四、序跋 127
五、避讳 128
六、刻工 131
七、题跋 132
八、藏章印记 133
九、书内其他资料 134
十、各种工具书及其他书外资料 136

第二节 经验判断法 137
一、装订形式 138
二、版式 139
三、字体 141

四、刀法 …………………………………………… 142

五、纸张 …………………………………………… 143

六、墨色 …………………………………………… 145

七、藏印 …………………………………………… 147

第五章 版本源流 …………………………………… 149

第一节 同属一书的版本判定 …………………… 149

一、从书名来分析 ………………………………… 150

二、从作者来分析 ………………………………… 154

三、从正文来分析 ………………………………… 155

四、从辅文来分析 ………………………………… 158

五、确定各本同属一书的标准 …………………… 160

第二节 版本系统的分析 ………………………… 161

一、版本系统的划分及其意义 …………………… 161

二、一书各本间的关系 …………………………… 165

第三节 版本源流的考证 ………………………… 170

一、版本源流的几种研究模式 …………………… 170

二、版本源流的考证方法与步骤 ………………… 175

第六章 版本对勘 …………………………………… 178

第一节 版本对勘的意义和作用 ………………… 178

一、利用版本对勘鉴定版本 ……………………… 178

二、利用版本对勘鉴别一书各本之间的关系 …… 181

三、利用版本对勘鉴别各本优劣 ………………… 182

5

四、版本对勘法在现代图书版本鉴定中的作用 ……… 184

　第二节　版本对勘的方法 …………………………………… 187

第七章　版本评价 …………………………………………………… 191

　第一节　版本评价的一般方法 ………………………………… 191

　　一、文字内容的评价方法 ………………………………… 191

　　二、外观形态的评价方法 ………………………………… 193

　　三、文物价值的评价方法 ………………………………… 194

　第二节　"善本"的评价标准 …………………………………… 195

　第三节　古籍版本的定级标准 ………………………………… 200

第八章　版本目录 …………………………………………………… 203

　第一节　简录式版本目录 ……………………………………… 204

　第二节　罗列式版本目录 ……………………………………… 205

　第三节　提要式版本目录 ……………………………………… 212

　　一、版本提要的一般撰写方法 …………………………… 213

　　二、提要式版本目录举要 ………………………………… 214

　　三、其他较为重要的提要式版本目录 …………………… 225

　第四节　图录式版本目录 ……………………………………… 229

　　一、最早的古籍图录 ……………………………………… 229

　　二、民国时期编印的古籍图录 …………………………… 230

　　三、新中国成立后编印的古籍图录 ……………………… 234

　　四、珍贵古籍名录图录 …………………………………… 246

下 编

第一章 中国历代图书版本及其鉴定 ········· 253
第一节 隋唐五代时期的图书版本及其鉴定 ········· 253
第二节 宋、辽、金时期的图书版本及其鉴定 ········· 255
一、宋版书的制作 ········· 255
二、宋版书的鉴定 ········· 262
三、宋版书的优缺点 ········· 264
四、辽代版本及其鉴定 ········· 267
五、金代版本及其鉴定 ········· 271
第三节 元代图书版本及其鉴定 ········· 274
一、元代图书版本的制作 ········· 274
二、元刻本的鉴定 ········· 281
第四节 明代图书版本及其鉴定 ········· 284
一、明版书概述 ········· 284
二、明刻本的鉴定 ········· 290
第五节 清代图书版本及其鉴定 ········· 297
一、清代版本概述 ········· 298
二、清代版本的鉴定 ········· 304
第六节 民国以后的图书版本及其鉴定 ········· 307
一、民国以后图书版本的类型和特点 ········· 307

二、民国以后图书版本的鉴定 ………………………… 309
第二章　中国古代的主要版本类型及其鉴定 ………… 314
　第一节　刻本及其鉴定 ……………………………… 314
　　一、刻本的制作 ………………………………………… 314
　　二、刻本的鉴定 ………………………………………… 316
　第二节　影刻本及其鉴定 …………………………… 325
　　一、影刻本的制作与传世 ……………………………… 325
　　二、影刻本的鉴定 ……………………………………… 328
　第三节　覆刻本及其鉴定 …………………………… 330
　　一、覆刻本的概念与制作 ……………………………… 330
　　二、覆刻本的源流和种类 ……………………………… 331
　　三、覆刻本的特点 ……………………………………… 335
　　四、覆刻本的鉴定 ……………………………………… 337
　第四节　活字本及其鉴定 …………………………… 340
　　一、活字本的类型及其制作 …………………………… 340
　　二、活字本的鉴定 ……………………………………… 352
　第五节　套印本及其鉴定 …………………………… 357
　　一、套印本的种类 ……………………………………… 357
　　二、套印本的鉴定 ……………………………………… 360
　第六节　手写本及其鉴定 …………………………… 361
　　一、手写本 ……………………………………………… 361
　　二、手写本的鉴定 ……………………………………… 372

目 录

第七节　拓本及其鉴定 ·· 375

第八节　其他重要版本类型及其鉴定 ································ 377

一、批校本及其鉴定 ·· 377

二、百衲本及其鉴定 ·· 379

三、书帕本及其鉴定 ·· 380

四、纂图互注重言重意本及其鉴定 ······························ 382

五、巾箱本(袖珍本)及其鉴定 ··································· 384

第九节　古书伪本及其鉴定 ·· 385

一、古书版本作伪的种种情况 ···································· 385

二、古书版本作伪手法的鉴定 ···································· 391

第三章　近现代图书主要版本类型及其鉴定 ···························· 396

第一节　近现代印刷术的类型 ··· 396

第二节　铅印本及其鉴定 ··· 398

一、铅印本的制作 ··· 398

二、铅印本的鉴定 ··· 402

第三节　石印本及其鉴定 ··· 403

一、石印本的制作 ··· 403

二、石印本的鉴定 ··· 405

第四节　影印本及其鉴定 ··· 406

一、影印本的制作 ··· 406

二、影印本的鉴定 ··· 409

第五节 其他近现代版本类型及其鉴定 ························ 410
  一、胶印本及其鉴定 ·· 410
  二、油印本及其鉴定 ·· 412
  三、复印本及其鉴定 ·· 413
  四、晒印本及其鉴定 ·· 414

主要参考文献 ·· 415

索　引 ·· 421

后　记 ·· 471

上编

第一章 版本学论

如果从西汉末年刘向校书算起,版本学已有两千年的历史了。其间具体的版本研究工作不知做了多少,可究竟什么是版本?什么是版本学?直到现在,这些最基本的理论问题仍没有一个令人信服的解释,世人仍视版本学为一门玄妙莫测、难以捉摸的学问。由此可见,在版本学领域中,欠缺的不是对具体版本的鉴定考证,而是对版本学思想理论的基础性研究探讨。科学研究的任务,就是探究隐藏在事物表象后面的实质和核心。科学的版本学,应该准确揭示版本和版本学的实质,并建立起自己系统严密的学科体系。

第一节 "版本"析义

要研究版本学,必须首先搞清楚什么是"版本"。但这个看似简单的概念,实际上却并不简单。那就让我们从组成这个词的"版"和"本"二字开始说起吧。

一、什么是"版"

"版",《说文解字》释为:"判也,从片,反声。""判",就是分开的意思,这是将"版"释为了动词。但段玉裁在《说文解字注》中纠正其说,释"版"字为:"片也,旧作'判也',浅人所改,今正。凡施于宫室器用者,皆曰版。今字作'板'。"宋代《集韵》云:"版,或从木。"意为"板"是"版"字之或体。清代刘宝楠《论语正义》一书中则明确指出:"判木为片,名之为版。"就是说,剖成片状的木头就称为"版"。

《说文解字》中无"板"字,但"板"在战国楚简中习见。如郭店楚简《穷达以时》篇"敷板築"句中"板",指筑墙所用之夹板;在《包山楚简》中有"不逼板"句,"板"读如"版"。由此可见,"版""板"二字在古代的某种语境中互为通假,"板"更专指木质材料。

版的用途很多,作为书写材料的版,在造纸术发明以前,应用也十分广泛。

先秦时期户籍登记用版。《周礼·天官·小宰》云:"三曰听闾里以版图。"东汉郑玄注云:"版,户籍;图,地图也。"《论语·乡党》篇曰:"式负版者。"魏何晏注:"负版者,持邦国之图籍。"

简策制度时代,短文常书写于版上。《仪礼·聘礼》云:"百名以上书于策,不及百名书于方。"郑玄注:"名,书文也,今谓之字。"所以"百名"就是百字,"方"就是一尺见方的木版。今可见最早的"版"字,见于湖北省云梦县睡虎地出土《睡虎地秦墓竹简·秦律十八种》司空 131 号竹简,上有"毋方者乃用版"句,整理者注云:"版,书写用的木板,其形扁平,与方不同。"可见"方"虽然也是木版,但"版"还是一个特殊的书写载体,应该比"方"略小一些。书信一般文字较短,故书信多用版。这种版长约一尺,写上文字的版叫"牍",所以书信又叫"尺牍"。

秦汉以前,奏议也多用版。《史记·滑稽列传》:"(东方)朔初入长安,至公车上书,凡用三千奏牍。"东汉王充《论衡·量知篇》云:"断木为椠,析之为版,力加刮削,乃成奏牍。"

版的使用,并不仅仅局限于木质,其他质地的文献也常用"版"字来形容。如《逸周书·大聚》中的"铭之金版",《黄帝内经·素问》中的"著之玉版"等,都是指将文字铭刻或书写于片状的金石材料上。

二、什么是"本"

书之称"本",最早见于西汉末年刘向所撰《别录》:"雠校,一人读书,校其上下,得谬误为校;一人持本,一人读书,若怨家相对。"[1]

对于刘向此处所言之"本",历来诸家有各种不同的解释。

近人叶德辉《书林清话》"书之称本"篇云:"书之称本,必有所因。《说文解字》云'木下曰本',而今人称书之下边曰书根,乃知本者,因根而计数之词。""吾谓书本由卷子折叠而成,卷不如折本翻阅之便,其制当兴于秦汉间。"叶氏据此进而分析刘向上述之语说:"夫不曰持卷,而曰持本,则为折本可知。"[2]此话大误。

由"卷不如折本翻阅之便"语可知,叶氏所谓"折本"当指经

---

[1] (梁)萧统编,(唐)李善注:《文选》,卷六《魏都赋》,上海古籍出版社,1986年,第287页。
[2] 叶德辉著:《书林清话》,中华书局,1987年,第13—14页。

折装图书。但众所周知，经折装是纸本书的装帧形式，刘向校书之时的西汉末年，在蔡伦改进造纸术之前100多年，即便说那时纸已发明，也还没有应用于书籍的抄写上，哪里来的"折本"呢？叶氏此言，纯属臆说。

对于刘向所言之"本"，余嘉锡先生在所撰《目录学发微》一书中亦有一解。他说："所谓本者，谓杀青治竹所书，改治已定，略无讹字，上素之时，即就竹简缮写，以其为书之原本，故称曰本。其后竹简既废，人但就书卷互相传录，于是本之名遂由竹移之纸，而一切书皆可称本矣。"

据余先生的解释，刘向所言之"本"乃是由简上素（即将图书文字从简策誊写到缣帛上）时作为底本的简策书。笔者以为余先生此言极是。但余先生对自己的观点并未展开论证，笔者不妨在这里小做补充。

刘向校书，每一书已，则撰写叙录一篇，先言篇目之次第多寡，次言中书（即禁中之皇家藏书）、外书各多少篇多少章相雠校，凡中、外书合多少篇多少章，除重复多少篇，定著多少篇，皆已定以杀青，书可缮写云云。在现存七篇较完整可靠的《别录》佚文中，大同小异，皆如此种内容格式。其间除中书、外书、民间书等较笼统的称呼外，还有"臣向书""臣富参书""大中大夫卜圭书""射声校尉立书""太史书""太常书"，等等，绝不称之为"本"，而上述这些公私藏书绝大多数都应该是简策之书。可见"本"字之用并非是从载体材料的角度而言。

刘向每篇叙录中几乎都有"皆已定以杀青，书可缮写"之类的字样。这里所谓的"杀青"，就是竹简。《太平御览》卷六〇六引东汉应劭《风俗通》曰：

刘向《别录》"杀青"者，直治竹作简书之耳。新竹有汁，善折蠹，凡作简者，皆于火上炙干之。陈、楚间谓之"汗"，"汗"者，去其汁也。吴、越曰"杀"，亦治也。刘向为孝成皇帝典校书籍二十余年，皆先书竹，改易刊定可缮写者，以上素也。由是言之，"杀青"者竹，斯为明矣。

可见，刘向每校一书，在校除重复、改正错谬之后，要整理出一个定本，并首先书写在简策之上，所以叫"定以杀青"。在"定以杀青"的过程中，既需要只就定本进行文字内容的检查订正，即所谓"一人读书，校其上下"（今人称之为"理校法""本校法"），也需要将定本与各家所藏之书进行对校，即所谓"一人持本，一人读书"（今人称之为"对校法"，也称"版本校"）。

笔者个人理解，这里的所持之"本"，应是书写在简策上的定本；而所读之书，则应是据之整理的各家藏书。理由有二：首先，定本系据各家藏书补配重新抄写而成，应读各家之书以校定本；其次，这种对校工作的目的是为了校订定本上的文字错误，而只有"持本"之人才便于随时改正所持之"本"上的文字错误。

根据我们现已掌握的知识，知道刘向校书之时，盛行的图书载体材料主要是竹木简策和缣帛。简策笨重而贱，缣帛轻软而贵，故当时国家藏书中的高级藏本多为帛书。史载东汉末年："及董卓移都之际，吏民扰乱，自辟雍、东观、兰台、石室、宣明、鸿都诸藏典策文章，竞共剖散，其缣帛图书，大则连为帷盖，小乃制为縢囊。"①即可以为证。事实上,当时刘向古书整理工作的最后一道工序,就是将书写在简策定本上的文字誊录于缣帛之上,亦即所谓"上素"。在刘向所处的时代,只有这一种作为"上素"底本同时又是定本的简策书才被称作"本"。因为经过了刘向的这一番整理,古书以新的面貌重新流传于世,而简策形式的定本就是它们的最初面貌,也就是余嘉锡先生所说的"以其为书之原本"的意思。

由此可见,最初用"本"字指称图书,是有其特定含义的。

造纸术发明后,纸逐渐大量用作图书的载体材料,"本"的使用不再受载体材料的限制,但它表示"书之原本"的含义仍隐约可见。如《后汉书·延笃传》注引《先贤行状》曰:"(延)笃欲写《左氏传》,无纸,唐溪典以废笺记与之。笃以笺记纸不可写《传》,乃借本讽之,粮尽辞归。"可见当时借人之书抄录阅览记诵,则称所借之书为"本",所以后来出现了"书本"一词。但"本"与"书"的用法一直有着严格的界线,"书"主要是就其内容而言,而"本"必须是物质的、具体存在的。后世各种关于"本"的名词称谓,例如从魏晋南北朝时期逐渐出现的"古本""旧本""俗本""正本""副本""别本""异本""真本""写本""抄本",从宋代乃至近现代陆续出现的"版本""活字本""套印本""铅印本""石印本",等等,都是指一部书在内容上或形式上的表现形态。我们现在还经常说,这个本子如何,那个本子如何,说的就是一部图书的某个具体版本怎么样。"本"的这个特性甚至导致它后来发展成为专用于图书的一个量词,有时等同于"册",有时等同于"部"。

---

① (南朝宋)范晔撰,(唐)李贤等注:《后汉书》卷七十九上《儒林列传》第六十九上,中华书局,1973年,第2548页。

三、什么是"版本"

(一)版本的本义

"版"与"本"二字合为一词,始于宋代。最初仅指雕版印本,亦即刻本。如北宋沈括(1031—1095)所撰《梦溪笔谈》卷十八云:"板印书籍,唐人尚未盛为之。自冯瀛王始印《五经》,以后典籍皆为板本。"

叶梦得(1077—1148)《石林燕语》卷八云:"然板本初不是正,不无讹误,世既一以板本为正,而藏本日亡,其讹谬者遂不可正,甚可惜也。"

总之,凡宋人著述中所言之"版本",无一不是指雕版印本。至于雕版印本为什么被称为"版本",王重民先生在其所撰《版本学》一文中解释得颇为恰当。他说:"版是指印书的版片,本是指印成的书本。"① 所以"版本"一词的本义就是:用雕刻好文字的木版印制而成的图书本子。其本意不过是为了与当时社会上流行的写本、拓本(碑本、石本)等相区别而已。

(二)版本的定义

随着活字印刷术的发明和普及,特别是近代西方铅印术、石版印刷术、胶版印刷术等印刷技术的传入,印制图书的"版"已不限于木质雕版一种。故"版本"一词的内涵日益丰富,外延日益扩大,刻本之外,其他各种类型的印本如活字本、铅印本、石印本、胶印本、各种影印本等,逐渐都被包括在版本的范围之内,最后甚至

---

① 王重民著:《冷庐文薮》,上海古籍出版社,1992年,第18页。

像稿本、抄本等手写本及钤印本等也均成为图书的各种不同版本类型。于是,"版本"一词中"版"字原来所起的修饰限制作用消失了,"版本"在词义上与一向表示图书具体表现形态的"本"字已没有什么区别,只是在用法上有所分工罢了。

如此说来,现代的"版本"一词已演变成一个纯下位类的概念,是其上位类的具体表现形式。不仅如此,版本的上位类还是可以变换的。随着"版本"一词的应用范围不断扩大,在图书之外,各种文献类型包括一些音频、视频文献,人们也都常常用"版本"一词来形容其某种具体的表现形式,例如拓片版本等。又如"作品"一词,本身是超脱于具体文献类型的一种说法,但终归要有其表现形式,所以作品也是有版本的。甚至口头作品,由于言人人殊,于是口头作品也会有不同的版本。由此可见,目前"版本"一词在社会上的应用并不局限于图书。

在这种情况下,如何给现代的"版本"下一个准确的定义呢?《现代汉语词典》(2016)"版本"条释义为:"①同一部书因编辑、传抄、刻版、排版或装订形式等的不同而产生的不同的本子。②指同一事物的不同表现形式或不同说法。"

《辞海》1979年版对"版本"一词的解释是:"一书经过多次传写或印刷而形成的各种不同本子。"2009年版改为:"一书经过多次传写或刻印而形成的不同文本。其内涵包括书籍制作的各种特征,如书写或刻印的形式、年代、版次、字体、行款、纸墨、装订,内容的增删修改,以及该文本流传中所形成的记录,如藏书印记、题识、批校等。研究版本的特征和差异,鉴别其真伪和优劣,即称版本学。"二者相较,2009年的解释明显有了很大的进步。

这两部词典对版本的释义都将其上位类定为图书,所谓版本是图书的版本,基本符合世人的一般认知。但一书不同本子的形成方式多种多样,没有必要一一列举;而且"本子"其实是版本的俗称或同义语,《现代汉语词典》和1979年版《辞海》都以"本子"释版本,从逻辑学的角度来看,似有循环定义①之嫌。严格说来,这两个定义都不符合定义学的要求,有必要予以修正。

由于版本最普遍使用的上位类是图书,所以一般情况下我们可以将版本定义为:版本就是图书的具体表现形式,其外延包括古书版本、新书版本、西文图书版本,等等。

考虑到版本的上位类往往超出图书的范围,还可以给版本下这样一个具有普遍性的定义:版本就是作品的具体表现形式。

第二节 版本学辨理

一、版本学的研究范围

由于我国的古籍产生年代久远,版本问题复杂,所以过去的各种版本学论著,研究范围大多限于古籍版本,以至使人误以为只有古籍才有所谓版本问题,版本学就是研究古籍版本的。但实际上古今图书版本,其貌虽殊,其理则一。近现代图书的版本问题丝毫不比古籍中的版本问题简单,有的甚至更加复杂,一书多种不同版本的现象大量存在,横排本、直排本、初版本、再版本、翻印本、删改本、伪装本、普及本,各种版本现象名目繁多,令人眼花缭乱。早在20世纪三四十年代,阿英、唐弢等几位新文学专家就

---

① 即定义概念中直接或间接包含被定义概念。

率先开始了对新书版本的搜集和考证。唐弢的《晦庵书话》一书,就大量论列了"五四"前后新文学图书各种版本的演变与异同优劣,被叶圣陶先生誉为"开拓了版本学的天地"(《晦庵书话·序》)。近些年来,人们越来越认识到,不揭示、不研究现代图书的版本问题,版本学就是不完整的;忽视对现代图书版本问题的研究,就无法建立起内容全面的版本学体系。版本学界要求加强对新书版本开展广泛深入的研究、改变新书版本研究异常薄弱状况的呼声越来越高,出现了一批质量较高的研究论文和图书,反映了目前版本学研究日益重视现代图书版本问题的动向。

不仅中国的图书存在着版本问题,世界各国的图书也都同样存在着版本问题,并早已引起各国学术界的重视。据笔者所知,欧美各国都有为数不少的版本学著作,如欧洲各国对摇篮版①图书的版本研究,苏联对19世纪以前俄罗斯著作的版本研究,都取得了令人称道的成果,丰富了版本学的理论和研究方法。此外,欧美各国还有许多著录写本或印本的版本目录,这种目录通篇以描述书籍形态、考辨版本制作及流传情况为职志,偶或兼及文字内容的必要说明,这与中国的古籍善本书目重视对边栏、版心、行款、字体、纸张、墨色以及经何人收藏、何人题跋的记录,其命意是完全一致的。

尽管在现代社会,"版本"一词有各种各样的上位类指称,但从历史上来看,所谓版本,主要还是指图书的版本。版本学有悠久的历史传统,存在有大量丰富的研究实例,但基本上都是围绕

---

① 英文名 Incunabula,单数为 Incunabulum,指欧洲在公元 1450 年到 1500 年共 50 年间属于铅字印刷初期问世的活字印本。

着图书而进行的。这一点可以从"版本"一词产生和发展的历史得到印证:无论是雕版印刷术发明之前指称简策和各种纸写本书的"本",还是雕版印刷术发明后出现的"版本",乃至后来的活字本、铅印本、石印本、胶印本、影印本等,无一不是就图书而言。从一部图书常常有各种不同版本这一现实情况来看,也确有在图书范围内建立版本学的必要。

另一方面,对图书包括的范围也不能作狭隘的理解。中国历史上的图书已经历了简策书、帛书、纸写本书、印本书等多种不同形制;国外如埃及的莎草纸书,小亚细亚及欧洲的羊皮纸书,印度的贝叶经等图书形制,也都曾长期大量地流行于世;现代图书更出现了诸如晒印本、静电复印本、缩微平片、缩微胶卷,甚至电子计算机磁带、磁盘、光盘等超越传统手写或印刷方式的表现形式。此外,广义的图书还包括了金石拓片、印谱、报纸、期刊等类型。对于这一切,版本学不能持狭隘保守的态度,而应该随着图书类型的丰富和发展,相应地及时调整自己的研究范围。

总之,版本学的研究范围不应受时间和空间的局限,而应该包括古今中外各种内容类型的图书。但由于条件所限,本书只在中国图书的范围内论述版本。

二、版本学的研究对象

版本学的研究范围是图书,并不意味着版本学的研究对象也是图书。版本学之所以区别于所谓文献学、图书学,正是因为有其独特的研究对象,那就是版本。但对于版本学的这个最关键问题,目前版本学界的认识却并不明晰,故有必要予以辨别。

一种观点认为版本学的研究对象是图书或古代图书。如李致忠先生在所撰《论古书版本学》一文中说:"版本学是古代社会各个学科的辅助学科……它以图书为研究对象。"①在其稍后出版的《古书版本学概论》(书目文献出版社1990版)一书中,更进而认为中国古书版本学的研究对象是中国古代图书。戴南海先生在所撰《版本学概论》一书中也认为:"版本学的研究对象是包括一切形式在内的各种古籍图书。"②笔者认为,这种观点的产生,乃是由于混淆了图书与版本这两个不同概念所致。

不能否认,图书版本与图书有统一的一面,因为图书版本就是表现为具体形式的图书,而任何一种图书都必然表现为至少一种具体的版本。但图书与版本这两个概念又是有区别的。

同一种图书可以表现为各种形式不同的版本。事实上,一种图书拥有几种、十几种乃至数十种、上百种不同版本的现象比比皆是。由其各自不同的演绎和制作情况所决定,这些同一种图书的各种不同版本,不仅表现形式各不相同,并且在文字内容上也有或多或少、或大或小的差异。甚至同一种版本的各个复本,由于其各自的流传情况不同,也会在形式和内容方面各具特点,并有不同的价值。

版本学以版本为研究对象,正是为了深入探究一书各本之间的这些不同和差异,从而评判各本的真伪优劣和价值大小。从这个意义上来说,版本学是对一种图书所做的更为深入和具体的研究。

认为版本学的研究对象是图书或古代图书的观点,只看到了

---

① 李致忠著:《论古书版本学》,见《吉林图书馆学会会刊》,1979年第1期,第99页。
② 戴南海著:《版本学概论》,巴蜀书社,1989年,第8页。

图书与版本概念相统一的一面,却没有注意它们之间的本质区别,将二者混为一谈,从而抹杀了版本学的特色,使之无法与图书学和图书史相区别,其结果既不利于版本学自身的建设和发展,更不利于人们正确认识和应用版本学,所以是不能成立的。

此外,还有一种观点认为版本学的研究对象是文献资料。例如邵胜定认为:"盖其学虽名'版本',但它的对象实应包括一切历史文献资料……版本学和它的兄弟学科一样,研究对象是一切需要整理和利用的文献资料。"①这种观点其实是犯了将版本学研究对象与版本学研究范围相混淆的错误,而且还将版本的上位类扩大到文献的范围。1983年制订的国家标准《文献著录总则》(GB3792.1—83)给"文献"概念所下的定义是:"记录有知识的一切载体。"按照这一定义,古代的甲骨文、摩崖刻石,现代的电影胶卷、录音带、录像带、光盘、磁盘,等等,都属于文献的范畴,如果都列入版本学的研究范围,同样也是抹杀了版本学的特性,导致其无法与文献学相区分。

三、版本学的研究内容

纵观版本学发展的全貌,可以发现我国版本学领域存在着三大矛盾:一是资料积累的特别丰富与理论研究的异常薄弱之间的矛盾,二是严重的厚古薄今倾向与现实要求全面研究古今图书版本之间的矛盾,三是流派众多、歧见纷呈与要求版本学思想方法系统严密之间的矛盾。但如果将这些问题分门别类地组织起来,

---

① 邵胜定著:《版本学有广狭二义论——从版本学的对象说起》,见《图书馆杂志》,1985年第4期,第29—30页。

我们就会发现,其实这些矛盾并不难解决。本书将版本学的研究内容分为版本学理论、版本学史、版本分析、版本研究、版本目录五个方面,可以很好地容纳目前所有的相关研究。

(一)版本学理论

版本学理论是对版本学的存在和发展具有指导性意义的研究总结,在版本学研究中占有极其重要的地位。它所需探讨的一系列问题,如版本学的研究对象、研究范围、研究内容、研究目的和任务,以及与其相关学科之间的关系,等等,都是版本学最基本的研究课题。以往这方面的研究十分薄弱,极少有系统准确的论述。本书在此方面的论述,多系笔者的一家之言,可看作是笔者在这方面所做的一种粗浅的尝试。

(二)版本学史

中国的版本学史,其实就是版本研究史。有意识地总结版本学的思想、原理和研究方法,使之成为一门独立的学科,是20世纪以后特别是近几十年来才开始发生的事。在此之前的中国历代所谓版本学家,只是在自觉不自觉地运用着一套行之有效的思想方法去研究具体的版本和一些版本现象,却极少试图将这些思想方法归纳起来,形成系统科学的学科体系。所以在考察我国版本学的发展源流时,人们往往只能通过前人对具体版本的研究整理情况去探究在其背后起指导作用的思想方法。

研究考察中国版本学的发展历程,对于继承和发扬古代版本学家的有关杰出思想方法,丰富和完善版本学的学科体系,使版本学朝着正确的方向发展,无疑有着重要的意义。

(三)版本分析

版本分析是对纷繁复杂的版本现象进行条分缕析的解释。版本现象是有关图书版本的各种客观存在,诸如一书有各种不同版本的现实,一书各本在形式、内容方面的特征和差异,版本的著述、制作、流传情况,版本的各种类型等,都属于版本现象。对古今图书各种版本现象的研究,是版本学的重要内容,只有将这些情况了解清楚,才能更好地开展版本学其他内容的研究。对一般读者来说,这方面内容也恰好是他们最感兴趣和最需要的。

(四)版本研究

版本研究包括三方面的内容:

一是版本鉴定。即对某一具体版本的出版时间、出版地、出版者、制作方式和流传情况进行考察,予以确定,以明其身份,辨其真伪。

二是源流考证。即对一书各种版本的发生、发展过程及其相互之间的渊源递嬗关系进行考证,确认每一个具体版本在该书各种版本中的地位和作用。

三是版本评价。通过对版本自身的各种情况的研究,以及与该书的其他各种版本的比较对勘,并结合一定的评价标准,才能对一书某个版本的真伪优劣、价值大小得出最后结论。

(五)版本目录

版本目录在版本学研究中占有相当重要的地位。它既是版本研究的参考工具,更是版本研究藉以表达其成果之最佳也是最常用的一种方式,虽与目录学难分畛域,却系治版本者所必讲必用的。

四、版本学的研究目的

图书只是一个笼统的概念,人们日常接触到的图书,只能是具体的版本,人们只有切实了解这些版本的相关情况,才能更好地阅读和利用这些版本,这是一种非常现实而又普遍的需求。

版本学的研究目的,就是为准确揭示和正确评价图书的具体版本提供理论和方法的指导,以满足人们对于版本的认知需求。

五、版本学的研究任务

版本学研究并不等同于具体的版本研究,而是为具体的版本研究提供理论和方法的指导,这就决定版本学的研究任务应该是:

1.分析版本现象,找出其构成要素要件及其特性,并对之进行深入、细致的研究。

我们说版本是一种现象,而一切看上去杂乱无章的现象,都有其合乎逻辑的内在联系和规律。版本学就是要透过版本现象探究其本质,将构成各种版本现象的要素要件及其特性梳理得条分缕析,明明白白,使其以清晰的面貌呈现于世人面前。

2.找出准确揭示和正确评价版本的方法,并对这些方法进行深入、细致的探讨。

准确揭示和正确评价版本,是版本研究的目标所在。版本学研究的任务则是探讨采用什么样的方法去实现这一目标。

版本学研究的流派很多。过去,有从目录学角度研究版本著录方法的,有从考据学角度进行版本考证的,有从校勘学角度进行版本对勘的,有从藏书家角度进行版本赏鉴的,有从书商角度进行版本鉴定的。这些流派孤立地看,固然不无偏颇;但综合在一起,取其精用其宏,却有效地丰富了版本学的思想、方法,构成了版本学完整、科学的学科体系。

总而言之,版本学的研究任务就是探究版本现象的特点和规律,总结版本研究的经验方法,使版本学成为一门科学、周密、严谨、实用的学科,在社会生活中发挥其独特的作用。

六、版本学的学科性质

版本是一种社会现象,版本学是在对图书版本的长期认识和大量版本鉴定工作的基础上发展起来的,用以解决人们在社会生活中碰到的各种版本问题,其思想方法基本上限于社会科学的范畴,所以版本学是一门应用性很强的社会科学。

七、版本学的定义

通过前面对版本学研究范围、研究对象、研究内容、研究目的和研究任务的分析论证,我们可以给版本学下这样一个定义:

版本学以版本为研究对象,是一门属于社会科学的应用性学科,其目的和任务是探究版本现象的特点规律,总结版本研究的经验方法,以准确揭示和正确评价版本,满足人们有关版本的各种需求。

第三节　版本学的作用

任何学问都是由于现实需要而产生的,版本学也不例外。现实生活中,人们对版本和版本学知识的需求是经常而普遍地存在着的。那么,版本学在现实生活中都发挥着怎样的作用呢?

一、读书学习需要讲求版本

清光绪二年(1876),身为四川学政的中国近代名人张之洞,编撰刊行了一部著名的推荐书目《书目答问》。在该书《略例》中,张之洞开门见山地说道:"诸生好学者来问应读何书,书以何本为善。偏举既嫌挂漏,志趣学业亦各不同,因录此以告初学。读书不知要领,劳而无功;知某书宜读而不得精校精注本,事倍功半。"[①]

正如上述诸生所问和张氏所答,读书学习不仅存在着一个应读什么书的问题,同时还有一个应读什么版本为好的问题。这是因为在现实社会中,同一种图书往往有不止一种版本。据不完全统计,目前传世的《史记》版本有100多种;清代才问世的《红楼梦》,据1958年出版的一粟编著的《红楼梦书录》统计,各种不同版本就已达120多种;卷帙浩繁的《鲁迅全集》,在问世后的短短50年间,竟出现了20多种不同版本!版本不同,图书质量就会有

[①] (清)张之洞撰,范希曾补正:《书目答问补正》,上海古籍出版社,1983年,书前《略例》。

优劣高下的差异。例如，在各种刻本的《资治通鉴》中，以清代胡克家据元本翻刻的本子最为流行，但有人将之与宋本对照校订，发现该本正文的脱字、错字、前后颠倒字竟在万数以上，其中仅脱字一项即达 5200 多个！

从古至今，因不慎择版本，误读了劣本、次本而闹出笑话、引起事端的事例不胜枚举。如宋代朱彧的《萍洲可谈》一书中，就记载了这样一个生动的故事：

> 姚祐元符初为杭州学教授，堂试诸生，《易》题出"乾为金坤亦为金何也"。先是，福建书籍刊板舛错，"坤为釜"遗二点，故姚误读作金。诸生疑之，因上请，姚复为臆说，而诸生或以诚告。姚取官本视之，果"釜"也，大惭曰："祐买着福建本！"

福建本质量差，文字内容错误多，这在当时是有名的。姚祐读书不慎择版本，以致当众出丑，闹了笑话。

现代图书一书有多种不同版本的现象也很多，不同版本文字内容常有不同，读书时也应慎加选择。如范文澜所撰《中国通史简编》，1941 年初版，1949 年又有上海三联书店本和人民出版社修订本，但改动不大。1953 年出第二版，全面修订，几同重写，后又有重印本。如欲阅读该书，一般认为以 1953 年所出的第二版为好。

由此可见，读书学习不讲版本是不行的，其后果不仅仅是事倍功半，有时还会造成错误，害人不浅。所以，张之洞编撰《书目答问》，除推荐应读的图书之外，还在书名之下列举各种质量较好的版本,以供人们选择,这种做法体现了张氏对版本的高度重视,对后世产生了深远的影响。

二、学术研究须有版本依据

进行学术研究,要参考和依据各种图书文献,而任何一种图书文献如果不知其产生的时地,不了解其出版制作情况,不明白其源流、演变、真伪、优劣,那么它就不能用来作为参考和依据,否则,研究结果或结论就不能令人信服,不能使其价值得到肯定。

例如,巴金在20世纪30年代初写作的小说《雪》,其版权页上印着美国旧金山平社出版部。书中巴金自己写的《前记》中也写道:"我的书在美国出版,这是第二部了。"如果研究者不加鉴定,不知道这其实是为了逃避国民党审查机关的审查而使的一种障眼法,在写巴金传记或研究巴金作品时,贸然将此书当作在国外出版,那就闹笑话了。

版本问题在学术研究中要较在一般的读书学习中显得更为重要和突出。因为同书的各种不同版本往往在文字内容上有差异,有的差异固属无关紧要,可以不去追究,有的差异却是关键性的或实质性的不同,必须予以比较鉴定,否则就会造成错误。

例如清初著名藏书家钱曾所撰《读书敏求记》卷一"方言十三卷"下提要云:"旧藏宋刻本《方言》,牧翁为予题跋,纸墨绝佳,后归之季沧苇。此则正德己巳从宋本手影旧抄也。二卷中'吴有馆娃之宫,秦有榛娥之台',俗本脱去'秦有'二字,冯巳苍尝笑曰:

'并嫦娥而吴之矣'。"①但清代竟真有人据俗本将嫦娥台收入其所撰《吴乘古迹补》中。此误若非经黄丕烈指出驳正,历史上陕西的嫦娥台也许真要被搬到江苏了。应该指出的是,今版《康熙字典》"嫦"字下的释文也沿袭了这一错误。

研究郭沫若先生的著名新诗集《女神》,也不能忽略其版本情况。如其中《匪徒颂》写于1919年,最初歌颂的人物,仅是罗素等人;在1921年上海泰东书局版的《女神》中加上了列宁;1928年以后的版本又添加了马克思和恩格斯(1957年人民文学出版社出版的《沫若文集》第一卷也是如此)。如果根据1928年以后的版本,肯定郭老在五四运动时就歌颂了马克思和恩格斯,那显然是违背历史事实的。

又如曹禺的著名剧作《日出》,有许多版本,其中1950年代初期收入开明书店出版的《曹禺选集》中的《日出》,是经过作者大加删改的一个版本,第三幕被整个删去,使之成为一部三幕剧,男主人公方达生也成了地下工作者。通过版本研究指出这一点,对于研究曹禺创作思想的演变过程将是有益的。

由此可见,学术研究绝不能脱离版本而进行。学者治学应该具有足够的版本学素养和浓厚的版本意识,在做重要的征引时,应用心选择好的版本,使自己的研究成果建立在准确可靠的版本基础上。这也是为什么学术论文最后的参考文献必须注明版本。因为只有这样,人们才知道你的论据出自何处,是否可靠;即使错了,也知道为什么错了。

---

① (清)钱曾著,管庭芬、章钰校证,傅增湘批注,冯惠民整理:《藏园批注读书敏求记校证》,中华书局,2012年,第122页。

三、古籍整理不能脱离版本

这里说的古籍整理,指的是古籍的审定、编次、校勘、标点、注释、翻译、出版等一系列工作过程。这种工作的第一步就是选择和审定版本。具体内容是,寻求所整理古籍的各种不同版本,然后对这些不同版本进行比较鉴定,选出最好或最易得的版本作为校勘整理的工作底本,再参校其他各种版本进行校勘。这种挑选和评判底本的工作完全属于版本学的范畴,古籍整理的其他各项工作步骤都必须以此为前提,建立在坚实的版本研究基础上。规范的古籍整理一定要明确指出其所依据的底本和参校的各种版本。

四、藏书活动必须重视版本

藏书活动是与版本关系最密切的工作,古今中外的公私藏书活动没有不重视版本的。甚至可以说,版本学就是在藏书活动的土壤里滋生和发展起来的。

以图书馆为例,图书馆是整理、典藏和利用图书文献的场所,可以说,图书馆的每一个工作环节都与版本学有关。

首先,图书采访者必须具有版本意识。图书馆的采访人员在选购图书时,首先应设法了解欲购之书本馆是否有旧版本。如藏有旧版本,要了解新版与旧版的区别,如新版系影印旧版,或与旧版无大差别,而本馆又无需有此复本,就不必购买;有的新版增加了许多有用的资料,或做了较大的修改,很有参考价值,那么,即使该书本馆所藏旧本很多,也应及时购买。这样既能节省开支,也不会遗漏有用的资料,对于搞好图书馆的藏书建设和读者服务工作,是十分有益的。

其次,图书馆的典藏阅览工作需要版本学知识。典藏人员需要了解图书不同版本的不同价值,对善本书和稀见本予以重点保护。古籍修复人员只有对其所要修复古籍的版本情况及其价值有清晰的认识,才能确定相应的修复方案,采用合理的修复方法。咨询服务人员也应该熟悉和掌握馆藏各种图书的版本情况,才能为读者提供有效的版本服务,帮助读者找到最适合他们需要的版本。

如果说图书馆的其他环节只是不时涉及图书的版本问题,那么,从事编目工作的人员在著录每一部书时,都会碰到并需解决该书的版本问题。现代图书有关版本的各个事项一般在书上都明确标出,所以这种著录工作还不算费力。但如果书中没有明确标出版本事项,那么这本书的版本著录就成为一件需要研究鉴定的工作,古籍的著录常常就是如此。这就需要编目人员掌握相当的版本学知识,具备相应的版本鉴定能力。

至于私人藏书家,由于其藏书活动通常都是一人兼理收书、藏书、整书、修书等所有过程,所以更不能不懂版本。实际上,每个藏书家起码都是精于其所收书范围之内的版本学家。

由上述可知,版本是一种时常与人们的学习、工作发生关系的客观存在,在社会生活中随时随地发挥着其独特的作用。具有一定的版本学知识和版本意识应该是现代学人一种基本的文化素养。

第四节　版本学与其相关学科的关系

版本学有许多相关学科,如文献学、图书学、目录学、校勘学、书史、辑佚学、辨伪学等,这些学科的研究对象都在图书文献的范围内,特别是目录学和校勘学,在古代,与版本学均属于传统目录学的研究领域,彼此有着千丝万缕的联系。时至今日,仍有许多人划不清它们之间的界限,甚至仍认为版本学是目录学的一个分支和流派,不承认版本学作为一门独立学科的地位,故理清这几门相关学科之间的关系是很有必要的。

一、与目录学的关系

目录学有广、狭两种含义。我们今天讨论版本学与目录学的关系,必须考虑到广义目录学与狭义目录学的区别。

中国古代所谓的目录学其实是广义的目录学,所以也称校雠学,是指从图书的考辨、校勘、整理、誊录或印刷出版到购求、著录、分类、编目乃至装订、修补、保管、流通等一系列的工作过程和工作方法,今天则称之为古典文献学或历史文献学。在版本学还没有成熟并发展为一门独立学科的中国古代,版本学确实属于这种广义的目录学的一部分。

但是近现代以来,随着学科发展的日趋细密和专深,传统的目录学逐渐分解了。版本学、校勘学等由于自身发展的日益充实和完善,先后独立成学,由附庸而蔚为大国。而变革后的目录学也面目全非,仅相当于传统目录学中的著录、编目部分,故被称为狭义目录学,成为与版本学、校勘学地位相当的学科。

版本学与今天的目录学(亦即狭义目录学)则是一种各自独立而又相互为用的关系。版本学的研究成果往往要借助目录的形式来表达,因为长期的实践证明,目录是表现版本学研究成果的最好形式;反过来,目录学也必须吸收和采用版本学的思想方法,全面揭示图书文献的内容和形式。但这两种学科的区别是明显的,二者的研究对象不同,研究目的不同,在研究内容和研究方法上更有着明显的差别。

二、与校勘学的关系

校勘学以图书文献的校勘作为自己的研究对象,其目的和任务是总结历代学者校勘图书文献的经验,研究校勘的规律和法则,为具体的校勘工作提供理论指导。

版本学与校勘学是同源而异流的关系。二者都是因为同一种图书文献的各个不同版本在文字内容上的差异而产生,但版本学旨在了解一种图书文献的某个具体版本的制作、流传及真伪情况,并通过对一书各个不同版本之间关系、差异、优劣高下的考证鉴定,为人们介绍和推荐一书的最好或最合适的版本;而校勘学则致力于发现并纠正图书文献在流传过程中产生的文字错误,努力试图恢复原书的本来面貌。简单地说,版本学是要评判哪个本子好,哪个本子不好;而校勘学则是设法将不好的本子变成好的本子。二者的根本区别即在于此。

版本学与校勘学相互作用、相互渗透。在图书整理和研究工作中,版本研究与校勘工作是前后相依的两道程序。校勘工作必须以版本研究为前提和基础,必须借助于版本研究的成果,脱离版本研究的校勘工作必定是事倍功半甚至是劳而无功的。另一方面,在对某一具体版本进行优劣评价时,以及在一书版本源流的考证过程中,经常需要采用校勘的方法和手段。版本校勘是版本学必不可少的工作方法之一。

三、与图书史的关系

图书史是20世纪以来新兴的一门学问,它研究和探讨中国乃至世界范围内图书及图书事业产生和发展演变的历史过程,内容涉及历史上图书的制作方式、载体材料、装帧制度、内容类型、著作方式、编纂整理、售卖收藏、流通利用等各个方面。

由于图书史较多从图书的物质形态及其制作方式的角度进行考察,相应地为版本学研究提供了一些图书版本的背景知识,也为正确地认识和评价各时代及各种类型的版本创造了条件。但如果据此而将版本学与图书史混为一谈,则是十分错误的。两者的研究对象、研究内容、研究目的和研究任务均不相同。在学科性质上,图书史属于历史学科的范畴,具有较强的理论学科的性质;而版本学主要研究版本的鉴定和考证方法,具有很强的应用学科的性质。在研究方法上,图书史是纵向的展开;而版本学则是横面的剖析。如此种种差别甚多,不一而足。

但是,目前在一些版本学著作中,仍有以图书史研究代替版本学研究的倾向,这应当引起我们的注意,以便在今后的版本学研究中予以纠正和克服。

第二章　版本学史

第一节　版本学的萌芽时期（先秦—五代）

一、版本学的萌芽

版本学的产生，必须具备两个前提条件：一是社会上出现了同一种书有不同版本的现象，二是人们在主观上产生了想要了解版本、评价版本的需求。

春秋以前，学术在官，文字掌握在朝廷设立的官员手中。官员对其所职掌的事务随时予以记录，日久天长，这些记录文字汇辑起来，就成为一部部的图书。这些图书严格控制在这些官员手中，由他们讲解传授给其弟子，最后由这些弟子们继承其位，同时也继承了这些图书，并将这种记录汇编和讲解传授工作继续下去。这时的官员和老师是合一的，学生就是以后的官员和老师。而在民间，则没有私人著述的现象。这时的图书，实际上就是我们现在所说的档案，一般很少有复本。所以，春秋以前很少存在一书有不同版本的现象。

春秋末期，社会动荡，礼坏乐崩，学术下移，从孔子开始，私人教育第一次出现。此后官与师不必为一，原来官守的档案很多都成为私人教育所用的教材。所谓的"六经"即《易》《书》《诗》

《礼》《乐》《春秋》，都是孔子根据官府所藏档案重新编订整理而成的。各书通过不同的学生弟子辗转传抄，出现各种不同版本，之间产生文字差异是不可避免的。"六经"之外，其他品种的图书也数量日增，例如各国史书也开始在民间流传，《吕氏春秋·慎行论·察传》载：

> 子夏之晋，过卫。有读史记者曰："晋师三豕涉河。"子夏曰："非也，是己亥也。夫'己'与'三'相近，'豕'与'亥'相似。"至于晋而问之，则曰"晋师己亥涉河"也。

这显然是由于所据的版本不同而造成的差误。但在先秦时代，这种一书不同版本的现象并没有引起人们的太多关注。

二、版本学的产生

秦始皇统一中国后，实行焚书坑儒、禁止民间私人藏书的政策。秦末项羽进入咸阳后又焚毁秦宫，秦朝中央藏书也同归于烬，先秦古籍至此凋零。直到汉惠帝四年（前191），朝廷才正式解除挟书禁令，先秦典籍始渐出现，但大多已烂坏不全。当时，人们依靠记忆重新写出的经书是用当时通行的隶书书写的，被称作"今文经"；而焚书劫余存留下来的经书是用先秦时期的六国古文字书写的，被称作"古文经"，二者之间在文字、内容上有许多不同。于是各家儒师分为今、古文两派，互相攻讦，产生了贯穿两汉的著名的"今古文之争"。今古文之争虽然有着非常复杂的社会背景，但其起因却是所据版本不同。可见，到西汉时期一书有不同版本的现象已得到社会的充分重视，版本学产生的条件已经初步具备了。

版本学产生的标志就是西汉末年刘向等人的校书活动。

汉成帝河平三年(前26),诏令由刘向统领,组织专家学者对国家收藏的图书进行一次大规模的整理,开始了中国历史上第一次由政府组织进行的古籍整理工作。

刘向整理藏书的步骤和方法是:第一步网罗众本。首先将宫廷所收藏的一书各种本子汇集起来,同时广泛借用政府其他部门和私人的藏书,进行去除重复、确定底本、参校众本的工作,在此基础上产生定本。最后一步就是根据定本缮写到缣素上形成帛书。其中去除重复、确定底本的工作,就是一个鉴定审查版本、确定版本优劣的过程。例如刘向《别录·战国策三十三篇叙录》云:

> 所校中《战国策》书,中书余卷,错乱相糅莒。又有国别者八篇,少不足,臣向因国别者,略以时次之,分别不以序者以相补,除复重,得三十三篇,本字多误脱为半字,以"赵"为"肖",以"齐"为"立",如此字者多。中书本号,或曰《国策》,或曰《国事》,或曰《短长》,或曰《事语》,或曰《长书》,或曰《修书》。臣向以为战国时游士辅所用之国,为之策谋,宜为《战国策》。其事继《春秋》以后,讫楚汉之起,二百四十五年间之事,皆定以杀青,书可缮写。①

据刘向所言,当时皇室内廷所藏之《战国策》版本杂乱无章,但大致可按书名分为《国策》《国事》《短长》《事语》《长书》《修

---

① 张舜徽选编:《文献学论著辑要》之"战国策书录",中国人民大学出版社,2011年,第1页。

书》6个版本系统,刘向选择其中有国别的8篇作为底本,再以时间为序编排各篇,将无法排列次序的分列在各国之后,除去重复,整理出33篇,写定在简策上,并表示在皇帝审阅通过后便可誊录于缣帛之上。

又如刘向校《晏子》一书,是以中书《晏子》11篇为底本,参校以太史书5篇、臣向书1篇、臣参书13篇,最后整理得定本8篇。校《管子》一书,采用了中书各种藏本389篇,以及大中大夫卜圭书27篇、臣富参书41篇、射声校尉立书11篇、太史书96篇等众多版本共564篇相互校勘,最后整理得定本86篇。

对同一部书各不同版本的异同优劣,刘向也很注意鉴定。如《汉书·艺文志》载:

> (汉宣帝、元帝时,授《易经》者)有施(名雠)、孟(名喜)、梁丘(名贺)、京氏(名房)列于学官。而民间有费(名直)、高(名相)二家之说。刘向以中古文《易经》校施、孟、梁丘经,或脱去"无咎""悔亡",唯费氏经与古文同。①

刘向属古文学派,他以宫廷所藏古文《易经》为底本,参校各博士官所掌握的今文《易经》诸传本和民间传本,说明他认为宫廷所藏古文《易经》优于其他传本。通过校勘,他也发现了个别较好的民间传本。

刘向并没有对版本学进行任何理论上的阐述,但他的工作实践本身已切实体现了版本学的思想和方法,并对后世产生了极大

---

① (东汉)班固撰,(唐)颜师古注:《汉书》,第六册卷三〇《艺文志》,中华书局,1964年,第1704页。

的影响。自此以后,每一次较大规模的图书整理活动,都不能无视图书的版本情况。作为版本学的奠基者,刘向是当之无愧的。

三、版本学的缓慢发展

在刘向所处的西汉末年,版本的类型还是非常简单的,现存刘向《别录》中所提到的版本种类也为数不多。如按正文字体划分,有古文书和今文书之别;按收藏者划分,有中书、外书之别:中书即皇室内廷所藏之书,外书即政府各部门藏书及私人藏书。总的说来,竹木简策仍是当时图书的主要载体材料,缣帛只用来抄写那些整理好的且比较重要的图书。由于简策体积大而笨重,容纳字数少,所以当时的图书多以"篇"也就是一卷简册为单位。现存《别录》于每书叙录中常常说凡中、外书若干篇,除复重若干篇,可见刘向的版本鉴定和对勘工作,在许多情况下只能是篇与篇的比较,而不是本与本的比较,这种情况自然不利于人们建立版本意识,从而限制了版本学的发展。

造纸术在汉代发明以后,纸写本书逐渐取代了简策和帛书,并且继承了帛书的卷轴装形制和"本"的称呼。由于纸的质量轻,容纳字数多,性能与缣帛相近,采用卷轴装,一部书如果内容少常常写在一卷纸上就行了;如果内容多,则可以分写为几卷,然后用帙或囊包在一起,依然是完整的一部书。所以在魏晋南北朝时期,图书内容数量的划分越来越多地改用"卷"来计算,图书的保存和流通也以全书为单位,从内容和形式两个方面取代了简策时代的"篇"。版本研究和校勘也从原来一书各不同版本篇与篇之间的比较,变成以全书为单位的本与本之间的比较。

西汉以后,随着版本材料形制的变化和文化的演进发展,版本学也在缓慢地发展着。人们的版本意识日渐浓厚,对版本现象及其规律的认识也逐步深入,产生了许多有关版本的名词概念,如正本①、副本②、别本③、异本④、真本⑤、误本⑥等,仅北齐颜之推所撰《颜氏家训》一书中,就列举了诸如江南本、江南旧本、河北本、古本、俗本等多种版本。

这一时期的版本学实践也取得了一定的成就,并在当时和后世产生了深远的影响。

例如东汉郑玄(127—200)遍注诸经,皆兼采今古文各本,融合其说,而成为一代经学大师。所注《易》《书》《诗》《礼》《论语》诸经,至今大体仍存。现通行之《十三经注疏》本中,《毛诗》《周礼》《仪礼》《礼记》四经也仍用郑注。

东汉高诱注《淮南子》《吕氏春秋》等书,也非常注意同书异本之间文字内容的差异,故高诱注的价值为世所公认,现此二书通行之本皆存其注。

东汉灵帝熹平四年(175),著名学者蔡邕鉴于儒家经典版本繁多,各本之间文字内容差异复杂,导致世人纷争不已,故倡刻石经,得到灵帝的批准。蔡邕用当时通行的隶书亲自书写经文,共

---

① 如(唐)释道宣《续高僧传·慧云传》:"乃敕沙门法经,定其正本。"
② 如《隋书·经籍志序》:"秘阁之书,限写五十副本。"
③ 如(唐)陆德明《经典释文·条例》:"复有他经别本,词反义乖,而又存之者,示博异闻耳。"
④ 如《旧唐书·玄奘传》:"尝谓翻译者多有讹谬,故就西域,广求异本以参验之。"
⑤ 如(唐)郭京《周易举正·自序》:"曾得王辅嗣、韩康伯手写注定传授真本读诵,比校今世流行本。"
⑥ 如(北齐)颜之推《颜氏家训·勉学第八》:"江南有一权贵,读误本《蜀都赋注》。"

写刻了6部经典,即《易》《书》《诗》《仪礼》《春秋公羊传》和《论语》,刻成后立于洛阳太学门前。此举之目的,就是为了"正定六经文字"①,以统一经书各种不同版本之间的文字内容差异。其间鉴定版本、比勘各本异同优劣的工作自然更是大量的。

  魏晋南北朝时期的版本学实践活动,也屡见于史书记载。如西晋荀勖整理汲冢书,从形式和内容两个方面对其进行鉴定②;北齐文宣帝天保七年(556)樊逊、高乾和等人奉诏校定群书,网罗众本,参稽异同③;南朝梁刘之遴用版本对勘的方法鉴定所谓汉代班固进呈之《汉书》真本的真伪④;唐陆德明(约550—630)撰《经典释文》⑤,博采汉魏六朝二百三十余家经书版本,汇集了同书异本的大量异文,反映出陆德明对版本的高度重视。

  唐代广译佛经,一书常有多种不同译本,其内容质量自然也有优劣高下之分,当时人多有鉴定品评。玄奘(602—664)跋涉千山万水,远赴印度,也正是为了求取佛经善本。颜师古(581—645)考定《五经》文字,备引晋宋以来古今各本,于当时通行各本

---

① (南朝宋)范晔撰,(唐)李贤等注:《后汉书》,第七册卷六十下《蔡邕列传》,中华书局,1973年,第1990页。
② (西晋)荀勖撰:《〈穆天子传〉序》,见《穆天子传译注·燕丹子译注》,上海古籍出版社,2018年,第171页。
③ (唐)李百药撰:《北齐书》,第二册卷四十五《文苑列传》,中华书局,1972年,第614页。
④ (唐)姚思廉撰:《梁书》,第二册卷四十《刘之遴传》,中华书局,1972年,第573页。
⑤ 《经典释文》署唐陆德明撰,一般人多误以为撰于唐初,其实此书草创于陈后主至德元年(583),隋灭陈(589)前已经成书。

多所厘正,更是古代学界佳话①。

以上所述,仅是由汉至唐大量版本学实践活动中一些较为突出的事例。从这些事例中不难发现,这一时期的版本研究多侧重于对版本文字内容的异同比较,而对于版本形式特征方面的情况极少注意。尽管《隋书·经籍志》中有秘阁之书"分为三品:上品红琉璃轴,中品绀琉璃轴,下品漆轴"的记载,但只是对不同品级版本外形的一种笼统描述而已,对于一书各种不同版本从内容和形式两方面进行的鉴定考证,这时还极为少见。这是因为,在印刷术尚未发明的纸写本书时代,由于受当时图书制作工艺技术条件的限制,一部图书不可能有内容形式完全相同的大量复本,一般都是谁需要,谁抄写;一书抄本虽可能很多,但出于众手,面貌各异,情况复杂,不仅无从鉴定其版本情况,而且似乎也没有鉴定的必要。所以,从西汉末年刘向校书(始于公元前26年)到五代终结(公元960年),在这近千年的漫长历史时期内,版本学的思想意识和工作方法虽已产生,却没有得到充分的发展,大量版本研究成果转化为校勘学的成果,促成了校勘学的一枝独秀。

第二节　版本学的初步兴盛时期(宋—明)

一、宋代版本学的初步兴盛

宋代是版本学发展史上的一个转折点。版本学在经历了漫

---

①　(后晋)刘昫等撰:《旧唐书》,第八册卷七十三《颜师古传》,中华书局,1975年,第2594页。

长的萌芽时期后,突然绽开了绚丽的花朵,焕发了蓬勃的生机。其直接原因就是雕版印刷术在宋代的迅速发展。

一般认为,至晚到唐代初年,雕版印刷术即已发明。但至唐之末,雕版印刷一直局限于民间范围,且规模不大。五代后唐冯道等人奏请雕印"九经",政府才开始利用这一先进技术。宋代结束了五代诸国林立、战乱不已的动荡局面,社会经济日益繁荣,为雕版印刷事业的迅速发展创造了有利的条件。史载:"景德二年(1005)五月戊申朔,幸国子监阅书库,问祭酒邢昺:'书板几何?'昺曰:'国初不及四千,今十余万,经史正义皆具。臣少时业儒,观学徒能具经疏者,百无一二,盖传写不给。今板大备,士庶家皆有之,斯乃儒者逢时之幸也。'"① 开国短短40多年,书版增加数十倍,可见发展之快。

雕版印刷事业的繁荣为版本学的兴盛创造了极为有利的条件。由于同一版本的图书复本量大增,版本研究开始具有普遍的意义,强调一书不同版本之间的差异、评价各本优劣的必要性也日益突出。这就必然引起社会对版本现象的关注,进一步强化人们的版本意识,从而有力地促进了版本学的发展。

宋代版本学的初步兴盛主要表现在以下三个方面:

(一)宋人刻书普遍注意搜罗和比较各种版本,择善而从,并在所刻书的前序后跋及各种题识中留下了大量的有关版本的论述和记载。

由于刻书不像以往的抄书,不过仅仅新增一个抄本,而是要复制出大量的复本,这就要求底本必须可靠,故刻书人极力寻求

---

① (南宋)章如愚编:《群书考索后集》,卷二十六《士门·学制类》,明正德十三年(1518)建阳刘氏慎独书斋刻本。

高质量的版本,作为所刻书的底本,以提高所刻书的价值。"善本"的概念就是在北宋时产生的,它反映了当时人们喜好品评版本优劣的风气。从现存北宋人宋庠的一篇刻书题跋中,可以看出当时人讲求版本情状之一斑。

宋庠(996—1066),初名郊,字公序,宋安陆人,后迁雍丘,官至检校太尉平章事、枢密使,有文名,与其弟祁并称"大小宋",《宋史》有传。曾刊行《陶渊明集》,并撰题跋。现存陶集以宋庠本系统为最善,各本大多附录有《宋丞相私记》,云:

右集,按《隋·经籍志》:宋征士《陶潜集》九卷。又云:梁有五卷,录一卷。《唐·志》:《陶渊明集》五卷。今官私所行本凡数种,与二《志》不同。有八卷者,即梁昭明太子所撰,合序、传、诔等在集前为一卷,正集次之,亡其录。有十卷者,即杨仆射所撰。(按:休之字子烈,事北齐为尚书左仆射,以好学文藻知名,与魏收同时。)按吴氏《西斋录》有宋彭泽令《陶潜集》十卷,疑即此也。其序并昭明旧序、诔、传等,合为一卷,或题曰第一,或题曰第十,或不署于集端,别分《四八目》,自甄表状杜乔以下为第十卷,然亦无录。余前后所得本仅数十家,卒不知何者为是。晚获此本,云出于江左旧书,其次第最若伦贯。又《五孝传》以下至《四八目》,子注详密,广于他集。惟篇后《八儒》《三墨》二条,此似后人妄加,非陶公本意。且《四八目》之末,陶自为说曰:"书籍所载及故老所传善恶闻于世者,盖尽于此。"即知其后无余事矣。(按:《四八目》例,每一事已,陶即具疏所闻,或经传所出以结前意,此二条既无后说,益知赘附之妄。)故今不著,辄别存之,以俟博闻者。广平宋庠私记。

宋庠的这篇跋文,通篇记述和比较陶集的各种不同版本,研究目的明确,研究方法合理,研究内容深入。这充分说明,从北宋开始,人们已不仅仅是具有简单的版本意识,而且同时也在自觉地研究版本,并达到了较高的水平。大量的文献记载表明,这种对一书各不同版本的比较研究在当时的刻书家中是一种普遍的现象。如今天行世的《颜氏家训》,均出于宋孝宗淳熙七年(1180)沈揆校刻本。据沈氏卷末跋称:

> 揆家有闽本,尝苦篇中字讹难读,顾无善本可雠。比去年春,来守天台郡,得故参知政事谢公家藏旧蜀本,行间朱墨细字,多所窜定,则其子景思手校也。乃与郡丞楼大防取两家本读之。大抵闽本尤谬误……于是稍加刊正,多采谢氏书,定著为可传。又别列考证二十有三条为一卷,附于左;若其转写甚讹与音训辞义所未通者,皆存之,以俟洽闻君子。淳熙七年春二月,嘉兴沈揆题。

这篇跋文清楚地告诉人们,较淳熙本更早的蜀本、闽本《颜氏家训》都有讹误之处,而闽本更甚。淳熙本虽采用了谢景思的校订,又经过沈揆和楼大防校勘,但转写讹误和音训辞义未了解的地方仍然很多。

元初宜兴人岳浚所编刊之《刊正九经三传沿革例》,其"书本"部分记刊刻"九经三传"时的版本依据和校勘情况:

> 今以家塾所藏唐石刻本、晋天福铜板本、京师大字旧本、

绍兴初监本、监中见行本、蜀大字旧本、蜀学重刊大字本、中字本、又中字有句读附音本、潭州旧本、抚州旧本、建大字本（俗谓无比九经）、俞绍卿家本、又中字凡四本、婺州旧本、并兴国于氏建余仁仲凡二十本，又以越中旧本注疏、建本有音释注疏、蜀注疏，合二十三本，专属本经名士反复参订，始命良工入梓。

《刊正九经三传沿革例》虽刊于元初，但整个"九经三传"的校勘和刻印实际都发生在宋末，可见宋代刻书自始至终都非常重视底本的选择和版本的校勘。

（二）宋代版本学的兴盛还表现在藏书家对版本现象前所未有的关注上。现存的宋代三部私人藏书目录都不同程度地记载了图书的版本情况。这三部目录依序是晁公武的《郡斋读书志》、尤袤的《遂初堂书目》和陈振孙的《直斋书录解题》。

晁公武（1105—1180），字子止，宋澶州清丰（今河南清丰县）人，靖康末随父冲之避乱入蜀，绍兴中举进士第，任四川转运使井度的属官。井度，字宪孟，富于藏书，死前将其全部藏书五十箧托付晁公武保存。晁公武将其家藏图书与井度藏书合并整理、去除重复后，竟然成为一个拥有24500多卷藏书的大藏书家。他对这些藏书一一校勘，并撰写提要，由于其时他正任荣州（今四川荣县）太守，故将这部规模空前的提要体私人藏书目录命名为《郡斋读书志》。

《郡斋读书志》是中国历史上第一部记载图书版本内容的书目。在这部书目的大量提要中，都直接介绍了图书的版本情况。如卷二上《五代史记》七十五卷，提要云：

右皇朝欧阳修永叔以薛居正史繁猥失实,重加修定,藏于家。永叔没后,朝廷闻之,取以付国子监刊行。

卷四下《陈参政简斋集》三十卷,提要云:

右皇朝陈与义去非,汝州叶县人……晚年诗尤工。周葵得其家所藏五百余篇刊行之,号《简斋集》。

卷一下《龙龛手镜》三卷,提要云:

右契丹僧行均撰,凡二万六千四百三十字,注十六万三千一百余字,僧智光为之后题云:"统和十五年丁酉。"按《纪年通谱》,邪律隆绪尝改元统和。丁酉,至道三年也。沈存中言:"契丹书禁甚严,传入中国者,法皆死。熙宁中,有人自虏中得此书,入傅钦之家,蒲传正帅浙西,取以刻板,其末题云:'重熙二年序',蒲公削去之。"今本乃云统和,非重熙,岂存中不见旧题,妄记之邪?

这些提要,有的记载版刻人、版刻时间,有的还加以考证,程度深浅不一,内容繁简不同。虽然不是每篇提要中皆有此类记载,但也绝非个别偶然现象。考虑到当时藏书中一般以抄本为多数的情况,我们可以说,在一般情况下,晁公武是注意到了图书的版本情况的。过去人们一直认为,稍后于《郡斋读书志》的尤袤《遂初堂书目》是第一部记载版本的书目,现在看来,这种说法显然有失公允。

尤袤(1127—1194)，字延之，号遂初居士，无锡人，绍兴十八年(1148)进士，官至礼部尚书兼侍读，与杨万里、范成大、陆游并称为"南宋四大家"，也是当时著名的大藏书家。所撰《遂初堂书目》收书3000多种，一般只著录书名，间或著录版本。它的简易反使其著录版本的特色显得异常突出，并更容易为后世的版本学家们所注目。

作为一个藏书家，尤袤是以抄书之勤著称于世的，其藏书也以抄本为主，加之当时雕版印书的历史还不是太久，刻本在社会图书流通总量中相对还是少数，所以在《遂初堂书目》中，抄本占了绝大多数，刻本则主要集中在经、史两大类中，现罗列于下：

经部有：成都石刻九经、论语、孟子、尔雅，杭本周易，旧监本尚书，京本毛诗，旧监本礼记，杭本周礼、仪礼，旧监本左传，杭本公羊传，杭本穀梁传，旧监本论语，旧监本孟子，旧监本尔雅，旧监本国语，高丽本尚书，江西本九经等。

史部有：川本史记，严州本史记，川本前汉书，吉州本前汉书，越州本前汉书，湖北本前汉书，川本后汉书，越本后汉书，川本三国志，旧杭本三国志，旧杭本晋书，川本晋书，旧本南史，旧本北史、宋书、南齐书、梁书、陈书、魏书、北齐书、后周书，旧杭本隋书，旧杭本旧唐书，川本小字旧唐书，川本大字旧唐书、旧五代史，川本小字通鉴，川本大字通鉴，旧杭本战国策等。

由此可见，《遂初堂书目》的最大特色是著录一书的各种不同版本，如《史记》有川本、严州本，《前汉书》有川本、吉州本、越州本、湖北本，《旧唐书》有旧杭本、川小字本、川大字本，等等。这充分说明尤袤已经具备了强烈的版本意识。后世版本学家对《遂初堂书目》的推崇是有道理的。

如果说晁、尤二目对版本的著录仍失于过简的话，那么陈振孙的《直斋书录解题》则是有意识地顾及了版本的各方面内容。

陈振孙（1179—1262），字伯玉，号直斋，浙江安吉人，官至国子监司业、宝章阁待制。一生搜访图书不遗余力，所撰《直斋书录解题》系据其藏书编成，共著录图书3096种，51180卷，超过了南宋政府藏书目录《中兴馆阁书目》的44486卷之数。该书目对于版本事项的记载较晁、尤二目更进一步，有的著录版本类型，有的著录刻印时间、刻印地或刻印人，有的甚至还记录版本的装帧、字体、印记、行款版式等，涉及众多的版本事项和版刻特征。下面试举几例：

卷三《九经字样》一卷，解题云：

往宰南城出谒，有持故纸鬻于道者，得此书，乃古京本，五代开运丙午所刻也。遂为家藏书籍之最古者。

卷十九《杜工部诗集注》三十六卷，解题云：

福清曾噩子肃刻板五羊漕司，字大宜老，最为善本。

卷十九《张司业集》八卷附录一卷，解题云：

汤中季庸以诸本校定，且考订其为吴郡人；魏峻叔高刻之平江。续又得《木铎集》，凡他本所无者，皆附其末。

《直斋书录解题》各书下解题中关于版本的此类记述不胜枚举,虽然这些记述既零散又不规范,就每一单篇解题而言,著录内容尚不完备,但它集中反映了宋代图书的版本情况,同时代表了宋人对版本学的认识程度,在版本学史上的价值是不可低估的。

(三)宋人其他各种著作中也出现了大量关于图书版本的记载。

叶梦得(1077—1148),字少蕴,号石林居士,江苏吴县(今江苏苏州)人。所著《石林燕语》云:"天下印书,以杭为上,蜀次之,闽最下。"南京刻书可与杭州相比,但用纸较次。他还指出,福建、四川用于雕刻书版的木材质地疏软,易于刊刻,出书速度快,但不耐多印,也成为印刷质量差的原因之一。

周密(1232—1298,字公谨)在入元后撰写的《癸辛杂识》后集中"贾廖刊书"一则云:

> 廖群玉诸书……《九经》本最佳,凡以数十种比校,百余人校正而后成,以抚州草抄纸、油烟墨印造,其装禙至以泥金为签,然或者惜其删落诸经注为可惜耳,反不若韩、柳文为精妙。

记载此类版本情况的宋人著作有很多,如邵博《邵氏闻见后录》、孔平仲《珩璜新论》、苏轼《仇池笔记》、周煇《清波杂志》、朱彧《萍洲可谈》、陆游《老学庵笔记》、费衮《梁溪漫志》、朱弁《曲洧旧闻》、张邦基《墨庄漫录》、洪迈《夷坚志》等书,都不同程度地从各个方面记述了当时图书的版本情况。

总而言之,版本现象在宋代受到人们的普遍关注,由对具体版本的简单介绍到对一书各不同版本的综合比较,由对版本文字内容的考查到对版本形态特征的描述,都已成为版本研究的课题内容,版本优劣的评价也已初步形成比较一致的看法,这一切都为后来版本学的继续发展和全面繁荣打下了较好的基础。

二、明代版本学的继续发展

元代知识分子地位低下,学术研究衰落,版本学无可称述。

明代自中期以后,由于社会风气日渐活跃,文坛上"前七子""后七子"都起而提倡"复古",版本研究在沉寂了约200年后,又逐渐恢复了生机,并在宋代版本学的基础上有了新的发展。明代版本学研究的突出代表人物就是著名学者胡应麟。

胡应麟(1551—1602),字元瑞,后更字明瑞,号石羊生,又号少室山人,浙江兰溪人,万历四年(1576)举人,后久试进士不第,遂筑室山中,以读书著述为业,藏书四万余卷,著述甚丰。所撰《少室山房笔丛》中有《经籍会通》四卷,其卷四颇多有关版本的记述,如:

> 凡书之直之等差,视其本,视其刻,视其纸,视其装,视其刷,视其缓急,视其有无。本视其抄、刻:抄视其讹正,刻视其精粗;纸视其美恶;装视其工拙;印视其初终;缓急视其时,又视其用;远近视其代,又视其方。合此七者参伍而错综之,天下之书之直之等定矣。
>
> 凡本,刻者十不当钞一,钞者十不当宋一,三者之中自相较,则又以精粗、久近、纸之美恶、用之缓急为差。
>
> 凡刻,闽中十不当越中七,越中七不当吴中五,吴中五不

当燕中三(此以地论,即吴、越、闽书之至燕者,非燕中刻也),燕中三不当内府一。五者之中自相较,则又以其纸、其印、其装为差。

凡印,有朱者,有墨者,有靛者,有双印者,有单印者。双印与朱,必贵重用之。凡版漶灭,则以初印之本为优。凡装,有绫者,有锦者,有绢者,有护以函者,有标以号者。吴装最善,他处无及焉。闽多不装。

有装、印、纸、刻绝精而十不当凡本一者,则不适于用,或用而不适于时也。有摧残断裂而直倍于全者,有模糊漶灭而价增于善者,必代之所无与地之远也。夫不适于时者遇,遇则重;不适于用而精焉,亦遇也。噫!

在如上论述中,胡应麟提出了版本学中一个最关键的课题,即如何评价版本的优劣和价值,并对此作了在当时来说最为完备和准确的分析评价。在此之前,关于这一问题,除宋代叶梦得曾对杭、蜀、闽三地印书之高下略作说明外,从未有人作过任何具体的分析。胡应麟对此问题的明确阐述,为后来的版本学研究开辟了一条新的通道,丰富了版本学的研究内容。胡应麟的有关研究内容和研究成果,代表了明代版本学发展的最高水平。

在版本学发展史上,明代另一个可称述的现象就是开始了对宋、元本,特别是宋本书的专题版本研究。

明代中期以后,由于前后七子的提倡,社会复古风起,古典的事物又重新受到人们的重视。宋版本及元版书由于时隔已久,流存渐少,更备受人们珍爱。据载,当时有朱大韶曾以一美婢换宋版袁宏《后汉纪》,王世贞也曾以一整座庄园换宋版的《两汉书》,

由此可见当时的风尚。

王世贞(1526—1590),字元美,号凤洲,又号弇州山人,江苏太仓人,嘉靖二十六年(1547)进士,官至南京刑部尚书,藏书极富,闻名一时。他为宋本《汉书》所作跋云:

> 余生平所购《周易》《礼经》《毛诗》《左传》《史记》《三国志》《唐书》之类过二千余卷,皆宋本精绝。最后班、范二《汉书》尤为诸本之冠,桑皮纸匀洁如玉,四旁宽广,字大者如钱,绝有欧柳笔法,细书丝发肤致,墨色清纯,溪潘流沛。盖自真宗朝刻之秘阁,特赐两府,而其人亦自宝惜,四百年而手若未触者。

高濂(明末钱塘人,字深甫,号瑞南)于万历十九年(1591)撰成的《遵生八笺》,其中《燕闲清赏笺·论藏书》一则亦云:

> 宋人之书,纸坚刻软,字画如写,格用单边,间多讳字,用墨稀薄,虽着水湿,燥无湮迹,开卷一种书香,自生异味。元刻仿宋单边,字画不分粗细,较宋边条阔多一线,纸松刻硬,用墨秽浊,中无讳字,开卷了无嗅味……又若宋板遗在元印,或元补欠缺,时人执为宋刻元板。遗至国初,或国初补欠,人亦执为元刻。然而以元补宋,其去犹未易辨,以国初补元,内有单边双边之异,且字刻迥然别矣,何必辩论?

由此可见,明代版本学已由宋代仅对个别具体版本的介绍描述进步到对各朝代版本特征进行规律性的总结,这是版本学发展

47

的一个飞跃。

明代版本学的不足，在于版本目录没有得到应有的发展，藏书目录中只有晁瑮《晁氏宝文堂书目》、徐㶿《红雨楼书目》等为数极少的几部私人藏书目录非常简单地著录了一些图书的版本情况。但这种缺陷在随之而后的清代得到了最大限度的弥补。

第三节　清代版本学的繁荣

清代的版本学呈现出一派繁荣的景象，在当时竟被目为"显学"。特别是自乾隆、嘉庆两朝直至清末，先后涌现出一批又一批优秀的版本学家，质量高、影响大的版本目录层出不穷，版本学研究也异常活跃、久盛不衰。近人叶德辉在《书林清话·古今藏书家纪板本》中曾感慨地说道："盖自乾嘉至光宣，百年以来，谈此学者，咸视为身心性命之事。斯岂长恩有灵与？何沉潜相承不绝如是也！"

版本学之所以在清代呈现繁荣局面，大致有以下几方面的原因：

（一）清代考据学发达，学者以"求古""求真""言必有征"为治学之宗旨和方法，故极重对图书文字内容的校勘。而言校勘则必讲版本，只有搜集一书的不同版本，明白何本在前，何本在后，何本可信，何本不可信，何本全，何本不全，才能从中选出一个好的底本，据以从事校勘。清代考据学家，无论是对校学派，还是理校学派，无不重视版本，强调版本在校勘工作中的重要作用。由此而兴起了社会上、特别是藏书家们热衷于研究版本的风气。

(二)宋版书到清代,已成凤毛麟角、吉光片羽,珍罕异常。加之受明人对宋版书宝爱的影响,清代藏书家以黄丕烈为代表,对宋版书进行了前所未有的系统收集和整理研究。对宋版书的这种版本研究同时也带动了对元、明乃至清初版本的研究,并提供了一套有效的版本研究思路和方法,使清代的版本学研究获得了巨大的成绩。

(三)宋、元、明各代图书事业和版本学的发展为清代版本学的繁荣打下了基础,创造了条件。

清代版本学的发展可分为清初、乾嘉时期和清末三个阶段,每一阶段又各有其特色。

一、清初的版本学

清初自顺治至康熙、雍正三代,版本学研究并不兴旺,但这一时期出现的两部著作却在版本学史上影响深远。这两部著作就是钱曾的《读书敏求记》和孙从添的《藏书记要》。

钱曾(1629—1701),字遵王,号也是翁,江苏常熟人。年轻时曾跟随族曾祖钱谦益学习收集、整理和校勘图书,终生以藏书为业,是清初著名的藏书家和版本学家。《读书敏求记》是一部提要体善本书目,收录钱曾所藏宋、元、明初刻本、抄本共634种,所撰各书提要多注意强调其版本价值而略于考证,所记各书版本之次第完缺、抄刻工拙、纸墨优劣,既多且详,显示出其偏重于版本研究的特色。故此书一出,立即受到当时版本学家的重视,并对以后版本学的发展产生了深远的影响。其影响具体表现为:

(一)《读书敏求记》是第一部提要式版本目录,它为表现版本研究成果找到了一种合适的表达方式。

(二)《读书敏求记》是最早的一部古籍善本书目,它所体现的重视版本研究、推崇善本的思想意识,为后来的藏书家们所接受,推动了清代版本学的发展。

总之,钱曾的版本学思想和实践为清代藏书家树立了楷模,清代提要式善本书目的特别发达,钱曾及其所撰《读书敏求记》起了一个开山引路的作用。

晚于钱曾大约半个世纪,常熟又出现了一位声名卓著的版本学家孙从添。孙从添(1692—1767),字庆增,号石芝,勤于藏书,编有家藏书目《上善堂书目》。又撰有《藏书记要》一书,系统总结以往藏书家和他自己的藏书经验,其中第二则《鉴定》一篇,集中论述了版本学的各种相关问题。

关于版本鉴定,他说:

> 如某书系何朝何地著作,刻于何时何人,翻刻何人,抄录何人,底本何人收藏,如何为宋元刻本,刻于南北朝何时何地,如何为宋元精旧抄本,必须眼力精熟、考究确切,再于各家收藏目录、历朝书目、类书总目、读书志、敏求记、经籍考、志书、文苑志、书籍志、二十一史书籍志、名人诗文集书序跋文内查考明白,然后四方之善本秘本,或可致也。
>
> 鉴别宋刻本,须看纸色、罗纹、墨气、字划、行款、忌讳字、单边、末后卷数不刻末行、随文隔行刻,又须将真本对勘,乃定。
>
> 若果南、北宋刻本,纸质、罗纹不同,字画刻手古劲而雅,墨气香淡,纸色苍润,展卷便有惊人之处。所谓墨香纸润、秀雅古劲,宋刻之妙尽之矣。

> 元刻不用对勘,其字脚、行款、黑口,一见便知。而洪武、永乐间所刻之书,尚有古意。

在上文中,孙从添不仅论述了版本鉴定的内容,而且对版本鉴定的方法也作了明确而又具体的阐述,这在版本学史上还是第一次。他的这些理论一直影响着后世的版本鉴定工作,至今仍为版本学家们所遵循不渝。

孙从添对各代各种不同类型版本的价值也作了十分中肯的评价。对于宋版书,他说:

> 宋刻本书籍传留至今,已成希世之宝,其未翻刻者及不全者,即翻刻过而又不全者,皆当珍重之。吉光片羽,无不奇珍,岂可轻放哉!宋刻有数种:蜀本,太平本,临安书棚本,书院学长刻本,仕绅请刻本,各家私刻本,御刻本,麻沙本,茶陵本,盐茶本,释、道二藏刻本,铜字刻本,活字本。诸刻之中,惟蜀本、临安本、御刻本为最精。

除宋本之外,他还对元代、明代和清代的各种不同类型版本作了比较详细的评价和比较。在这些论述中,他不仅十分准确地指出了哪些类型的版本为善本,而且还能说明其所以为善本的原因。如论宋刻本之可宝,不单因为其传世稀少,亦因其纸墨刻印之精妙;高丽本在外国刻本中为最好,在于其字句篇章准确完整,最符合古书原貌;《全唐诗》刻印虽极精美,但校勘不精,未为完全善本。由此,我们不难看出孙氏评价善本,在以文字校勘是否精审为根本标准的同时,还考虑到了流传、纸墨、刻印等情况。当然,刻印时代的远近这一公认的标准,孙氏更不会忽略不顾,他最后指出:"各种书籍,务求旧刻、秘钞、完全善本为妙。"可以说,对于版本优劣高下和价值大小的评判标准,孙从添的认识已经是比较明确的了。

《读书敏求记》和《藏书记要》的先后问世,使清代版本学的发展有了一个良好的开端。

二、乾嘉时期的版本学

乾嘉时期是清代考据学的盛期,作为考据学研究内容之一的版本学也呈现出一派兴旺景象。这一时期版本学最可称道的两件大事就是《天禄琳琅书目》的编撰和大藏书家黄丕烈的版本研究活动。

《天禄琳琅书目》分为前编十卷、后编二十卷,是一部提要体古籍善本书目,集中收录了清代宫廷藏书处"天禄琳琅"中所藏的全部古籍善本书。天禄琳琅在乾清宫左侧之昭仁殿,始建于乾隆九年(1744),室中有乾隆帝亲笔题匾"天禄琳琅",专门庋藏宋、金、元、明善本书,供皇帝御览。《天禄琳琅书目》前编十卷,由于敏中等奉命于乾隆四十年(1775)编成,计收录宋版书 71 种,金版 1 种,影宋抄 20 种,元版 86 种,明版 251 种,共 429 种。嘉庆二年(1797)乾清宫大火,天禄琳琅所藏全部被焚。同年乾清宫修复后,重建天禄琳琅,又选古籍善本书入藏,并由彭元瑞等人编为《天禄琳琅书目》后编二十卷,计收宋、辽、金、元、明版本及影宋抄本、明抄本共 663 部。前、后编目录体例基本相同,首先按宋版、辽版、金版、影宋抄本、元版、明版、明抄本的顺序编排,版本类型之下,乃以经、史、子、集分类排列。同一种书的不同版本,则分别列目;同一版本的不同印本,亦分别列目,此乃仿效尤袤《遂初堂书目》的做法。每书之下各有解题,详细阐明版刻年代,迻录藏家题识、藏书印记,并考证其所处时代、籍贯、生平等,指出该书收藏的授受源流。这种注意版本鉴定和收藏情况考证的提要撰写方式,作者自认是借鉴了唐代张彦远《历代名画记》和明代无名氏撰、赵琦美增补的《铁网珊瑚》的做法,将此二书对书画赏鉴记录的方法移用到了对古籍版本的著录中。

与《读书敏求记》相比,《天禄琳琅书目》在版本学思想的成熟、著录方法的完善、提要体例的统一等各个方面都超过了前者,成为版本学史上的又一里程碑,标志着版本学已进入成熟发展的新阶段。

《天禄琳琅书目》的缺点在于单纯重视古书版本的文物价值,却忽略了其在校勘和学术研究方面的价值,使古书成为骨董,与书画一样被视为供赏鉴的物品。这种思想观念固然有其渊源所自,但作为一部"钦定"书目,它表现出来的思想倾向则更易为社会所迅速接受。应该指出,《天禄琳琅书目》对于版本学中的形式主义倾向是起了一定的助长作用的。

如果说《天禄琳琅书目》是乾嘉时期官方版本学的代表作的话,那么,黄丕烈则无疑是民间版本学的代表人物。

黄丕烈(1763—1825),字绍武,号荛圃,乾隆五十三年(1788)举人,屡应会试不中,嘉庆六年(1801)大挑一等①,选授直隶知县,不愿就职,出钱捐为六部主事,随即弃官归里,埋首于古籍的搜集、保藏和整理中,终生努力不辍。

---

① 大挑:清乾隆时定制,选取三科以上会试不中的举人,一等的以知县用,二等的以教职用,称为举人大挑。

黄丕烈藏书不求数量，而专以质量取胜。其所收之书皆为宋、元、明初旧刻、旧抄本，且一书常常收有数种版本。他也不排斥残本和损坏严重的版本，只要认为"有用"，即使残本他也不惜重金收购；购得损坏严重的版本，又常常以数倍于购书之费修补装帧。

黄丕烈在版本学上的成就突出表现在他为古书版本所撰写的大量题跋和他所编撰的几部著名的版本目录上。黄丕烈一生大约为一千多部古书作了题跋，清末著名版本学家缪荃孙盛赞：

> 其题识于版本之后先、篇第之多寡、音训之异同、字画之增损、授受之源流、翻摹之本末，下至行幅之疏密广狭、装缀之精粗敝好，莫不心营目识，条分缕析，跋一书而其书之形状如在目前，非《敏求记》空发议论可比。①

其所撰题跋均如上所述，有很高的学术参考价值。所以一书如有"黄跋"亲题，立刻如登龙门，身价百倍。清末以来，人们陆续将其散记于各书中的题识搜集汇总起来，先后有潘祖荫编辑成《士礼居藏书题跋记》六卷，缪荃孙等编辑成《荛圃藏书题识》十卷和《荛圃刻书题识》一卷，还有近人王大隆（字欣夫）辑成《荛圃藏书题识续录》四卷，共收录黄氏题跋约800篇。这些题跋集被公认为是高水平的提要式版本目录。

黄丕烈自己编撰的版本目录有《百宋一廛书录》《百宋一廛赋注》《求古居宋本书目》和《所见古书录》。其中《百宋一廛书录》

---

① （清）缪荃孙撰：《荛圃藏书题识序》，见《黄丕烈书目题跋》之《荛圃藏书题识》，中华书局，1990年，第2页。

和《百宋一廛赋注》是其藏书室"百宋一廛"的藏书目录。《百宋一廛书录》编成于嘉庆八年(1803)六月,原收宋本书126部,现只存残本,著录宋本书122部。该书不分类,只按经史子集顺序排列,一书的不同版本分别标目,其下各系以提要。如《春秋经传集解》,其小字本、大字本和相台岳氏本均分别以同一书名标目,下各附解题;又如《后汉书》,有南宋坊刻本,有建安刘元起之敬堂家塾本,有刘元起另一刻本,有景祐本,还有坊刻残本,也一如上例,充分体现了版本目录的特色。该书解题不像黄丕烈的题跋那样活泼自如,不拘一格,相对而言,它的内容比较完整,体例也比较统一。第一步记录其行款、字体、书中牌记,通过上述特征及序跋说明、纸墨优劣和其他记载,鉴定其版本情况;第二步叙述卷帙完缺、版本源流及校勘情况,据以鉴定其版本的优劣高下。抄本则通过书中藏章印记辨明其抄写时代和流传情况。每一解题有论有据,虽简明扼要,但鉴定考证过程却跃然纸上,比起在它前后的许多提要体版本目录只作记录,不予辨析的做法,自然是高出一等。

《百宋一廛赋注》撰成于嘉庆十年(1805)。嘉庆七年(1802),黄丕烈构筑百宋一廛庋藏其所收的100多部宋本书,请顾莼(字南雅)题匾,又请顾千里(字广圻)作赋赞之,赋成,黄丕烈为之作注。《百宋一廛赋注》其实也是一部提要式版本目录,只是采取了"注"的形式而已。

《求古居宋本书目》编成于嘉庆十七年(1812),书前有黄丕烈自题云:"《百宋一廛赋》后所收俱登此目,内有《赋》载而已易出者,兹目不列。"此目收宋本书186本,比《赋注》所录的122本多出64本,其中《目》有《赋》无者75本,《赋》有《目》无者11本。

55

此目大概是黄丕烈查检所藏宋本书时随手所记的一个清册,编排既无一定顺序,著录事项也极不完备,只一一注明册数,偶尔也标出卷数,此外就只有一些诸如"残本""残本抄补"等说明残缺和补抄情况的简略文字。但由此目录,我们得知黄丕烈在构筑百宋一廛之后,又陆续收得宋本书75本,加上前此所收的126本,黄丕烈所收宋本书实已超过200部,可谓洋洋大观。不仅如此,他还对这些版本一一辨明真伪,考订完缺,校勘文字,追溯其版本源流,指明其版本优劣,并撰写题跋或解题,编为目录。相当一部分的宋本书经他这一番爬梳整理,面目源流较以往清楚多了。

黄丕烈还编有一部规模巨大的古籍善本书目录——《所见古书录》。该书收录黄氏所藏、所见及所知的清代以前的旧刻、旧钞,以"宋本""元本""毛钞""旧钞""杂旧刻"等为一级类目,其下才各以经、史、子、集的顺序排列。这显然是受了《天禄琳琅书目》的影响,但也说明了黄丕烈对版本因素的高度重视。《所见古书录》分正编和附编两部分,正编收黄氏所藏、所见之书,每书下各附版本式提要;附编收黄氏所知各家藏书,每书下不列提要,只记录简单的版本事项。可以想象,以个人之力,设计完成这样一部大规模的版本目录,该有多么大的气魄!可惜由于各种原因,黄丕烈未及完成这部目录。他死后,这部未完成的巨著底稿交由其友瞿木夫(字中溶,钱大昕之婿)保存,瞿氏将之编为20卷,但终未付梓。后来该稿为陆心源收得,1907年陆氏皕宋楼藏书售与日本岩崎氏静嘉堂文库,该稿竟不知所终,至今音讯杳无,成为中国版本学史上的绝大遗憾!清末缪荃孙曾喟然叹道:"惜《所见古书录》未能手订成书，而掇拾丛残，犹觉空前绝后，非他书目可比。"①

　　黄丕烈在大量的版本实践基础上，进行归纳总结，提出了一系列的版本学命题，如"书必求其初刻"②；"书籍贵有源流"③；"夫书之贵贱，以有用无用为断，并以名实相副者为重"④。他还劝人读"未见书"⑤，即世所罕见的图书版本。这些观点此后一直为人们所接受和遵循，成为后世版本学家的共识。

　　黄丕烈通过其卓越的版本学实践活动，使版本学的地位得到了极大的提高。清末缪荃孙在为丁丙《善本书室藏书志》所作的序中曾这样评价说："至于考撰人之仕履，释作书之宗旨，显征正史，僻采稗官，扬其所长，纠其不逮，《四库提要》实集古今之大成。若夫辨版刻之朝代，订抄校之精粗，则黄氏荛圃蹊径独辟。"将黄丕烈的版本学成就与《四库全书总目》相提并论。这在对《四库全书总目》推崇备至的当时，无疑是对版本学的极大显扬。

　　乾嘉时期其他的著名版本学家还有钱大昕（1728—1804）、吴骞（1733—1813）、陈鳣（1753—1817）、孙星衍（1753—1818）、顾广圻（1766—1835）、张金吾（1787—1829）、钱泰吉（1791—1863）等

---

① （清）缪荃孙撰：《钱唐丁氏八千卷楼藏书志序》，见《缪荃孙全集》第12册，凤凰出版社，2014年，第355页。
② （清）黄丕烈撰：《图绘宝鉴跋》，见《黄丕烈书目题跋》之《荛圃藏书题识》卷五，中华书局，1993年，第89页。
③ （清）黄丕烈撰：《明刻本宋纪受终考跋》，见《黄丕烈书目题跋》之《荛圃藏书题识》卷二，中华书局，1993年，第28页。
④ （清）黄丕烈撰：《宋本棠阴比事跋》，见《黄丕烈书目题跋》之《荛圃藏书题识》卷四，中华书局，1993年，第73页。
⑤ （清）黄丕烈撰：《抄本铁崖赋稿跋》，见《黄丕烈书目题跋》之《荛圃藏书题识》卷九，中华书局，1993年，第217页。

人。钱大昕的《竹汀先生日记抄》,吴骞的《拜经楼藏书题跋记》,陈鳣的《经籍跋文》,孙星衍的《平津馆鉴藏书籍记》《廉石居藏书记》,顾广圻的《思适斋书跋》,张金吾的《爱日精庐藏书志》,钱泰吉的《曝书杂记》等书,都是他们在版本学方面的代表之作,他们在理论和实践上丰富了版本学的内容,为版本学内容的充实和学科的繁荣与发展做出了贡献。

乾嘉时期在版本学上值得一提的另一重要人物是大名鼎鼎的章学诚。章学诚(1738—1801),字实斋,浙江会稽(今浙江绍兴)人。他以对当时盛行的考据学风的激烈批评而著称。他指责考据家们"不求宗旨,而务为无理之繁富"[①]。主张目录学应"辨章学术,考镜源流",强调考察学术思想源流。但章学诚同时也对版本学十分重视,他在《论修〈史籍考〉要略》一文(约写于1787至1788年间)中指出:

> 十二曰板刻宜详。朱氏《经义考》后有"刊板"一条,不过记载刊木原委,而惜其未尽善者,未载刊本之异同也。金石刻画,自欧、赵、洪、薛以来,详哉其言之矣。板刻之书,流传既广,讹失亦多,其所据何本,较订何人,出于谁氏,刻于何年,款识何若,有谁题跋,孰为序引,板存何处,有无缺讹,一书曾经几刻,诸刻有何异同,惜未尝有人仿前人《金石录》例而为之专书者也。如其有之,则按录求书,不迷所向,嘉惠后学,岂不远胜《金石录》乎?如有余力所及,则当补朱氏《经

[①] (清)章学诚著:《丙辰札记》,中华书局,1986年,第65页。

考》之遗,《史考》亦可以例仿也。①

　　章学诚的这段论述,几乎概括了版本学的全部内容,是中国古代对版本学最为清醒、明确、系统、精辟的阐述,达到了很高的认识水平。

　　由此可见,乾嘉时期人们对版本学是普遍予以重视的,版本学对于学术研究的重要作用得到了学术界的普遍认同。正是这种前所未有的有利局面,促使版本学迅速进入到它的繁荣和鼎盛时期。

　　三、清末的版本学

　　乾嘉以后,清朝国势日衰,但版本学旺盛发展的势头却不见减弱,在莫友芝、陆心源、丁丙、缪荃孙等著名版本学家的倡导和带动下,清末的版本学取得了新的成绩。

　　莫友芝(1811—1871),字子偲,别号郘亭,贵州独山人,道光十一年(1831)中举人,此后连试不第,委官亦不就,遍游江淮吴越间,与当时的名流、学者相结交。莫氏学识渊广,于版本之学也极为精通。太平天国战后,他奉曾国藩之命搜访大江南北故旧遗书,因而也为自己收罗了不少古本秘籍。他的藏书处称影山草堂,所藏唐写本《说文解字》残本,乃无价之宝;所藏宋、元刻本及明清精刻、名抄、名校本也为数不少。

　　莫氏在版本学上的贡献突出表现在其所编纂的两部著名的

---

① (清)章学诚撰,王重民通解:《校雠通义通解》,上海古籍出版社,1987年,第164页。

版本目录上。第一部是《宋元旧本书经眼录》三卷、附录三卷。正编第一卷著录宋椠47种,第二卷著录金、元、明刻本46种,第三卷著录旧抄本38种,附录三卷为莫氏在各书书衣上的题跋汇编。其子莫绳孙在该书后跋中介绍说:"右宋、金、元、明椠本暨旧抄本、稿本书凡百三十种,悉同治乙丑(1865)迄己巳(1869)数岁中,先君客游所见者,或解题,或考其椠、抄善劣,或仅记每叶行字数目,或并录其序跋及经藏家跋语、印记,皆经眼时随笔志之,以备循览。"该书不仅在版本研究方面有重要价值,在研究方法和著录体例方面也堪称后学之楷模。

莫氏编撰的另一部版本目录就是著名的《邵亭知见传本书目》十六卷。莫氏平日每见到一书的不同版本,就记录于《四库全书简明目录》所列该书之下,日久天长,一书下多者有列出数十种版本的。《简目》未收之书及《四库全书总目》存目之书,莫氏也在相应类下一一列出;此外还采录了邵懿辰《四库简明目录标注》一书中所列的版本,故该书是一部很有价值的版本目录。

邵懿辰(1810—1861),字位西,浙江杭州人。所撰《四库简明目录标注》早于莫氏《邵亭知见传本书目》,而命意全同,故其影响更大于后者。近代有版本学家曾评价说:考论版本之学者,咸奉此二目为金科玉律,真如山珍海错,取之无尽。此谓其收罗之宏富,在版本学上更重要的意义则在于,由于这两部目录的相继出现,使罗列式版本目录成为一种确定的版本目录类型,从而为版本学找到了一种极好的表达方式,后来的《书目答问》《贩书偶记》等许多版本目录,都采用了这种一书下罗列各种不同版本的方式。

继莫友芝之后的另一个大版本学家是清末四大藏书家之一

的陆心源。陆心源(1834—1894),字刚甫,号存斋,晚号潜园老人,浙江归安(今湖州市属)人,咸丰九年(1859)中举人,任广东南韶兵备道台达十余年。光绪六年(1880)调高廉道,后入闽署盐法道,不久乞养归里,潜身于藏书之中。其藏书处有皕宋楼、十万卷楼、守先阁等。陆氏在版本学上有较高的造诣,所撰《皕宋楼藏书志》一百二十卷续志四卷和《仪顾堂题跋》十六卷续跋十六卷,都是重要的版本学著作。《仪顾堂题跋》共收陆氏自撰题跋629篇,述各本"板刻源流,收藏姓氏,剖析异同,如指诸掌"(潘祖荫该书序语),在风格和治学方法上颇能追法黄丕烈,将提要式版本目录的特点发挥得淋漓尽致。

除陆心源之外,清末四大藏书家中其他三家也都编有颇具影响的提要式藏书目录。瞿氏铁琴铜剑楼有瞿镛(1794—1846)撰《铁琴铜剑楼藏书目录》二十四卷,丁氏八千卷楼有丁丙(1832—1899)撰《善本书室藏书志》四十卷、附录一卷,杨氏海源阁有杨绍和(1830—1875)撰《楹书隅录》五卷、续编四卷。四大藏书家外,杨守敬(1839—1915)所撰之《日本访书志》,张之洞(1837—1909)所撰之《书目答问》等,也都是很有影响的版本目录。

清末对版本学做出巨大贡献的另一重要人物是缪荃孙。缪荃孙(1844—1919),字炎之,一字筱珊,晚号艺风,光绪二年(1876)进士,为清末著名版本学家。他在版本学方面除撰有《艺风藏书记》、续记、再续记等提要式版本目录之外,还曾多次收集整理黄丕烈的题跋,先后编成《士礼居藏书题跋记》、续记、再续记,后又汇总编为《荛圃藏书题识》十卷、《刻书题识》一卷,共得黄氏题跋600余篇。通过上述活动,他不遗余力地宣扬、鼓吹黄丕烈在版本学上的成就,表达自己的尊崇、景仰之意,并强调版本学对于读书治学的有效功能,总结版本学的研究方法和规律。他的这些努力对版本学在清末的继续兴盛和发展产生了重要的作用。

清末版本学发展的最大特点,表现为版本目录的异常发达。各大藏书家所编的藏书目录,均特别注意介绍图书的版本情况,版本意识之浓厚,研究方法之科学,著录技巧之圆熟,都是空前的。版本目录的类型至此也已发展齐备,无论是简要著录式,还是罗列式或提要式,这一时期出现的各种类型的版本目录均可作为后世版本目录的典范。

但是,整个清代,版本学始终被认为是目录学的一部分,治版本学者也只以目录学家自诩。版本学作为一门独立的学科呈现于世人之前,则是现代的事了。

第四节 现代版本学的独立与发展

进入现代以来,由于学科发展的日趋细密和深化,版本学同校勘学、分类学等先后从传统的目录学中分化出来而独立成学。其表现是:一、对版本现象进行的专门研究愈来愈多;二、人们的版本学学科意识日益浓厚;三、版本学作为一门独立学科的各种条件逐渐具备。当然,这个过程是逐步进行而不是一下子就完成的,故我们将这个过程分两个时期进行阐述。

一、民国时期的版本学

民国时期两部版本学专著的出现,标志着版本学开始走向独立。这两部书就是叶德辉的《书林清话》和钱基博的《版本通义》。

叶德辉(1864—1927),字焕彬,号直山,又号郋园,湖南长沙人,祖籍江苏吴县,光绪十八年(1892)进士,官吏部主事,不久即弃官归里。富于藏书,勤于刻书,广有著述。所撰《书林清话》十卷初成于 1911 年底,第一次刻成于 1919 年;所撰《书林余话》二卷实际上是前书的补编,写成于 1923 年,刻成于 1928 年,现行本均将二书合编出版。

《书林清话》用笔记体的形式,集中而又系统地叙述了我国古代书籍版本的各种有关知识,对历代抄、印书籍的规格、材料、风格、工价、优劣和各类型版本的缘起、源流及各代抄、印、收藏图书的掌故都进行了细致而具体的描述。此书虽无版本学之名,但却是有史以来第一部全面系统介绍书籍版本知识的版本学专著,在版本学史上具有划时代的意义。

钱基博(1887—1957)的《版本通义》是第一部以版本为名的版本学专著,此书初稿完成于 1930 年,1933 年上海商务印书馆初版,1957 年由古籍出版社重印。全书分为四个部分:"原始第一",叙述宋代以前的版本情况;"历史第二",介绍自宋代至清代各种版本的校印、形制、款式等演变发展情况,而特别着重于对宋代版本的研究;"读本第三",分经、史、子、集、类书五类,分别对古代主要著作的重要版本进行推荐和比较,以便读者知晓"书以何本为善";"余记第四",杂记版本学的源流、历代讲求版本的风气,并对抄本、伪本情况作了特别的说明,最后举出大量著名的版本学著作,以示读者治版本学之门径。此书之可贵,不仅在于它较早地提出了"版本之学"的说法,还在于它第一次试图从理论和实践两方面对版本学进行专门系统的阐述。作者明确指出:"版本之学,所从来旧矣,盖远起自西汉,大用在雠校。""其蔽流为骨董"。这说明作者对"版本"一词的含义,已不是狭隘的理解;对版本学的发展源流、作用,以及版本学研究中的不良风气,也都有着清醒的认识。当然,由于时代和治学方法的局限,对于上述问题及版本学的有关理论和工作方法,《版本通义》的作者还不能做到如当代学者研究得那么透彻和系统。但从此以后,版本学终于脱去了传统目录学的羁绊,走上了独立发展的道路,这一大势的形成,钱基博先生实与有功焉。

叶、钱之外,民国时期还涌现出了一批具有高深造诣的版本学大家,其中以张元济、傅增湘、董康、陶湘、徐鸿宝、郑振铎、王重民等人为突出代表。他们继承并发扬了清代前辈们的事业,在西方近代文化汹涌而来、中国传统文化节节败退之际,仍抱着极大的热情,继续对中国古籍特别是善本书进行了卓有成效的整理、抢救工作。

傅增湘(1872—1949)所编撰的《藏园群书题记》《藏园群书经眼录》《双鉴楼善本书目》,是这一时期最有名的版本目录。

商务印书馆由张元济(1867—1959)主持整理影印的《四部丛刊》,是民国时期最大的一部影印古籍善本丛书。张元济对影印过程中出现的各种有关版本问题的探讨,也极大地丰富了版本学的研究内容。

此外陶湘(1871—1940)对明末清初毛氏汲古阁刻本、清代武英殿刻本、开化纸本及明末闵、凌二氏套印本的特殊喜好,董康(1867—1947)、郑振铎(1898—1958)等人对通俗文学作品版本的专门收藏,都起了开一代讲求版本风气的作用。

民国时期,对专书的版本研究开始深入进行。如 1925 年王重民编撰的《老子考》(《中华图书馆协会丛书》第 1 种,中华图书馆协会 1927 年出版),著录有关老子的著作近 500 种,并于存者记其何种版本,凡未见、未刊者皆予注明。此书之体例,仿清代朱彝尊《经义考》和谢启昆《小学考》,但朱、谢二书只著存佚,不详版刻。就体例而言,王氏此书则更为完善了。

又如胡适研究《水经注》,前后收集了数十个版本,加以比较查证,取得很大收获。其他如对《水浒传》《三国演义》《红楼梦》等书所开展的影响广泛的版本研究,对于加深理解这些古典文学名著、开辟当时文学研究的新路子,都起到了很好的作用。

二、新中国成立之后的版本学

清代以及民国时期,从事版本研究者或为饱学之士,或家学渊源,都有着深厚的传统文化的功底。故他们的版本学研究,主要表现为具体的版本工作,而极少对各种版本学知识和版本学工作方法予以阐明,因为这些知识、方法对于他们来说是很明了的,无需多言。而书业界人士或由于学识有限,不善于总结归纳,或出于当作看家本领、秘不外传的心理,也极少有关于版本学知识和鉴定方法的书面介绍。

1949 年新中国成立以来,随着古籍大量流入公共藏书单位,图书馆古籍保护的任务骤然加重,长期以来版本学为个别人所垄断的状况已不适应现实的需要,培养新一代版本学人才的需要变得日益迫切,版本学教育被提上日程。这种情况极大地促进了版本学的发展,新型的版本学著作相继出现,不仅各种版本学知识得到较为充分的总结,而且版本学的学科体系也日渐丰富完善,版本学作为一门独立的学科终于得到了世人的普遍承认。

20世纪下半叶最早问世的一部版本学专著其实是屈万里、昌彼得二人合著的《图书板本学要略》。该书1953年由台北中华文化出版事业委员会初版，1986年又由台北中国文化大学出版了潘美月的增订本。全书分为四卷，卷一"前篇"，叙述我国古代图书的名称、历代图书形制的演变，印章及摹拓对于雕版印刷发明的影响。卷二"源流篇"，叙述中国印刷术的发明，历代的刻书状况，并介绍历代活字本、套印本、石印本及影印本。卷三"鉴别篇"，叙述鉴定古书版本的方法。卷四"余篇"，略举考订善本图书应用的参考书与版本项著录的则例，以及版本术语、年表等。书后并附有图版书影数十幅。该书构思新颖独特，多所创新发明，特别是"鉴别篇"，议论之精当，实发前人所未发，为后学之津逮。但该书由于初版于台湾，限于海峡两岸长期隔绝的状况，直到二三十年后才为大陆版本学界所知见。

20世纪50年代，在大陆影响较大的一部较早出现的版本学专著是陈国庆编著的《古籍版本浅说》。该书1957年8月由辽宁人民出版社初版，1964年中华书局又出新一版。这部书比较集中系统地介绍了古籍的各种版本知识。由于它是为了培训图书馆古籍保护人员而编写的，故其内容紧凑，文字通俗易懂，极便学习和迅速掌握，这在以前是从未有过的。虽然这部书仅有6万字，但其影响却很大，很多初学者都是通过学习这本书才开始逐渐了解版本学的。

毛春翔撰写的《古书版本常谈》，是20世纪60年代出版的一部更有影响的版本学专著。在这部书中，作者对"什么叫作版本""什么叫作善本""我们为什么要研究版本""如何鉴别版本"等一系列重要的版本学课题作了尽可能详尽的解释和说明，并对唐、五代、宋、辽、金、元、明、清刻本及巾箱本、活字本、套印本乃至各种写本、佛、道版本等各种古书版本类型予以充分的讲解。所以该书虽篇幅不算很大,但就涉及的问题来说,却有着很重的分量。

1980年代以后,版本学研究呈现出一派兴旺景象。首先是魏隐儒在积30多年古籍书店工作经验的基础上,写出了《古籍版本鉴定丛谈》(印刷工业出版社1984年版)一书。这部书对古籍的版刻史、版本类型、版本术语、古籍用纸和版本鉴定方法均予以集中的介绍,对刻本、活字本、批校本、抄本和伪本等常见版本类型的鉴定,也进行了专门的分析研究和总结。这部书的可贵之处在于它通过对古籍版本鉴定方法及其相关知识的阐述,揭开了长期以来蒙在版本学头上的神秘面纱,使版本学变得容易为人们所认识,使版本鉴定方法变得比较容易为人们所掌握了。此外,这部书中所罗列的大量版本知识,使它无形中成为一部简明的版本学辞典,对于普及版本学知识来说也是一本极好的读物。

稍后出版的台湾"中央图书馆"李清志撰写的《古书版本鉴定研究》(台北文史哲出版社1986年版)则更是古籍版本学研究的一部力作。该书对中国历代图书版本的版式、字体、刻工、用纸用墨和文字避讳情况均予以专篇的详尽论述。作者在书中所采用的数理统计等科学方法,对于人们准确了解和掌握历代版本的有关各种情况有极大的帮助。作者总结归纳的两种版本鉴定方法——直观法和理攻法(又称考据法),也很有创见,值得肯定和借鉴。该书所具有的严整体例和所使用的各种鉴定技术,也有力地说明版本学是一门有着严密逻辑体系和丰富内容的独立学科。

以上二书主要研究的是版本学中的古籍版本鉴定问题,此后又相继出现了几部试图比较系统全面地阐述总结古籍版本学理论、知识和研究方法的概论性著作,如戴南海的《版本学概论》(巴蜀书社1989年版)、严佐之的《古籍版本学概论》(华东师范大学出版社1989年版)、李致忠的《古书版本学概论》(书目文献出版社1990年版),程千帆、徐有富的《校雠广义·版本编》(齐鲁书社1991年版),曹之的《中国古籍版本学》(武汉大学出版社1992年版),黄永年先生的《古籍版本学》(江苏教育出版社2005年版)、《古文献学四讲》(鹭江出版社2003年版)之一"版本学"。

戴南海编著的《版本学概论》问世最早,该书作者曾长期供职于陕西省图书馆历史文献部,1980年调西北大学历史系任教,在大量实践经验和授课基础上完成此近40万字的著作。全书分为12章,分别论述了版本学的理论、版本学史、图书版本发展史、书籍装订史、各类型版本的特点及其鉴定方法和版本的优劣评价等一系列问题,收集资料丰富,论述内容广泛,列举例证充分。只是该书虽名《版本学概论》,实际论述范围仅限于中国古籍版本。

严佐之著《古籍版本学概论》约17万字,虽篇幅不长,但结构紧凑,内容简明,论述严谨,分析深刻。特别是注意到一书版本源流的考证在版本学中所处的重要地位,并予以系统的论述,填补了以往版本学研究在这方面的空白,具有开创性。作者曾在上海图书馆古籍组工作多年,后攻读华东师范大学古籍所的硕士研究生,毕业后留所任教,讲授"版本学"课程,该书即在其所写讲义的基础上修改完成。

李致忠著《古书版本学概论》20万字,分为10章,在深远的历史背景下,多角度、多层次地对古书版本予以全面的揭示和阐发,具有一定的深度和广度。作者长期供职北京图书馆善本部,积累了丰富的古书版本方面的实践经验和理论知识,故能在此书中对前人成说如古书用纸问题、梵夹装的形制问题等多所辨正,对于校勘作为一种必要研究手段在版本学中的重要地位和作用也予以充分的重视和肯定,有助于扭转版本学研究中长期存在的重形式、轻内容的形式主义倾向。

南京大学程千帆、徐有富教授所撰的《校雠广义·版本编》,也倾力于对中国古籍版本的研究,尤其对于雕版印本的品类和鉴定着墨最多。该书资料丰富,论述细密,可谓传统版本学研究的集成之作。

武汉大学曹之教授所撰之《中国古籍版本学》,篇幅长达45万字,分为概论、源流、鉴定三编,结构宏大,内容丰富,阐述系统,初步建立了中国古籍版本学的学科体系。书中对版本学基本理论、版本学史、一书版本源流等以往版本学研究薄弱部分的论述,既重版本形式又重版本内容的研究方法,经亲自考证得出的各种问题结论,引用他人资料旁注出处的做法,都显示出作者高超的学术眼光、严谨踏实的学风和实事求是的治学态度,使此书更具参考和阅读价值。

陕西师范大学黄永年先生的《古籍版本学》初版于 2005 年,2009 年又出版了增订本。黄永年是著名版本目录学家,富于收藏,精于鉴定。他从 1979 年开始系统讲授版本学课程,其讲义的简本即其所著《古文献学四讲》中的"版本学"部分,《古籍版本学》乃其详本。该书分为"绪论""版本史和版本鉴别""版本目录"三大部分共 16 章,从理论到方法到各种类型古籍版本的鉴定,内容比较全面,论述也很精到,多作者经验之谈。

随着图书出版的日益兴盛,藏书之家不断涌现,人们对版本学知识的了解变得普遍而且迫切起来。为适应这种需要,2002 年江苏古籍出版社出版了任继愈主编的《中国版本文化丛书》。整套丛书共14本,除第一部《中国书源流》为总括型外,其他各书均以某一版本类型为题,具体可分为几个系列:按朝代顺序有《宋本》《元本》《明本》《清刻本》;按不同出版者有《家刻本》《坊刻本》;按不同图书类型范围有《佛经版本》《少数民族古籍版本》《新文学版本》;按不同版本类型有《稿本》《批校本》《活字本》《插图本》;大致包括了古今图书版本的基本类型。该丛书的基本体例,是将每部书分为上、下两编,上编是总结性的文字,下编是对一个个具体版本的介绍和赏鉴。行文多取随笔的形式,活泼自如,不拘一格。这使它的性质介于以往的书史著作和版本式题跋集之间。但以一个专题将这两种体例组织到一起,还是首次出现。此外,各书均配有大量精美的书影插图,加之18开的异形开本,双栏排版的版面设计,都使该套丛书显得美观雅致,别具一格。

除上述各种版本学专著外,高质量的版本目录也层出不穷。如:上海图书馆编纂的《中国丛书综录》(1959年中华书局出版),中国科学院北京天文台编纂的《中国地方志联合目录》(1985年中华书局出版),王重民先生的《中国善本书提要》(1983年上海古籍出版社出版),自1978年至1998年费时20年集全国图书馆古籍界力量编纂的《中国古籍善本书目》(1989—1998年上海古籍出版社出版),2009年由中华书局、上海古籍出版社出版的著录现存古籍近20万种的《中国古籍总目》等,都充分应用了历来版本学研究的经验方法,体现了现代版本学的研究水平。

2007年国家实施"中华古籍保护计划"之后,古籍版本目录的编纂取得了突飞猛进的成绩。2010年开始启动依省区、机构、类型、文种等分卷进行编纂的《中华古籍总目》工程,如能全部完成,将是规模空前的一部高质量国家古籍总目。2011年国家古籍保护中心开始全面推进古籍普查登记工作,出版囊括全国古籍收藏单位所藏古籍的《全国古籍普查登记目录》。同时,国家建立"国家珍贵古籍名录"制度,截至2020年11月,国务院先后公布六批《国家珍贵古籍名录》,收录古籍13026部;20个省区建立《省级珍贵古籍名录》,收录古籍24790部。这些古籍编目举措和成果,极大地促进了古籍版本学的发展,强化了全民的版本意识。

  为满足古籍编目标准化的现实需要,相关的标准和规范陆续出台。1987年发布了国家标准《古籍著录规则》(GB/T 3792.7-87);2001年中国国家图书馆编制了《汉语文古籍机读目录格式使用手册》(北京图书馆出版社2001年版),2014年文化部发布了文化行业标准《古籍元数据规范》(WH/T 66-2014)。

  古籍的价值评判标准也受到业界高层的高度重视,如1978年开始编纂《中国古籍善本书目》时,提出了"三性九条"的古籍善本评价标准;2006年文化部发布了文化行业标准《古籍定级标准》(WH/T 20-2006)、《古籍特藏破损定级标准》(WH/T 22-2006)。

  1950年以来,我国整理出版各类古籍3万余种,而几乎每种古籍的整理出版,都有考证其书版本源流的任务,版本研究成果极为丰富。万曼的《唐集叙录》(中华书局1980年版)一书,则集中研究考证了108家唐人诗文集的版本源流,堪称这一研究领域的代表之作。王岚的《宋人文集编刻流传丛考》(江苏古籍出版社2003年版)一书,对32家宋人别集在历代的编刻流传情况进行了集中的查考,勾画出其版本源流系统,版本考证严密科学,结论准确明晰,极具学术价值。该书与万曼的《唐集叙录》前后辉映,堪称唐宋别集版本源流研究的"双璧"。

进入21世纪,对古今重要图书版本源流的研究,更得到了广泛深入的开展,出现了不少专以某种重要古籍的版本源流为研究对象的专著,如傅刚著《〈文选〉版本研究》(北京大学出版社2000年版)、张玉春著《〈史记〉版本研究》(商务印书馆2001年版),刘世德著《〈红楼梦〉版本探微》(华东师范大学出版社2003年版)等。

对20世纪以来产生的各种新书的版本源流,现代学界也日益给予越来越多的关注和研究,出现了大量论述新书版本的书话著作,如唐弢《晦庵书话》、姜德明的《余时书话》、倪墨炎的《现代文坛短笺》、龚明德的《新文学散札》、陈子善的《捞针集》、梁永的《雍庐书话》、薛冰的《版本杂谈》,等等。金宏宇的《中国现代长篇小说名著版本校评》(人民文学出版社2004年版)一书,则对8部中国现代著名长篇小说进行集中的版本研究,通过对一书各种版本的对校和阐释,梳理、总结了这些名著版本变迁的过程和原因,将版本研究与文本研究结合起来,拓展了版本学的研究空间。

总之,目前版本学研究正呈现方兴未艾的可喜局面,其研究领域不断扩大,研究内容日益深入。事实证明,现代的版本学研究绝不逊于以往的任何历史时期,版本学这一古老而又年轻的学科正以其蓬勃旺盛的生命力,向世人昭示着其光明的未来。

第三章　版本分析

每一种图书版本都具有内容和形式两个方面。同一部图书的各种不同版本，彼此在内容和形式上都会有所差异，而这些差异又是由各本不同的著述、制作和流传背景情况所造成的。作为一部图书的具体表现形式，每一种版本都有其不同特点，可以根据上述各种情况分别归属于各种特定的版本类型。

第一节　版本的背景情况

版本的背景情况，具体地说，是指版本的著述背景、制作背景和流传背景这三方面的情况。它们反映着作为图书具体表现形式的版本的产生和流传情况，同时也决定着版本的内容和形式及其质量优劣和价值大小。

除非有明确的文字记载，版本的各种背景情况是不易为人们所一望而知的。令人遗憾的是，许多古代的图书版本，由于产生年代的久远、内容的残缺、出版体例的不规范，以及当时和后来的种种原因，很少甚至没有留下有关版本各种背景情况的明确文字记载，因而考证版本的各种背景情况就成了版本学的重要任务和研究内容。

一、版本的著述背景

所谓版本的著述背景,是指原作者之外一部图书各种不同版本的相关作者对原著进行的整理、增删、修改、注释、校勘、标点、批评、翻译等工作情况,而不是指原作者的原始创作情况。这就是说,一书后来的整理者、修改者、注释者、批评者、校点者、翻译者等,只对该书的某一版本或某一类版本中那些不同于原书的文字内容负责,而不是对原书的文字内容负责,而且就其所负责的某一版本或某一类版本来说,他们也只是次要作者,而不是主要作者。这些次要作者在原书基础上所进行的各种加工整理工作,虽然导致各本面貌有所差异,文字内容有所不同,但没有从根本上改变一书的内容性质。加工整理后的各本,其原作者的主导地位没有改变,仍是主要作者。

二、版本的制作背景

版本的制作背景具体包括出版时间、出版地、出版者、制作方式四个因素。了解版本制作背景的重要意义在于:一部图书,如果对其版本制作情况一无所知,就不能轻易引证,以作为学术研究的可靠依据;另一方面,某一版本的价值大小,在很大程度上是由其版本制作背景决定的。

(一)出版时间

出版时间是图书最重要的一个版本事项,也是版本鉴定的首要事项。这是因为:首先,它是区分一书不同版本的最显著的标志。如《三国演义》有刻本20多种,但以出版年代相区别,如明嘉靖元年(1522)本、万历十九年(1591)本、清康熙本等,则绝不会混淆。又如明郑若曾所撰《筹海图编》,是一部以反映和研究倭寇活动为中心内容的中世纪中日关系史的珍贵文献。此书自明嘉靖年间初刻以来,几经翻刻,一印再印,百年之内就有嘉靖、隆庆、天启、康熙四个版本和万历重印嘉靖本。这些同一部书的不同年代刻本不仅有外形上的差异,而且还有作者署名的不同,并由此而影响到各本在内容上产生差异。不同年代刊印的《筹海图编》亦即是不同作者署名和不同内容的《筹海图编》。了解该书的人,都是从刻印年代来标识该书的不同版本,进而揭示该书各本不同的作者署名和不同的文字内容。

其次,出版时间反映着版本的地位和价值。一般来说,出版时间不同,版本的地位和价值也就不同。在大多数情况下,出版时间越早,版本的地位和价值就越高;出版的时间越晚,版本的价值和地位相对就较低。例如,就版本的文物价值而言,南宋本不如北宋本,元本不如宋本,明本不如元本,清本不如明本,这是版本学界普遍的看法。

总之,知道了某一版本的出版时间,就会对这个版本有一个初步明确的印象,并对其版本价值有一个大致的估计。

(二)出版地

出版地是指出版者所在地。对于印本书来说,要注意将出版地同制版地和印刷地区分开来。古代由于交通不便,一般来说三者是统一的,但也有不少例外,如北宋国子监、秘书省刻书,通常是送到当时刻书业发达的杭州刻版。又如明代云南丽江土知府木氏所刻10余种图书,其中绝大多数是在苏州刻印的。①

现代图书由于出版社和印刷厂各有分工,加之通信和交通便利,常常出现出版地与制版地、印刷地三者不相一致的情况,要注意区分。此外,过去在鉴定古书时,经常将私人刻本的刻书者籍贯所在地同出版地(或称刻书地)相混淆,这是我们今天鉴定这类版本时应该避免的。

在中国古代,同一时代的不同地区,在刻书风格和用料方面的差别明显。例如宋代蜀本多采用颜体字,用纸多为麻纸;浙本多采用欧体字,用纸多为皮纸;闽本字体多似柳体,用纸多为竹纸。由于古书的出版地即是其实际刻印地,故古书不同的出版地即意味着不同的刻书风格或用纸用料。古书的出版地还反映着图书的价值和质量。例如前述宋代刻书主要有蜀、浙、闽三地,但蜀本经过南宋末年蒙古军队的战争毁坏加之后来的多次兵火浩劫,已万不存一,在三地刻本中存世最少,于是蜀本价值明显要高于浙本、闽本。又如宋代建阳麻沙镇刻书极多,但刻印及用料不精,故麻沙本在当时就名声不佳。

现代中国图书的出版仍存在地区差异,所以出版地的著录虽不像古籍那么重要,但也是不应忽视的。

比较而言,了解出版地的重要性逊于对出版时间的了解,故在无法考证出来的情况下,亦可搁置不提。

(三)出版者

出版者指图书出版的责任者,它负责图书的审阅、编辑加工、版式设计和校对稿样等工作,而非具体的制版印刷者。出版者的

---

① 黄裳著:《西南访书记》,见《银鱼集》,三联书店,1985年,第195页。

不同,直接关系着图书的质量高低和价值大小。例如中国古代的刻本,按其刻印者的系统划分,一般分为官刻本、私刻本和坊刻本三大类。官刻本是指历代中央和地方政府机关衙署及其附属机构刻印的本子。最早的官刻本起源于五代时期,由国子监校刻经书。私刻本又称家刻本或家塾本,是指个人出资主持刻印的本子。坊刻本是指以刻印书籍为营业的书坊所刻印的本子。普遍认为,官刻本纸墨精良,版式美观,装订精工,但有时校勘不够精审;私刻本校勘精审,虽装帧不及官刻本,但文字内容的准确却往往过之;坊刻本为图赢利,纸墨粗劣,刻印不精,文字错误较多,质量最差。近现代社会,各出版机构亦有优劣高低之分。鉴定评价版本时,对其出版者绝不可忽视。

(四)制作方式

制作方式是指图书的抄写、传拓或制版印刷等方式。古今中外的图书,其制作方式或为书写、或为传拓、或为剌刻、或为印刷。中国古代除雕版印刷外,还有活字印刷、套版印刷等制版印刷方式,其中活字印刷又有各种不同质地材料的活字之分。近现代印刷方式发展为凸版印刷、平版印刷和凹版印刷三种,其中又有铅印、石印、胶印、影印等诸多名目。各种印刷方法在不同的历史时期各有其盛行的阶段,也各有其特点,使得用不同制版印刷方法制成的各种图书各自具有不同的风格、特征,版本的质量和价值也各不相同。由于这些制版印刷方式在不具备一定的知识和经验的情况下,从版本表面不易一眼辨出,所以版本的制作方式也被列为版本鉴定的重要内容之一。

三、版本的流传背景

版本的流传背景,是指一个具体版本产生后人们对它的收藏利用情况。许多版本在流传过程中经过了人们的阅读、加工,添加了新的内容,如藏章印记、题识、签名、批评、校勘、圈点等;有的还经重新装潢,面貌焕然一新,这些都使老版本具有了新的意义。一个本子如果迭经名人收藏,留有名人印章、手迹,便会大大增加该本的版本价值。清代著名版本学家黄丕烈曾说:"书贵有源流",讲的就是这个道理。古今的版本学家历来都很重视对版本的流传背景的鉴定,并在这方面积累了不少经验,值得我们借鉴。总之,版本的流传背景与版本的著述和制作背景一样,也是鉴定版本质量优劣,评价版本价值大小的一个不可忽视的标准。

第二节 版本的外观形式

版本的外观形式由其图文符号、载体材料、装订形式、版式、装帧结构五个方面构成。版本的各种形式特征以及其间的差异,就是围绕这五个方面表现和展开的。

一、图文符号

这里所说的图文符号,不是指版本的文字内容,而是就其外观特征而言。例如某版本上的图画是彩色的,还是黑白的;文字是繁体字,还是简体字;字体是印刷体,还是手写体,等等。

汉字的字体,人们通常习惯说"真草隶篆"四体,其实依照汉字发展演变的过程详细而论,应该按甲骨文、金文、古文、大篆、小篆、隶书、草书、楷书、行书的顺序排列。

(一)甲骨文

甲骨文是刻在龟甲和兽骨上的文字,是商代的一种占卜记录,同时也是商代后期字体的代表。它以象形字为基础,初步具备了后代汉字用来记录汉语的各种方法,但形体结构还没有完全定型。由于甲骨文是用刀在坚硬的甲骨上刻划出来的,所以笔画瘦硬而细,多方折。目前存世的甲骨超过15万片,发现甲骨文的字数达4500多个,已辨认出的有2000余字。

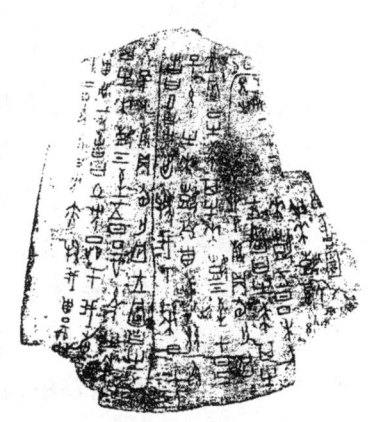

图1 甲骨文

(二)金文

古代称铜为金,金文就是在各种青铜器上或铸或刻而成的文字,故又叫"青铜器铭文"。金文存在的时间很长,但长篇铭文主要是西周和春秋时代的,这期间的金文形体构造大体一致,因此,一般把金文作为西周和春秋时期通用字体的代表。金文由于多是铸成的,所

图2 金文

以肥笔、圆笔较多,笔画也开始有了粗细之分,并且初步具备了汉字横平竖直、大小均匀的方块形式。

(三)古文

所谓古文,是指战国时期的六国文字。这种字体今多见于出土的战国时期的简策、帛书、陶器、玺印、货币及玉石盟书上。六国古文种类既多,字体结构也很不固定,异体字繁多,简体字盛行。当时用毛笔书写的古文,往往起笔较粗,收笔尖细,形似蝌蚪,故又被称作蝌蚪文。

图3 六国古文

(四)大篆

大篆又称籀文,过去一向传说是周宣王时太史籀所创的一种字体,近人考证则认为大篆实系春秋战国时秦国的文字。大篆的形体结构一般比古文要规整繁复,现在人们常将石鼓文①作为大篆的代表。

---

① 石鼓文是刻在10个形状似鼓的石头上的文字,系10首描写歌颂田猎宫囿的四言诗。这10个石鼓唐代初年出土于陕西省凤翔县,现存于北京故宫博物院,传统认为是周宣王时(前827—前782)的物品,郭沫若认为是春秋秦襄公时(公元前777—前766)的遗物。石鼓文原文有700字左右,现仅存300余字,且模糊不清,难以辨认。有历代多种拓本传世。

图 4 石鼓文

图 5 小篆

（五）小篆

小篆是在大篆基础上发展而来的一种秦国字体,秦统一天下后,经李斯等人整理规范后通行天下。它以平匀的曲线和直线所构成的规整字形代替了过去笔画大小粗细不一致的字体,并且废除了众多繁复的异体,一般一个字只规定一种比较简易的写法,偏旁部分也基本固定了下来,从而使汉字得到了空前的规范和统一。许慎的《说文解字》的字头和三国时曹魏正始年间(240—

249)刻立的《三体石经》①中的小篆为其代表。

（六）隶书

隶书产生于战国末期至秦,盛行于汉代,系对篆书简化而成,因"施之于徒隶"②,故名隶书,是下级官吏为了应付繁多的官狱事务而创制的。隶书是一种彻底线条化、符号化了的字体,与小篆相比,不仅结构大大简化,而且将篆书的一些圆转不断的线条改为方折的断笔,从而形成了点、横、竖、撇、捺、钩、折等各种笔画,使书写速度

图6　隶书

大大加快。隶书可分为"秦隶"和"汉隶"两个发展阶段,秦隶犹有篆意,汉隶则完全打破了篆书结构,字形平稳匀称,作扁方形,横划一波三折,撇捺则上挑出锋,风格独特。

（七）草书

草书是隶书的快写和简省,形成于东汉初年,在其后的发展

---

① 《三体石经》刻于三国魏齐王曹芳正始二年(241),因碑文每字皆用古文、小篆和汉隶三种字体写刻,故名。石经刻有《尚书》《春秋》和《左传》的部分篇章,是继东汉《熹平石经》后建立的第二部石经。原立于魏都洛阳南郊太学讲堂西侧。唐以后碑石毁损殆尽,今仅存部分残石。

② （汉）班固撰,（唐）颜师古注:《汉书》,卷三十《艺文志》之《六艺略·小学》,中华书局,1964年,第1721页。

中,又有章草①、今草②、狂草③等多种类型。草书产生之初,有很强的实用性,但后来由于笔画过于简省,破坏了汉字的结构体系,难以辨认,失去了实用价值,仅成为一种供人欣赏的艺术品。

图7 草书

(八)楷书

楷书本名"正书"或"真书",唐以后改称此名。系由汉隶变来,结构与汉隶基本相同,只是稍有简省。二者主要区别在用笔与体势上,楷书的横笔改为收锋,不再上挑,撇改为尖斜向下,钩是硬钩,不用慢弯,且笔画平直、形体方正,较隶书更为规整。楷

---

① 章草,书法的传统书体之一,始于秦汉年间,是由草写的隶书演变而成的早期草书。与"今草"的区别主要是保留隶书笔法的形迹,上下字独立而基本不连写。
② 今草,亦称"小草",草书的一种,始于汉末,是对章草的革新。
③ 狂草,属于草书最放纵的一种,笔势相连而圆转,字形狂放多变,在今草的基础上将点画连绵书写,形成"一笔书",在章法上与今草一脉相承。

书萌芽于东汉,魏晋南北朝时期北方的碑刻楷书字体尚留有隶书笔意,通常称作魏碑体。直至唐初楷书才完全成熟定型。

在现存各种古籍版本中,最常见的字体是楷书,因为楷书具有易写、易刻、易认、整齐、美观等优点,故多用于古籍版本正文的写刻。至于其他字体,则隶书多用于书衣和封面的书名题签,行书多用于序跋的撰写,小篆多用于书牌、木记的文字说明及各种藏书印章的印文。

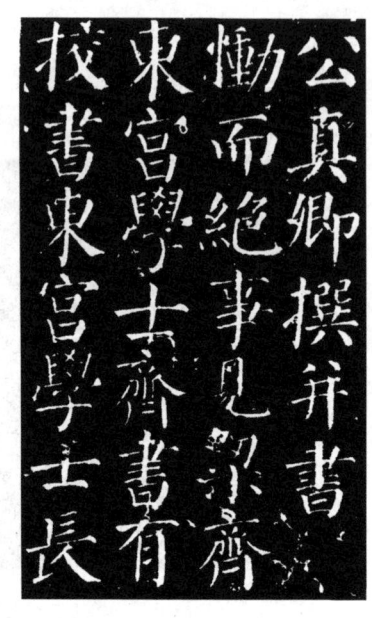

图8 楷书

(九)行书

行书盛行于盛唐,是介乎楷书和草书之间的一种字体。它在楷书基础上发展而来,虽有连笔,却不失楷书的原形,既便于书写,又易于辨认,因此至今仍是社会上广泛使用的一种手写字体。

(十)印刷字体

从明代中叶开始,出现了一种横平竖直、横细竖粗、整齐方正的所谓宋体字,这是我国古代印刷工

图9 行书

匠创制的一种印刷字体,故又称匠体字;此种字体相对于手写楷书笔画转折生硬,棱角分明,所以人们也常将之称为硬体字,而称楷书为软体字。明清两代刻书大多采用这种宋体字。

现代我国通用的印刷字体主要为以下四种字体:

1.宋体

又称老宋体,是直接从古代宋体字发展而来的一种现代印刷字体。其特点是笔画清晰,横细竖粗,字体庄重,结构平正。大号字用作标题,小号字用于正文和注释。

2.仿宋体

又称真宋体,其特点是字面大、笔画细、横竖笔画粗细匀称。大号字适用于标题,小号字适用于诗歌、少儿读物、按语、小标题、引文、序言等。

3.楷体

又称正楷、正体、手书体,其特点是字体挺秀,近似手书。大号字用于标题,小号字多用于按语、词语、小标题、注释,以及小学课本、少儿读物等。

4.黑体

又称等线体、方头体、平体,其特点是笔画粗重,横、竖笔画全是粗画,且粗细相等,醒目有力。多用作标题,有时夹排在宋体字中表示重点。

除上述四种主要字体外,现代印刷常用字体还有长宋体、长仿宋体、扁宋体、扁黑体、隶书体、魏碑体、幼圆体等,总计有数十种不同风格的系列字体。

印刷用字又有大小之分。我国计算汉字大小的标准,使用的是号数制,字号越小字体越大,字号越大字体越小。图书常用字号有一号、小一号、二号、小二号、三号、四号、小四号（又称新四号）、五号、小五号（又称新五号）、六号、小六号、七号、八号等。比一号字大的字体，有小初号、初号、小特号等。更大的字体，就不叫几号字，而称之为几行字，一般不用于图书印刷，而多用于报纸上的大标题。至于日常书籍印刷，其正文大多采用五号宋体字。

常用字体及规格表

字号	点数	级数	黑体	宋体	楷体	仿宋体
一号	28P（27.5）	39K（39.2）	版	版	版	版
二号	21P	29K（29.4）	版	版	版	版
三号	16P	22K（22.4）	版	版	版	版
四号	14P（13.75）	20K（19.6）	版本	版本	版本	版本
小四号	12P	17K（16.8）	版本	版本	版本	版本
五号	10.5P	15K（14.7）	版本	版本	版本	版本
小五号	9P	13K（12.6）	版本学	版本学	版本学	版本学
六号	8P	11K（11.2）	版本学	版本学	版本学	版本学
七号	5.25P	7K（7.35）	版本学	版本学	版本学	版本学

国际上过去通行的计算铅字大小的标准制度是点数制。即以铅活字字腹与字背之间的长度或左右宽度为单位,用点数计算大小,点的单位用 P 表示,我国规定以 0.35 毫米为一点。采用照相排版后则多以级数来计算字身的大小。级的单位用 K 表示,一级规定为 0.25 毫米,级数越大,字体也越大。由于级数分得较细,所以采用级数制比用点数制更合理、更精细一些。

(十一)西文字体

此外,西文字体也是名目繁多,具代表性的有哥德体(也称古黑体)、威尼斯体、老式正体、现代正体、斜体、书写体、等线体、黑体等 18 种。我国常用的西文字体,一般归纳为正体、正斜体、黑体、黑斜体、书写体等几种。正体的字型端正,笔画平直,常用于排正文。正斜体的笔画是横平竖斜,常用于排公式。黑体的笔画较粗,黑斜体的笔画既粗且横平竖斜,多用于排标题等。书写体清秀活泼,一般图书中较少使用。

(十二)各种符号

至于文内常用的各种符号,古代图书版本中有墨钉、墨围、阴文等,现代图书版本除此之外,还普遍采用标点符号、注符等。下面具体解释。

1.墨钉:又叫黑钉,古代刻本正文中,偶有一二字阙文,常刻成四方形或长方形黑块(■、▄)表示,既醒目,也便于以后补刻。

2.墨围:古书正文中为醒目起见,常将一些需要强调的字眼如"注""疏""重言""重意"等用墨线圈起,叫做墨围。

3.阴文:古代图书刻版时,将文中某些需强调的字眼笔画凹刻,周围刻成墨钉,刷印后效果如同碑拓文字,字迹笔画不沾墨色,形成白文,故又称黑钉白文。

4.标点符号:我国古代就已有了一些标点符号,如"。""、""·"等,只是种类较少,且多在阅读图书时使用,很少正式刻印在图书正文中。从清末开始,受西方图书影响,我国图书也逐渐采用西式标点符号。1951年中央人民政府出版总署公布了《标点符号用法》,规定了新的标点符号共有14种。1990年修改调整为16种。如因实行文字横排,原书名号"『』"现多作"《》"。2012年6月1日起执行新的国家标准《标点符号用法》(GB/T 15834—2011)。

5.注符:注符是在书刊正文中需要注释的字句的右上角(竖排版是在右下角)标注的符号,又称肩角、角码。常用的注符有圈码(①)、括号([1])、星花(*)、剑号(†)等。根据注符可以查对相应的注文。

二、载体材料

图书的载体材料是构成版本的关键因素。在以往数千年的人类发展史上,世界各地区、各民族曾使用过各种各样的载体材料以记录知识信息。中国的文献载体材料先后经历了陶器、龟甲、兽骨、玉石、青铜器、竹木、缣帛、纸张等形式,而世界其他地区在使用纸之前,也曾采用过多种多样的材料以记录知识信息。如古埃及的莎草纸,巴比伦的泥版书,欧洲、西亚地区的羊皮纸等,其中有的甚至使用了数千年之久,为人类文化的保存和传扬做出了巨大的贡献。

近数十年来,由于现代科学技术的飞速发展,缩微胶卷、录音带、录像带、电影胶卷、计算机可读型磁带、磁盘、光盘、移动硬盘、U盘等新型文献形式不断出现,使文献的载体材料发生了革命性的变化,图书的含义也因而有所改变,其范围也在日益扩大。但由于目前版本学研究尚局限于传统的图书范围之内,所以版本学对载体材料的关注仍只停留在图书的用纸方面。

(一)古书用纸

我国是造纸术的发源地,早在西汉年间,民间就已发明了造纸术。东汉和帝元兴元年(105),蔡伦改进了造纸术,用树皮、麻头、敝布、渔网等为原料,造出了质量较高的植物纤维纸,"自是莫不从用焉"①。

我国古代图书文献的用纸,大致可分为麻纸、皮纸、竹纸三类。它们全部为手工制造,与现代机制纸有所不同,在纸质、纤维、薄厚、颜色、帘纹等方面都独具特色。

1.麻纸

麻纸是因以大麻、亚麻、苎麻等麻类植物为原料制成而得名,除直接加工生麻外,使用过的破旧麻绳、麻布、麻鞋、渔网等也都是很好的原料。此外还可以添加其他辅料,经多道工艺程序制成。

麻纸是最早出现的一种纸,蔡伦造纸所采用的原料,除树皮外基本都是麻料。古代种麻非常普遍,古人所穿衣物除丝织品外,主要是麻织品,所用物品也有许多是麻类制品,如渔网、绳索等,所以古代麻料的来源及麻类废弃物数量较大,从而为造纸业

---

① (宋)范晔撰,(唐)李贤等注:《后汉书》,卷七八《蔡伦传》,中华书局,1965年,第2513页。

提供了大量的原料。据文献记载和对古代图书文献用纸的化验鉴定,隋唐五代时期的古书用纸多为麻类纤维纸,至宋、元时期麻纸逐渐衰落,较之皮纸、竹纸已居次要地位,明清时期麻纸在图书文献中的使用就更为稀少。

麻纸的特点是纤维较粗,抚摸时有粗糙之感,不易起毛,纸质坚韧,经久不坏;外观不尽统一,有粗细厚薄之分,又有白麻纸、黄麻纸之别;其帘纹一般较皮纸和竹纸为宽。

2.皮纸

皮纸是剥取楮树、青檀树、桑树等的树皮为原料而制成的,一般也混入其他原料。皮纸的起源也很早,蔡伦造纸就曾以树皮为原料之一,隋、唐、五代时图书文献使用皮纸已为数不少,至宋、元、明、清,皮纸成为图书文献使用最多的纸类之一。宋版书中的精品,大部分是用皮纸印制而成的。

皮纸的种类很多,主要有棉纸、宣纸、桑皮纸等。

棉纸并非是用棉花制造的,而是谓"其纵文扯断如绵丝,故曰'绵纸'"[①]。棉纸一般与皮纸混称,大约北方多称棉纸、南方多称皮纸。但也有一些区别,即所谓棉纸者,多以楮树皮制造,有时也添加其他辅料。棉纸有白、黑两种,白棉纸颜色洁白,质细而柔,纤维多,韧性强;黑棉纸色黑黄,韧性较差。明清两代印书使用棉纸较多。

宣纸最初是以楮树皮为原料制成,因唐初产于安徽宣州而得名。明代改用檀树皮制造,从清代开始掺入稻草而成为了混料纸,檀皮加入量多者称"皮宣",现在也叫"净皮",质量较佳;檀皮

---

① (明)宋应星著,潘吉星译注:《天工开物译注》,卷下《杀青第十三》,上海古籍出版社,2008年,第230页。

加入量少者称"草宣",现在也叫"棉料",质量略差。宣纸还有许多其他名目,如棉连纸、料半纸、玉版宣纸等。诸纸厚薄不同,但均颜色洁白,匀净细腻,绵软而有韧性,其中唯玉版宣纸韧性较差。宣纸的吸水性特别好,故摹拓碑版彝器和印制印谱、书画册等多用此纸。但现在宣纸已成为中国传统手工纸的代名词,各类原料都有,而不一定专指用树皮制成的纸张,更不局限于宣城一地所制的皮纸。

桑皮纸因制纸原料中有桑皮而得名,主要在宋元至明初时期用于印书。桑皮纸有黄、白二种,质地坚实,纤维特细,纸面发亮,容易起长毛。古人所谓的蚕茧纸其实就是桑皮纸中尤为细亮者,此种纸最早见于北宋,元代多有使用者,因其纤维极亮,表面光滑洁白,后人遂误以为是蚕茧所制,其实用蚕茧或丝絮是造不出这种纸的。

3.竹纸

竹纸是古纸中最为常见、使用最多的纸类,它以竹子为主要原料,将竹子的整枝茎杆枝叶,经一系列复杂的工艺程序处理后制造而成。就其选用原料和制造工艺而言,较麻纸和皮纸是一大进步。竹纸的出现,至晚不下于唐代末年。据唐末李肇《国史补》卷下云:"纸则有越之剡藤苔笺,蜀之麻面,……韶之竹笺。"宋代竹纸的产量既多且精,广泛应用于书画、图书和公私文书。宋、元建本绝大多数是用竹纸刷印的。明代末年,竹纸的产量已占各种类型纸张生产的首位。明末以迄整个清代,竹纸更是图书文献的主要用纸。

竹纸的特点是纤维细而短,纸面光亮平滑,不起毛,纤维束成硬刺形,转处见棱角。宋、元间竹纸帘纹极阔,明万历以后才明显变窄,约为 1.1 厘米左右。

竹纸品类极多,所谓毛边纸、毛太纸、连史纸、太史连纸、赛连纸、官堆纸、川连纸、洋粉连纸等,均属竹纸之类。

毛边纸色呈米黄,正面光润,背面稍涩,韧性较差,质地略脆。因明末清初毛晋汲古阁专门订造、用来印书而得名。清代乾隆以后,印书用毛边纸最多。

毛太纸与毛边纸相似,但略薄,纸幅也稍小,有明显帘纹。其得名可能也与毛氏汲古阁常用此纸印书有关。清代同、光间用此纸印书较多。

连史纸洁白匀净,纸料很细,是竹纸中质量较好的一种。

太史连纸白中略显淡黄,质地细润,绵软而有韧性。清代内府印书有时使用此纸。

官堆纸其实就是毛边纸的别名,清末金陵书局印书多用。

洋粉连纸为机制纸,色灰白,正面平滑有亮光,背面涩滞,薄而且脆。清末民初的石印本和铅印本多用此纸。

(二)现代书刊用纸

现代书刊印刷所用纸张,除极个别外,基本是用机制纸,与古代手工抄造纸用料、工艺及纸的质感都有很大的不同。常见的有新闻纸、铜版纸、胶版纸、凸版纸、字典纸、平印书刊纸等。

1.新闻纸

俗称"白报纸",主要用于印刷报纸、期刊以及大量印行而使用年限较短的课本、教材、小册子等。原料配比一般为 80% 的机械木浆、20% 的长纤维化学木浆,也有用竹浆、蔗渣浆、苇浆来代替部分木浆。新闻纸分为平板纸、卷筒纸两种,其纸质松软,吸墨性强,纸的弹塑性、平滑度和不透明度等性能较好,所以印品的印迹清晰,不会产生透印和重印现象,可供两面印刷,且成本低廉。但其含水量较高,纸性较脆,纵向易出现断纸现象,加之含有大量木质素,纸张容易老化,不耐久存,故图书一般不采用此纸印刷。

自 20 世纪 80 年代开始,在中国印刷界,随着计算机排字逐渐取代铅排,平印报纸的比例也日益增高。原来的新闻纸表面基本不施胶,而平印的最大特点是纸在接受橡皮滚筒上油墨的同时,还要接受滚筒表面的润湿水分。如果纸的表面施胶量少,吸收水分以后,不仅影响纸的强度,纸面还容易掉粉掉毛,影响印刷品品质,甚至使印刷机不能正常运行。为了适应报纸平印化的发展趋势,从 20 世纪 80 年代后期开始,我国逐渐对原来的新闻纸制造工艺进行改造,适当添加一些松香一类胶料,以改善纸的印刷适性,这就是平印新闻纸。

2.铜版纸

铜版纸是印刷涂料纸的俗称。在 20 世纪 40 年代以前,当时的平版印刷的品质还较低,复制古典油画等高级绘画艺术品时主要应用这种纸在照相过网彩色铜版(凸版)上印刷,于是铜版纸的名称就这样一直沿用下来。铜版纸是由原纸经涂料加工而成,原纸是用 100% 的漂白化学木浆或掺用部分漂白草浆抄造而成,所用涂料主要由硫酸钡、高岭土、钛白粉等白色颜料和干酪素、明胶等胶粘剂组成,还要加入蜂蜡、甘油等辅料,用涂布机涂布在原纸上,经干燥和超级压光而成。铜版纸的涂布有单面和双面之分。铜版纸表面洁白,光滑平整,具有很高的光滑度和白度,适用于印刷彩色画册、精美图片、广告商标、彩色插图等高档印刷品。

3.胶版纸

又称平版纸,是平版印刷中应用较多的纸种。20 世纪 50 年代以前,胶版纸主要靠进口,当时英国道林洋行经销这种纸,故俗称为"道林纸"。胶版纸是用漂白化学木浆搭配棉浆、竹浆、龙须草浆等经抄造而成,质地紧密不透明,伸缩性小,表面平滑,色泽洁白,有超级压光、普通压光两个等级和双面、单面之分。双面胶版纸又分为特号、一号、二号3种,主要用于印刷画报、美术图片、图书封面等;单面胶版纸分为一号、二号两种,主要供印刷宣传画、年画用。

4.凸版纸

即凸版印刷纸,20世纪50年代初由中国轻工业部命名。20世纪下半叶我国大都以这种纸张用凸版印刷机印刷书刊。凸版纸用苇浆、草浆配以少量化学木浆制成。按浆料配比不同,分为特号和一、二、三、四号共5个品级。凸版纸较优于新闻纸,色白而不透明,能耐久存,但也存在着质地不够均匀,纸面不够平滑的缺点。

5.字典纸

是一种高级的书籍用纸,供凸版印刷机和平印机印刷小字号的字典、词书、工具书、袖珍图书之用。纸页很薄而不透明,纤维组织匀净细腻,纸面柔滑并有光泽,纸色洁白,吸墨性好,柔韧耐折,不易断裂。字典纸的原料是以漂白化学木浆为主,再配以漂白草浆,纸浆中还要加入适量填料和胶料,在长网机上抄造,干燥后还要经超级压光。所以这种纸不仅具有较高表面平滑度,白度较凸版纸和胶印书刊纸也要高。

6.平印书刊纸

平印书刊纸,是在20世纪80年代以后为适应平印书刊的需要,在凸版印刷纸的基础上,经技术改造后产生的印刷用纸的新品种。平印书刊纸以 80% 左右的苇浆配以 20% 左右化学木浆,打浆后再加入石蜡、松香胶和填料在长网机上抄造而成的。为了提高纸的表面强度和抗水性,有的还要在纸机中段对纸进行表面施胶。因此,平印书刊纸的抗张强度、表面平滑度、尘埃度和抗水性等项物理性能都较凸版纸略有提高。

三、装订形式

装订形式是图书的外在特征,容易给人留下深刻印象。在图书发展史上,随着载体材料和制版方式及人们需求的不同,图书的装订形式也相应地发生变化,从而造就了历史上多种多样的书籍版本形态。

（一）简帛图书的装订形式

在早期的中国文献中,甲骨、金石虽也曾作为文献的载体材料,但它们还不能算作图书,也谈不上什么装订形式。我国最早的图书应是用竹木条编连制作的简策书,从而也产生了我国的第一种书籍制度——简策制度。

简是一种用竹子或木头剖成的细窄长条,在上面可以用毛笔书写文字。许多根简用绳编连起来,就成为策。编简成策一般用两道编,长简为了牢固也有用三道编甚至四道编的,也有只在简的一端系一道编的。一策书卷成一卷称为一篇,一部书常由许多篇组成,为防散乱,便将一部书的许多篇用一层竹制或帛制的外皮裹起,称为一帙;或用口袋盛放,称为一囊。书帙、书囊的名称就是这样得来的。

帛是一种素白的丝织品,幅宽面长,在其上书写、绘图,均便捷无比。帛书的装订形式也很简单,或一反一正折叠存放,类似后世的经折装;或卷成一卷,讲究的还在左端粘接一轴,成为后世卷轴装的鼻祖。

(二)纸写本书的装订形式

自东汉蔡伦改进造纸术以后,纸写本书开始出现。但直到东

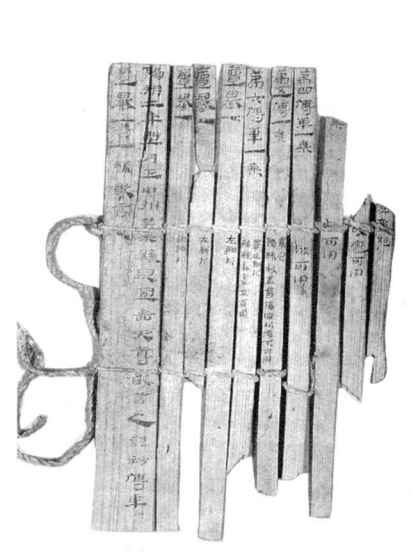

图10 简册的编连

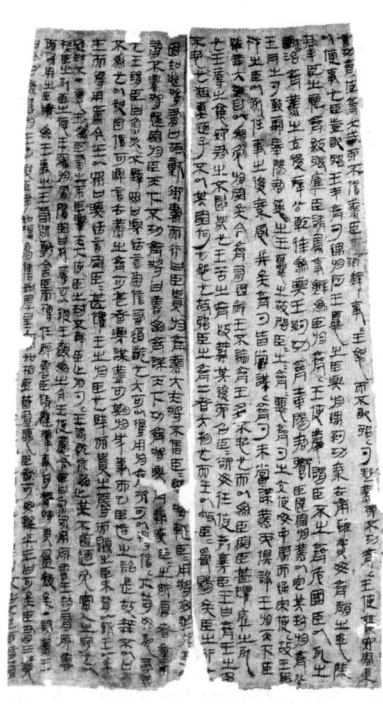

图11 帛书的形制

晋末年桓玄下令废简用纸①之后,图书的纸写本时期才算真正开始。

1.卷轴装

早期的纸写本书由于受简策制度和帛书形制的影响,很自然地采用了卷轴装的形式。其法是将一张张纸粘接成长幅,以木棒等作轴粘于纸的左端,以此为轴心自左而右卷成一卷,即为卷轴装图书。但其形制也不完全统一,简单的有不用轴棍而径直舒卷的;考究的则于卷的右端再粘接一张空白纸,或用丝织品裱糊粘接,称为"褾"或"玉池",俗称"包头";其前端中间还要系上一根丝带,用来捆扎卷子;轴头挂一牌子,标明书名、卷次等,称为"签"。简策制度时期的书帙、书囊,也被纸写本书的卷轴装制度沿用下来了。

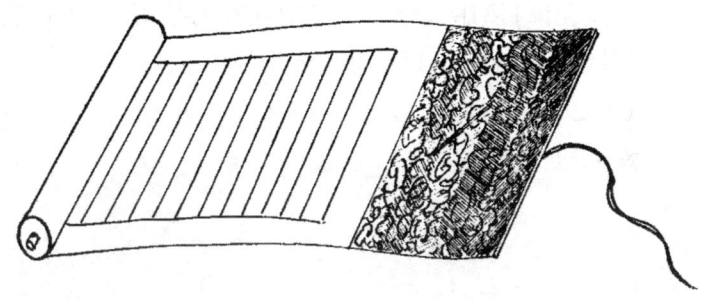

图 12　卷轴装

---

① 桓玄(369—404),字敬道,谯国龙亢县(今安徽省怀远县)人,桓温之子,篡夺东晋政权自立为桓楚皇帝(403—404),不及一年而覆亡。自蔡伦改进造纸术以来,纸张虽然不断推广使用,但国家政令仍采用简牍。桓玄篡位后下诏:"古无纸,故用简,非主于敬也。今诸用简者,皆以黄纸代之。"见(唐)徐坚等著:《初学记》,卷二十一《文部·纸第七》引《桓玄伪事》,中华书局,1962 年,第 517 页。

2.旋风装

卷轴装不便查检,于是出现了旋风装。对于旋风装,历来有各种不同的说法。

一种观点认为,旋风装就是在原来经折装的基础上,略加改变而成的。即制作与书的厚度、长度和宽度相适应的一整张纸,一半粘在经折装书的第一页上面,另一半从书的右边包过书背,粘在最后一面的背面。翻阅时书会像旋风般地展开,故名"旋风装"。这一派以岛田翰、刘国钧先生为代表。

一种观点认为,旋风装就是龙鳞装。这一派以李致忠先生为代表。

最新的一种观点认为,旋风装是将写好字的若干张书叶放在一张长纸做成的底纸上,左端或右端码齐、粘好,用竹管或木棍夹住整齐的一端,有时还用线缝住。类似现在的挂历,只不过底纸长些,横着看罢了。这一派以杜伟生先生为代表。

图13 旋风装

3.龙鳞装

龙鳞装是在卷轴装的底纸上,将写好字的书叶的第一叶全裱在底纸上,其余书叶按顺序自右向左先后错落叠粘。因其展开后形似龙鳞,故称龙鳞装。现藏故宫博物院的唐写本王仁昫《刊谬补缺切韵》采用的就是这种装帧形式。此书原为散页,宋宣和年间裱成手卷,明洪武年间重装时保留了原装形式。

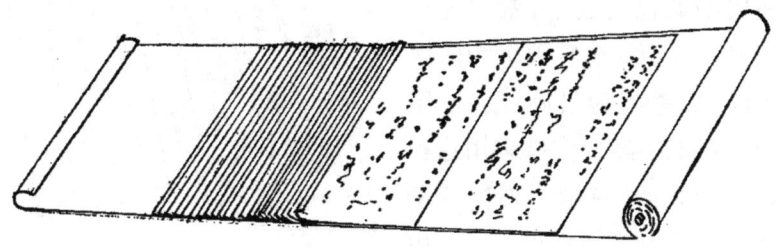

图 14　龙鳞装

4.梵夹装

古代将印度贝叶经的装订形式称为梵夹装。贝叶经又叫贝编,是用生长在南亚次大陆上的一种贝多罗树的树叶加工制成长条形的书叶,书写方式是用一种针在叶面上刺划,成为经久不灭的文字,将许多这样的书叶整齐叠放在一起,上下用木板夹起来,

图 15　梵夹装

再在中间穿两个眼,用绳子穿扎起来,或不穿眼而直接从外面用绸缎包裹起来,就成为一部书。由于其内容大多为印度佛经,故称之为贝叶经。中国的纸写本佛经也多有采用这种装订形式的,特别是现存的蒙文、藏文《大藏经》,很多都采用的是梵夹装的形式。过去有人说梵夹装就是经折装,这是一种误解。

图16　经折装

5.经折装

经折装受卷轴装影响,仍将一张张纸粘接成长条,又类似于古代帛书的叠放方式,将纸卷一反一正地反复折叠成长方形的折子,然后模仿梵夹装的做法,在纸的前后分别粘接上两块硬纸板或木板,作为保护图书的封面和封底。

(三)古代印本书的装订形式

雕版印刷术在唐初发明后,发展至宋代已呈繁荣局面,于是出现了与印本书相适应的一种新的书籍制度——册页制度。古代的蝴蝶装、包背装、线装,都属于册页制度。

1.蝴蝶装

又称蝶装,因书叶展开形似蝴蝶而得名。其装订方法是:先将每一印叶由书口向内对折,使有字的纸面对折起来,然后将每一书叶背面的中缝粘在一张裹背纸上,再装上硬纸作封面,便成一册蝴蝶装的图书。

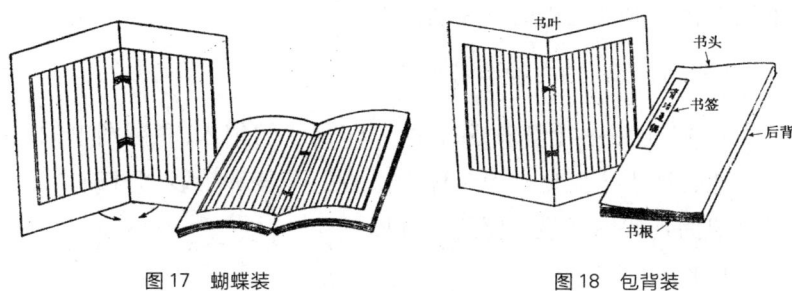

图 17　蝴蝶装　　　　　图 18　包背装

蝴蝶装有其缺点,一是无书捻固定,极易散乱;二是必须连翻两页才能连续阅读,纸背屡现也不够美观。

2.包背装

为了克服蝴蝶装的缺点,在南宋末年出现了包背装。包背装将书叶有字的一面向外对折,使版心成为书口,而将书叶两边的余幅用纸捻穿订起来,再用一张大纸将整本书前后包裹,在中心涂以浆糊,与书脑粘贴在一起,方法和样式很像近现代的平装书。包背装在元代和明初很流行,到明代中叶以后才逐渐被线装的形式所取代,但在清代宫廷的写本书中仍大量使用。

3.线装

线装兴起于明代中叶,来源于包背装。其折叠书叶与穿纸捻的方法与包背装一样,但不再用一张裹背纸包背,而改为前后各加一书皮,然后打眼穿线,装订成册。线装书是我们现在最常见到的古籍装订形式,

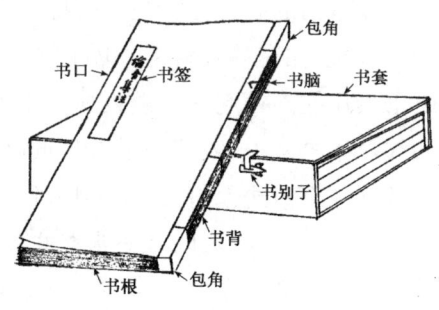

图 19　线装

也是古籍中最为先进的一种装订形式。

(四)近现代图书的装订形式

自19世纪中叶以来,随着西方印刷术的传入,我国图书的装订形式也产生了变化。当时称为洋装的平装和精装书日渐增多,最终成为现代图书最主要的装订形式。

1.平装

平装书有些类似我国古代的包背装,也是在书芯外面,用从封面经书脊到封底的整个书皮包裹而成。不同的是,包背装是单面印刷,书叶需对折;而平装书是双面印刷,书叶需裁开而无需对折。书芯的订法一般有铁丝订、线订和胶粘订三种方法。

铁丝钉又有骑缝铁丝钉和铁丝平订二法。骑缝铁丝订俗称骑马订,即在对折书页的中缝处,将铁丝钉的两端自外向内钉入书里折回压牢即成,多用于薄本的小册子或杂志、画报的装订。铁丝平订即在靠近书脊一边用铁丝钉平订。

铁丝钉易生锈或折断,导致散页,故常用蜡线代替铁丝钉,此即线订。线订有锁线订、缝纫平订、三眼线平订三种。锁线订多用于厚本书的装订,其方法是:将厚本书页分成很多帖,利用特制的锁线机,在书帖脊背上一帖连着一帖地联结装订,从而将一帖帖书页用线连锁起来。缝纫平订是用专用缝纫机在靠近书脊处用线订牢书芯,一般多用于150页以下平装书的装订。三眼线平订即在靠订口边上打三个小孔,手工穿线结牢,是一种手工装订方法,多用于150页以上平装本的装订,但翻阅时订线容易松弛,造成书页不齐。

胶粘订是用胶质物(如聚醋酸乙烯乳胶和热熔胶)粘合书芯的装订方法,因其不用线作联结材料,故又称"无线订"。其工艺过程是先将书芯三边切齐,并在背脊上锯口或铣背打毛,再涂以胶料用机器压牢即成。

已装订好的书芯再包上一般的封面纸经裁切后就是平装;有意不裁叫毛装或毛边本。

2.精装

精装和平装在书芯的装法上并无显著的不同,只是看书芯的厚度等情况而定。现一般多采用锁线订、无线胶粘订和塑料线烫订等几种方法,有时书芯还经扒圆起脊,然后将之与预制的封面书壳套合即成。精装按书脊形式有圆脊、平脊之分,按所用装帧材料有皮面、布面、纸面、塑面之分,按封皮硬度有硬面、软面之分。有的外加书套或护封,起保护和装饰作用。

精装产生于 16 世纪。经典著作、名人著作以及需要长期保存的工具书或高级图画册等往往采用精装的形式,一方面是为了用比较好的材料和装帧增加图书的美观程度和价值,另一方面也是为了用比较坚固的封面保护书芯,以达到经久耐用的目的。

此外还有一种所谓的半精装,也称简精装,是将封面纸勒口折回,其内有一层卡纸,但不与封面粘裱在一起。还有一种是在封面纸上压贴一层塑料薄膜,称为贴塑装。

3.活页装

活页装是适用于需要经常单独抽用或便于经常性的内容增减的出版物的一种特殊装订形式。此种出版物不必经配页、订本等加工过程,封面与书芯不作固定的连结,一般不用脊封,前后封面各为一个散片,书芯的订口处打有若干等距的孔眼,每页均为散页,便于自由抽换或增减。常见的有纽带式(用绳线穿孔打结)、螺旋线订式(用金属或塑料螺旋线贯穿孔眼)、弹簧夹式(用

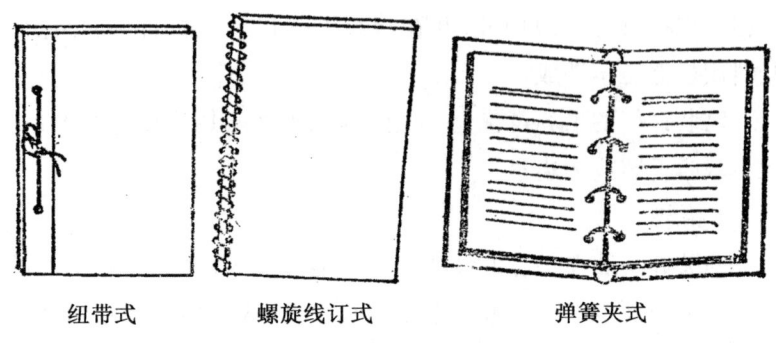

纽带式　　　螺旋线订式　　　弹簧夹式

图 20　活页装

能自由开合的弹簧夹扣住书芯)、卡钉式(用书夹上装好的卡钉贯穿孔眼)等不同形式。

四、版式

(一)我国古书的版式

所谓版式,就是版面的安排方式。我国最早的图书形式——简策,已有一定的版式安排。简之长短虽不十分规则,许多简策长短随意,但有时也有规律:一般长简为二尺四寸,中简一尺二寸,短简八寸。一根简上通常只写一行文字,也有写两行甚至三行的。书写顺序从上往下、从右向左,这种形式一直影响着我国历代的书写和阅读习惯。

帛书的版式安排很简单,基本同简策的版式相同,但出现了用朱砂或墨画着的行格,后人称红色的行格为"朱丝栏",称黑色的行格为"乌丝栏"。这就是后世图书界行和边栏的滥觞。

纸写本书保持了从上往下、自右向左的书写习惯,偶尔也有描栏画界的,但一般说来,版面简洁,多数仅只有文字而已。

印本书版面有了比较固定的格式,如边栏、界行、书耳、版心、鱼尾、象鼻、白口、黑口、天头、地脚、行款,等等,名目繁多,需做进一步的解释。

1.版框:即边栏,又称栏线,指围成版面的四周黑线。四周单线印的叫四周单边;四周双线印的叫四周双边,双线一般是一粗一细(外粗内细)。故又被称为"文武边栏";上下单线,仅左右双线印的称左右双边。此外还有卍字栏、竹节栏、博古栏等诸多形式,总称花边。卍字栏是四周由卍字花纹图案组成的边栏;竹节栏是四周由竹节花纹图案组成的;博古栏是四周由多种古乐器的花纹图案组成的,都是为了达到美观的效果。

2.界行:又叫边准,即版面内分行的直线,由古代帛书中的朱

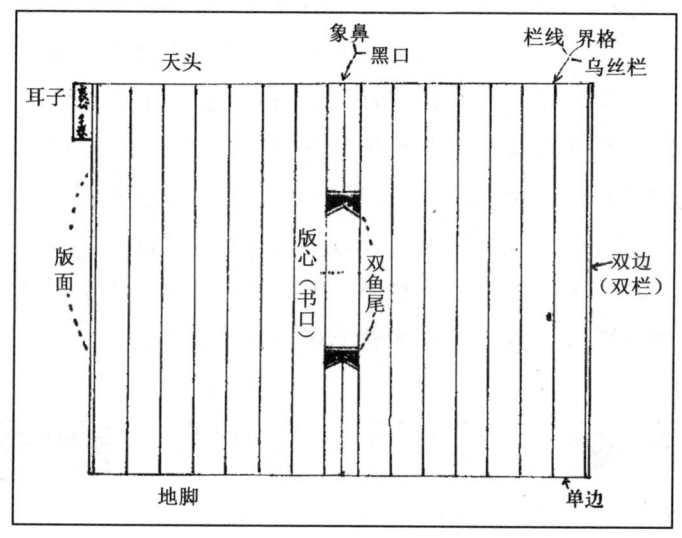

图21 古代印本书版式

丝栏、乌丝栏而来。

3.天头、地脚、边:在书叶中,版面之外的部分,其上者称天头,其下者称地脚,其左右空白部分各称为"边"。

4.行款:又称行格,指版面中的行数与字数,通常按半个版面计数,称半叶几行,行多少字。如有双行小字,而一行中字数与大字相同,则称"小字双行同";如不同,则径称"小字双行,行多少字"。

5.书耳:在版框左右两边栏外之上角,有时刻有一个小方格,中记篇名(又称小题),这就是书耳,又称耳格,是为查检方便而设的。在左称左耳题,在右称右耳题,多见于宋、元版书中。

6.版心:版面的中心一行,又称中缝、中折行,古书采用包背装以后,同时又是书口。

7.鱼尾:在版心中,距离上边约四分之一版高处印有一个像鱼的尾巴似的图形,它是折叠书叶的标记。如果其下方对称位置也有一个鱼尾,即合称双鱼尾;鱼尾方向相反称对鱼尾或逆鱼尾,方向相同称顺鱼尾;全涂黑的称黑鱼尾,线中空白的称白鱼尾,由平行线构成的称线鱼尾,鱼尾下部为曲线形的称花鱼尾。元末刻书,多用花鱼尾。鱼尾将版心分为三个部分,中间一般用来题写书名、卷次、叶数;上部原多印有一叶字数,后多刊印书名;下部原多记刻工姓名,后多记出版家斋堂名号或丛书总名。

黑鱼尾　　　白鱼尾　　　线鱼尾　　　花鱼尾

图22　鱼尾的样式

8.象鼻:版心中上下鱼尾到版框之间的部分叫象鼻。象鼻中印有黑线的称为黑口,黑线较细者称细黑口或小黑口,黑线较粗者或全黑者称粗黑口或大黑口;没有黑线者称白口;其中刻有文字的称"口题",也有人称为花口。象鼻中的黑口同鱼尾一样,也是折叠书叶的标记。

关于象鼻,还有两种不同说法。一说象鼻是黑口本鱼尾上下到边栏为止的黑线[1],一说将黑口和鱼尾连起来看有点像大象的长鼻子,故二者合称为象鼻[2]。以上二说都将鱼尾与黑口联系起来,似乎都有一定道理;但这样一来,在版心为白口的情况下就没有象鼻了。

(二)现代图书的版式

现代图书的版式更多地接受了西方图书的影响,故与我国古代图书的版式有较大的差异。

1.页与面

现代图书的一页包括两面,但不像古书一叶一个版面,而是两个版面。这是由于现代书页采用双面印刷,版面只为古书的一半。所以现代图书习惯于页、面不分,说某某页,实际是在说某某面。

2.版面

现代图书一般没有边栏,版面即指一页书纸的幅面,包括版心周围的空白地方。版面内居中的图文部分叫版心;版心上方的空白部分仍叫天头,下方仍叫地脚;靠书口一边的空白部分叫翻

---

[1] 魏隐儒、瞿冕良、严佐之诸先生均持此说。
[2] 黄永年先生独持此说。

口或外切口,靠装订线一侧的空白部分叫订口。有的书将书名或章、节名排在天头处,叫做书眉;书的页码一般排印在外切口的上角或下角。

3.文字排式

我国图书自古便采用竖行书写、自右向左排行的方式。到 20 世纪初,由于受西方图书

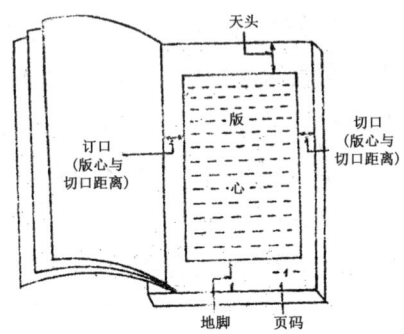

图 23 现代图书的版面安排

文字排式的影响,一些数理科学、技术科学及西文著作等,开始采用横排、自左向右书写的方式。此后横排的图书逐渐增多,但直排仍占主导地位。直到 1956 年以后,横排书刊才大量出现,并成为我国现代书刊排版的主要格式。

4.字数

字数的计算以面为单位,每个版面的行数和每行的字数都基本固定,所以版面字数即等于每行字数乘以行数。如需计算一书的总字数,则将版面字数乘以面数即得。

5.开本

现代印刷出版物成品幅面的大小称为开本。开本的大小是根据全张纸裁切成的页数多少来决定的,每全张纸平均裁切成多少小页,就称多少开本。如将全张纸裁切成幅面相等的 16 小页,就称为 16 开;切成 32 小页,称为 32 开;切成 64 小页,称为 64 开。以上三种开本在我国现代图书中占绝大多数,其中又以 32 开最为常见。

目前我国使用纸张的幅面,主要有 787 毫米×1092 毫米和

850毫米×1168毫米两种规格,此外还有787毫米×960毫米、787毫米×920毫米、650毫米×980毫米、710毫米×1000毫米等规格,但不常用。在各种规格的全张纸中,如将787毫米×1092毫米的纸张裁切成32小页,就直称为32开或小32开;如将850毫米×1168毫米的纸裁切成32小页,则称为大32开;如将787毫米×960毫米或787毫米×920毫米的纸裁切成32小页,可称为长32开。可见同一开本的图书,规格尺寸也会有不同。

开本可分为正开本和异形开本(又叫畸形开本)。正开本都是将全张纸从长边处连续对折后产生的,故都是2的级数,如16开、32开、64开等,都属于正开本。正开本以外的几何形状的开本都属于异形开本,如18开、20开、23开、24开、25开、28开、36开、40开、42开、50开、100开等皆是,但相对来说比较少见。

一般说来,经典著作、理论著作等,多用大32开;日常生活用书、参考书、文艺读物等,多用32开;各类通俗读物、小手册等,有时用长32开;小字典、小词典等多用64开;大型工具书、地图册、图表等书,多用16开;美术出版物、少儿读物、诗集等,则较多采用各种异形开本。

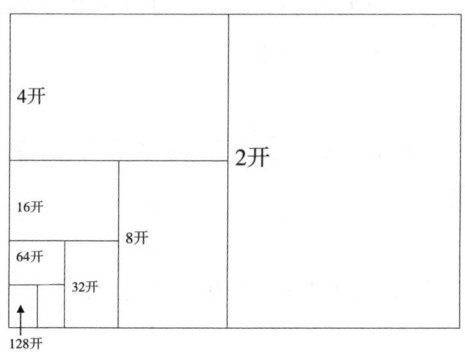

图24 开本示意图

6.印张

印张是计算出版物篇幅多少的单位。由于现代图书采用全开纸双面印刷,故一张全开纸等于两个印张,每个印张可裁切出8开的4张、16开的8张或32开的16张书页;也就是说,8开的8面、16开的16面或32开的32面,均为一印张。如一本208页的32开图书,其印张为:$104 \div 16 = 6.5$ 印张,或 $208 \div 32 = 6.5$ 印张。

五、装帧结构

早在简策时期的图书,就已经有一定的装帧结构了。如赘简(卷前空白不书的几根简)和标简(背面标有篇名的最右一根简)的使用,被公认为后世图书中衬页和封面的起源。宋代印本书的册叶制度盛行以后,图书的装帧结构日趋完善。现代图书虽外形与古书大不相同,但在装帧结构方面却大同小异,现一并介绍。

1.书衣

古代的所谓书衣,实即现代的封面,即一册书的表面装纸。

现代所说的书衣又叫"护封"或"包封",它用的是一种较硬而厚的纸,套在图书封面外面,作为书的保护和装饰之用,一般都印有书名和图案,多用于精装书。

2.封面

又称封一、前封面、封皮等,是一本书的表面,常印有书名、作者名、出版者名等。

3.封里

俗称封二,即封面的里面,多为空白,也有印有文字的。

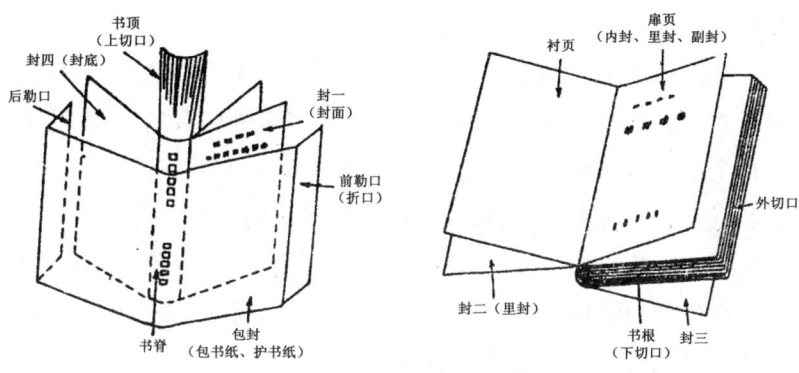

图 25　现代图书的装帧结构

4. 封底

又称封四,即书的背面。一般都在右下角印有书号、定价(竖排书在左下角)。有的还在左上方印有责任编辑及封面设计或插图绘画者的姓名,也有在封底印内容提要或版权记录等的。期刊杂志则多印图画照片等。

5. 封底里

俗称封三,即封底的里面。一般来说,图书的封底里多作空白,而期刊杂志则多印有各种图文。

6. 扉页

也叫里封面或副封面,即书刊封面之内印着书名、作者、出版者等项的一页,今又称书名页。

7. 衬页

衬在书前书后的空白页。

8. 版权页

古书中有所谓牌记,常常记录刊刻者、刊刻时间等内容,类似现代的版权页,但位置不固定,格式不统一,也不是必备的图书部分。

现代图书的版权页又叫版本记录页,正式出版的图书必有,非正式出版物也常常有此安排。其位置多在书名页的背面,也有的在全书之后。记录事项一般都位于书页正中下方,具体包括:书名、丛书名、著者名、出版、印刷、发行单位的名称、地址,书的开本、印张、字数、出版时间、版次、印次、印数、书号、定价等,有的还印有出版物的流传使用权限与范围。总之,是针对一书版本和出版情况的说明文字。例见本书版权页。

9.图书在版编目(CIP)数据

所谓在版编目(Cataloguing In Publication),是指出版物在其出版过程中,由集中编目部门根据出版者所提供的校样先行编目,然后由出版者将编目资料加印在出版物上,以供出版发行部门和图书收藏机构编目时利用。图书在版编目数据不仅对于统一编目、提高目录质量具有重要意义,而且也为版本著录的准确一致创造了条件。

这一做法1971年始创于美国国会图书馆,从1990年起开始在中国普遍推广。1990年7月31日,中华人民共和国国家标准《图书在版编目数据》(GB 12451-90)正式颁布。2001年12月19日又发布了修订版(GB/T 12451-2001)。

《图书在版编目数据》规定了图书在版编目数据的内容和选取规则及印刷格式。

图书在版编目数据一般位于图书主书名页背面,分著录数据和检索数据两部分。著录数据部分包括6个著录事项:书名与作者项、版本项、出版项、丛书项、附注项、标准书号项。检索数据部分包括图书识别特征的检索点(正书名、其他书名信息、第一作者、译者、其他作者)和内容主题的检索点(主题词、分类号)。

例见本书版权页上方。

第三节　图书版本的类型划分

版本类型是根据各种不同标准对图书进行版本划分和归类的结果。同一版本类型的各种具体版本必然具有某一方面的共同特征或属性,划分版本类型有助于人们迅速了解和确认版本,并粗知其价值。很早以前,人们就开始对版本进行各种区分,如古本、旧本、俗本、正本、副本、写本、碑本(即拓本)、江南本、河北本等版本类型名称,都是早在雕版印刷术发明以前就已屡见不鲜的。随着人们对版本认识的逐渐加深,对版本类型的划分也日趋细密,出现了大量表示各种不同版本类型的固定名称。

一、按出版时间划分

1.按朝代划分:南北朝写本、唐写本、五代写本、宋本、辽本、金本、蒙古刻本、元本、明本、清本等。

2.按皇帝年号划分:南宋绍兴本、元大德本、至正本、明洪武本、嘉靖本、崇祯本、清康熙本、乾隆本、道光本等。

3.按具体年份划分:明万历××年刻本、清嘉庆××年刻本等。

4.按时代远近笼统划分:古本、旧本、近本、今本、时本等。

二、按出版地划分

1.按国别划分：和刻本(东洋本)、朝鲜本(高丽本)、越南本等。

2.按省区划分：江南本、浙本、蜀本、闽本、粤本等。

3.按府州县镇划分：建本、麻沙本、杭本、临安本、衢州本、婺州本、饶州本、吴兴刻本(湖刻)、歙刻本、眉山刻本、金陵刻本、苏州刻本、京本、平水本等。

三、按出版者划分

古代刻本一般可分为官刻本、私刻本(家刻本)、坊刻本三大类。

(一)官刻本

官刻本又分为中央政府机构刻本和地方各级政府机构刻本。

1.中央政府机构出版的刻本名称：

国子监本(监本)、秘书监本、崇文院本、钦天监本、兴文署本、明南监本、北监本、内府本、司礼监本、经厂本、太医院本、武英殿本(殿本)等。

2.地方各级政府机构出版的刻本：

(1)地方官府刻本。如宋代公使库本，茶盐司刻本，转运司本，计台司本，提刑司本，漕台本，提举常平司本(庾司本)，郡斋本，各路、省、道、州、府、县官衙刻本等。

(2)地方官学刻本。即地方政府所属各级学校的刻本，称作儒学本、郡庠本、泮宫本等。

(3)书院刻本。如宋婺州丽泽书院刻本、元杭州西湖书院刻本、明大梁书院刻本、清南菁书院刻本、诂经精舍刻本等。

（4）藩府刻本，专指明代藩王府刻本。如秦藩、周藩、赵藩、潞藩、沈藩、宁藩刻本等。

（5）地方官书局刻本，简称局本。专指清末和民国初年各省所设书局刻本，如金陵书局刻本、浙江书局刻本、湖南思贤书局刻本、广东广雅书局刻本、湖北崇文书局刻本、山西濬文书局刻本、四川存古书局刻本等。

（二）私刻本

私刻本又称家刻本，多以姓名或室名堂号相称。

1.以出版者姓名相称，如：宋代黄善夫本，元代丁思敬本，明代王延喆本、闵本、凌本，清代阮元本、胡克家本等。

2.以出版者姓氏和室名堂号相称，如：南宋廖莹中世彩堂本、曹氏进德斋刻本，明代袁褧嘉趣堂刻本、毛氏汲古阁刻本，清代顾嗣立秀野草堂刻本、鲍廷博知不足斋刻本等。

3.不标明具体斋堂姓氏，如：本衙藏版、本宅藏版等。

（三）坊刻本

坊刻本多有以书坊、书棚、书铺、书店、书堂、书林、书肆、书局等名号相称的，如南宋临安陈宅书籍铺刻本、元代建安余氏勤有书堂刻本、明代杨氏清江书堂刻本、清代扫叶山房本、南京李光明庄刻本等。

但坊刻本中更多的还是以与私刻本名称相似的斋、堂号相称的，如：宋代建安余氏万卷堂刻本，元代叶氏广勤堂刻本、刘氏翠岩精舍刻本，明代刘氏慎独斋刻本、唐氏文林阁刻本，清代陶氏五柳居刻本、北京文萃堂刻本等。

四、按制作方式划分

按制作方式,基本可分为抄写本与印本两大类,现代还有缩微制品、电子文档等。

(一)抄写本

抄写本又可进一步分为稿本、写本、抄本等。
稿本可细分为手稿本、誊清稿本、上版稿本(写样稿本)等。
抄本中又有影抄(写)本一种。

(二)印本

印本有古代印本与近现代印本之分。

古代印本主要为:刻本、活字本、套印本等。其中刻本又有影刻本、翻刻本、写刻本、精刻本、递修本、配补本、重修本、三朝本、百衲本等;活字本又分为木活字本、泥活字本、铜活字本、锡活字本、铅活字本等;套印本也有朱墨套印本、三色、四色、五色、六色套印本及饾版、拱花本之分。此外,古代印本中还有钤印本、拓本等版本类型。

近现代印本主要有:铅印本、石印本、胶印本、油印本、影印本、复印本、晒印(蓝)本等。

(三)缩微制品

主要有:缩微胶卷、缩微胶片。

(四)电子文档

主要有:原文电子图像、电子文本。

五、按出版印刷先后划分

古籍有初刻本、重刻本、翻刻本、覆刻本、仿刻本、增刻本、递修本、修补本、初印本、后印本等。

新书有再版、三版、修订版、增订版等。

六、按抄写、出版方式划分

写本有正本、副本之分。

印本有合刻本、合订本、单刻本、单行本、××丛书本、抽印本、普及本等。

七、按图书用纸划分

主要有:麻纸本、棉纸本、皮纸本、竹纸本、牍背纸(公文纸背)本、开化纸本、连四纸本、连史纸本、毛边纸本等。

八、按版本形态划分

1.按装订形式划分有:卷子本、折装(经折装)本、蝶装(蝴蝶装)本、包背装本、线装本、金镶玉本、洋装(精装、平装)本、毛边本等。

2.按版式字体划分有:单栏本、双栏本、上图下文本、白口本、黑口本、大字本、小字本、篆字本、直排本、横排本等。

3.按书本体积大小划分有:大本、小本、巾箱本、袖珍本、8开本、16开本、32开本、大32开本、小32开本、64开本、128开本等。

4.按版本面貌划分有:邋遢本、大花脸本、焦尾本等。

九、按图书内容划分

1.按内容全否划分有:全本、足本、残本、节本、选本、删节本等。

2.按文字内容划分有:注本、评本、批校本、校本、过录本、译本、满汉合璧本、纂图互注本、增订本、修订本、白文本、圈点本、绣像本、插图本、题跋本、签名本、洁本等。

十、按版本价值、作用划分

1.按版本价值划分有:善本、珍本、秘本、孤本、真本、伪本、劣本、俗本、通行本、普通本等。

2.按版本作用划分有:祖本、底本、参校本、工作本、样本、书帕本、进呈本、纪念本、赠阅本、礼品本等。

十一、按书版和版本流传情况划分

有××藏版本、××藏本、××批校本、××题跋本等。

由上述版本类型的划分我们可以发现,划分版本类型的标准是多方面、多角度的。一个具体的版本可以属于多种版本类型,这说明人们对一个具体的版本是从多方面加以认识的。

上述版本类型的名称有的出现不久,有的已有了一千多年的历史,它们是长期以来人们对版本现象分析和认识的结果,这些版本类型名称的固化和广泛流行,有助于加强人们的版本意识,促进版本学的发展。

第四章 版本鉴定

版本鉴定是版本学研究的核心内容,即检查考证一个图书版本的出版时间、出版地、出版者、制作方式和流传情况。因为它们的情况往往在古籍中没有明确的说明,残本古籍更是如此。

现代图书都有较为明确的关于版本事项的记录,鉴定起来并不困难。而古籍由于产生年代的久远及本身情况的特殊,使得版本鉴定成了一项必要的工作。

鉴定古籍版本的方法多种多样,头绪纷繁,但并不是没有规律可循。在长期的版本研究实践中,人们总结出了许多行之有效的鉴定方法,这些方法主要可归纳为三种,即查检考证法、经验判断法和版本对勘法。

需要指出的是,查检考证法、经验判断法和版本对勘法的使用不是孤立的、单一的,在实际的版本鉴定中,必须视具体情况将三法综合并用,充分发挥每一种方法的优点和长处。

由于版本对勘法在梳理一书版本源流和判别一书各本优劣真伪方面也发挥着重要作用,所以单辟一章作为本书第六章讲述,本章只重点介绍查检考证法、经验判断法这两种版本鉴定方法。

第一节　查检考证法

查检考证法是利用版本内外各种有关版本事项的说明文字和参考资料对图书版本的出版时间、出版地、出版者、制作方式和流传情况进行鉴定查证,是一种准确、可靠、类似学术研究的版本鉴定方法,也较易为初学者所掌握。具体说来,可供版本鉴定时依据参考的文字说明和资料有:牌记、封面、序跋、避讳、刻工、书内其他各种资料和有关的版本目录、笔记以及其他各种资料记载。

一、牌记

古代印本多在序后或书后、目录末、卷末、封面页背面,以及正文卷端或版心中,印有说明版本情况的文字,过去称书牌或木记,现通称牌记。

正规的牌记,多在序后、书后、目录末、卷末或封面页背面,且有一定的图形,早期常见的有长方框形、云牌形、荷叶莲花龛形、趺驼碑形、钟形、鼎形、爵形、鬲形、亚字形、葫芦形等,纷繁多样,也有无边框而随行刊刻者。清代版本牌记

图26　明嘉靖三十八年(1559)书林杨氏归仁斋刻《大明一统志》

的位置逐渐固定,大多印于内封背面,形状也多固定为长方框形。

牌记文字多少不等,少者仅数字,多者数十字乃至上百字,说明版本情况的内容和方式也各不相同。一般来说,主要记录出版时间、地点和出版者姓名,有时也说明出版动机、申明版权、宣扬版本之优异,兼有版权和商业广告的作用。简者如:

南宋咸淳间廖莹中世彩堂刻本《昌黎先生集》卷一末有花墨围牌记"世彩廖氏刻梓家塾",篆体字,双行书写。

南宋临安府陈宅书籍刻本《唐女郎鱼玄机诗集》书后有牌记文字一行"临安府棚北睦亲坊南陈宅书籍铺印",无边框。

明重刻宋本《幽兰居士东京梦华录》卷末有"弘治甲子年重新刊行"牌记一行。

图27 明万历二十八年(1600)福建刘龙田乔山堂刻本《新刻图注伤寒活人指掌》

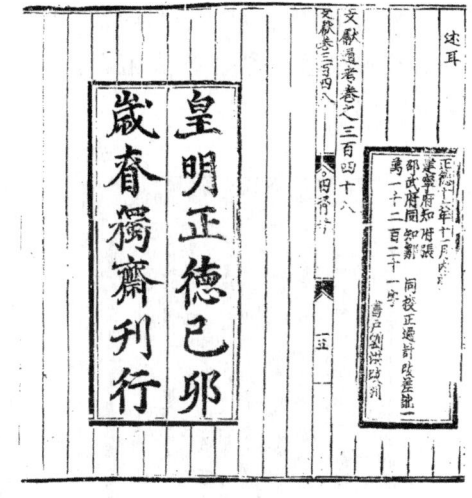

图28 明正德十一年至十四年(1516—1519)刘洪慎独斋刻十六年重修本《文献通考》

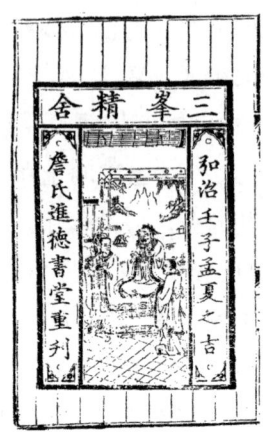

图29 明弘治五年（1492）詹氏进德书堂刻本《大广益会玉篇》

文字稍多者如：

南宋绍熙间(1190—1194)眉山程舍人宅刻本《东都事略》卷一后有双线边框牌记："眉山程舍人宅刊行,已申上司不许覆板"。分两行书写。

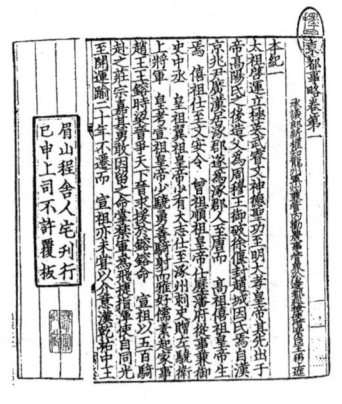

图30 宋绍熙间（1190—1194）
眉山程舍人宅刻本《东都事略》

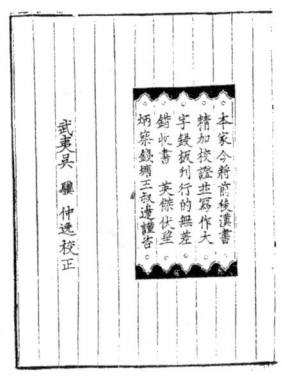

图31 宋王叔边刻本《后汉书》

宋王叔边刻本《后汉书》，书后有上下花鱼尾长方框形牌记："本家今将前后《汉书》精加校正，并写作大字锓板刊行，的无差错。收书英杰，伏望炳察。钱塘王叔边谨咨。"共5行文字。

宋刻《挥麈录》目录后有牌记文字7行："此书浙间所刊，止前录四卷，学士大夫恨不得见全书，今得王知府宅真本，全帙四录，条章无遗，诚冠世之异书也。敬三复校正锓木，以衍其传，览者幸鉴。龙山书堂谨咨。"

元刻《新刊王氏脉经》序后有牌记文字7行："天地以生物为心，故古之圣贤著书立论，教人以智而济人之生也，得其书而自秘者，岂天地圣贤之心乎？夫治病莫重于明脉，脉法无出于《王氏脉经》之为精密。本堂所藏不欲自秘。先以《针灸资生经》梓行矣。今复刻《脉经》与众共之，庶以传当世济人之道，且无负古人著书之意云。时天历庚午仲夏，建安叶日增志于广勤书堂。"

由上述例证可见，牌记大多记录有出版年月、刻家姓名，是鉴定版本最直接明确的依据。但必须注意，由于许多书在翻刻或覆刻时常常将原来牌记依样刻入，而又不加任何重刻的说明；或者虽有后刻序跋说明，但已佚去，或被作伪者抽掉；甚至还有伪造牌记图售高价的现象，所以不可轻信牌记，一定要在证明某版本确系原版、牌记确为原刻的情况下，才可以依据牌记上的文字说明做出鉴定结论。

二、封面（内封）

古籍的封面与现代图书的封面含义不同，实即相当于现代图书的书名页，在书衣之后，所以也叫内封。封面上除书名、著者等外，还经常印有出版年月、出版者或藏版者等事项。所以封面也是鉴定古籍版本的重要依据。

　　封面记载版本事项有许多种方式。如元至正十六年（1356）翠岩精舍刻本《广韵》的封面样式为：分上下两栏，上栏横题"翠岩精舍"四字；下栏分四行，中间两粗行上有横题阴文4字"校正无误"，下为"新刊足注明本广韵"两行大字，两边细行分别题为"五音四声切韵图谱详明"，"至正丙申仲夏绣梓印行"。

　　清雍正刻本《李义山诗》，封面为方框上下两栏，上栏横题"雍正八年镌"，下栏分三行自右向左竖题："华亭赵润川解，李义山诗，金陵刘晰公梓"。

　　清同治活字本《儒林外史》封面分三行自右向左竖题："同治

图32　元至正十六年（1356）翠岩精舍刻本《广韵》

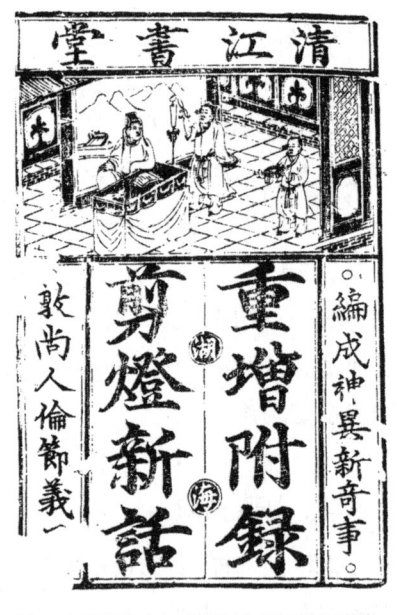

图33　明正德六年（1511）杨氏清江书堂刻本《新增补相剪灯新话大全》

己巳秋摆印,儒林外史,群玉斋活字版。"

可见,封面文字有时是多么丰富地反映了古书的版本事项。

但需特别注意的是,当书版易主,后人利用原版重印时,常常更换封面,这时版本事项的说明也随新主人之名而改变。碰到这种情况时,版本事项不能完全依照封面所题著录,而需考证书版的原刊刻者,分清刻书者和印书者。

三、卷端

卷端就是古籍每卷正文之前表示书名、著者、版刻情况的几行文字。

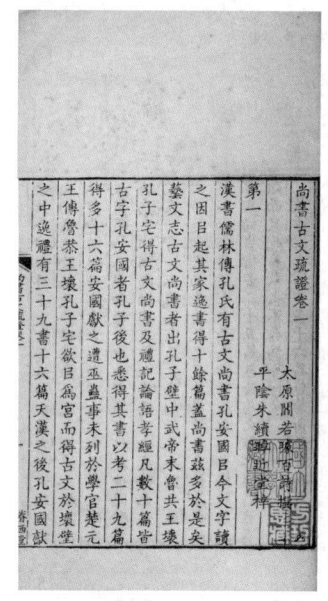

图34 清乾隆十年(1745)朱续晫刻本《尚书古文疏证》

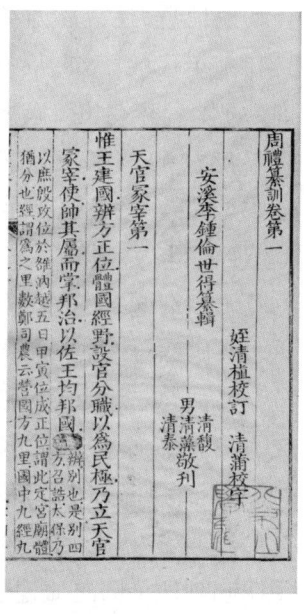

图35 清康熙间李氏刻本《周礼纂训》

除了书名和著者之外，卷端也常常标记版刻情况。由于卷端所题主要是一书各种责任者的说明，所以卷端标记的版刻情况主要是出版者的信息。例如《尚书古文疏证》八卷，卷端题："平阴朱续晫近堂梓"，说明刊刻者是山东平阴人朱续晫。

又如清人李钟伦撰《周礼纂训》二十一卷，卷端题："男清藻、清馥、清泰敬刊"，说明该本为李钟伦的三个儿子清藻、清馥、清泰所刊。

卷端标注版刻信息虽然只局限于刊刻人的情况，而不注明刊刻年代，但如果结合其他信息，还是不难判断其刊刻年代的。如《周礼纂训》的作者李钟伦，康熙三十二年（1693）举人，《四库全书总目》该书提要说他"未仕而卒"。这样算来，他的儿子们刻这本书的时候应该也在康熙年间。

又如《叶太史参补古今大方诗经大全》十五卷、纲领一卷、图一卷，卷端题"闽芝城建邑书林余氏仝梓"，说明刊刻地是闽芝城建邑书林，刊刻者是余氏。闽是福建，芝城建邑即今南平市建

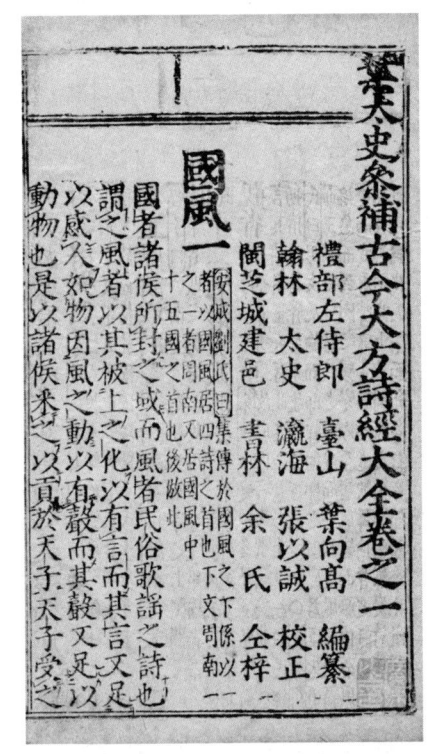

图36　明万历二十九至三十五年（1601—1607）福建建阳崇化坊余氏刻本《叶太史参补古今大方诗经大全》

阳区，明代为建宁府建阳县。建阳县西之崇化坊又名"书林"，与麻沙镇并为印书业中心，号称"图书之府"。

该书没有内封、牌记说明其刊刻年代，但我们可以从卷端所标识的作者称谓基本判明相关情况。如该书卷端题作者为"礼部左侍郎台山叶向高编纂，翰林太史瀛海张以诚校证"。查叶向高（1559—1627）生平并未担任过礼部左侍郎，左侍郎应该是右侍郎之误。叶向高曾担任南京礼部右侍郎，时间约在万历二十六年（1598）至万历三十五年（1607）之间。而该书的校正者张以诚的头衔是"翰林太史"。查张以诚（1568—1615）于明万历二十九年（1601）中状元，授翰林院修撰。所以此书从叶、张二人的官衔来看，刊刻时间应该在万历二十九年至三十五年之间（1601—1607）。

四、序跋

图书之前多有序文，书后多有跋文，此为古今通例。印本书之序跋中常常叙述版本的刻印出版情况，是鉴定版本非常有用的资料依据。

序跋可分为著者自作序跋、他人序跋、刻印出版者序跋等。其中刻印出版者所作之序跋主要是叙述刻印出版的动机、经过及本版情况，并记其完成时间等。一般说来，这种序跋中所记载的版本情况是相当可靠的，可以直接依据。至于刻印出版时间，可依序跋文中所提及或文末所署之年月斟酌参定。如无刻印出版者序跋，则可参考其他序跋中年代最晚者作出判断。这种鉴定方法人们称之为"以序断年"。以序断年时，必须十分谨慎，因为序跋的情况是十分复杂的，例如后人翻刻时常将原序刻入而不加刻新序,甚至还有将序年挖改作伪的情况,所以只有在确认作序或跋之年与实际刻印之年十分相近或相同,或实在找不到其他关于本书版本情况的任何文字说明时,才能采用这种方法。

五、避讳

避讳,是中国封建社会中一种特有的历史现象。所谓"讳",指的是帝王、圣贤、长官以及祖宗、父母、尊者、长者等人的名字。人们说话、临文时不能随便称呼、书写,碰到与这类人物名字相同的字则必须设法避开或改写,故称"避讳"。

一般情况下,通过对牌记、封面及序跋中有关版本事项的说明查考证实后,基本就可以作出结论了。但许多版本没有牌记,封面和序跋中也没有这方面的说明,或虽有一些有关记载,却含糊其辞,不足为证。这时,查考书中的避讳情况以帮助作出判断,也是一种行之有效的方法。若能确定某版本避至某皇帝之讳止,则其出版年代即可推断为某皇帝之时。

避讳起源于周朝。秦汉以后,随着儒家思想正统地位的确立和发展,避讳作为一种封建制度,也越来越完备和严格。当然从理论上,也有可以不需避讳的情况,主要有以下几种:

(1)嫌名不讳。所谓嫌名,指字音相同或相近的字。

(2)二名不偏讳。即如讳有二字,单涉一字不算犯讳。如宋太祖名匡胤,如行文单写一个"匡"或"胤"字,不算犯讳。

(3)已祧不讳。古代祭祖通常除始祖外,只祭近祖。皇帝一般祭七祖,也有祭九祖的。超过七世或九世的祖先则要迁入另外的庙堂,称为"祧"。凡已祧之祖可以不讳。

但在实际生活中,由于官府的文网罗织,喜怒无常,人们出于惧祸心理,即使在上述情况下,也还是小心翼翼予以避讳。

在古籍中,避讳的方法主要有以下几种:

(1)改字法。就是对帝王及所尊者之名改用其他的字来代替。明光宗叫朱常洛,用改字法"常"改作"甞","洛"改作"雒"。清圣祖名玄烨,故清代版本遇"玄"字多改写作"元"。

(2)缺笔法。即将与帝王名字相同的字在书写、刻印时少写一笔,通常是缺末笔,也有缺中间笔画的。如明熹宗叫朱由校,明天启、崇祯刻本有的遇"校"字便缺笔写作"挍"。清代版本用缺笔法避清圣祖"玄烨"之名时,"玄"、"烨"均缺末笔。

(3)空字法。即将应避讳的字空而不书或圈作墨围。此种避讳法除作者临文时采用、刻印时照搬外,刻书者一般不主动采用。

我们现在所能见到的古籍大多是宋以后的版本,所以版本学讲避讳可只从宋代讲起。历史上各代避讳情况各不相同,宋代避讳最繁最严,且避嫌名,即使笔画结构完全不同,但只要音同或音近,均避不误。例如宋高宗赵构,官方颁定的避讳字竟多达50多个。

辽、金两朝虽为少数民族政权,但受汉族文化影响,亦实行避讳。

辽代版本现存不多,据1974年在山西应县佛宫寺木塔中所发现之《契丹藏》残卷,知辽代版本确有讳字,此残卷中,"光""明""贤""真""镇""慎"等字皆缺末笔。陈垣所撰《史讳举例》也曾论及辽代避讳情况。

金代避讳也很严格,清赵翼《廿二史札记》卷二十八云:"金一人二名……盖国语之名,便于彼此相呼;汉名则用之诏令章奏,亦各有所当也。其避讳之法,则专避汉名,而国语之名不避:盖国语本有音无正字也。"可见金人避讳是受宋人影响。但金代刻本中避讳字则比较少见。

元代皇帝用蒙古文命名,即使译成汉字,因译字无定准,故不避讳。元代版本中也未见有避讳之事,只有一部分覆刻或翻刻宋本者才有据宋讳缺笔的情况,但不能算作元代避讳。

明初承袭元代风气,避讳之风甚疏,加之明朝皇帝除成祖朱棣外,全为二字之名,遵照二名不偏讳和嫌名不讳的古礼,天启以前几乎无避讳可言。

天启以后,避讳之法开始讲求。《明史·礼志》载:"天启元年(1621)正月从礼部奏,凡从点水加各字者,俱改为雒。从木加交字者,俱改为较。"明光宗名朱常洛、熹宗名朱由校,明人自此始重避讳,但由于国势已衰,避讳之法极为混乱,或改字,或缺笔,或只避上一字,或只避下一字,皆无定准。

清入关以后,皇帝名字方使用汉名,康熙时始讲避讳,至乾隆时避讳最严。清讳与宋讳的重视字音不同,而是讲究字形,偏旁中凡有涉及讳字者,如弦、铉、炫、眩等,均缺玄旁最后一点。此外康熙帝讳之"玄"字与宋始祖玄朗之讳相同。乾隆帝讳之"弘"字与宋太祖之父弘殷之讳相同,鉴定时应注意区别。

清初凡遇胡、虏、夷、狄等字,或缺笔、或易字以代,如"夷"改为"彝","狄"改为"敌"。但至雍正、乾隆朝以后,"若有心改避,转为非理"①,故先后严禁避此等字。据此亦为鉴定清代版本之一法。

清讳另一大特征,是雍正三年(1725)规定应避孔子讳"丘"

---

① (清)永瑢等撰:《四库全书总目》,《乾隆四十二年十一月十四日上谕》,中华书局,1965 年,卷首第 5 页。

字。或改写作邱字，或缺笔，而前此历代都无此规定。故凭"丘"字之改避与否，即可作为推断一书系出版于雍正以前还是以后的依据。

六、刻工

中国古代的许多刻本，都在版心下方刻印有刻工及写工的姓名，这种做法大概是为了方便统计每位刻工的工作量，或出于刻工、写工承担本版质量责任的动机，也许还有刻工为了留名而私自刻之的原因。但这种做法客观上为后来进行版本鉴定提供了依据。

根据刻工姓名鉴定版本，是出于这样的考虑，即一位刻工一般都参加过不止一部书的刊刻工作，所以好几部书中都出现同一刻工姓名的情况是常见的现象；又以一个刻工的工作年限大约在30年左右，那么一个未知刻印时间的版本，如果其上所记载的刻工姓名和另一个已知刻印时间版本上的刻工有一人或数人相同的话，就可以由此推断前一版本的大致刊刻时间。这种鉴定方法非常科学，其结论也较为可靠。近现代版本鉴定工作日趋精确，纠正了许多前代学者的鉴定错误，与对刻工姓名的重视和注意收集、分析、研究是分不开的。

日本学者长泽规矩也在1930年代曾编制过一个《宋元刊本刻工名表初稿》[①]，是这方面的一部开创之作，对利用刻工鉴定宋元版本有一定的帮助。该表内容分为"宋刊本刻工名表初稿"和

[①] 原稿载于日本《书志学》第2卷第2、第4两期，中文则有邓衍林的翻译稿，刊登于1934年9月出版的《图书馆学季刊》第8卷第3期上。

"元刊刻工名初稿"两部分,是根据日本静嘉堂、成篑堂等七处所藏的中国宋刻本130种、元刻本73种编成的,共收宋代刻工人名约1500多个,元代刻工人名约750多个。但此表所采用的版本有一些在鉴定上有错误,不能悉以为据。

其他可资参考的刻工表还有王重民《中国善本书提要》中所附《刻工人名索引》,魏隐儒《古籍版本鉴定丛谈》中辑录的《宋至清各代部分刻本所见刻工及写画人姓名简表》,1983年第3期的《图书馆学研究》上发表的何槐昌编《宋元明刻工表说明及元刊本刻工名表》,《四川图书馆学报》1990年第6期发表的李国庆编《宋版刻工表》等。上海古籍出版社1990年出版的王肇文编《古籍宋元刊工姓名索引》,则是迄今为止我国出版的唯一一部收集古代刻工资料的专著,收罗既广,体例亦善,有较高的参考价值。

七、题跋

古人见到或收到自己喜爱的书籍时,常常在卷首或卷尾的空页上写下一段文字,称为题跋或题识。藏书家、校勘家、赏鉴家所作的题跋,常叙明本书的收藏源流、价值大小、版刻时代、刻印精工与否及文字校勘情况等,是鉴定一书版本情况的重要参考依据。清代版本学家黄丕烈、吴骞等人都好作题跋,其题跋穷委竟源,考究确切,从中不仅可知其版本鉴定的结果,还可洞见其鉴定过程与思想方法,裨益学子无穷,堪称高水平的题跋。今天鉴定版本,绝不能忽视书前书后的题跋,要注意研究和参考。当然,古人题跋中也常有溢美之辞与考究不确切、结论不可靠的地方,不要迷信和盲从。

八、藏章印记

古代藏本中大多钤有藏章印记。一书中少则一方,多则十多方乃至数十方,如北京图书馆现藏南宋临安府陈宅书籍铺刻本《唐女郎鱼玄机诗集》,一页之上竟钤有历代印章40多方。

藏章又叫藏书印,是藏书家在保藏、整理古籍文献过程中所使用的一种专门印章,用以表明图书所有权或表达其个性情趣。

印记是指藏章之外的各种印章,比如书签题名者的印章、出版者的印章、发售商的发行戳记、图书馆的登到章、清点章、注销章等。

印文内容多种多样,印文字数多少也各不相等,差异很大。常见有:名号印、肖像印、仕履印、际遇印等,说明印章的主人及相

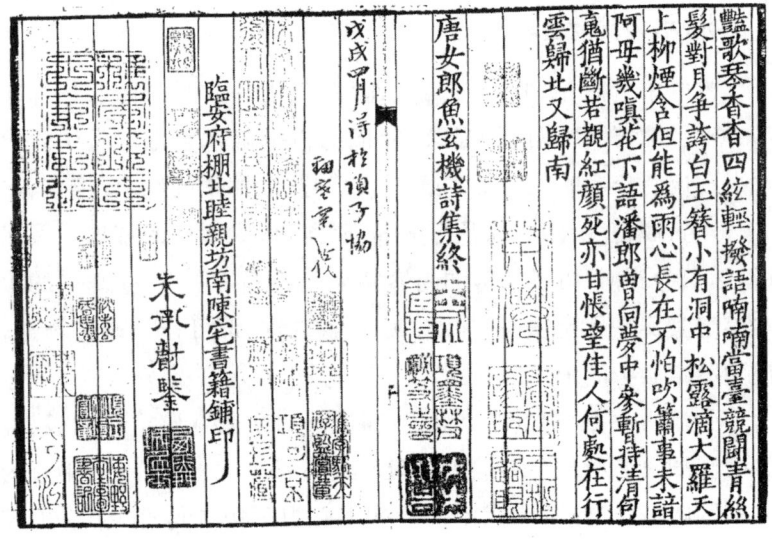

图37 钤印满纸的宋刻本《唐女郎鱼玄机诗集》

关信息；收藏印、赏鉴印、校读印、经眼印等，表示经某人收藏或赏鉴、校勘、经眼；闲趣印、训诫印，反映藏书者的某种感情、意愿、思想等。

通过对藏章印记的考察，可以帮助了解某一版本的流传情况、版本优劣情况，对于了解其抄刻时代也有一定的帮助。因为印章一般都是卷端右下角起往上往左依次钤盖的。根据印章钤盖的次序，即可得知其流传经过。又根据其时代最早的印章即可确定某一版本抄刻时代的下限，可以间接帮助判断版本的出版时间。钤有名家印章的版本其价值也相对较高，如果还钤有"宋本""神品""甲"等印章，则更表明了藏家对其版本价值的高度肯定。但是，古书中利用藏章作伪以图售高价的现象很多，必须加以注意。

九、书内其他资料

古书中的牌记、封面、序跋、避讳、刻工等或明确标示版本事项，或反映时代特征比较显著，故成为古书版本鉴定的常法。但古书中反映出版时代特征的远不止于此，如书中的纪年、纪事、纪人、地名、职官、引用文献及行文等都可以作为考证的依据。可以说，学识愈渊博，可供参考的内容特征就越多。所以，高水平的版本鉴定其实并无定法，一字之用，一名之称，都可作为蛛丝马迹，成为鉴定版本的依据。

弄清古书版本校刻人的生平时代，对于版本鉴定作用极大。如镇江图书馆所藏《宋朝道学名臣言行录》一书，书衣上有康有为亲笔题跋，鉴定此本为宋本。但此书总目下第二行有"张鳌山校正重刻"字样，查张鳌山为江西安福县人，明正德进士，官浙江道御史。显而易见,此书为明刻本,而决非宋本。

利用古书行文中的称谓名词来鉴定版本,也是一种行之有效的方法。清代学者孙星衍就曾利用这种方法弄清了《集千家注杜工部诗》一书的版刻时代。该书有"广勤书堂新刊"6字牌记,但孙氏当时不知广勤书堂为何代书肆,后注意到书中所标集注姓氏,称韩愈、元稹为"唐贤",称王禹偁、谢枋得为"宋贤",称刘辰翁为"时贤"。刘辰翁(1231—1294),字会孟,主要生活于宋代,但卒于元代。书中不称之为"宋贤"而称"时贤",可见此本必为元代刻本无疑。

又如清嘉庆刻本《靖海纪》二卷,清施琅撰,书中不载刊刻年代。因书中所记均为康熙间事,有人遂定为康熙刻本。但书中有"圣祖"二字出现,此系康熙皇帝的庙号,乃死后所加;文中还有《钦定八旗通志·名臣列传》,《八旗通志》是嘉庆时修成刻印的,康熙时不可能引用,所以定此本为康熙刻本是绝对错误的。

以上二例是利用古书中的行文、纪事、称谓及引用文献等来鉴定版本的。此外,利用地名鉴定版本的,也不乏其例。国内现存最早的印刷品《陀罗尼经咒》,其刻印年代就是参照地名得知的。此印刷品1944年于成都市内一唐人墓中发现,约一尺见方,四周双边,框外镌有"成都府成都县龙池坊□□□□□近下□□□□□咒本"字样。按唐肃宗至德二年(757)成都方改称府,故此经印行,必在是年之后。由此即可推知此经应是唐末的印品。

又如《四库全书总目·元丰九域志》提要中云:"案张淏《云谷杂记》称南渡后闽中刊书不精,如睦州宣和中始改严州,而新刊《九域志》直改为严州。今检此本内,睦州之名尚未窜改,则其出于北宋刻本可知。"不过也有地名虽改但后来书中仍沿用旧称者，鉴定时应灵活掌握，不可绝对而论。

利用官制名称鉴定版本的例子也很多。如《丘琼山先生大学衍义补赞英华》六卷，明陈仁锡纂。《北京人文科学研究所藏书目录》中著录该书为明成化刻本，错得离谱。后来有人又改订著录其为万历刻本，似乎没错了。但该书封面印有"陈太史订大学衍义英华"10字，且确系原刻原印。据考，明清两代只有考中进士而又进了翰林院的人才有资格称为"太史"，而陈仁锡于天启二年（1622）才中进士，授职编修，怎能在万历间就被称为太史呢？此本刻印必定在天启二年以后，著录为成化刻本或万历刻本都是错误的。

十、各种工具书及其他书外资料

在古籍版本鉴定工作中，参考利用各种类型工具书的现象是经常的、大量的，同时也是必需的。如对照换算各种纪年方法，须查年表、历表；考证刻书者或作者，则需要利用各种人名辞典、传记资料索引、历代职官表、年谱、族谱等；查证地名，也需利用地名辞典、历代地理沿革表、历史地图等。

与版本鉴定关系最密切的工具书首推版本目录。许多版本目录不仅著录版本的出版情况，而且还记录了版本的外在形态如版式、行款、字体、纸张、装订等方面的情况。特别是提要式版本目录和罗列式版本目录，对于版本鉴定尤为有用。鉴定者可以将所鉴定版本的各方面特征如版式、行款、藏章印记等与目录中所记该书版本的各种特征一一相对，如全部吻合者，则可能是同一版本，即可参考目录中所载之版本事项得出结论；如不相吻合，亦可据之排除其与目录中所著录版本为同一版本的可能,缩小考查范围。关于版本目录的详细情况,见第七章"版本目录"。

地方志在版本鉴定中是一种值得参考的文献类型。

例如台北"中央图书馆"所藏明慎独斋刻本《山堂考索》一书,每卷卷端均题有"建阳知县区玉刊行、县丞管韶、主簿薛宝校正"字样,经查明嘉靖《建阳县志》卷二《历代职官表》,其中明弘治、正德间的知县、县丞、主簿中正有区、管、薛三人,故此本版刻年代遂可定为明弘治、正德间。

又如济南刻本《黄帝内经》,书中亦无刊刻年代,字作赵体,与元刻本的特征比较相符。但书的卷端有"历城教谕田经校刊"一行文字,各人名辞典均无田经其人,经查《历城县志》,乃知田经任历城教谕在明嘉靖初年,则此本为明嘉靖时刻本无疑。

此外,前人的有关笔记、日记、书信等文献中,常常有对具体版本的鉴定描述,参考这些资料,对于鉴定古书版本也有一定帮助。

第二节 经验判断法

如果说查检考证法主要是从图书版本的文字内容方面考察版本的话,那么,经验判断法则是从图书的外观形态方面对图书版本进行的另一种方式的考察。具体说来,经验判断法就是从图书的装订形式、纸张、墨色、字体、刀法、版式等方面,对其出版时间、出版地、出版者、制作方式和流传情况所进行的版本鉴定。

过去的书商和一部分藏书家习惯于用经验判断法来鉴定版

本。这一来是因为他们经眼经手的版本众多,具有丰富的感性认识;二来是因为他们在收书和售书时,经常需要对版本的价值迅速地做出判断和估计,而没有过多的时间去考证,所以逐渐形成从版本的外观形态进行鉴定和判断优劣的习气。过去人称此种鉴定方法为"望气而定"或"观风望气",也有人称之为"直观法"或"目验法",使人感到玄而又玄,不可捉摸。其实这种鉴定方法是书商和藏书家长期实践经验的总结,是有规律可循的,只要经过一段时间的学习和训练,多接触一些古书,是完全有可能掌握它的。下面逐一细述。

一、装订形式

中国图书的装订,经历了简策制度、卷轴装、旋风装、经折装、蝴蝶装、包背装、线装、平装和精装等形式,各种装订形式在中国书史各个不同时期分别占据主导地位。所以,考察版本的装订形式,也是一种鉴定版本时代的手段。

现存简策形式的图书基本上都是考古挖掘时发现出土的,为数极少,大多是战国、秦汉、三国以前的文物。

卷轴装图书由于近代敦煌莫高窟藏经洞的发现而有了大量的实物流传于世。这些图书文献由于大多采用卷轴形式而被称为敦煌卷子,大都是隋唐五代时期及北宋初年的实物。

经折装形式多为佛经所采用,时代从唐代一直沿续到清代,是造纸术发明以来沿用时间最长的一种装订形式。

蝴蝶装的形式主要为宋、元两代图书所采用。宋版书除佛经外,当时几乎均为蝴蝶装。

包背装出现于南宋末年,流行于元、明两代。

线装自明代末年开始,逐渐成为最主要的古籍装订形式。清代图书绝大多数是采用的线装形式。

近代洋装形式传入中国,故平装和精装成为近代图书的主要装订形式。

考察版本的装订形式,对于鉴定出版时代有一定的作用。但由于古代蝴蝶装、包背装图书大多都经改装成为线装形式,而有些近现代版本出于某种目的反而采用古典装订形式。所以万不可单纯据版本的装订形式鉴定其出版时代,而只能将其作为一种辅助手段参考而已。

二、版式

古代图书的版式因时代、地域及刻书者的不同而有所差异,故版式也是版本鉴定的一个依据。

宋代版本的版框,大多为左右双边,南宋建本也有四周双边者,但四周单边在宋本中极为少见。版心大多为白口、单鱼尾,少数为双鱼尾,间有无鱼尾而以横短线将版心区分成若干格者。南宋建阳地区刻本则大部分为小黑口,双鱼尾,且常增刻书耳。南宋淳熙以后刻本,版心上方多记本版大小字数,下方多记刻工姓名。

金刻本承袭北宋刻本风气,仍以版心白口、左右双边者居大多数。

元版版式,四周双边增多,但仍以左右双边者为主,四周单边则罕见。版心大多为黑口,双鱼尾。江浙地区的刻本仍上记字数、下记刻工如宋版。建本由于盛行大黑口,版心很少记字数、刻工。

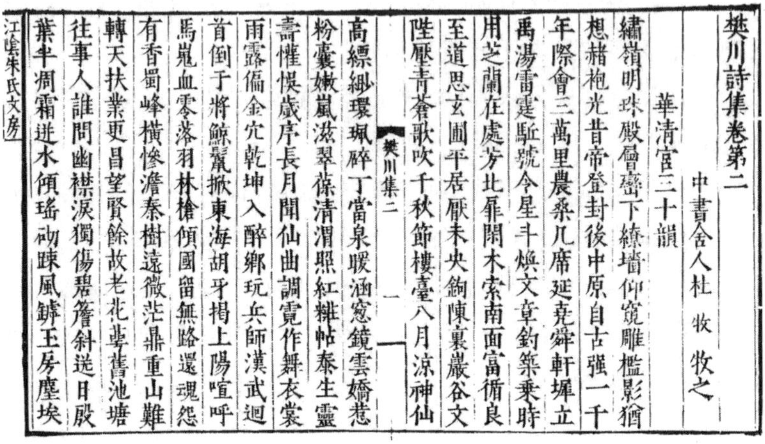
樊川詩集卷第二
中書舍人杜　牧　牧之
華清宮三十韻
繡嶺明珠殿層巒下繚墻仰窺雕檻影猶
想赭袍光昔帝登封後中原自古强一千
年際會三萬里農桑几席延堯舜軒墀立
禹湯雷霆馳號令星斗煥文章釣築乘時
用芝蘭在處芳北扉閑木索南面富循良
至道思玄圃平居厭未央鉤陳裹巖谷文
陛壓青蒼歌吹千秋節樓臺八月涼神仙
樊川集二　一
高縹緲環珮碎丁當泉暖涵窗鏡雲嬌惹
粉囊嫩嵐滋翠葆清渭照紅粧帖泰生靈
壽懽娛歲序長月聞仙曲調霓作舞衣裳
雨露偏金穴乾坤入醉鄉玩兵師漢武迴
首倒干將鯨鬣掀東海胡牙揭上陽喧呼
馬嵬血零落羽林槍傾國留無路還魂怨
有香蜀峰橫慘澹秦樹遠微茫鼎重山難
轉天扶業更昌望賢餘故老花萼舊池塘
往事人誰問幽襟淚獨傷碧簷斜送日殷
葉半凋霜迸水傾瑤砌疎風罅玉房塵埃
江陰朱氏文房

图 38　明正德十六年（1521）朱承爵朱氏文房刻本

明初自洪武至成化、弘治年间的版本，版心几乎全部是黑口，双鱼尾，版框大多为四周双边。正德间为过渡时期，白口黑口兼有；嘉靖年间，黑口突然绝迹，几乎尽为白口的天下；万历以后，仍维持这种情况不变。明中叶以后的刻本，以前极少见的四周单边骤然增多，左右双边也时有出现；鱼尾则单、双并行，并出现了独特的线鱼尾。此外，自正德起版心上方记书名、下方记出版者之斋、堂、号的现象开始出现并逐渐盛行。总之，明初版本的版式以稳重、繁复为其特征，而明中叶以后的刻本版式则趋于简洁、明快，前后风格恰成鲜明对照。

清版版式之最显著特征，是版心上方多记有书名，其次在版心下方记斋号、堂号者亦较前代为多。至于版框则左右双边、四周双边、四周单边均有相当数量，白口、黑口的出现也无从把握其规律。但由于清代版本距今时代较近，易于鉴定，故版式在清本的鉴定中已无足轻重了。

三、字体

字体是鉴定版本的重要依据。不同时代的刻书字体也往往随之而异,总的说来,中国古代的刻书字体可分为软体字和硬体字两大系统。明代正德以前,刻书所用字体全部为软体亦即手写体;自正德、嘉靖以后,硬体字(亦即古代印刷体)成为主要常见的刻书字体。但软体字此后也时有采用,许多刻意为工的刻书者,还是喜欢采用软体字书写上版的。这种采用软体字的刻本,世称写刻本。由于其大多校刻精良,故多被归入精刻本之列。

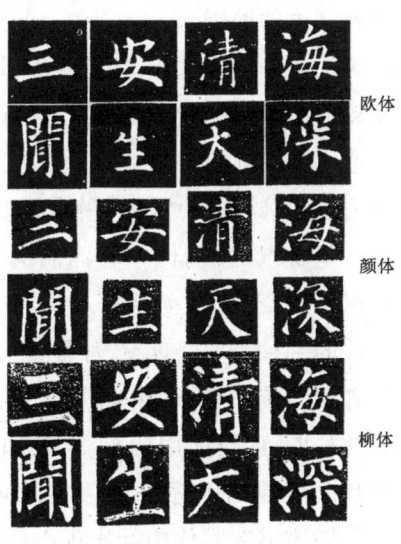

图39 宋版书中常用的欧、颜、柳三家字体

从时代上讲,宋刻本多用欧(阳询)、颜(真卿)、柳(公权)体字,或兼采诸体笔法书写上版,间亦用褚(遂良)体、虞(世南)体或当时流行之坡公(苏轼)体、瘦金体(赵佶)等。

图40 元版书中常用的赵体字

元代版本现存以福建刻本最多,其字体受赵(孟頫)体影响很大。

明初刻本字体没有什么特色,多沿袭元代字体风格。明代中叶自正德年间到嘉靖年间逐渐形成了一种横细竖粗、横平竖直、棱角分明的刻书字体，人称宋体，俗称"匠体"或"硬体"字。出现这种字体的原因，人们一般归结为明代中叶以后，以李梦阳、何景明为代表的"前七子"和以王世贞、李攀龙为代表的"后七子"所发动的文学上的复古运动。这种文学上的复古运动影响了整个社会风气，反映在刻书上，就是大量翻刻宋版书，在版式字体上也极力仿宋，终于形成了一种古代规范的印刷字体——宋体字。

笔者以为，明代中叶以后的复古风气，只是为宋体字的形成提供了一个契机，实际上，创制一种规范的刻书字体，早已成为刻书业的一种需要。明代刻书匠人在对宋版书所用字体的刻意摹仿和精心揣摸中，逐步掌握了其特点和规律，从而创制出了一种能够长期、广泛适用的刻书专用的印刷体，这是图书印刷技术的进步，也是图书印刷事业发展的必然趋势。

宋体字在明代中叶出现以后，很快就传播、流行开来，到明代末年，绝大多数的印本书都采用了这种字体。清代印本字体更大多是宋体字的天下。

根据字体鉴定版本，除注意各不同时代版本的字体风格外，还必须考虑到同时代不同地区版本的字体差异。例如宋代浙本多用欧体，蜀本多用颜体，闽本多用柳体，之间的差异很明显。又如元代建本较多采用赵体，但其他地区刻书用赵体者极少，故不能以是否采用赵体为断定是否元版的唯一依据。

四、刀法

刀法即是如何将手写的文字忠实地反映于书版上的方法，是刻工的技术问题。古代刻工讲究"刀头具眼"，要求刻字时应做到如老马识途，又如蝙蝠之夜游，刻刀之疾迟转换，皆得心应手，熟练自如。刀法的好坏，关系着刻本的质量，不同时代、不同地区的刻本，刻字的刀法也各有其不同的风格。

宋代不论官刻私刻，大多用好手写，好手刻，故孙从添《藏书记要》中评论宋本说："字画刻手，古劲而雅。"张元济也说："审别宋版，只看刀法。"以地区而论，宋代浙本字体方整，刀法娴熟，转折弯角没有刀痕，反映原来字体最为忠实；建本字体隽丽，但锋棱峭厉，刀味十足，蜀本介于二者之间。

元代建本刀法圆浑，给人以柔弱无力之感，与宋版刀法或精劲或峭厉的风格迥然不同。

明初字体刀法与元代无大差异，中叶以后，硬体字风行，对刀法的要求降低，刀法逐渐僵硬，给人以板滞之感。

清代乾隆以前之写刻本，刀法相当熟练，但自道光以后，刀法水平骤降，刻工左按尺，右持刀，依技术能力分刻点、横、竖、撇、捺与行格线，全无个人风格。以至到清末，能刻软体字者，国内几无其人。

以刀法定版本时代和地区似欠稳妥，但作为辅助手段，也未尝不可以采用。此外，考察刀法，一可以帮助鉴定版本质量，二可以帮助分辨原刻与覆刻，三可以有助于鉴定伪本。所以，过去有人很重视古书版刻的刀法，这是有一定道理的。

五、纸张

不同时代的版本，所用纸张也不相同。辨别古书用纸的质地、纸色、帘纹，也可作为鉴定版本的佐证。特别是在对伪本的鉴定中，对纸张的辨别是防止鉴定失误的有效方法。当代科学家们也在探索利用现代自然科学技术对古代纸张的年代进行检测的技术。

但纸张虽为鉴定版本之一种依据,但实际上只能反映刻本的刷印年代,而不能说明其刊刻年代。故亦不可因用纸的不同将同一版本的不同印本断为不同版本。

在敦煌卷子中,南北朝写本多用麻纸;唐代写本皮纸为多,麻纸次之;五代多用麻纸,但质地较为粗糙。

宋版书用纸因地而异。蜀本用麻纸较多,也用皮纸;浙本多用皮纸,偶有用竹纸者;建本几乎全用竹纸。麻纸纸质柔韧,但颜色偏暗。皮纸中厚者多,薄者少,但皆柔韧洁白,在历经七八百年后的今天,仍可称为"莹洁如玉",仅边缘有的略泛浅黄而已。宋代竹纸的质量较后世竹纸为佳,保存至今,多为淡茶黄色,但仍很结实,不像明代万历以后所用的竹纸,距今不过400年左右,而触手即破者即已为数不少。

元版书现存者大部分是建本,多用竹纸,但纸质已较宋本为差,颜色也较宋代竹纸为暗,今日观之,多为深茶黄色。其他地区刻本存者较少,多用皮纸,也有用麻纸的,但纸色均较暗。

明初图书用纸多为棉纸,但纸色较暗,故称之为黑棉纸。正德、嘉靖年间的刻本则多用白棉纸,其纸色洁白程度在宋代皮纸之上,只是比宋纸略薄,韧性也稍差一些。但由于距今时代较宋纸为近,故今日看来与宋纸不相上下。明末刻本多为竹纸,除少数精制者外,迄今大多数已变为茶黄色,甚至暗褐色,薄而发脆,老化现象较为严重。

清代版本,所用纸张种类繁多,但总的说来,以竹纸为最多。纸色黄、白皆有,但以黄色为多。清本由于纸龄尚浅,纸张老化还不太显著,但如极其洁白之所谓开化纸,纸之边缘仍有变成茶黄色者。

六、墨色

中国古代制墨,或以松烟,或以油烟。明初沈继孙在其所撰《墨法集要》中说:

> 古法惟用松烧烟,近始用桐油、麻子油烧烟,衢人用皂青油烧烟,苏人用菜子油、豆油烧烟。以上诸油俱可烧烟制墨,但桐油得烟最多,为墨色黑而光,久则日黑一日,余油得烟皆少,为墨色淡而昏,久则日淡一日。

可见以桐油烧烟,制墨质量较好。但由于印书用墨量大,故印书用墨多为松烟制得。

1947年卢前所撰之《书林别话》,叙述印书用墨的传统制造过程最详,其文云:

> 印书始于制墨。制墨之法:取炭窑之窑烟,化牛皮胶为水和之,成厚粥状,调之以酒,储之半月,成稀面糊,将墨粥揉匀,盛入缸藏之。至时霉天,则臭气四溢,然必经三四时霉天,始能用也;倘急用之,则墨色必浮,触之则糊:是墨愈久而愈佳。印书时,必先用马尾筛破水沥之,渣滓可以倾去,取其余印书。
>
> 能手印书,墨气前后一致,边栏一律;次者则有锅巴、盐豆、倒边、塌栏之弊。锅巴者,书中直现一块白;盐豆乃斑驳

之称;倒边、塌栏,皆手脚轻重所致,遂多毛花。①

前人论宋版书,对其墨色有诸多美誉,如"墨色如漆","墨气香淡","墨光焕发"及"用墨稀薄,虽着水湿,燥无湮迹,开卷一种书香,自生异味"②等等,说明宋版书用墨大多质料精细。据说宋人制墨喜添加香剂,如龙脑、麝香等,故开卷可闻一种书香味。至于墨色,虽各本浓淡不一,但大多雅洁可爱,其上等者,于乌黑中又泛出一种光彩,即所谓"墨光焕发"是也。

元版书用墨质料差,制作不精,墨色浑浊不纯,虽也不乏墨精质佳之品,但从现存元版看来,大多用墨秽浊,间有污染纸面者。

明版书用墨除内府刊本、中叶影宋刻本,以及治墨名家所编印之书外,大多质量欠佳。明万历刻本南京礼部编印的《定印藏经号簿》中记载:"作料:烟煤五篓,银壹两;面伍百斤,银叁两。"此为明万历时有用面调和烟煤制造印书用墨的确证。用这种墨印出的书,墨色浮泛,极易污染纸面。坊刻本墨色污浊、模糊版面的现象尤为严重,也许就是用了这种墨。

清代写刻本用墨极为精良,可与宋版书相媲美。嘉庆以后,墨的质量逐渐下降,佳者少见。清末西方印刷术传入中国后,由于采用金属版机器印刷,传统的水墨便被油墨所取代了。早期的油墨质量不佳,墨色昏暗无光,油性过大,常泛出字外,显出油渍。现代所印图书,墨色纯净,没有油渍,较之早期的油墨,其质量有

---

① 张静庐辑注:《中国现代出版史料》(丁编下卷),中华书局,1959年,第632页。
② (明)高濂著,王大淳点校:《遵生八笺》,卷十一《燕闲清赏笺·论藏书》,浙江古籍出版社,2017年,第550页。

了很大的提高。

七、藏印

在考证法中已经讲过，通过考察印文可以帮助鉴定版本，这是就藏章印记的内容而言。除此之外，从藏印的形式方面，亦即从字体、印材、印色、刀法等方面进行考察，也是版本鉴定的一个途径。

从印文的字体来看，唐宋元人大多喜用小篆体，明清人复古倾向显著，又兼用大篆体。

从印文笔画的质感中，可以辨别印材的不同。唐宋元人多用铜印，也间用牙、玉等印，材质坚硬，印文笔画较为凝重、光滑、板拙。至于以石料为印材，则始自元末明初的王冕，在此之前绝无石质印章。此后采用石料刻印的人逐渐多了起来，青田石、寿山石、昌化石，都是明、清两代比较讲究的石料用材。

藏章之印色，亦可作为版本鉴定的帮手。因为印泥有水印、蜜印、油印之分。水印是以水和朱砂制成，北宋时多用，其印色当时鲜明，今日视之，其水性褪尽，硃浮纸上，极易脱落。南宋以后，改用蜜印，以蜜调朱砂制成，较水印耐久，但蜜性褪后也容易脱落。油印出现于元代，以油和朱砂制成，油性不易挥发，印色可以持久。但油印质量高下之差极大，劣者油迹泛出，颇为不美。

印色既有水印、蜜印和油印三种之不同，又有新旧之别。新印往往油光四射，朱色耀眼；旧印则无火爆气。一般说来，明中叶以前的印色比较暗，清乾隆以后的印泥朱色比较鲜明。所以即使有人使用古人遗留下来的藏章钤盖作伪，从印色上也可以鉴定其真赝。

从印文的篆法、章法及刀法之精工与否，也可以鉴定真伪。一般来说，名家之印，多请能手篆刻，不但篆法、章法讲究，其刀法也异常精妙。作伪之印，多出俗手，不但不合篆法，即其章法也多为不美，显得死板松软，虽加以修饰，也绝无能手雕镂的效果，熟于此道者，一见即识。

第五章 版本源流

版本源流是指一书曾有过哪些版本,现存哪些版本,各版本情况如何,相互之间存在着什么样的关系。简而言之,版本源流就是同一部图书各种版本的发生、发展过程及其相互之间的渊源递嬗关系。

对图书版本源流的考证,是在版本鉴定基础上所进行的更进一步、更全面深入的版本研究,对于确定某一版本在同书各种版本中的地位、全面认识和正确评价其版本价值,起着十分重要的作用,同时也是为文史工作者所经常直接采用的一种有效的科学研究方法。

第一节 同属一书的版本判定

要梳理一部书的版本源流,首先要找出历史上这部书的各种不同版本。于是,如何判断各个不同版本同属一书这个问题就被提出来了。

孤立地看,一部图书的任何一个版本都反映着该书的文字内容,都由书名、正文及各种辅文内容所组成,读者一般不会有什么版本上的疑问。但如果将一种书的各种不同版本相比较,人们常常会吃惊地发现它们之间在文字内容上竟然有着各种各样的差异。那么，为什么可以将这些文字内容并不完全相同的各种版本归于"同一部书"呢？确定各种不同版本属于同一种书的标准是什么呢？

一、从书名来分析

（一）同名异书问题

同名之书，并不一定就是同一种书。事实上，由于人类思维认识的共同性，古今图书中同名异书的现象大量存在。特别是古代由于信息传递不便，人们见闻有限，加之研究范围狭窄，更容易出现此种情况。

稍加分析，我们就会发现，导致同名异书的原因有很多，主要有以下几种：

1.写作动机相同

如《补后汉书艺文志》，同名之书有 4 种：一为四卷本，清番禺侯康撰，有清光绪间刊本；一为正文一卷考十卷本，清常熟曾朴撰，有清光绪二十一年（1895）活字本；另一种四卷本为清山阴姚振宗撰，有近人张钧衡《适园丛书》本；一为十卷本，清江宁顾櫰三撰，有《金陵丛刻》本。四部同名之书都是因《后汉书》无《艺文志》而欲为之补撰之作。但著者不同，内容也有很大差异，当然不是同一种书。

2.著作寓意相同

如以《鸡肋集》为书名的书，已知就有 6 种之多，著者分别为宋代晁补之，明代王佐，清代释蕴上、揆叙，近代王桐乡、郁达夫 6 人，且均有传本存世。以《鸡肋集》为书名，是取鸡肋食之无肉，弃之可惜之意,为作者自谦之词。

3.作者姓氏名号相同

如以《陆子》命名之书有二:一为汉代陆贾撰,现有《子汇》本传世;一为晋代陆云撰,有马国翰《玉函山房辑佚书》本。两位作者都姓陆,又都以著者之姓名书,导致书名相同。

又如《恩玄堂集》有两种:一为明代欧大任撰,一为近人汪荣宝撰。因二人堂号相同,又均以堂号名其集,故致名同。其他还有各种原因,这里就不一一细述了。

在考证一书版本源流时,只要注意区别同名图书的不同著者,认真考察各书的内容,就不会把名同而实异的图书当作同一种书了。

(二)同书异名问题

同名之书既然不一定是同一种书,那么异名之书是否一定不是同一种书了呢?不是的。事实上,古今图书书名不同但确属同一种书的现象大量存在。例如《老子》与《道德经》,《拜月亭》与《幽闺记》,《三刻拍案惊奇》与《幻影》等,都属于异名同书。

同书异名现象的产生,其原因是非常复杂的。

1.有的在成书之时即已有不同书名。如《红楼梦》又名《石头记》《情僧录》《风月宝鉴》《金陵十二钗》[①]。《儿女英雄传》又名

[①] 甲戌本《脂砚斋重评石头记》第一回云:"(空空道人)遂易名为情僧,改《石头记》为《情僧录》。至吴玉峰题曰《红楼梦》。东鲁孔梅溪则题曰《风月宝鉴》。后因曹雪芹于悼红轩中披阅十载,增删五次,纂成目录,分出章回,则题曰《金陵十二钗》。"

《金玉缘》《日下新书》《正法眼藏五十三参》①,都属这种情况。

2.有的书编撰完成后所定书名与初稿书名不同。如《册府元龟》初名《历代君臣事迹》,编成后宋真宗改为此名。《古今图书集成》,陈梦雷原稿名《古今图书汇编》,蒋廷锡重订后改为此名。

3.有的书是由于后世著者地位提高,人们为了神化其书而更改书名。如《庄子》又名《南华真经》,《列子》又名《冲虚至德真经》,是因为庄子被后世统治者上尊号为"南华真人",列子被后世统治者上尊号为"冲虚至德真人",于是其所著书之书名也随之改换。

4.同一种图书由不同的出版者出版印刷时,经常产生变更书名的情况。如刘肃所撰《大唐新语》一书,明冯梦祯刊本改为《唐世说新语》,欲借《世说新语》之名抬高其本身价。明郎奎金刻《释名》,书名改作《逸雅》,以合"五雅"之目②。又如罗贯中所撰《三遂平妖传》一书,明清各本多或题此名,或题《平妖传》,唯清末有石印本改题《荡平奇妖传》。又如清吴航野客所撰之《驻春园小史》一书,乾隆间三余堂刻本题为此名;乾隆戊申(1788)刻本则名《绿云缘》,又名《第十才子书》;嘉庆辛未(1811)刻本又改题《第十才子双美缘》;清光绪间进步书局石印本改题《绘图一笑缘》,各本题名均不相同。

5.现代图书中,一书各不同版本采用不同书名的情况也为数

---

① 《儿女英雄传》正文首回"缘起"云:"这部评话……初名《金玉缘》,因所传的是首善京都一桩公案,又名《日下新书》。篇中立旨立言虽然无当于文,却还一洗秽语淫词,不乖于正,因又名《正法眼藏五十三参》……后经东海吾了翁重订,题曰《儿女英雄传评话》。相传是太平盛世一个燕北闲人所作。"

② "五雅"即《尔雅》、《释名》(《逸雅》)、《小尔雅》、《广雅》、《埤雅》。

不少。如巴金的中篇小说《雪》,初名《萌芽》,1933年8月上海现代书局出版;第二年8月作者在作了较大的修改后,由上海开明书局再版,书名则改作《煤》,但这一版未出即被当时的图书杂志审查委员会明令禁印,作者于是将书名改为《雪》,利用已打好的纸型自费印了一版;1939年3月,该书又以《朝阳》的书名发行:前后共有4个不同书名。

6.同一个本子的不同部位所标书名不同。这种情况主要出现于古籍中。古籍书名的著录一般应以每卷正文卷端所题为准,但古籍的书衣题签、封面、版心、书根、目录、序跋中也经常题有或出现书名,而这些部位中所题的书名由于各种原因,常常与正文卷端所题书名有所差异。例如清人小说《百花魁》一书,初醒斋藏版本正文卷端题"新编百花魁",版心镌"百花魁"三字,内封中栏却题为"百花野史"。又如元至正间闽建阳书坊刻本《三分事略》,卷端题"至元新刊全相三分事略",内封书名却题"新全相三国志故事"。清姑苏如莲居士编辑之《反唐演义传》,瑞文堂刊大字本内封横书"武则天改唐演义",右栏题"评点薛刚三祭铁丘坟全集",中题"异说反唐演传",版心题"反唐全传"。似此种种情况,以往各家著录或论述选取书名时常常标准不一,造成同书同一版本而书名不同的情况,使人误以为是不同的书。

7.同一部外文书的各种不同中文译本书名不同。外文书的中文译本,由于译者的不同等原因,同书不同译本有各种不同书名的情况非常之多。例如英国古典政治经济学学家亚当·斯密(Adam Smith,1723—1790)的代表作《国民财富的性质和原因的研究》(*An Inquiry into the Nature and Causes of the Wealth of Nations*)一书,1902年南洋公学出版的严复译本书名为《原富》,1931

153

年中华书局出版的郭大力、王亚南译本书名为《国富论》,1980年商务印书馆重新排印这个译本时才改用今名。又如《共产党宣言》在1920年代前期有10多个版本,各版的书名也多有不同。如《马克思和恩格斯的宣言》《马克思恩格斯宣言》《宣言》《一八四七年国际工人同盟宣言》等,都是为了避免政治迫害而采用的较为隐晦的书名。斯诺(Edgar Snow,1905—1972)的《西行漫记》)一书,本名《红星照耀中国》(Red Star Over China),又有《外国记者西北印象记》等10多种不同的书名。

总之,一部图书尽管常常会有书名的种种不同,但这并不影响它的各种不同版本同属一书的事实。可见书名不是决定各本是否同属一书的主要因素。

二、从作者来分析

同一部书,即使版本不同,作者也应该是相同的,这是常理。但实际上,所谓的相同作者只能是主要作者。因为一部作品在长期的流传过程中,常常会有人进行修改、续补。如《三国演义》《水浒传》《金瓶梅》《西游记》在流传过程中,都经过不断的修改,以致其各个版本的文字内容都有很大的不同。但这并不能改变其主要作者在原本中所起的重要作用。尽管对上述作品的原作者是谁还有很大争论,但各书的各种不同版本中,原作者的身份、地位都没有改变。

次要作者是指一书的修改者、增删者、校勘者、注释者、批评者、标点整理者、序跋作者、附录作者、翻译者等。一种书的各个不同版本次要作者常常会有不同,但并不能说明它们不是同一种书。而如果主要作者不同,基本上就可以判定它们不属于同一种书了。所以主要作者是否相同,应该是判断各本是否同属一书的一个重要标准。

三、从正文来分析

对于正文这个概念,出版界有各种不同的解释。版本学所谓的正文,是指图书的主要内容,亦即图书原作的主体部分。

一般来说,版本源流的研究重点是那些内容重要、有长远流传价值的图书品种。但是,即使是图书的正文,随着流传时间愈来愈久远,由于辗转抄刻和修改而有意无意地与原书产生的文字差异也会愈来愈大。这些差异大致可归纳为以下几种情况。

1.篇卷数不同

我国图书的正文内容,其组织和划分方式从古至今大致有篇、卷、集、编、回、章、节等各种名目,同一部图书的各种不同版本,可能会有篇卷数量的不同。如宋代藏书家晁公武的《郡斋读书志》,此书最早的两个刻本一为南宋理宗淳祐九年(1249)衢州刻本,一为淳祐十年(1250)袁州刻本。衢本二十卷,分45类,著录图书1461部;袁本四卷,附后志二卷、附志二卷、考异一卷,分43类,共著录图书1468部。这是由于编排方法不同而造成的一书不同版本的卷数差异。

又如明末凌刻四色套印本《世说新语》,有六卷本与八卷本之分。实际上是同一版本的先后两种印本,六卷本在前,八卷本系在六卷本书版上挖改而成。

现代图书中,也有不同版本卷数不同的情况。例如《鲁迅全集》一书,1938年版为二十卷本,1958年版为十卷本,1981年版为十六卷本,各本在篇目上也有一些差异。

2.内容情节描写不同

一部图书在问世以后,或经原作者本人修改,或经他人修改,或经后人修改,从而导致一书各不同版本内容情节互有出入的情况是屡见不鲜的。例如我国古代四大南戏"荆、刘、拜、杀"之一的《荆钗记》,至今有20多种不同版本,其中一类版本是以钱玉莲和王十朋在庙中相会为结局,一类版本是以二人在舟中相会为结局,内容情节有较大的不同。

又如明代万历年间刻印的《金瓶梅词话》一百回和崇祯年间刻印的《新刻绣像原本金瓶梅》一百回,是该书现存的两个较早的刻本。"词话"本回目双句文字参差不齐,中有大量山东方言,接近原书面貌;"原本"本回目文字对仗工整,并且除去不少山东土话,显然经过文人修饰。"词话"本开头几回演述武松故事,而"原本"本则易之以西门庆故事。全书其他部分二本也多有差异,兹不一一细述。

3.文字内容增删完缺不同

一书在编撰完成后的流传过程中,被人增删节略,导致各本文字内容完缺不同的情况也是大量存在的。例如《水浒传》早期的本子都是一百回本,在排座次之后,紧接受招安、征辽、征方腊的情节。明末杨定见刻的一百二十回本,则在百回本的基础上增加了征田虎、王庆的内容。崇祯年间金圣叹又腰斩《水浒传》,将七十一回以后的部分尽数砍掉,另外又杜撰了一个"惊噩梦"的结局,又将第一回改为楔子,成为七十回本。这是一个很典型的例子。

4.文字校勘精粗不同

一书的各种不同版本,由于各自的抄、刻、排印、审定、校阅人的学识、态度、作风、精力以及采用底本不同等主客观各种复杂原因,使得各本在文字语句上常常产生脱衍增略等各种情况,并有错对讹正的不同。关于这方面的种种复杂情况,各种校勘学著作已论之甚详,俞樾的《古书疑义举例》、陈垣的《校勘学释例》,就是专门论述这方面情况的典范著作。

5.翻译文字不同

此种情况主要指由外文翻译为中文之书。同一外文著作而中文译者不同,各种译本必然在文笔乃至内容上有所不同;而同一译者之同一译书,又可能不止一次出版甚至修改重订,使得各本的文字内容不能完全一致。例如尼采(Friedrich Wilhelm Nietzsche,1844—1900)的《悲剧的诞生》(*The Birth of Tragedy*)一书,常见有刘崎译本、周国平译本、李长俊译本等。其中刘崎译本文笔通顺,注释详明,较为准确地反映了尼采原作的风格面貌。周国平译本其实是一部尼采美学文选的总书名,除《悲剧的诞生》外,还收有尼采的其他文章,对于全面理解尼采的《悲剧的诞生》很有帮助。相比之下,李长俊译本在文笔上和译文的结构安排上都较前两种译本略为逊色,且注释过少或过简,不如前两种译本更利于人们阅读理解。此外,刘崎译本又有台北志文出版社1985年版和北京作家出版社1986年版两个主要版本,后者虽将前者的竖排版改为横排版,便于大陆读者阅读,但删去了原有的附图和参考书目,序言也作了更换,学术参考价值也就相应降低了。

我国翻译外文书渊源已久,从汉晋最早开始翻译佛经,直到明清以至近现代以来,译书高潮迭起。历代翻译的外文书汗牛充栋,不计其数,而一书有不同译本,各种译本各自又有若干不同版本的情况更是复杂多样,不胜枚举。

上述五种情况只是对版本正文内容一个大概的分析归纳，实际上一书各本在正文内容上的差异情况要较此所述更为复杂多样，很难完全归纳。

一书各本在正文内容上有所差异是一种正常现象。假如每一种图书的各种不同版本其正文的文字内容都完全相同的话，那版本源流的探究也就没有必要了。

四、从辅文来分析

所谓辅文是指古今中外图书正文之外的注文、序跋、卷首、卷末、内容提要、前言、凡例、目次、附录资料、参考文献、索引等文字内容。

既然称之为辅文，就是说这些内容属于一书的次要内容，与正文相比居于从属地位。所以辅文的有无或不同不能影响不同版本是否同属一书的判别。但是有些辅文内容在书中占的篇幅数量很大或直接关系到版本的文字内容质量，所以在一书版本源流的研究中，辅文的内容情况也常常成为衡量评价一书各本优劣高下、价值大小的一个标准，这也是版本学与校勘学的主要区别之一。

归纳而言，一书各不同版本在辅文上的差异可分为以下几种情况：

1.辅文的类型差异

一般说来，一部图书的任何一种版本，在正文之外都有各种类型的辅文，问题在于某些类型辅文的有无。例如前文提到的《鲁迅全集》的三种主要版本中，1938年版为无注释本，1958年版为有注释本，1981年版为重新注释本；而1981年版增编的《鲁迅著译年表》《鲁迅全集篇目索引》和《鲁迅全集注释索引》,作为全集的附卷(第十六卷)一并出版,也是1938年版和1958年版本所没有的辅文内容。

又如《史记》的各种版本至今已有100多种,除流传最多、影响最大的三家注(即刘宋裴骃集解、唐司马贞索隐、唐张守节正义)本外,还有各种白文本、单注本、集解索隐本、集解正义本等。

2.辅文的内容差异

如《夏小正》一书,本是《大戴礼记》中的一篇,中有戴氏所作之传,隋唐以后,始有单行本行世。宋代傅崧卿曾重新编订校勘,并为之作注,成《夏小正戴氏传》四卷。此后注本渐多,仅清代的各种不同注本即达20余种,其中著名的有:毕沅《夏小正考注》一卷、王筠《夏小正正义》一卷、李调元《夏小正笺》一卷、任兆麟《夏小正注》四卷、顾凤藻《夏小正集解》四卷、梁章钜《夏小正经传通释》四卷、洪震煊《夏小正疏义》四卷等。这些不同的注本均可算作《夏小正》一书的不同版本,因为它们的主要内容即《夏小正》的经文和传文是基本相同的,所不同的注者和注文均处于次要地位,不能影响各本同属一书的事实。

除注文外,古代(特别是明清两代)的小说、诗歌、戏曲类图书常常还有一种批评文字作为辅文,而且一书的不同版本也常有不同批评者撰作不同批评文字的情况。如《三国演义》一书,明清两代就有钟伯敬(惺)评本、李卓吾(贽)评本、李笠翁(渔)评本和毛宗岗评本等之分。又如吴承恩《西游记》一书,明代有李卓吾评本,清代还有汪澹漪批评之《西游证道书》、陈士斌批评之《西游真诠》、张书绅批评之《新说西游记》、张含章批评之《通易西游正旨》、刘一明批评之《西游原旨》、含晶子评注之《西游记评注》六

159

个不同版本。可见批评文字虽然也是我国古代的一种重要的辅文类型,但在决定各本是否同属一书问题上也同样是不起作用的。

一书各种不同版本之间辅文的增减、变化、多少、不同等情况,千差万别,令人眼花缭乱,难以一一尽述。但是只要正文内容基本相同,就不会影响各本同属一书的事实。

五、确定各本同属一书的标准

通过上述分析可以发现,在确定各种版本是否同属一书的标准问题上,书名、次要作者、辅文都无关紧要,主要作者和正文内容才是决定性因素。也就是说,衡量各本是否同属一书要同时遵循两个标准:一是主要作者不变,二是正文内容基本相同。

主要作者不变好理解,即使是那些佚名作品,也可以看出其主要作者是否变更。关键是所谓正文的文字内容基本相同,这个标准怎样掌握?既然是基本相同,那就是允许各本正文的文字内容可以有所差异,但这些差异不能超过某种程度范围,不会使人看后以为是看了几部不同的书。

大致来说,在主要作者不变的情况下,次要作者对原作的如下著述行为不影响正文内容的基本相同:(1)各种方式的校勘;(2)标点句读;(3)注音释字的注释;(4)赏鉴性的批评;(5)出于某种目的的删略;(6)修饰润色性的修改增益;(7)辑佚性的整理;(8)不同语种的翻译。

由次要作者的各种著述行为而产生的校勘本、标点本、注释本、批评本、修改本、删节本、增订本、辑佚本、翻译本,都可以算作同一部书的不同版本。

这就是说，只要在图书的范围之内，在原作基础上产生的各种演绎作品也都算是同一部书的不同版本。由此看来，版本学意义上的所谓"同一部书"，较之人们日常所理解的"同一部书"，其范围要宽泛得多。版本学对一书版本源流的研究，就是在这一思想基础上开展进行的。

第二节　版本系统的分析

版本学研究的重点主要是放在那些有价值的图书上面的，而有价值图书的生命力又是长盛不衰的。特别是那些有价值的古书，历经数百年乃至上千年的流传，留下了大量的各式各样的版本，形成了一个个庞大的版本家族。在每个版本家族中，各版本之间又存在着错综复杂的关系。欲理清这些关系，亦即欲弄清一书的版本源流，并能准确说出其中任一具体版本在其所属版本家族中的地位，从而进行版本价值、优劣的比较，事实证明，版本系统的划分和分析是一种行之有效的方法。

一、版本系统的划分及其意义

一书的各个不同版本之间可能存在某种传承关系，并分别有某种相同或相似的特征，这些有某种相同或相似特征的版本即可划归于同一版本系统。版本系统就是在一书各本中，有着直接或间接的传承关系并具有某类共同特征的一组版本。

版本系统是对同书不同版本的进一步划分。划分版本系统的方法主要适用于一书拥有众多版本且各本之间有较大内容差异的情况。在研究这类书的版本源流时,对其众多的版本进行版本系统的划分,常常是一种必需的步骤和手段。

版本系统不同于版本类型,它不是对众多图书所进行的版本划分,而是在一书内部进行的版本划分。其划分标准必须是一书中某些版本所共同具有的一些特征,这些特征一般表现在各本的书名、卷数、次要作者、文字内容、版式行款等方面。而对一书各版本系统的称呼,则除根据上述各方面的特征情况而定之外,还常常随其祖本的称呼而定。

所谓祖本,一般是指一书各种版本所自出的最早印本,但通常也可以将一书中形成某一版本系统的最早本子称为该版本系统的祖本。如黄丕烈跋明刻本《华阳国志》十二卷云:"《华阳国志》向无宋刻传世,余所藏为钱馨室藏旧抄本,几几乎以祖本视之。外此皆明刊,无足取者。"[①]可见祖本概念有广狭二义。一个祖本,大可以由它形成一书的庞大版本家族,小可以由它形成一书中的某一版本系统。祖本在一书版本系统的划分中起着源头主导的作用。

考证一种图书的版本源流,绝不只是简单地胪列它的各种版本,而是要摸清理顺其版本发生发展的过程,以及在发展过程中所形成的各本之间的相互关系。而通过版本系统的划分,同一书的不同版本便被初步组织和联系起来,其版本发生发展的源流和脉络变得清晰明白了。这种分析版本源流的方法,对于准确判断一书各个版本的价值及优劣有着直接的帮助;对校勘工作者正确选择底本、进行校勘和撰写校记也大有益处。

---

① (清)黄丕烈撰:《明刻本华阳国志跋》,见《黄丕烈书目题跋》之《荛圃藏书题识续录》卷一,中华书局,1993年,第291页。

例如杨衒之的《洛阳伽蓝记》，此书有明嘉靖时如隐堂刻本、万历时吴琯刻《古今逸史》本、崇祯时毛晋刻《津逮秘书》本、清乾隆时王谟刻《汉魏丛书》本、嘉庆时张海鹏刻《学津讨原》本、吴志忠真意堂木活字本、道光时吴若准《洛阳伽蓝记集证》本，等等。面对着如此众多的版本，周祖谟先生在他的《洛阳伽蓝记校释·叙例》中采用划分版本系统的方法做了很好的分析。他指出：如隐本、逸史本"二者来源不同，文字有异"；津逮本"原从如隐堂本出，而有改窜，盖据逸史本校改者"；"考汉魏本乃出自逸史本，学津本即据津逮本翻雕，而小有更易；真意堂本则又参取津逮、汉魏两本以成者；至于吴氏集证本，虽云出如隐，然亦略有删改。"经周先生的这一番分析，《洛阳伽蓝记》的版本源流立时清爽。我们据之列为下表：

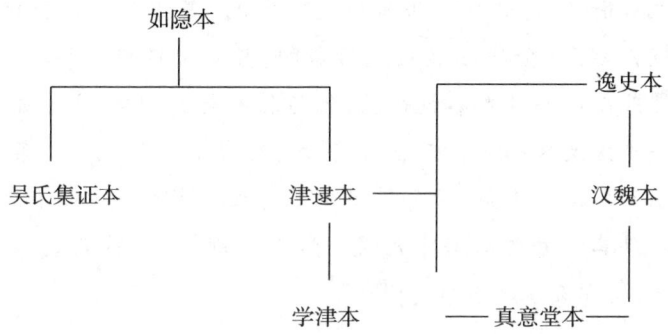

可见《洛阳伽蓝记》起初有两个版本系统，即如隐堂本系统和逸史本系统，后真意堂本揉合两种系统而又成一新系统。

用划分版本系统的方法，周先生理清了该书的版本源流，其校勘工作自然也进行得十分得法和顺利，取得了很大的成功。同时还有人撰了一种《洛阳伽蓝记校注》①,也花了很大的精力,但找不出各版本之间的渊源递嬗关系,无力分别处理,只能备列诸本,所作的校证也就给人一种繁琐芜杂的感觉。

又如张元济曾对宋吕祖谦撰《吕氏家塾读诗记》一书的版本源流做过一番探讨。他在此书南宋孝宗时刻本的跋中曾详论道:

> 此瞿氏铁琴铜剑楼所藏宋孝宗时本也。天禄琳琅藏宋本二,一十二行:行二十二字;一十四行,行十九字,均与此不同。明嘉靖辛卯傅氏刊本,有陆钺序,称得宋本于丰存叔家。余见有残本,亦十四行,行十九字,当出于天禄藏本之一。次为万历癸丑陈氏刊本,有顾起元序,余未之见。得见者,清嘉庆辛未听彝堂刊本,前有顾序,后有南京吏部后学史树德等九人衔名:是必从万历本出也。张氏《墨海金壶》、钱氏《经苑》、胡氏《金华丛书》,先后覆印,其源大抵出于嘉靖刊本。瞿氏以此与各本参校行款,独与原书条例相合,文字亦无脱漏。张氏本凡脱十三条,万历本、听彝堂本各脱十二条,钱、胡两本各脱十条,独嘉靖本源出宋刻,所脱者亦尚有九条。窃恐其所据之本不能无误。然则是刻也,岂特驾众本而上之,抑亦天水之名椠矣!②

张氏此跋,主要从行款的角度,将《吕氏家塾读诗记》的各种版本划分为四个版本系统,即如下表所示:

---

① (北魏)杨衒之撰,范祥雍校注:《洛阳伽蓝记校注》,古典文学出版社,1958年。
② 张元济撰:《涉园序跋集录》,古典文学出版社,1957年,第10—11页。

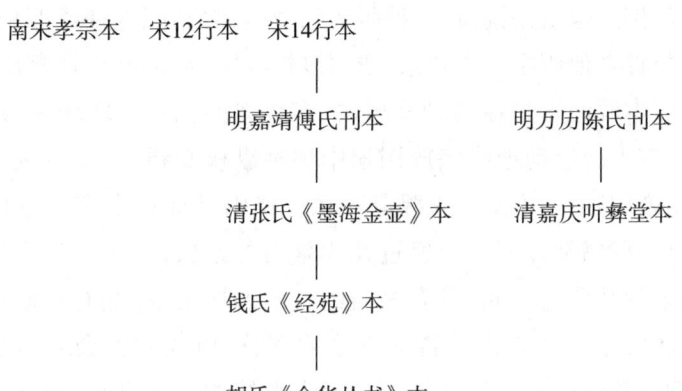

四个版本系统的祖本中,只有宋 12 行本张氏未见。其他所见各本,只有宋孝宗时本文字无脱漏,与原书最相吻合,亦最为罕见;而宋 14 行系统和明万历陈氏系统各本,文字均有脱漏。

由上述两例可见,划分版本系统,不仅有助于搞清一书各本之间的关系,了解一书的版本源流,同时对于正确评价各本的优劣和价值也起着很重要的作用。因为版本的优劣很大程度上取决于它所依据的底本和据以参校的各本的质量,所据之本善,其本亦善;所校之本精,其本亦精。在同一版本系统中,祖本的质量直接决定着该系统其他各本的质量,故版本系统的划分也就具有了更为广泛深入的意义。

二、一书各本间的关系

在一书版本发生发展的过程中,每一种版本都不是孤立的。抄本也好,刻本、活字本也好,都不是凭空而来的。它们或直接来源于稿本或古本,或出自某抄本、某刻本,必有所承继,有所本源,有所依傍。也就是说,每一种版本的产生,总会同这种或那种,一种或数种其他版本发生联系,或据以校改文字,或据以增删篇章。图书版本源流正是在这种多层次、多头绪的相互关联中形成的。因此,有人曾生动地将宗族图谱中那种纵横交错、亲疏有致的关系,用来比喻一书版本的源流关系。特别是拥有众多版本的古书,每一种书都好似一个经过几代繁衍的宗族,在由同一祖先衍生出来的几代人之间,既有纵向的直系亲属关系,又有横向的旁系亲属关系。如果没有科学方法的划分,研究时就会产生剪不断、理还乱的感觉。但如用划分版本系统的方法进行分析,就会发现,一书各个具体本子之间可能存在的关系不外乎为以下三种,即:

(1)分属不同版本系统;

(2)属于同一版本系统的不同版本;

(3)属于同一版本的不同印本。

下面具体分析。

(一)分属不同版本系统的一书各本

一书分属各不同版本系统的各个版本,常常在书名、卷数、文字内容等方面有所不同。关于这方面的情况,可参看本书第三章第一节的内容。这里需要指出的是,各本在上述方面的差异,常常是由于继承了各版本系统祖本的有关特征而造成的。所以,分属不同版本系统的一书各本之间的差异,一般来说,即为一书各不同版本系统之间的差异。

但实际上,一书某一新版本的产生,很少是只单纯依据一个底本或一个系统的本子,其他系统的版本也常常是其参校的对象。例如《金瓶梅》一书各本,可分为"词话"本和"原本"本两个系统。而1957年文学古籍刊行社据"词话"本影印该书,其第五十二回缺页,便是用属于"原本"本系统的明崇祯本《新刻绣像金瓶梅》抄补的。所以说,一书各本分属不同版本系统,只是就其主要差别而言,绝不意味着分属不同版本系统的一书各本之间毫无关联。

版本系统的划分深度,应视一书版本的具体情况而定。对一书各本版本系统的划分,还可以是多层次的。必要时,子系统下还可以划分子系统。虽然这种情况极为少见,但也说明不同版本系统的一书各本之间的关系有时是非常错综复杂的。

例如《水浒传》一书,其版本情况十分复杂。一般人们将其各种版本分为繁本(又称文繁事简本)和简本(又称文简事繁本)两个系统。其中繁本系统又有一百回本、百二十回本和七十回本三个子系统,各子系统均有若干种不同版本。简本系统也有百二十回本、百十五回本、百十四回本、百二十四回本等子系统。同一版本系统的各子系统各本之间,既有或繁或简的共性,也有回数多少、内容增减的差异。对于这类版本众多且情况复杂的图书来说,版本系统下子系统的划分,对于理顺其各本之间的关系,无疑起着重要的作用。

(二)同一版本系统内的各种版本

同一版本系统(包括子系统)内的各种版本,其间也存在着错综复杂的关系,具体说来有:

1.依出版年代顺序依次为底本与后出版本的关系

即该版本系统祖本为后出版本的底本,后出版本又为其后另一版本的底本,依次类推,则每一版本仅与前后最近的两个版本有直接的依据与被依据的关系。如近人杨树达所撰之《马氏文通刊误》一书,1931年由上海商务印书馆出第1版;1955年经著者修订,由科学出版社于1958年出版了校订本;1962年中华书局据科学出版社版重新排印,又出了新版;1991年上海古籍出版社又依据中华书局版影印,将其收入《杨树达文集》,成为该书的第4个版本。但在古籍中,这种单纯的前后相继的版本间关系并不多见,常见的是下面所说的这种关系。

2.各本交叉为底本与后出版本的关系

古籍在重新整理出版时,选择底本通常并不依出版先后的顺序,以最近之本作为底本,而更多的是以能够找到的最早版本或以前各本中质量最好、最著名的版本作为底本,有时甚至以最通行易得的版本作为底本。所以,在同一版本系统中,一书各本在出版年代上交叉为底本和后出版本的现象是很普遍的。

下面探讨一下底本与后出版本之间的各种情况。

(1)底本与翻刻、翻印(包括影抄、影刻、影印)诸本之间的关系。这种关系比较简单,因为翻刻、翻印本,其出版者一般无意大幅度更动底本原来的文字内容甚至版式行款,所以与其底本相较,往往没有大的变化。而影抄、影刻、影印诸本系摹仿底本而成,与底本相同、相似之处自然更多。例如1992年世界图书出版公司北京分公司通过中华版权代理公司,向台北晓园出版社购得《液体力学习题详解》一书的重印权,将该书影印出版。将影印本与原版本相对勘,发现二本仅在装帧、用纸及版面的印刷清晰程度上略有差别,而在版式和文字内容方面则完全相同,毫无二致。

又如香港萧芳芳所著《洋相》一书,1990年由香港中文大学出版,1992年中国对外翻译出版公司又同香港中文大学出版社合作出版了该书的内地版。将二本对勘,发现内地版除了将原版的繁体字改为简体字重新制版印刷外,文字内容和页码、开本乃至装帧,都与原版本基本相同。

(2)底本与重刻本、重版本之间的关系。这种关系则比较复杂。因为重刻本、重版本往往在主要依据某一底本的同时,还要参照其他各种版本,进行校勘、增删乃至修改工作。这就使得重刻本、重版本与其所据底本不仅在形式上,而且在文字内容上都会有所差异,甚至于产生很大的不同,乃至成为一个新的版本系统的祖本。

在现代图书中,重版本具体又有诸如增订本、修订本、第2版、再版、新1版、改版等各种名目,以说明此版的文字内容经过较大的增删修订,至少也是重新排版,与原本面貌有或大或小的差别。现代图书的重版本与古代重刻本的不同在于,古代重刻本的校勘、修改、增删工作通常是由刻书者所为,现代图书的重版本则更多的是由原作者来进行增删、修改工作。虽然现代图书的重版本与原本相比常有较大的不同,但由于一书不同版本较少,版本源流情况大多不太复杂,所以对现代图书来说,一书版本源流的分析,一般来说可以作为同一版本系统内部的各种不同版本来处理。

(三)同一版本的不同印本

什么是同一版本?这个问题非常复杂。对于古代图书,过去习惯认为,一书的各种印本只要基本上是用同一副书版印刷,即使是曾经修版后印或增修后印的,都可算作同一版本。本书第六章第二节就是基于此种认识而展开论述的。但对于现代图书,这个问题就很难回答了,因为很少有人对此进行过研究讨论。例如同一出版社在原书印版上进行修改增订后重印一书,版权页题为第 2 版或再版、修订版,是否可与原版本算作同一版本? 又如中华书局 1958 年 1 月曾出版《中国文法革新论丛》一书,1959 年 11 月商务印书馆又利用同一纸型重印该书,版权页题"新 1 版",这两种印本的出版单位虽然不同,但从形式到内容甚至用纸都完全相同,是否应算同一版本?

古代刻本由于刻版印刷均采用手工操作,一书可随时刷印,难以统计出版刷印的次数。现代图书从第 1 版第 1 次印刷计算起,每重印一次,即在版权页上累计标明。一书重印时,不论版次变更多少,都将以前各版的印次累计进去。例如某书第 1 版印了 3 次,经著者做了重大修订后再印,则称为第 2 版第 4 次印刷。版次相同而仅印次不同的一书各种印本,当然应该算作同一版本。但版次不同又非重新制版印刷的一书各种印本,能否算作同一版本呢? 按照传统的思维模式,它们应算同一版本。但在现实生活中,这种观点大概又很难得到大多数人的认同。可见,所谓"同一版本"并不是一个简单的问题,古今图书对"同一版本"的解释应该是有差异的;即使是在现代图书中,对"同一版本"的界定也是需要深入讨论的。

第三节 版本源流的考证

一、版本源流的几种研究模式

由于现实社会的多种需要,决定了对一书版本源流的研究必然是从多个不同角度进行,而从其中每个角度所进行的版本源流的研究,都已成为一种模式而被较多的有关研究者所采用。这些研究模式可以初步归纳为以下几条：

1. 通论一书各本之发生、发展的源流

此种研究模式属概论型，目的在于让人们全面了解一书的版本情况，对其版本发生、发展的来龙去脉有一个大致系统的印象。

例如汪向荣《〈唐大和尚东征传〉考》一文中的"传本"一节，首先按时代顺序，逐一介绍了抄本中的观智院本、高山寺本、金泽文库本、高贵寺本、内阁文库本、彰考馆本、东大史料编纂所本、成篑堂文库本、唐招提寺本、《群书类从》本、安藤藏本、岩濑文库本、刻本中的戒坛院本、北川智海本、《大日本佛教全书》本、《大日本大藏经》本、《大正大藏经》本、扬州刻本、北川智海重刻本、中日文化协会本、东方学术协会本、安藤更生现代（日）语译本、藏中进校本、汪向荣校注本、和泉本、两国现代语译本，等等，对各传本的传抄刊刻原委源流、版本特点、存佚情况等分别予以考订论证。然后进行综合分析，从用词、写法和脱漏等文字内容情况把上述传本归结为4个版本系统：观智院甲本系统、观智院乙本系统、高山寺本系统、戒坛院本系统。最后抽绎出《唐大和尚东征传》总的版本源流。

2. 研究某一版本在该书版本源流中的地位、价值

此种研究模式多为藏书家所用，其每得一新版本，常作题跋于书后，述此本之特点，与他本之关系，在本书各本中之地位、价值，等等。表面上似乎只研究某一具体版本，实际上却牵涉到一书的众多版本。故研究者于该书的版本源流必须了然于胸，方能对这一具体版本作出准确、恰当的评价。下面迻录傅增湘《藏园群书题记》中傅氏所撰《宋刊巾箱本四朝名臣言行录跋》一则，以为借鉴：

171

此书余见宋刊本凡三：一藏张菊生家，一藏徐积余家，一藏故宫，虽板刻非一，然皆大字本。此袖珍小本，版高只三寸许，乃为世所希觏。历考古今书目，咸未经著录，惟叶文庄《水东日记》言章副使绘家有巾箱小本，当即此刻也。书出内阁大库红本袋中，昔年余于文德堂韩佐泉许收得第三、四卷，颇自珍秘，不轻示人。此第六卷残本，乃故人曹理斋从册籍丛残中搜获者也，余曾假得影摹一册，附诸藏本之后。前岁理斋下世，遗书星散，日者以急于易米，出以求售，余因嘱刚主世兄留之。

此本之佳胜，余藏本题记特详，不更复述。兹就此卷言之，视世行洪氏刊本乃大有殊异：此本刘鞈及其子子羽同列卷六，洪本则鞈列续集卷三，子羽列别集卷十三，是编次迥异也；编首小传叙仕履颇详，校以洪本，则鞈传少一百七十余字，子羽传少六十字，是详略迥异也；至所载遗事，校以洪本，于鞈事乃少七条，子羽事乃少五条，即同为一条，而差失殊甚，每条有漏落至一二百言者，是事实亦迥异也。

夫此书宋代初出，诸儒即有疑义，谓非朱子所作。明时所传之本讹脱弥甚，至洪氏本出，据称以宋版翻雕，顾千里又从而校定之，由是学者可窥见全编，咸奉为定本。今取此本对勘，其窜乱差失之处，乃至不可究诘，使人惘然莫解。以余观之，此本实为原书真本，洪氏所覆之宋刻必坊市所为，故删节改易文字不同如此其甚也。然倘非存此残本，又乌从而知之耶！此寥寥小帙实为稀世秘籍，断种奇书，刚主其善藏之，勿徒以宋刊精本视为文房之雅玩也。

3.专门研究一书某版本系统之各种版本

此类研究一般是在一书版本系统的划分比较明确,而作者又抱有一定的研究目的情况下进行的。例如《红楼梦》一书习惯上被分为有脂砚斋重评的抄本系统(简称脂评本系统)和没有脂砚斋重评的以程甲本、程乙本为代表的印本系统(简称程本系统)。故在《红楼梦》的版本研究中,多有专以脂评本系统的各种抄本为研究对象或专以程本系统为研究对象的论文甚至专著出现。

4.重点研究一书现存版本的发展源流

此种情况多见于新版古籍的前言或出版说明中。因为这些从事新版古籍的校点、注释等工作的整理者们,在完成一部古书的整理之后,一般都要撰写一篇前言或说明,在介绍该书内容、价值等之外,着重叙述此本所依据的底本和各种参校本的情况,故对一书版本源流的研究,必然是以现存之本为重点。

例如中华书局1959年点校本《史记》,其《前言》用了四五百字叙述《史记》的版本源流,写得很有特色。据《天禄琳琅书目》记载,《史记》三家注合刻的宋本有4种,即嘉祐二年(1057)建邑王氏世翰堂刻本、嘉定六年(1213)万卷楼刻本、绍兴间石公宪刻本和建安黄善夫家塾刻本。对这些版本,其《出版说明》是这样说的:"把三家注散列在正文下,合为一编,始于北宋,但旧本都已失传。现存最早的本子有南宋黄善夫刻本,经商务印书馆影印,收入《百衲本二十四史》中。"可知《出版说明》突出的是存世之本,删略的是失传之本。在现存之本中,又突出通行之本。如明代王延喆、秦藩鉴抑道人、慎独斋、廖铠、汪谅等诸家所刻《史记》三家注本,都是极有名的刻本,但《史记·出版说明》却只罗列了明嘉靖、万历间的南、北国子监刻《二十一史》本、毛晋汲古阁刻《十七史》本和清武英殿刻《二十四史》本等通行易见之本，最后则详细介绍了其作为校勘底本的清同治间金陵书局刻本，指出："这个本子经张文虎根据钱泰吉的校本和他自己所见到的各种旧刻古本、时本加以考订，择善而从，校勘相当精审，是清朝后期的善本。"故选为校勘底本。

这种研究目的性强，有实用价值，而且因为省略了对已失佚版本的叙述，显得简明扼要，重点突出；其不足之处是未能使读者看到一书版本发展的完整脉络。

5.对仅有记载而尚未发现版本进行专门的研究

这种研究是一种极有意义的工作。因为许多被认为已失传的版本实际上并没有失传，只是不曾为行家所发现或没有得到及时的整理和介绍而已。根据文献或版本目录的记载对这类版本进行研究，指出其版本价值，提供其收藏线索并加以宣传，对于重新发现这些版本，常常会起到很重要的作用。事实上，许多珍本秘册就是在这种研究的影响和作用下重新出现或及时被发现的。可惜的是，这种研究虽然在以往藏书家中被普遍应用，但往往仅限于极少数人之间的口耳相传，甚至秘藏心底，唯恐人知，能深入研究并同时形成文献的却为数寥寥。在现代对版本源流的研究中，致力于此者也不多见，像蒋星煜先生《明刊本〈西厢记〉研究》一书，对一些仅有记载而尚未发现的明刊本《西厢记》所做的研究探讨工作，实在是值得效法和提倡的。

6.考订某两个或几个版本之间的关系

在版本源流的研究中，这是一种经常性的工作。也就是说，在考察和了解一书各种版本各自情况的同时，要注意发现它们之间的联系和共同之处,从而准确地划分一书的大小版本系统,理清一书的版本源流。

例如唐柳宗元的文集有4种宋椠传本,一种名叫《新刊增广百家详补注唐柳先生文集》(简称"百家注本"),一种名叫《五百家注柳先生文集》(简称"五百家注本"),一种名叫《重校添注音辨唐柳先生文集》(简称"郑定本"),还有一种就是廖莹中的世彩堂刊本《河东先生集》。从各本序跋、牌记和版式特征都看不出这4个版本之间存在怎样的关系。但通过文字对校,发现廖氏世彩堂刻本的正文、注文都与郑定本基本相同,只是删去了郑定本中各注家的姓氏,并偶有增补之文,可以说世彩堂本实际上是郑定本的改头换面。同时又发现郑定本的所谓"重校添注",实际上就是在五百家注本的基础上稍作改动而已。而五百家注本与百家注本的注家、正文和注文几乎没有差异,五百家只不过是个夸张的虚数而已。

又如明崇祯间张道浚刻本《张深之先生正北西厢秘本》,从表面上看,张深之眉批对徐文长评本的批评指摘很尖锐,但经与明刻本《新订徐文长先生批点音释北西厢》仔细对校一过,却发现张评本与徐评本在本文、校注、字数定格、宫调、韵律等方面的批注和插图等关键细节之处,都是一脉相承,有着很近的"血缘关系",可以归属为同一版本系统。

二、版本源流的考证方法与步骤

版本源流的考证是一项艰巨的工作,需要利用各种各样的方式方法,并掌握运用这些方式方法的先后程序,以使整个研究考证工作进行得有条不紊、明细高效。一般说来,版本源流的考证研究应循着这样的次序进行：

  1.查找有关各种目录资料，找出所欲研究之书的各种版本说明，并予以适当的记录和认真的分析。

  我们前面讲了版本源流的几种研究模式，但无论哪种模式的研究，都要首先从查找目录资料入手。因为自清代以来的绝大多数目录都著录一书的版本情况，特别是罗列式版本目录，在同一书名之下著录着各种不同版本，为该书版本源流的研究，提供了集中而又大量的资料和线索。许多提要体版本目录的编撰者都是著名的藏书家、目录、版本学家和校勘家，他们见多识广，精于考辨，在其所撰提要中，常常很注意对一书版本源流的考证，例如黄丕烈的《荛圃藏书题识》、陆心源的《仪顾堂题跋》、杨守敬的《日本访书志》、傅增湘的《藏园群书题记》等提要体版本目录，都是考辨版本源流的典范著作。只有在充分有效地利用上述以及其他各种目录资料的基础上，才能顺利开展版本源流的研究考证工作。

  2.根据目录资料所提供的线索，查阅一书的各种现存版本，通过对其序跋、牌记、书中文字内容及版式、行款的研究、分析，进一步查考其版本源流。

  考证一书的版本源流，不直接接触原书版本是不行的。利用各种馆藏目录、联合目录及私人藏书家传记等所提供的线索，到所藏之处查阅一书的各种现存版本，是一种常见且可行的做法。古今图书版本中的序、跋、前言、后记、出版说明及牌记等大多都记述着该本的刻印出版情况以及同其他某些版本的关系，这些属于原始资料的记述基本上是可靠的。将一书各本的有关版本记述前后连缀起来，就能比较清楚地勾勒出该书版本源流的大致轮廓。

　　古代的重刻、翻刻本常常在版式、行款上因循沿袭原本,故可根据版式、行款及其他特征的相同、相似,考证某些版本之间的关系,划分版本系统。如明嘉靖间谢鸾刻本《豫章罗先生文集》,每半叶13行,行23字,黑口,四周双栏,与傅增湘所见该书元刻本版式、行款悉同,故傅氏定其为元刻本的翻刻本。而该书的正德间姜文魁刻本,半叶10行,行20字,则与谢本源流不同了。除版式、行款外,其他如讳字、字体等,都可以作为考辨各本之间关系源流的依据。

　　3.综合各种有关一书版本的记录,总结归纳其版本源流,并利用各种方式,记录其研究成果。

　　在充分收集各种目录、资料和一书各种版本中的有关版本说明的基础上,采用比较、综合、分析、归纳和划分版本系统等各种方法,就可以总结出一书的版本源流。最后的一个步骤就是根据不同的需要和情况,用恰当的方式将版本源流的研究成果很好地记录和表现出来。其方式是多种多样的。常见的有图表式、提要式、论文式、专著式等。此外资料附录式和资料汇编式也是两种较好的方式。

第六章 版本对勘

常言道:有比较才有鉴别。脱离了比较的鉴别,结论必然是不准确的。版本学,究其实质是一种鉴别之学,是对具体版本的鉴别,对版本源流的鉴别,对版本优劣的鉴别。而版本对勘就是通过对一书各本的相互对照比较进行版本鉴别,以帮助定版本、辨真伪、判源流、别优劣。版本对勘是版本学的一种重要工作方法。

第一节 版本对勘的意义和作用

版本对勘的意义在于,只有通过对一书各种具体版本的实际比较鉴别,才能细致了解各具体版本的真实情况,准确把握各本之间的关系,正确评价各本的优劣高下和价值大小。

一、利用版本对勘鉴定版本

当我们见到一部古书,根据其各种版本特征和内容记载都无法对其版本情况作出准确的判断时,如果能找出该书的其他藏本与之相对比的话,往往会有意外的发现和可喜的收获。

例如笔者在北京大学图书馆著录古籍时,碰到一部晋代常璩撰的《华阳国志》十二卷,内封题"会稽陶氏藏版"。根据以往经验,未敢径直著录为"会稽陶氏刻本",经与馆内所藏该书其他藏本相对照,发现嘉庆十九年(1814)邻水廖寅题襟馆刻本和清光绪三年(1877)成都志古堂刻本的版式、字体与之极为相近,而其中廖寅刻本与陶氏藏版本显系同一版本,又根据廖本字刻清晰而陶本微有模糊刓损及书内有关记载,判定廖本在前,陶本系廖本原版的修补后印本。又将成都志古堂本与廖寅刻本相对比,发现志古堂本内封背面有牌记题"成都志古堂据题襟馆本影刻",两本字体虽极相似,但确非同一书版所印,因而断定成都志古堂本乃是廖寅刻本的一个影刻本。这样,利用对勘法,不仅避免了一次鉴定错误,而且还明白了廖寅原刻书版的流传情况以及对该书后出版本的影响。

对于利用对勘法鉴定版本的准确有效,以往的版本学家也有较深的认识。如清末版本学家缪荃孙在其《艺风藏书续记》卷六明隆庆辛未豫章芙蓉馆重刻宋本《楚词》十七卷条下有题识云"姑苏钱世杰写,章芝刻":

清江都秦更年《婴暗题跋·楚辞十七卷明仿宋本》题云:叶氏(指叶德辉)所得本,顼定侯(叶氏从子)来申,携在行箧,因从借归,对读一过,彼本首有王弇州序,无书刻人姓名,宋讳皆缺笔,骤观之,似若迥异,及验其字之点画,与夫边栏格线,自首彻尾无一不合,但印本彼略在后耳。然后知此书初印本无序,有刻书人姓名,宋讳不缺笔,迨后增入王(世贞)序,铲去刻书人姓名,又将宋讳字末笔铲去。惟"沇""元"等字亦缺笔,非以偏旁嫌也,似"沅""元"字无所用其阙避,殆铲削之误欤?要之,两本实系一版,非有二刻也。森立之两本并载,而不知为一版,当系先后寓目,非若余之同几对勘,此版本之所以贵验目也。

秦氏所采用的两本"同几对勘"的方法就是版本对勘法。

在许多情况下,要想避免鉴定错误,就必须采用版本对勘法。如南朝陈徐陵所编《玉台新咏》十卷,此书有宋刻本,又有明崇祯六年(1633)吴郡寒山赵均小宛堂翻雕宋本,刻印用纸俱佳,酷似宋本。又有清末民初南陵徐乃昌积学斋翻刻赵氏小宛堂本,极似赵本。此二翻刻本多被用来作伪,只要抽去翻刻时新加之序即难辨真假。国内各图书馆收藏此二翻刻本,著录多有问题,有以赵本著录为宋本者,有以徐本著录为赵本者,甚至有以徐本著录为宋本者。此皆因鉴定时不将各本进行对勘比较而致。

采用版本对勘法鉴定版本,不仅要从文字内容上进行比较,而且还要从版本的字体、行款、版式、纸张、墨色、卷数及刷印情况等各个方面对同书的各个具体版本进行全面细致的比较查对,才能得出准确的结论。

一般说来,愈是在大图书馆,愈有条件利用版本对勘法。因为大图书馆收藏古籍丰富,一种图书往往收藏有不止一种版本和复本,这就为利用版本对勘法鉴定版本创造了有利的条件。如在一个图书馆内不能解决全部问题的话,应尽量利用其他图书馆的藏本,直至解决了问题为止。

能够真正自觉地将版本对勘当作一种版本鉴定方法而加以经常广泛应用的人是不多的,而果真能做到这一点的,如黄丕烈、缪荃孙、张元济、傅增湘等人，便都成为版本学上富有成就的大家。

二、利用版本对勘鉴别一书各本之间的关系

在利用版本对勘方法鉴别一书各本之间的关系方面，已故现代著名版本目录学家王重民先生为我们树立了典范和楷模。

例如明代嘉靖十九年（1540）杨慎校刻的《宣和画谱》二十卷，是此书在明代的最早刻本。清人孙星衍在《廉石居藏书记》中称为"此本最古，在诸本前"。但杨刻本所依据的是什么本子呢？王先生看到了元大德刻本。他用大德本与杨刻本对校，发现大德本就是杨刻本所依据的底本。其根据有三：

第一，杨刻本有初印本与后印本之分，大德本有墨钉、有空格，杨刻初印本都作空格，但后印本却以意填补。如大德本卷三《僧贯休传》"太平兴国初，太宗诏求古书"，"太宗"上空2格，这是大德本所据宋本原来如此，而杨刻后印本在"太宗"下补加"特下"2字。大德本卷十二《王诜传》："于是神考选尚秦国大长公主。""选"字上空2格，杨刻后印本补加"特诏"2字。"神考一见而为之称赏"，"一见"上空两格，杨刻后印本补加"每每"2字。是为臆补之例。

第二，杨本9行19字，大德本10行19字，杨本卷六《杜霄传》："未易得之故蛱"下脱19字。此应系杨刻本上版时推行，适脱一行所致。

第三，从字体上看，杨本与大德本字体极为相似，系仿摹大德本字体而成。

以上述三点为依据，王先生断定杨刻本系出于大德本无疑。

181

这是王重民先生运用版本对勘的方法鉴别一书各本之间渊源递嬗关系的一个很好的例子。①

三、利用版本对勘鉴别各本优劣

清代版本学家黄丕烈常说:"凡书不可不细校一通,第就其外观之,谓某本胜某本,此非定论也。"②他以所藏《衍极》一书为例说:"即如此书,先得明刻本,后得名人抄本,即定为抄胜于刻,此殊不然。余向时却未敢以明刻校名抄。近得旧抄,遂取以校抄本,知脱失有在明刻所有者而抄所自出本无也。"③名人抄本一般优于刻本,这是公认之理,但具体到某一版本,就不一定了。黄丕烈很懂得这个道理,不敢贸然下结论,直到又找到一个旧抄本,各本相比较,果然发现名人抄本中许多脱失的文字在明刻本中并未脱失,说明该书明刻本质量要较名人抄本为好。黄丕烈通过具体的版本对勘工作,最后得出了正确的结论。

在运用版本对勘方法鉴别一书各本优劣高下、价值大小方面,今人王重民先生也做了不少的工作。

例如《四库全书总目》一书,清代有三个版本:武英殿本、浙本、粤本。其中浙本系据殿本重刻本,据传,校正了殿本的不少错误。粤本则是浙本的一个覆刻本。置粤本不论,殿本和浙本二本的优劣问题,一直为人们所关心,但因为工程巨大,还没有人作出

---

① 杨殿珣撰:《略论王重民同志对于版本学的研究》,《图书馆学通讯》,1982年第3期。
② (清)黄丕烈撰:《校旧抄本〈衍极〉跋》,见《黄丕烈书目题跋》之《荛圃藏书题识》卷五,中华书局,1993年,第89页。
③ 同上。

研究和分析结论。有人根据浙本重刻时曾作校正的说法,认为浙本优于殿本,今版《四库全书总目》前的《出版说明》即持此观点。王先生则认为,浙本的翻刻者绝对不会去改动殿本的原文,二者如有不同,只会是浙本在翻刻时刻错、刻脱了字,所以浙本的错字只会比殿本多,而不会比殿本少。恰值1963年中华书局据浙本影印《四库全书总目》,并作校记共130余条,其中有校浙本与殿本异同的58条,王先生即据这58条异文,对二本之优劣做了具体的分析。

他首先将这58条异文分为三组:卷数为一组,撰人姓名、字号、籍贯和图书的篇章名数为一组,一般的文字差异为一组。

第一组17条,收《四库全书总目》著录8条,存目9条。比较结果,浙本误刻、脱刻者12条,浙本可改可不改者3条,殿本误者2条。

第二组17条,人名、地名10条,篇章名数7条。比较结果,浙本误刻者13条,可改可不改者2条,还有2条,王先生因未见原书未能证实,故未作结论。

第三组24条,比较结果,殿本较好者有15条,浙本较好者有2条,另有几条皆可通。大概是浙本校刻人有意识的改动。

至此不难看出,浙本重刻时还是有意识地作了一些改动,只是有的改对了,有的改错了,但总的来说,还是殿本优于浙本。这说明王先生起初的推测大体上还是正确的。王先生就是这样通过版本对勘的方法,推翻了以前的错误说法,得出了令人信服的结论。[1]

---

[1] 王重民著:《跋影印本四库全书总目》,《吉林省图书馆学会会刊》,1981年第1期,第99—111页。

又如明嘉靖年间柯维熊校正《史记》130卷，流行较广，为世人所熟知，与王延喆刻本并称。但在此之前的正德年间尚有廖铠所刻《史记》，字体、行款均与柯本相同，以上诸本均出于南宋黄善夫本。但廖本近世始渐为人知，不如柯本有名，既然同出一源，两个本子究竟哪一种比较好呢？王先生根据民国年间涵芬楼影印黄善夫本，用以对勘廖铠刻本和柯维熊校正本，发现廖本优于柯本之处有三：

1.在体例上，黄本卷末记史文若干字，注语若干字，柯本一并删去，廖本仍然保留。

2.在格式上，黄本大题在下，格式近古。柯本因添加"蒲田柯维熊校正"一行文字，因移大题于小题右下方，与原本有异，而廖本一仍黄本之旧。

3.在文字上，仅以《五帝本纪·黄帝》为例，其中"黄帝者"其下"索隐"云："并以伏羲、神农、黄帝为三皇"，柯本误"三皇"为"二皇"，廖本不误。"节用水火材物"，黄本误"材"为"林"，而柯、廖二本都改为"材"，为是。

由上述三点，便可以证明廖本优于柯本了。[①]

四、版本对勘法在现代图书版本鉴定中的作用

对于现代图书，由于版本鉴定一般不很困难，所以研究一书的版本源流，比较评判其各本的优劣高下，就成为现代图书版本研究的主要内容。又因为现代一书各种不同版本在文字内容上

[①] 杨殿珣著：《略论王重民同志对于版本学的研究》，《图书馆学通讯》，1982年第3期，第77—78页。

的差异,除排版印刷的因素外,主要是由于作者本人的修改或特定环境条件造成的,这就使得人们对现代图书所进行的版本对勘,较之对古籍的版本对勘,常常能有更为丰富的发现。

1.通过版本对勘,可以了解一书的成书情况和作者的治学态度。

如鲁迅的《中国小说史略》,是中国小说史研究方面的开山之作,打破了中国小说自来无史的局面,得到学术界的高度评价。此书从 1920 年初稿产生到 1936 年鲁迅先生逝世为止的十几年间,几乎年年出版,约有 6 个主要不同版本,每版鲁迅先生都亲自修改。吕福堂所撰《〈中国小说史略〉的版本演变》一文[①],采用版本对勘的方法,将鲁迅先生对该书油印本、铅印本、初版本、再版合订本、订正本、最后修订本的 5 次修改情况及各版文字内容异同介绍得清清楚楚,同时也充分反映出鲁迅严谨求实、一丝不苟且善于吸收他人意见的可贵治学态度和良好学风。

2.版本对勘有助于了解一个作家创作思想的演变发展过程。

例如叶圣陶的代表作品《倪焕之》,在中国现代文学史上有着重要的地位。该书 1929 年 8 月由上海开明书店初版,分为 30 章,最后以小说中的主人公倪焕之痛苦地死去为结局。1953 年 9 月人民文学出版社重新出版时,作者接受一些朋友的建议,删去了原来的第二十章和第二十四章至三十章共 8 章的内容,并将结局改为倪焕之投身于工人阶级的队伍中。但在 1958 年编辑出版《叶圣陶文集》时,作者认为还是保存原来面目为好,又将删去的 8 章补上。其间时代痕迹,作者思想的演变,通过对几个不同版本

[①] 吕福堂著:《〈中国小说史略〉的版本演变》,载《鲁迅著作版本丛谈》,书目文献出版社,1983 年,第 61—79 页。

的对勘,就可以窥见一斑了。

又如本书第一章第三节中所举的郭沫若对《女神》的修改和曹禺对《日出》的修改,都是通过版本对勘发现的,生动地反映了作者思想认识的变化发展情况。

3. 版本对勘有助于了解现代史上反动势力与进步文化人士之间的迫害与反迫害斗争。

例如茅盾的《子夜》在1933年1月由上海开明书店初版发行后,立即引起巨大反响,3个月内即印了4次。但也很快引起当时国民党图书杂志审查委员会的注意,勒令必须删改。如果我们将1934年开明书局的重版本同初版本相对勘,便会发现原书中描写农村暴动的第四章和描写工人罢工的第十五章都被删去了。但当时有一种暗中流行的以所谓"救国出版社"名义出版的《子夜》翻印本,却特意恢复了被删去的"最精彩的两章"(该版《序言》语)。这种公然蔑视和反抗国民党当局反动统治的大胆行为,为现代史上的反文化围剿斗争添写了光彩的一页。

4. 通过对外文图书各不同译本的版本对勘,可以了解各本的内容差异情况和译者译笔的风格特色,向读者推荐一书的较好译本。

总之,随着版本学的日益成熟和完善,版本对勘作为版本学的一种重要研究手段,必将越来越多地为人们所认识和运用,并将充分体现出其丰富多样且不可替代的功能和作用。

第二节　版本对勘的方法

版本对勘是对校勘学中校勘方法的借用,但又与之有着根本的区别,校勘学中校勘的目的是为了发现和纠正图书在流传过程中产生的文字错误,以恢复原书的本来面目。版本对勘则是通过对一书各种不同版本的实际比较鉴定,了解版本的真实情况,理清一书各本之间的关系,评定各本的优劣高下。

在工作方法上,版本对勘与校勘学中的校勘也不完全一样。

叶德辉在其所撰《藏书十约》中谈到校书的具体方法时,将前人的校书方法归结为"死校"和"活校"两种。他解释说:

> 死校者,据此本以校彼本,一行几字,钩乙如其书,一点一画照录而不改,虽有误字,必存原本:顾千里广圻、黄荛圃丕烈所刻之书是也。活校者,以群书所引,改其误字,补其阙文;又或错举他刻,择善而从,别为丛书,板归一式:卢抱经文弨、孙渊如星衍所刻之书是也。①

现在人们经常提到所谓的"校勘四法",即对校法、本校法、他校法、理校法。此四法为现代著名学者陈垣最先提出而为世人所普遍接受。所谓对校法,"即以同书之祖本或别本对读,遇不同之

---

① 叶德辉著:《书林清话·藏书十约》,北京联合出版社,2018年,第422页。

处,则注于其旁"。本校法是"以本书前后互证,而抉摘其异同,则知其中之谬误"。他校法是"以他书校本书"。理校法是在无古本可据,或数本互异而无所适从时根据自己的分析判断而辨别文字是非的一种校勘方法。①

版本对勘就是一种对校法,对校其实就是死校,二者说法不同,实际做法一样,都是罗列一书的不同版本,比较异同,列出异文,为进一步分析判断提供材料。

关于对校的常见情况和注记方式,著名文献学家张舜徽先生在其《中国古代史籍校读法》第四章第四节"校书的具体方法"中将其归纳为10种:

1.凡文字有不同者,可注云:"某,一本作某。"(或具体写明版本名称)

2.凡脱一字者,可注云:"某本某下有某字。"

3.凡脱二字以上者,可注云:"某本某下有某某几字。"

4.凡文字明知已误者,可注云:"某当作某。"

5.凡文字不能即定其误者,可注云:"某疑当作某。"

6.凡衍一字者,可注云:"某本无某字。"

7.凡衍二字以上者,可注云:"某本某字下无某某几字。"

8.字倒而可通者,可注云:"某本某某二字互乙。"

9.字倒而不可通者,可注云:"某本作某某。"

---

① 陈垣著:《校勘学释例》,卷六《校法四例》,中华书局,2016年,第135—139页。

10. 文句前后倒置者，可注云："某本某句在某句下。"[1]

版本对勘完全可以采纳对校（或称死校）的各种具体做法乃至文字表述方式。但版本对勘的范围并不局限于图书的文字内容方面，其他如版本的版式、行款、装订、字体、用纸等形式方面的特征，也在其比较之列。对勘时，并不需要对任何版本做任何的文字改动，而只是列出各本在各方面的异同，采用各种方式进行比较鉴定，分析思考研究，最终或在版刻情况方面，或在版本源流方面，或在版本评价方面，得出正确的结论，达到版本对勘的目的。至于对勘的深度和广度，则视实际需要而定，以是否能得出正确结论为标准。

进行版本对勘，必须耐心翻检，细心查对，找出一书各本的异同之处。决不能只从表面一望，即凭某种既定观念匆忙作出结论。

兹举傅增湘《藏园群书题记·重校查初白藏宋本〈廎斋考工记解〉跋》为例，傅增湘写道：

此书四年前曾假慈溪李氏藏本校定，补《释音》卷下脱文八行。顷于厂肆邃雅堂见一宋刊本，其中延祐四年补刊者三十六叶，版多断烂，字迹模糊，逊李氏本远甚。然重其为查初白先生藏书，卷首有先生手跋三行，因携归详记于册子。及

---

[1] 张舜徽著：《中国古代史籍校读法》，上海古籍出版社，1980年，第180—181页。

逐叶翻阅,乃惊喜过望,其《释音》卷上"函人"以下九行,通志堂本既失刊,李氏宋本亦脱佚,爰手写附入。昔荛翁校书,必聚数本。今同一宋刊,且印行较后,宜无足取矣,然细心披检,其佳胜乃出意表。后之学者宜以荛翁为法,慎毋轻心掉之也。

除需细心和耐心外,进行版本对勘还需具备一定的学识和眼光,要善于发现一书各不同版本关键的共同之处和不同之处,并能够进行分门别类的、有条理的比较鉴定。例如前述王重民先生考证《宣和画谱》明杨慎校刻本和元大德刻本之间的关系。便从版式、行款、字体几方面结合文字内容对其异同进行对勘;比较《史记》明廖铠刻本和柯维熊刻本的优劣,便从体例上、格式上和文字上三点出发,进行对勘,都取得了很好的效果。

版本对勘的方法并不复杂,但其广泛大量的实践应用,必将对版本学的发展产生非常积极的作用。

第七章 版本评价

对图书版本的优劣高下和价值大小做出一个正确的评价,是版本鉴定的最终目的,是最重要的版本意识之一。正是这种版本需求,推动着版本学的产生和不断发展。所以版本评价在版本学中占有极其重要的地位。

第一节 版本评价的一般方法

在版本评价中,碰到的首要问题就是版本的评价方法问题。

如何评价图书版本的优劣高下和价值大小,历来众说纷纭,观点多种多样,但归纳起来,不外乎以下三个方面:

(1)从文字内容的角度进行评价;

(2)从外观形态的角度进行评价;

(3)从历史文物的角度进行评价。

一、文字内容的评价方法

图书的作用就是供人们阅读、学习和研究,而图书文字内容的完整与准确与否,是能否满足人们需求的关键。所以文字内容的完整与准确与否是衡量图书版本优劣高下和价值大小的根本标准。具体说来,一种质量较好、价值较高的图书版本应具备以下3个条件:

1.内容完整,没有删削或残缺的现象。

版本历来以没有残缺、未加删削为优为善。张之洞在其所著《𫐓轩语》中论善本有三义,头一条便是"足本(无阙卷、未删削)",这是历来公认的标准。世人贵重足本、轻视残本之风,由来已久。古代许多书商在版本上作伪,都是企图将贱价收来的残本伪装成全本,高价出售。许多有心的藏书家则努力收集一书的各种残本,也是为了将残本补全汇齐,变残本为全本罢了,两者的版本价值观正是相同的。

2.文字内容准确,很少或较少在传抄和刻印中发生的错讹脱衍等文字错误。

一般说来,图书多经一次传抄或刻印,就多一次产生文字错误的可能;何况在传抄、出版的过程中,常有人凭己意对原书妄加增删或修改,使之大失原貌。有人好校书而又不讲方法,结果越校越糟。所以过去人常以旧刻、旧抄为贵,也正是由于旧刻、旧抄产生年代较早,较少有因辗转传抄、翻刻及后人专辄妄改而产生的错误;即使有一些舛误,尚属出于无心,可以找到其致误的原因。而后来经人校改的本子,常常掩去原本的真实面目,连致误的原因也找不到了。当然,一些经过名家校勘或虽非名家却校勘精审的本子,人们是更为推崇的。

3.文字内容有其特色,或具有其他版本所没有的重要内容。

一书如果经原作者或他人修改补充后,较以前的版本内容更为完善出色,则其版本虽系后出,但其价值却并不减甚至高于以前的版本。而且就文字内容整体而言,也往往是后出的版本胜过以前的版本,因为后出的版本常增刻增印后人序跋或批评校点文字,具有以前版本所没有的内容。所以,讲版本学并非只重旧本,实际上,倒常常是后出之本内容更全、质量更好。这与校勘学单纯追求与原本文字相符相近的理念,显然是不尽相同的。

二、外观形态的评价方法

图书版本是由内容和形式两个方面所组成的。而以图书实物为研究对象的传统版本学,尤其看重版本的外观形态。从用纸、用墨的好坏,到抄写刻印的精粗美恶,乃至版式、字体、装帧的美观与否,均在版本评价之列。

在长期的版本评价活动中,人们对于图书版本的外观形态形成了比较一致的评价标准,人们认可的版本外观形态是:纸墨精良,书法优美,刻印传神,版式悦目,书品宽大,装帧典雅,工艺先进,技法超群。

例如宋版书,不仅时代久远,文字内容较为准确,而且书法甚美,字体仿欧、颜、柳体,一本书几乎同时就是一部优秀的书法字帖,具有极高的审美价值。宋版书深受后人喜爱,形式美是一个很重要的因素。

又如中国古代的活字本、套印本,都体现着当时先进的印刷工艺,较之同时代的雕版印本,价值自然要高出一些。明末胡正言的《十竹斋笺谱》,虽然距今时代并不很远,但由于采用了饾版、拱花这些当时先进的工艺技术,故其版本价值远出于同时代其他类型版本之上。

近代的珂罗版影印本,时代更近,可是印刷精美逼真,故在当时就被人们称为"新善本"。

三、文物价值的评价方法

版本是否具有文物价值,评价标准主要有以下三点:

1.时代的久远。

任何实物形态的东西,保存经历的时间久了,都会有一定的历史文物价值,图书版本作为一种实物也不例外。一般说来,经历的时间愈久远,其历史文物价值也就愈大。如考古发现的简策、帛书、敦煌卷子,都具有很高的文物价值。宋元本书之所以被珍若拱璧,除其文字内容较为准确而外,距今时代久远也是一个重要的因素。就此点而论历代版本的价值,则宋本胜于元本,元本胜于明本,明本胜于清本,清本胜于今本。

2.流传稀少。

流传稀少的版本更具文物价值,这是"物以稀为贵"的原则。例如《永乐大典》,革命战争年代革命根据地、抗日根据地、解放区出版的图书文献,现存实物均极少,具有很高的文物价值,被称为"珍本"。各种孤本图书,更是倍受海内外珍视。

3.经名人收藏、加工。

一书若经名人收藏、加工,例如盖有名人藏章,留有名人批校、题跋、圈点等手迹,则立时身价倍增,不论原书内容版本如何,都会以高价售出,并为世人所宝爱。此可谓"名人效应"。

以上三方面标准中,一个版本符合上述条件愈多,其版本价值越大;否则,其版本价值也就相应降低。

第二节 "善本"的评价标准

"善本"是版本学的一个重要概念,用来通指那些版本价值较高的图书版本。但具体哪些版本属于善本的范围,却又众说不一,很难划定一个统一的标准。

"善本"一词始见于宋代,且使用非常普遍。如宋朱弁《曲洧旧闻》卷四云:"其(宋次道)家藏书,皆校三五遍者,世之畜书,以宋为善本。"叶梦得《石林燕语》云:"唐以前,凡书籍皆写本,未有模印之法,人以藏书为贵,人不多有,而藏者精于雠对,故往往皆有善本。"周煇《清波别志》卷中云:"国朝庆历间,命儒臣集四库为籍,名曰《崇文总目》,凡三万六百六十九卷,尔后于《总目》外,日益搜补校正,皆为善本。"程俱《麟台故事·书籍》篇记熙宁中宋敏求言曰:"三馆秘阁藏书虽博,类多讹舛,请以班固《艺文志》据所有,下诸路购善本校正。"由宋代学者关于善本的上述记载中可以发现,善本最初的含义就是指那些校勘精审、文字内容很少舛误的本子。

但到明、清两代,由于宋元本书日渐稀少,也由于宋元本书确实质量较好,社会上佞宋崇元之风逐渐兴起,宋元本书不论好坏,均视为善本。同时,据版本的表面形态评判版本优劣的倾向也开始出现。清末张之洞在其《輶轩语·语学篇·读书亦求善本》条中曾针对这种现象明确指出:"善本非纸白、板新之谓,谓其为前辈通人用古刻数本精校细勘付刊、不讹不阙之本也。"他还进一步解释道:"善本之义有三:一足本(无阙卷、未删削);二精本(一精校、一精注);三旧本(一旧刻、一旧抄)。"其中一、二两条是从校勘和图书内容的角度来讲的,第三条则是从版本的产生年代的角度进行考虑的。尽管张氏的本意是考虑到时代较早的刻本、抄本一般文字舛讹较少,比较接近原本面貌,故直接列为善本,但显然也不可避免地受了当时社会上以版刻年代之远近评价版本价值风气的影响。

与张之洞同时的杭州大藏书家丁丙,在其藏书目录《善本书室藏书志·后序》中,也将善本之义具体解释为旧刻、精本、旧抄、旧校四种,除无"足本"一条外,与张氏所述善本之义基本相同,但偏重版本之旧的意味更浓了。

清末民初的大版本学家缪荃孙更明确制定了善本与非善本之间的界限,他说:

1. 刻于明末以前者为善本,清朝及民国刻本皆非善本;
2. 钞本不论新旧皆为善本;
3. 批校本或有题跋者皆为善本;
4. 日本及高丽重刻中国古书,不论新旧,皆为善本。①

缪氏的善本标准将清代刻本全部排除于善本之外,这种一刀切的做法首先考虑的是年代因素也就是文物标准,开启了后来以某一年代划定善本标准的先例。据陈乃乾说:"自缪氏发明此项条规后,一时奉为金科玉律,其影响于藏书家及书店者甚大。"②

从此之后,善本由文字内容的单纯评价标准向兼顾其历史文物性的双重评价标准发展的倾向逐渐明确。1979年版《辞海》将

---

① 陈乃乾著:《上海书林梦忆录》,见张静庐辑注《中国现代出版史料(甲编)》,上海中华书局股份有限公司,1954年,第425—426页。
② 同上。

善本之义明确做两种解释:"(1)凡书籍精加校勘,错误较少者,称为善本。(2)旧刻本、精抄本、精校本、手稿、旧拓碑帖等,通常亦称为善本。"这两种解释实际是将善本的双重评价标准肯定了下来。

在前人对善本含义的研究基础上,现代版本学家们提出了著名的作为划分善本标准的"三性"原则,即历史文物性、学术资料性和艺术代表性。李致忠先生曾解释道:"所谓历史文物性,当有两个方面的含义:一是指古书版印、抄写的时代较早而具有历史文物价值;二是指古书可作为历史人物、历史事件的文献实物见证而具有某种纪念意义。"①"所谓学术资料性,除了指经过精校细勘、文字上脱讹较少和经过前代学人精注精疏的稿本、写本、抄本、印本以外,还应包括古书中那些在学术上有独到见解,或有学派特点,或集众说较有系统,或在反映某一时期、某一领域、某一人物、某一事件的资料方面,比较集中、比较完善、比较少见的稿本、写本、抄本、印本。"②"所谓艺术代表性,主要是指那些能反映我国古代各种印刷技术的发明、发展和成熟水平;或是在装帧上能反映我国古代书籍各种装帧形制的演变;或是用纸特异,印刷精良,能反映我国古代造纸工艺的进步和印刷技术水平的古书。"③李氏并认为:"对任何一部古书,都应从历史文物性、学术资料性、艺术代表性等多方面进行考察。在现存古籍中,凡具备历史文物性、学术资料性、艺术代表性,或虽不全备而具备其中之一

---

① 李致忠著:《古书版本学概论》,书目文献出版社,1990年,第14页。
② 李致忠著:《古书版本学概论》,书目文献出版社,1990年,第16页。
③ 李致忠著:《古书版本学概论》,书目文献出版社,1990年,第17页。

二又流传较少者,均可视为善本。"①

  李氏的上述说法最早见于其 1978 年所撰之《善本浅谈》一文②。当时正值《中国古籍善本书目》开始编撰之际,故"三性"原则的提出,主要是为了解决该书目的收录范围问题。

  但"三性"实际上只是提供了评价版本优劣和价值大小的角度,或是评价版本的基本原则,却很难作为善本的具体评价标准而在实际工作中予以施行。所以,1978 年在南京召开的《全国古籍善本书总目》(后更名为《中国古籍善本书目》)编辑工作会议上和会议后,又制订了更为明确的"九条",作为具体工作中掌握的标准。这九条是:

  1. 元代及元代以前刻印、抄写的图书(包括残本与零叶)。

  2. 明代刻印、抄写的图书(包括具有特殊价值的残本与零叶),但版印模糊而流传尚多者不收。

  3. 清代乾隆及乾隆以前流传较少的印本、抄本。

  4. 太平天国及历代农民革命政权所印行的图书。

  5. 辛亥革命前,在学术研究上有独到见解或有学派特点或集众说较有系统的稿本,以及流传很少的刻本、抄本。

  6. 辛亥革命前,反映某一时期、某一领域或某一事件资料方面的稿本以及流传很少的刻本、抄本。

  7. 辛亥革命前的名人学者批校、题跋,或过录前人批校而

---

① 李致忠著:《古书版本学概论》,书目文献出版社,1990 年,第 14 页。
② 李致忠著:《"善本"浅谈》,见《图书馆工作》,1978 年第 5、6 期;又见《文物》1978 年第 12 期。

有参考价值的印本、抄本。

　　8.在印刷上能反映我国古代印刷技术发展,代表一定时期技术水平的各种活字印本、套印本或有较精版画的刻本。

　　9.明代印谱全收。清代的集古印谱、名家篆刻印谱的钤印本,有特色或有亲笔题记的收,一般不收。

　　总之,古籍中凡符合上述九条中任何一条者,均可列入善本。

　　"九条"是在"三性"的总体原则下制定的具体掌握标准,相当于"三性"原则的实施条例。由于"三性""九条"主要是为编纂《中国古籍善本书目》而制定的,范围仅限于中国古籍,所以至多只能说是中国古籍善本的评价标准。另一方面,由于古籍编目工作很难深入到对图书文字内容的校勘,所以主要是供古籍编目人员参考掌握的"三性""九条",更多地是从那些显而易见的因素出发设立标准,进行评价,而对于版本的文字内容是否完整准确、是否符合原书面貌这一衡量"善本"的最根本的标准却只字未提。由此看来,"三性""九条"是有一定局限性的。事实上,对于试图将"三性""九条"作为衡量古籍善本的普遍标准的倾向,版本学界一直有不同看法,争议很大。[①]

　　那么现代图书中质量较好、价值较高的版本是否也可以称为善本呢?

　　善者,好也。目前衡量新书某本的优劣,主要是从校印精良、文字内容准确无误这一标准出发的,更符合善本的本义,较当今

[①] 参见卢中岳《古籍善本简论——兼评〈"善本"浅谈〉》,《四川图书馆学报》,1979年第3期,第82—83页;黄永年《古籍整理概论》,陕西人民出版社,1985年,第16页。

的所谓古籍"善本"更为名副其实。

总之,"善本"的含义不应凝固化,而应该随着时间的推移而不断地发展,成为版本学中永远有生命力的一个概念。

第三节　古籍版本的定级标准

图书的主要功能是供人们阅读学习的,但古代的图书传承至今,其作为历史文物的价值越来越凸显。为了实现对古籍的科学保护、合理利用,进入21世纪以后,我国也仿照对文物定级的做法,对古籍进行定级。中华人民共和国文化行业标准《古籍定级标准》(WH/T 20—2006)于2006年8月5日发布,2006年10月1日开始实施。

《古籍定级标准》的制订,参照了中华人民共和国文化部2001年第19号令发布的《文物藏品定级标准》和《一级文物定级标准举例》记述善本古籍藏品定级的有关精神,也参考了编纂《中国古籍善本书目》时提出的鉴定善本古籍的"三性九条"原则,主要针对现存的汉文古籍。现存其他特种古代文献,如甲骨、简策、帛书、敦煌遗书、金石拓本、舆图、书札、鱼鳞册、契约、文告、少数民族语文图书,以及域外翻刻、抄写的中国古籍,如和刻本、高丽本等,不在该标准定级范围之内。

该标准对下列名词术语做了严格规范的定义：

古籍、版本、写本、稿本、抄本、影抄本、彩绘本、刻本、初刻本、重刻本、翻刻本、影刻本、重修本、递修本、朱印本、蓝印本、活字本、泥活字印本、木活字印本、聚珍版印本、铜活字印本、套印本、套色印本、套版印本、朱墨套印本、多色套印本、饾版印本、拱花印本、饾版拱花印本、钤印本、磁版印本、活字泥版印本、铜版印本、影印本、珂罗版印本、石印本、批校题跋本、过录本、孤本、善本、普本。

按照该标准的定义,古籍是中国古代书籍的简称,主要指书写或印刷于1912年以前具有中国古典装帧形式的书籍。

在定级方法上,该标准实行"三性原则""不唯时限原则""等次上靠原则""等次下调原则"。

所谓"三性原则",就是前节所说的"三性"原则,指认定古籍所具有历史文物性、学术资料性和艺术代表性价值的准则。历史文物价值以版本产生的时代为衡量尺度,学术价值以古籍反映的内容为衡量尺度,艺术价值以版本具有的特征为衡量尺度。

所谓"不唯时限原则",指确定古籍的级别,不把历史文物价值作为唯一依据的准则。凡古籍按历史文物价值(有时限)衡量,应属下一级别;而按学术或艺术价值(不唯时限)衡量可列入上一级别者,即可将其定为上一级别。

所谓"等次上靠原则",指将古籍等次上靠的准则。根据一书所具有的特殊价值,主要指其在流传过程中所形成的记录诸如题跋、校勘及印记等,可以酌情上靠一个或两个等次。

所谓"等次下调原则",指将古籍等次下调的准则。侧重考虑一书的书品好坏和完残程度,凡属下乘者,宜下调一个或两个等次。

该标准将古籍分为善本和普本两部分。将具有珍贵价值的善本划分为一、二、三级,每级下面又划分为甲、乙、丙三等;将具有一般价值的普本定为四级,不再分等次。

一级将北宋及北宋以前(包括辽、西夏时期)刻印、抄写的古籍归为甲等,元代及其以前(包括南宋、金、蒙古时期)刻印、抄写的古籍归为乙等,明清时期各种有代表性的版本归为丙等。

二级将明洪武元年(1368)至正德十六年(1521)刻印、抄写的古籍归为甲等,明嘉靖元年(1522)至隆庆六年(1572)刻印、抄写的古籍归为乙等,明清时期其他重要的版本归为丙等。

三级将明万历元年(1573)至清顺治十八年(1661)刻印、抄写的古籍归为甲等,清康熙元年(1662)至清乾隆六十年(1795)刻印、抄写的古籍归为乙等,嘉庆元年(1796)以后的清代特殊版本归为丙等。

四级不分等,所谓的普通古籍即清嘉庆元年至宣统三年(1911)刻印、抄写的书本,以及民国初年著名学者以传统著述方式研究中国传统文化而形成的稿本、初刻本,都被归入这一等级。

2015年7月1日,中华人民共和国国家标准《汉文古籍特藏藏品定级第1部分:古籍》(GB/T 31076.1-2014)正式实施,同时取代之前的文化行业标准《古籍定级标准》(WH/T 20-2006)。该标准是在文化行业标准《古籍定级标准》基础上制定的,划分标准大同小异。不同的是,删除了实行各项原则的描述内容,对二、三等级的甲等标准放宽了许多,更便于实际执行。

第八章 版本目录

版本目录就是以记录图书的版本情况为主要内容的书目,表现形式虽为目录,却也属于版本学的研究范畴。因为在版本目录中,作为主要著录事项的版本项的内容,反映的是版本学的研究思想和方法。

版本目录在版本学中占有特别重要的地位,其重要作用表现为:

1.版本目录是版本学最主要,也是最好的表达方式,是版本学必不可少的一种工作方法。自古至今,绝大多数的版本学思想方法和研究成果都是借助于版本目录的形式保存下来的。长期的实践经验也证明,目录是版本学研究成果的最佳表述方式,它具有表现集中、叙述简洁、明确的优点。版本学的工作程序中,不能缺少编制版本目录这一项。

2.版本目录是从事版本研究不可缺少的工具。版本目录是前人研究图书版本的成果结晶,有效地利用版本目录,就可以在前人研究的基础上,得出更为准确可靠的结论。无论是对图书的一般版本事项的鉴定,还是进行版本源流的考证,乃至评价版本优劣,都离不开对版本目录的利用。

当然,也不可过分依赖版本目录,更不能盲从。因为前人的研究结果因种种原因常常有错误和不足之处,需要我们在利用时，对其中的记载随时进行分析鉴定，使版本目录的效用得到最适当的发挥。

版本目录的类型多种多样，但版本学最关心的是版本事项的著录。按此标准划分，版本目录可分为简录式、罗列式、提要式及图录式四种类型。下面分节述之。

第一节　简录式版本目录

简录式版本目录除简单著录书名、卷册数、著者外，对版本情况也只做最简要的著录。著录方式通常有固定的顺序和格式，是古今最常见的一种目录形式。中国古代的大量藏书目录、近现代依各种图书著录法编制的图书馆藏书目录、社会上流行的各种图书目录，绝大多数属于此类。

现代对古籍版本项的著录顺序一般依次为出版时间、出版地、出版者和版本类别；对现代图书版本项的著录顺序依次为出版地、出版者和出版时间，由于现代图书大多为铅印本或胶印本，版本类别一项，区分意义不大，一般不再著录。

这种类型的版本目录，其优点是简明扼要，一目了然。缺点是缺乏对版本情况的详细描述，不易掌握所著录版本的形式及内容特点，对版本事项的重视和强调不够，所以简录式版本目录在整个版本目录中不占重要地位。

第二节　罗列式版本目录

罗列式版本目录的最大特点是罗列一书的各种不同版本。其中每一版本的著录亦为简录式,但常在个别版本下有一些简略的说明。

此种著录方式始于南宋尤袤所撰《遂初堂书目》。此目中一书常罗列数种版本,如《前汉书》列川本、吉州本、越州本、湖州本4种,《旧唐书》列旧杭本、川小字本、川大字本三种等。缪荃孙在为《遂初堂书目》所作跋中,称此书目"开近人目录兼载各本一派"。

自清末至现代相继出现了几部比较典型的罗列式版本目录,它们是:

1.《增订四库简明目录标注》二十卷,清代邵懿辰撰,邵章续录。

此书目是专为《四库全书简明目录》标注版本的著作。其初撰者邵懿辰(1810—1861,字位西)以《四库全书简明目录》为底本,将所见各书各种版本一一条列于各书之下,日积月累,遂成《四库全书简明目录标注》一书。

缪荃孙在书前序中说:

> 是书之命意,在分别本之存佚与刻之善否。《四库》所储,有不应收而收者;有应收而不收者;有所收之本不及未收之本者;有所收据《大典》,而原书尚有旧刻旧抄者;有无宋元

旧刻,止有明刻为祖本者;明与本朝,先后几刻,有足有不足,有佳与不佳;而《四库》未收之本,后出之书,以类相从,夹注于后。①

此书目将《四库全书》三千多部书籍、数万种版本逐一著录,就图书种类和版本数量来说,在版本目录中是空前的。所以此书一出,立即受到学术界重视,张之洞推崇此书"淹雅闳通,如数家珍";缪荃孙在同年友家中得此书,大喜捧归,求人录副,藏之为枕中之秘。许多著名学者如王懿荣、孙诒让、周星诒、黄绍箕、王颂蔚等人纷纷为之增补内容,即今书之"附录"。其孙邵章仿其体例而作"续录",专录清代咸丰以后嗣出各本。邵章之子邵友诚又合上述内容编录为《(增订)四库简明目录标注》,有上海古籍出版社1979年本。

此书著录版本较以往各私家版本目录要完备得多,在说明版本优劣方面的记载有的也比较详明,许多书籍不仅注明有何版本,还进一步说明版式、行款、流传情况、刊刻质量,是现有各种罗列式版本目录中最好的一种。但此书许多记载并非亲见,错漏之处为数不少,参考时需加注意。

此书目体例如下例:

唐六典三十卷,唐玄宗撰　李林甫注
明正德乙亥刊本。明刊本有官板小板。嘉庆庚申扫叶山房刊本。

---

① (清)邵懿辰撰,邵章续录:《(增订)四库简明目录标注》,上海古籍出版社,1979年,《缪荃孙序》第1页。

〔附录〕岱南阁本。正德本有王鏊序、詹棫跋。(星诒)

明正德乙亥四月王鏊序,称录自中秘,浙江按察使潼川席文同刻于苏郡,未竟,继任嘉鱼李立卿又刻之。每半叶十二行,行二十字。板心上大小数,下人名。(懿荣)　嘉靖本。有日本刊本。(某氏)

〔续录〕宋刊蝶装本,题大唐六典,李氏木犀轩藏。邵亭目称有绍兴甲申刊本,但绍兴无甲申,隆兴二年乃甲申,疑有误。清光绪二十一年广雅局本。①

本书目后附录有《四库未传本书目》和《东国书目》等,其中《东国书目》包括《朝鲜书目》《日本所刊书目》《日本书目》。

2.《邵亭知见传本书目》十六卷,清代莫友芝撰,莫绳孙编。

莫友芝(1811—1871),字子偲,号邵亭,贵州独山人,为清末著名学者。19世纪60年代,他奉曾国藩之命,搜访大江南北遗书,出入于各大藏书家之间,得见大量古籍,并仿邵懿辰的做法,将所见所闻之一书各种不同版本,均记录于《四库全书简明目录》当条之下,共著录4029种书,包括同书别本,搜罗之详,有一书列出数十种版本者。此书目虽以《四库全书简明目录》为底本,但《四库全书总目》存目中所列之书及《四库全书总目》未收之书也一并录入,并记其版本。此类书计经部存目3种,未收者118种;史部存目28种,未收者210种;子部存目14种,未收者198种;集部存目1种,未收者121种,总计共著录《四库全书简明目录》之外的图书693种。

---

① (清)邵懿辰撰,邵章续录:《(增订)四库简明目录标注》,上海古籍出版社,1979年,第328页。

此书目之出，既在邵目之后，其著录版本又大量参录邵目，加之收书范围广，所以在当时，此书目价值较邵目为高。此书目莫氏生前未出版，在流传过程中为书业中的一些人随意增补，以致讹舛不纯，有失本来面目。1909年由日本书商田中庆太郎在北京用活字版首次印出，之后北京、上海又先后三次再版，使本书广为人知。

《邵亭知见传本书目》著录体例如下例：

家礼五卷附一卷

宋朱熹撰。汲古阁有宋刊本，杨复注，与今世行本不同。明仿宋录一卷，石门吕氏刊本；元刊本纂图集注十卷，刘垓孙增注，刘璋补注；昭文张氏有纂图集注文公家礼十卷，题杨复附注，刘垓增注，即钱遵王家物；张氏又有影宋刊本十卷；邓钟岳仿宋本；康熙辛巳汪氏刊本；明邱文庄刊本多所更定，非原书，编八卷。①

1993年，中华书局又出版了由傅增湘订补、傅熹年整理的《藏园订补邵亭知见传本书目》。全书四册，共补入8950条，每条著录不上一种版本。订补后有些卷篇溢出过多，于是析为上、下二卷，全书实际为23卷。这个订补本收纳了傅氏40余年间所见、所藏、所校、所跋的全部书籍，以补《邵亭知见传本书目》所未备为主，同时也兼有对其校勘、订正之处。在体例上，凡四库未著录之书冠以"增"字，藏园订补各条均冠以"补"字，流传过程中他人的

---

① （清）莫友芝撰，傅增湘订补，傅熹年整理：《藏园订补邵亭知见传本书目》，卷二《经部四·礼类》，中华书局，2009年，第100页。

批注冠以"附"字。

3.《书目答问补正》,清末张之洞原撰,范希曾补正。

《书目答问》是一部指导治学门径的推荐书目,该书目不仅推荐图书,并进而推荐其版本。所推荐之版本以内容全、文字舛讹少、通行易得为标准,一书下常列举多种版本,故就其著录体例而言,同时又是一部罗列式版本目录。在所收版本下,张氏常作简要说明,指出各本的差异或优劣。如《四书考异》七十二卷下云:"原刻本总考、条考各半,学海堂本止条考三十六卷。"《钦定二十四史》下云:"北监本、扫叶本、陈本、坊翻毛本有脱误。"《历代名臣奏议》下云:"明经厂足本,通行本不全。"(聊城)杨氏仿宋本《蔡中郎集》下云:"通行三本皆逊此本。"对不同的注本,张氏常较其优劣。如郝懿行《尔雅义疏》下云:"郝胜于邵(晋涵)。"《翁注困学纪闻》下云:"此注更胜七笺本。"冯浩《玉溪生诗详注》下云:"胜于朱鹤龄、姚培谦注本。"《答问》还注意介绍和分析各注本的特点,如《杜诗镜铨》《杜文注解》下云:"杜诗注本太多,仇、杨为胜。"蒋之翘《柳河东集辑注》下云:"此本通行,宋人《柳文音辨五百家注》已括此书内。"冯应榴《苏诗合注》下云:"苏诗,宋施元之注最有名,查慎行补注亦善,冯、王、翁三注更详备。"

20世纪20年代,范希曾(1899—1930)为此书目作补正,即补《书目答问》问世后50年间的新版本,并改正《书目答问》原书的各处讹失。总计共为1200种左右的图书作了补正,其中部分图书是《书目答问》未收而范氏加以补充的。此外还纠正了《书目答问》漏略或讹误的书名、卷数、作者姓名、刻书年代等近百处,使此书更臻完善,更具长久之生命力。此书现有上海古籍出版社1983年铅印本和1963年中华书局影印本通行。

《书目答问补正》体例如下例：

  资治通鉴二百九十四卷
  宋司马光。元胡三省音注。胡克家仿元本，武昌局翻胡本。战国至五代。〔补〕苏州局补胡氏版本，坊间石印胡本。道光间湖南翻胡本，不善。成都存古书局本，番禺任氏刻本，光绪十三年朝邑阎敬铭仿明陈仁锡刻本，长沙胡元常刻本，涵芬楼影印百衲宋本，《四部丛刊》影印宋本。常熟张瑛宋元本资治通鉴校勘记七卷，苏州局本。丰城熊译元资治通鉴校字记，刻本。①

4.《贩书偶记》和《贩书偶记续编》，均孙殿起（1894—1958）所撰，《续编》由其助手雷梦水最后编成。

  孙殿起，字耀卿，号贸翁，河北冀县人，民国间在北京琉璃厂设通学斋书店，经营图书售卖事业历数十年之久，长年坚持不懈地将他手经目睹的旧书逐一做下记录，积累资料数万条，遂成此二书。其编撰特点有二：

  (1)凡见于《四库全书总目》者概不收录，所录绝大多数是有清一代的著述，兼及辛亥革命以后迄抗战以前的有关古代文化的著作。其间也著录了少数明代人的著作，大多是《四库全书总目》所失收的。故此书目就成为补充《四库全书总目》的一部版本目录。

  (2)非单行本不录，间有在丛书中者，必系初刊的单行本或抽

---

① （清）张之洞撰，范希曾补正：《书目答问补正》，上海古籍出版社，1983年，第107页。

印本。故此书恰可弥补《中国丛书综录》所不具备的一种功能,二者可相互配合使用。

此书目著录事项一般依次为书名、卷数、作者籍贯姓名、版本事项等,一书下常列多种不同版本,间有小注,说明书名、著者及卷数、版刻异同等情况。著录体例如下例:

> 书目答问四卷丛书目别录姓名略附
> 南皮张之洞撰。 光绪二年四川精刊。 光绪五年湘乡成邦幹重刊。 光绪五年贵阳重刊本,后附四川尊经书院记。光绪乙未仲夏上海蜚英馆石印本。①

又如:

> 北溪字义二卷
> 宋陈淳撰。 小倦游阁抄本。 蓝格版心刊有小倦游阁四字,书中题目之字,以篆体书于各条之眉,并加释文于下,至其体势,与抄原书字体殊异,或不出包世臣之手笔也。②

以上是四种最为典型也最常见的罗列式版本目录,这种体式的版本目录在鉴定版本、考证版本源流的工作中非常有用,读者可于一书名之下获知各种版本的情况。其缺点是所列各本版本著录往往过于简略,不足取以为证。

20世纪50、60年代由上海图书馆编纂、中华书局出版的《中

---

① 孙殿起录:《贩书偶记》,上海古籍出版社,1982年,第197页。
② 孙殿起录:《贩书偶记》,上海古籍出版社,1982年,第217页。

国丛书综录》(第1册),1978年开始编纂的《中国古籍善本书目》,均属于罗列式版本目录,其中《中国丛书综录》(第1册)罗列的是丛书版本,即在一丛书名下罗列其各种不同版本。《中国古籍善本书目》的著录体式是一书各种版本各随书名、卷数分别著录,与《遂初堂书目》《天禄琳琅书目》《百宋一廛书录》体例大致相同。其初稿(油印本)于每一书名版本下兼列行款版式,取便比较,体例最善。但该书正式出版之后,却将原有行款、版式记载尽数删去,大大降低了此书的参考使用价值,令人深感遗憾。

第三节　提要式版本目录

　　提要式版本目录的特点就是用提要的方式著录一书的版本情况。以描述图书版本情况为主要内容的各种题跋汇录集,也属于提要式版本目录的一种。

　　提要式版本目录中的提要以介绍和研究图书的版本情况为其职志,故有别于一般所说的提要,可称之为版本提要。

　　版本提要的内容一般主要是:

　　1.描述版本的外在特征,使人读提要如见原书;

　　2.记录鉴定经过,论证所下断语;

　　3.记述流传经过;

　　4.与他本相比较,评判此本价值。

　　相对于其他类型的版本目录,提要这种著录方式,形式更为灵活,著录更加深入,不仅可以了解版本鉴定的结果,还可以知晓版本鉴定的过程;不仅从形式特征方面了解版本,还可以从文字内容及流传经过等方面了解版本。所以提要式版本目录是版本目录中占有突出地位的一种类型，版本学的思想精髓和绝大多数研究成果是以这种形式表现出来的。

一、版本提要的一般撰写方法

关于版本提要，以往各家书目的撰写方式各不相同，著录版本事项有多有少，文字内容有详有简，次序有前有后，质量有高有低，但并非无规律可循，清末著名版本目录学家缪荃孙在总结前人经验的基础上，认为撰写版本提要的方法应该是：

> 先举书名，下注何本；举撰人之仕履，述作书之大意；行款尺寸，偶有异同，必详载之；先辈时贤手跋、题迹、校雠岁月，源流所寄，悉为登录，使人见目如见此书。收藏印记，间登一二，不能备载也。①

民国间，陈乃乾在其《上海书林梦忆录》一文中，曾总结"缪氏藏书记"之格式为：

> ××××几卷
> ××××撰（撰人上有籍贯或官衔须照原书卷首抄写）××刊本（何时刊本须略具鉴别力），每半叶×行，行××字，白（或黑）口，单（或双）边，中缝鱼尾下有×××几字，卷尾题××××（此记校刻人姓名或牌子），前有××几年×××序，××几年×××重刻

---

① 张钧衡撰：《适园藏书志·缪荃孙序》，南林张氏家塾刻本，1916年。

序,后有××几年×××跋。××字××,××人,××几年进士,官至×××(撰人小传可检本书序跋或四库提要节钞),书为门人×××所编集(或子侄所编或自编),初刻于××几年,此则××据××刻本重刻者。×氏××斋旧藏,有××印。①

缪氏所言,基本上符合各家书目中有关版本提要撰写的一般情况。但笔者以为还应当根据实际情况和需要,著录版本的残缺、补配情况,介绍本书其他版本的情况,通过版本对勘,描述此本与其它版本的差异,考证其间关系,评判版本的优劣高下和价值大小等。

以上所述,仅仅是提供一个参考,绝非定例。实际上,各种提要式版本目录之间,版本提要的内容格式次序,很少有完全相同的。我们现在撰写版本提要,固然应该借鉴前人的经验和做法,但也不必严格地受其约束局限而丧失自己的风格特色,应该根据各本的实际情况撰写出高质量的版本提要。

二、提要式版本目录举要

1.《读书敏求记》四卷,清初钱曾撰。

此书为其所藏善本书目录,专录宋、元精椠及旧抄、旧校共634种,每书下有提要,各记其版本、篇卷,或评其缮写刊刻之工拙,然间有谬误。清末管庭芬、章钰相继广征博引,纠其讹误,辑补成《钱遵王读书敏求记校证》四卷,有长洲章氏自刊本,有1935

---

① 张静庐辑注:《中国现代出版史料(甲编)》,上海中华书局股份有限公司,1954年,第425页。

年商务印书馆《丛书集成》本。现通行有1984年书目文献出版社出版之丁瑜校点本。

《读书敏求记》提要举例：

> 虞伯生道园学古录五十卷①
>
> 是集分《在朝稿》《应制录》《归田稿》《方外稿》四种，总名《道园学古录》。镂刻精雅，世行本从此翻雕，间取雠勘，讹谬处绝少。知嘉、隆以前学人，信而好古，非若近日椠书者淆乱芟改，师心自是也。

2.《天禄琳琅书目》前编十卷后编二十卷，清代于敏中、彭元瑞等奉敕编纂，详见本书第二章第三节。

《天禄琳琅书目》提要举例：

> 唐国史补一函一册②
>
> 唐李肇撰。分上、中、下三卷，前肇自序。
>
> 晁公武《郡斋读书志》曰："唐李肇撰《国史补》，起开元止长庆间事。初，刘悚记元魏迄唐开元事，名曰《国朝传记》。故肇续之。"考《崇文总目》于肇《国史补》外，又载林恩《补国史》六卷，高若拙《后史补》三卷。而晁氏读书志中皆不载，是当时所重者，惟肇所补之书。此本密行小字，制甚工整，虽墨光稍逊，而刊手印工咸出上选。目录后有"董氏万卷堂本"篆

---

① （清）钱曾撰，（清）管庭芬、章钰校证：《钱遵王读书敏求记校证》，卷四集类，中华书局，1990年，第196页。
② （清）于敏中等编：《天禄琳琅书目》，前编卷五，中华书局，1990年，第102页。

书木记,较元椠他书木记独精:此书贾中不苟于刻梓者。

御题:"是书采摭开元至长庆故事,以补《国史》之遗,凡三百有六节。轶事方言,颇资观览。其间采取各条,亦间有载入正史者。是序文所云'虑正史之或阙',非尽阙也。其字迹刻画精能,当推为元本之冠。乾隆御识。"钤宝二,曰"几暇临池",曰"稽古右文之玺"。

钱谦益藏本有"牧翁蒙叟""如来真子天子门生"二印。

(印略)　朱文　　(印略)　朱文
　　　　　序　　　　　　　目录
　　　　卷一　　　　　　　卷一

3.《士礼居藏书题跋记》和《荛圃藏书题识》等,清黄丕烈撰。均为后人编辑之黄丕烈所撰题跋集。

对黄跋的搜集整理工作始于近代藏书家潘祖荫(1830—1890),他在缪荃孙的协助下,汇集了黄氏所撰题跋352篇,编成《士礼居藏书题跋记》六卷,于光绪七年(1881)刻成于潘氏滂喜斋。之后缪氏又有《续记》和《再续记》之刻。1919年缪氏与章钰、吴昌绶等人通力合作,将当时所能收得的黄氏题跋622篇,总辑为《荛圃藏书题识》十卷和《荛圃刻书题识》一卷,由南京金陵书局刊印发行。其后吴县王大隆又编有《荛圃藏书题识续录》四卷,收117篇;又编《再续录》三卷,收74篇。以上各题跋集收黄氏题跋共计813篇。

黄丕烈题跋举例:

《管子》二十四卷(宋本)跋①

此宋刻《管子》二十四卷,原缺卷第十三至卷第十九,任蒋桥顾竹君藏书也。二十年前曾借校之,其佳处实多。因中有缺,心甚有歉,未为全美。后京师某坊缄寄一宋刻。宋刻已糊涂,经俗人剜其糊涂处,以时本填之,多未可信,故卒未据以校藏本。近日宋廘宋刻子部并归他人,重忆向所未惬意之本,遂从顾氏后人归之。而中所缺卷,余故友小读书堆藏陆敕先校宋本亦向伊后人借归据补。陆校未记行款,兹就余所收宋刻本行款约略为之,未可据也。至于字句之间,他卷多同宋刻,则此所缺而陆校有,宋刻应亦可据,且陆校出毛斧季所藏宋刻,则尤可信。唯是校书如扫落叶,他卷之陆校,证以余藏之宋刻,有脱至一句者,安知余所据之卷不有类是者耶?不过以校宋补宋刻,稍胜时本耳。藏书之道,如是而已。暇日当取陆校以校余所补本,并以参余所藏本,或可尽得其异同。嘉庆丁丑重阳秉烛记。复翁。

4.《铁琴铜剑楼藏书目录》二十四卷,清瞿镛撰。

瞿镛(1794—1846),字子雍,江苏常熟人。其父瞿绍基(字荫棠)喜好藏书,所藏多宋元善本,曾编《恬裕斋藏书目》。镛继承父志,访求更勤,所得益增,为清末四大藏书家之一。为编此目,特聘请名家黄廷鉴、王振声为之整理,每书详记作者及版刻时代、地点、刻工、版式,考订与别本之异同,间录原书序跋,又请王颂蔚、管礼耕、叶昌炽等名家助其校勘,附记异本校勘、残本补缺等事,

———

① (清)黄丕烈撰:《宋本〈管子〉二十四卷跋》,见《黄丕烈书目题跋》之《尧圃藏书题识》卷四,中华书局,1993,第69页。

方得藏事。所收皆为宋元明三代旧刻、旧抄本,凡 1300 余种,分经史子集四部编排。有光绪二十三年(1897)武进董康诵芬室刊本和光绪二十四年(1898)瞿启甲修补刻印本。

《铁琴铜剑楼藏书目录》提要举例:

《论衡》三十卷(宋刊本)①

汉王充撰。是书即宋庆历中杨文昌刊本,号为完善。岁月既久,文字漫灭,元至元间绍兴路总管宋文瓒重为补刊。每半叶十行,行二十字。间有弘治、正德间修板目录,后有墨图记二行,其文云:"正德辛巳四月吉旦南京国子监补刊完。"通津草堂所刻即出是本,程氏丛书出自通津。转辗传刻,讹字益多。程本脱去第一卷七下一叶,无安阳韩性序,此皆具存。黄荛圃跋云:"余聚书四十余年,所见《论衡》,无逾此本。"盖此本宋刻元修,明又增补,故中间每叶行款、字形各异。至文字之胜于他本者特多,断推此为第一矣。卷末有"汲古阁毛氏收藏子孙永保"朱记。

5.《楹书隅录》五卷续编四卷,清杨绍和撰。

杨绍和(1832—1875),字彦合,其父杨以增(1787—1856)在山东聊城创建海源阁,父子相继,藏书达数十万卷,与陆心源、瞿镛、丁丙并称清末四大藏书家。此目系杨绍和取其所藏宋元本及名校、旧抄等善本书 269 种编撰而成。每书皆有提要,详记其行款、印章、版刻、题跋,兼品评优劣,考证源流,但舛讹疏漏较多,在

---

① (清)瞿镛撰:《铁琴铜剑楼藏书目录》,卷十六子部,中华书局,1990 年,第 238 页。

清末四大藏书家书目中,后人对此目评价最低。有光绪二十年(1894)家刻本,1912年董康诵芬室补刻本。

《楹书隅录》提要举例:

> 宋本《愧郯录》十五卷,六册一函①
> 　每半叶九行,行十七字。序末署"嘉定焉逢淹茂梓于禾中",盖宋宁宗嘉定七年甲戌姑苏郑定剞劂于嘉兴之本也。予斋藏《柳柳州集》,与此本正同。其行式、字数及板心所记刻工,若曹冠宗、曹冠英、王显、丁松诸姓名,与此多合。按《四库》所收倦翁所著各书,明刊本为多。予往岁得鄂国《金陀粹编》、元椠《桯史》,今复得此本,首尾无缺,较诸本为尤胜。丙寅初秋获诸都门。卷前有"乾学徐健庵"印,乃东海故物,后入怡邸者也。明万历间岳氏元声所刊,即由此本覆出。卷中有"岳氏藏书""韩肃莹印""魏公后裔""小亭鉴定""小亭眼福""韩氏藏书""家在钱塘江上住""健庵""徐乾学""家有赐书""夏汝赅""金石录十卷人家""恩福堂藏书记"各印记。

6.《善本书室藏书志》四十卷附录一卷,清丁丙撰。

丁丙(1832—1899),字嘉鱼,号松生,浙江杭州人,藏书万余种,为清末四大藏书家之一。此目于光绪二十三年(1897)至二十五年(1899)编成,著录其小八千卷楼所藏之书。小八千卷楼又叫善本书室,楼凡三楹,为丁氏专储善本书之处。中间藏宋元刊本

---

① (清)杨以增撰:《楹书隅录·卷三》,中华书局,1990年,第492页。

200多种,左右分藏明初精刻本、旧抄本、稿本、名人校本等,合计2000多种。每书下均有提要,详著书名、卷数、作者时代、版刻时间及地点、行款、藏章印记,中多考证之语,鉴定精详,有较高的学术价值。有光绪二十七年(1901)钱塘丁氏刻本。

《善本书室藏书志》提要举例:

《营造法式》三十六卷,影宋本,李伯雨藏书①

通直郎、管修盖皇弟外第、专一提举修盖班直诸军营房等臣李诫奉圣旨编修。

诫字明仲,试将作少监,著《续山海经》《古篆说文》等书,乃博洽之士。先是,熙宁中,编《营造法式》。绍圣四年,以所修本别无变造制度,命诫别加撰辑。乃考究群书,并与人匠讲说,分列类例,于元符三年奏上,请用小字镂版颁行。奏旨、诫自序二篇,总释、总例二卷,制度十五卷,功限十卷,料例并工作等三卷,图样六卷,目录一卷。陈氏《书录解题》称其远出于喻皓《木经》之上。《敏求记》云:"鱼山得之天水长公,予从鱼山购归。鱼山又藏梁溪故家镂本,忽六丁取去,独此本流传人间,真希世之宝。"②后张金吾得述古影写本,张蓉镜又从而影出者。卷末有"平江府今得绍圣《营造法式》旧本,并目录看详,共一十四册。绍兴十五年五月十一日校勘重刊。左文林郎平江府观察推官陈纲校勘,王唤重刊"四行。殆即所谓镂本也。长洲褚逢春跋云:"明仲于徽宗朝官至中散大夫,于时艮岳台榭之观,侈靡日甚。戎马北来,铜驼荆

---

① (清)丁丙撰:《善本书室藏书志》,卷一三史部,中华书局,1990年,第553页。
② 此段引文与原文有异。

棘;南渡偏安,而临安又新土木,再度宏规。绍兴间平江即镂此书,读者可作《东京梦华(录)》观也。"有"宛陵李之郇藏书"一印。

7.《仪顾堂题跋》十六卷《续跋》十六卷,清陆心源撰。

陆心源为清末四大藏书家之一,详见本书第二章第三节。《仪顾堂题跋》举例:

宋本《孔子家语》跋①

《孔子家语》十卷,宋刊大字本,每页十八行,行十七字,小字廿四五不等,有东坡居士两方印。即《汲古阁秘本书目》所称北宋蜀大字本,为东坡所藏,有东坡折角玉印者也。后有毛子晋斧季两跋,中间稍有缺页,子晋据他本抄补。愚案:"瑗"字为孝宗为皇子时原名,书中"瑗"字缺避,则非北宋刊可知。字亦圆润,非颜、欧体,鄙意疑为绍兴监本。东坡印亦甚劣,其为后人伪造无疑,子晋殆为所愚耳。《家语》虽王肃伪造,而所据多先秦古书,《天禄琳琅书目》只有影宋抄,此外藏书家更无以宋刊著录者,则此本即非北宋,恐世无第二本矣。汲古秘本散后,不知何时流入皖中,今为萧敬孚明经所藏。余游申浦,明经出以相示,因跋其后而归之。

8.《艺风藏书记》八卷《艺风藏书续记》八卷《再续记》七卷,近人缪荃孙撰。

---

① (清)陆心源撰:《仪顾堂题跋·卷六》,见《仪顾堂书目题跋汇编》,中华书局,2009年,第90页。

缪氏藏书达 20 万余卷，艺风堂是其藏书室名。《艺风藏书记》编成刊行于清光绪二十六年（1900）；《续记》编刻于 1912 年；1919 年病逝前又编成《再续记》，有燕京大学图书馆 1939 年铅印本。《艺风藏书记》收所藏善本书 627 种，《续记》《再续记》共载书 861 种。以上三种还有广陵古籍刻印社 1987 年重印本、上海古籍出版社 2007 年标点整理本。其生平参见本书第二章第三节。

《艺风藏书记》提要举例：

《新编方舆胜览》七十卷①

宋刊本。题"建安祝穆和父编"。前有嘉熙己亥良月望日新安吕午序，后有嘉熙己亥仲冬既望穆自跋。此书元明无刊本，所存皆宋刻。每半叶七行，行大字十四字，小字双行，每行二十三字。每叶左线外标篇名。收藏有宋印"阆挥"朱文、"己丑进士"白文两方印。

9.《藏园群书题记》二十卷，近人傅增湘撰。

傅增湘（1872—1949），字润沅，后改字沅叔，别署双鉴楼主人、藏园居士、书潜、清泉逸叟等。生平藏书 20 万卷，手校图书 16000 卷。每校勘一书，都在卷尾缀写小记，说明此书的学术渊源、版刻源流和版本优劣等；较重要的则撰写长篇的跋记，汇集为此书，分为初集八卷、续集六卷、三集八卷，1981 年由其孙傅熹年合编为二十卷，共收录题跋 580 篇，按四库分类法编排，1989 由上海古籍出版社铅印出版。

---

① 缪荃孙撰：《艺风藏书记》卷三，上海古籍出版社，2007 年，第 53 页。

《藏园群书题记》举例：

　　校《珩璜新论》跋①

　　此书宋时原有二名，一曰《孔氏杂说》，一曰《珩璜新论》，《四库总目提要》已述之矣。《说郛》《说海》所录皆节本，惟明《宝颜堂秘笈》及近刻之《墨海金壶》《珠丛别录》乃为完帙，然皆不免讹脱。余于甲子仲春，假刘翰怡藏金耿庵手抄本，校于《墨海金壶》本上，补夺文五事，改定之字乃及数百。据耿庵所跋，谓转录于邵瓜畴，故为可珍。嗣又得明钞《清江三孔集》，中载《杂说》一卷，余取此《宝颜堂秘笈》本校之，其佳胜又往往多出金抄之外。顷藻玉堂送阅一帙，乃吴兔床、陈仲鱼二人据毕氏本及吴稷堂藏本合校，凡正定四百五十余字，其异字又多出金钞、明钞两本之外者，意其所出之源或较古也。《宝颜堂秘笈》世皆斥为恶本，然如此书卷末列侯太夫人以下七条，《墨海》本及吴兔床抄本咸脱失，而《秘笈》本独全，则亦未可厚非矣。异时当取三次所校，汇合异同，详为写定，俾宋人说部多一善本，庶余丹铅之功不为虚掷欤！甲戌十二月初九日藏园老人手识。

10.《中国善本书提要》，王重民撰。

　　王重民(1903—1975)，字有三，河北高阳人。1934 年至 1947 年，先后在法、英、美等国各大图书馆从事中国古籍的整理、鉴定工作。1947 年回国后在北京大学创办图书馆学系并任系主任，一

---

①　傅增湘撰：《藏园群书题记》，卷七子部杂家类，上海古籍出版社，1989 年，第 373 页。

度还担任过北京图书馆代馆长。本书共收录其所撰古籍善本书提要4200余篇,原书分藏美国国会图书馆、北京图书馆和北京大学图书馆等。此书所撰各提要均能备著各书序跋,以考刊刻源流;详核著者事迹,用作读者探讨原书之助;并参校诸本,考其异同,求得接近原本面目;更能正前人著录之失,补前人著录之缺,获得国内外版本目录学界的高度评价。

《中国善本书提要》举例:

《北梦琐言》二十卷①
三册(《四库总目》卷一百四十)(北图)
明刻本〔十行二十字(19.9×12.9)〕
原题:"富春孙光宪纂集。"按此本无序跋,亦无校刻人牌记,就刀迹与纸色观之,明万历间所刻也。是书在明季,有商氏《稗海》刻本;在清乾隆间,有卢氏雅雨堂刻、叶石君校本;光绪间有缪氏云自在龛本,并附《逸文》四卷。缪氏无序跋,不知所刻者为缪氏手自校辑之本,抑据卢文弨校辑本上版?三本并二十卷,大致相同,所异者雅雨堂本每节有标题,商、缪二本无之。此本亦二十卷,每节有标题,与卢本同;惟第二十卷与三本皆异。详按之,盖原缺卷二十,刻者乃割移卷十之后半,以足二十卷之数也。叶石君跋云:"丙辰五月,侍疾于家,因假琴川书屋所藏吴方山抄本核过。吴本元缺第二十卷,此本不知从何得也。"是明末固有一十九卷残本,而此刻本即从该本出也。今观雅雨堂本所载叶石君校异,凡称一本

---

① 王重民撰:《中国善本书提要》,上海古籍出版社,第118页。

作某者,均一一与此本相合,是其明证。然则所据固一善本,惟割卷十之后半,以足二十卷之数,乃自趋下流之妄技也。卷内有:"赵葆香氏藏书""赵润轩氏藏书""春水堂印"等印记。

三、其他较为重要的提要式版本目录

1.《百宋一廛书录》,清代黄丕烈撰。

有1913年乌程张钧衡编刊《适园丛书》本。详见本书第二章第三节。

2.《经籍跋文》一卷,清陈鳣撰。

陈鳣(1753—1817),字仲鱼,号简庄,又号河庄,浙江海宁人。精于经学,故于经部所写题跋最为精赅。此书为其经部专科题跋之作,其跋语除辨伪审讹、校勘各本之外,兼记刊版年月、行款版式、得书经过、收藏印记等,莫不精审确凿,世人对之评价很高。有清道光十七年(1837)海宁蒋光煦刻《别下斋丛书》(初集)本、光绪间会稽章寿康《式训堂丛书》本、1924年上海商务印书馆影印《涉闻梓旧》本等。

3.《拜经楼藏书题跋记》五卷附录一卷,清吴骞撰,吴寿旸编。

吴骞(1733—1813),字槎客,号兔床,浙江海宁人。建拜经楼,藏书达5万多卷。好撰作题跋于其所藏书上,辨版刻之异同,考刊刻之年月,记各本之行款、印记等。本书为其子吴寿旸(字虞臣,号苏阁)辑录而成,收吴骞题跋凡321篇,其中有宋元刻本45种,旧抄本、影宋抄本150余种。有嘉庆间吴氏《拜经楼丛书》刊本、道光二十七年(1847)海宁蒋光煦刊《别下斋丛书》本和1924年苏州文学山房聚珍版丛书本。

4.《宋元旧本书经眼录》三卷附录三卷,清莫友芝撰,莫绳孙编。

详见本书第二章第三节。有清同治十二年(1873)莫氏金陵刻本。

5.《持静斋藏书纪要》二卷,清莫友芝撰。

此书为清末著名藏书家丁日昌(1823—1882,字雨生,或作禹生,号持静,广东丰顺县人)持静斋所藏善本书目,始编于同治六年(1867),完成于同治九年(1870),由莫友芝代为编目,只著录丁氏所藏宋元刻本及名抄、名校本,每书下有提要,详略不一。其详者有作者传略、版刻叙述、内容略说、传本多寡、序跋印记等,其简者仅略记版本。有同治九年(1870)丰顺丁氏刊本和1924年苏州文学山房聚珍版丛书本。

6.《滂喜斋藏书记》三卷,清叶昌炽撰。

滂喜斋是清末藏书家潘祖荫的藏书室名。潘祖荫(1830—1890),字伯寅,号郑庵,江苏吴县人,咸丰二年(1852)进士,官至工部尚书,藏图书金石甚富,中多善本精品。光绪九年(1883),延请叶昌炽据其所藏撰《滂喜斋读书记》二卷,后增补改订为三卷,易为此名。凡著录滂喜斋所藏宋刻本58种,元明以下刻本52种,朝鲜、日本刻本14种,抄本6种。每书下撰有提要,详记行款、印记及授受源流,间迻录诸家题跋。有1909年番禺沈宗畸刻《晨风阁丛书》本和1924年陈乃乾慎初堂铅印本等。

叶昌炽(1847—1917),字鞠裳,晚号缘督庐主人,江苏苏州人,版本校勘学家和金石学家,著有《藏书纪事诗》七卷、《语石》十卷等书。

7.《日本访书志》十六卷,清杨守敬撰。

杨守敬(1839—1915),字惺吾,号邻苏老人,湖北宜都人。光绪六年(1880)至十年(1884)间,随何如璋、黎庶昌出使日本,致力于搜集购求日本所藏中国古籍,得书3万余卷。择取其中国内久佚者、版本珍贵者,与"诸家谱录参互考订,凡有异同及罕见者,皆甄录之",暗以经、史、子、集、宗教为序,编撰成此目。所收有宋刻本、影宋本、元刻本、古抄本、日本刻本、朝鲜刻本,共237种,一书有两种以上版本者分别立目。每一书详记版式、行款字数、各家所作序跋,考其版本流传原委,罕见者更详录姓氏,间载爵里,日本抄本和翻刻本则记日本藏书家题记。有清光绪二十三年(1897)邻苏园刻本和光绪二十七年(1901)刊《晦明轩稿》本。王重民先生辑有《日本访书志补》,补辑提要46种,有1930年《中华图书馆协会丛书》铅印本。

8.《涉园序跋集录》,近人张元济撰,顾廷龙编。1957年上海古典文学出版社出版。

张元济(1867—1959),字筱斋,号菊生,浙江海盐人。自1901年起,数十年主持上海商务印书馆业务工作,整理影印出版了大批古籍珍善本书,是编集录其历年重印古书时所作序跋共176篇,于各书版本情况描述详尽,考证精核,均为高水平之版本提要。

9.《宝礼堂宋本书录》,张元济撰。

宝礼堂为潘宗周藏书室名。潘宗周(1867—1939),字明训,广东南海人,近代著名藏书家。此目收其所藏宋本111种,附元刊本6种,每书皆撰有提要,考其版本,记其版式、刻工、避讳、藏印、序跋,所论皆精当。有1939年潘氏宝礼堂刻本、1984年江苏广陵古籍刻印社影印本、2020年中华书局点校本(柳向春、佘彦焱点校，与《滂喜斋藏书记》合印）。

10.《文禄堂访书记》五卷，王文进撰。

王文进（1894—1960），字晋卿，号搢青，别号梦庄居士，河北任丘人，北京琉璃厂文禄堂书肆主人。此目为其访书所见古籍善本书录，共收书 750 余种，其中南宋本 258 种，各家抄校本 109 种。每书备载原书跋语、收藏印记及行款、刻工等。有 1942 年文禄堂铅印本和 1985 年广陵古籍刻印社影印本。

11.《著砚楼书跋》，潘景郑撰。

潘景郑（1907—2003），名承弼，字景郑，以字行，江苏吴县人，藏书达 30 万卷之多，于所见所藏古籍好撰作题跋。此书收录其所撰善本书题跋共 403 篇，于各书版本源流考辨甚详。有 1957 年上海古典文学出版社铅印本、2006 年上海古籍出版社版本。

12.《善本书所见录》四卷，罗振常撰，周子美编订。商务印书馆 1958 年版。

罗振常（1875—1942），字子经，晚号邈园，浙江上虞人，近代版本目录学家。本书收书 514 种，其提要详列行款字数、收藏印记，时加版本考证，间记有关旧闻掌故及鉴定心得。

13.《木樨轩藏书题记及书录》，李盛铎撰，张玉范整理。北京大学出版社 1985 年版。

李盛铎（1859—1937），字椒微，号木斋，江西德化县人，近代名人和大藏书家。木樨轩为其藏书室总名。本书目分《木犀轩藏书题记》和《木犀轩藏书书录》两部分。前者是从李氏藏书中辑录出来的，共 173 篇，另附录 13 篇；后者为李氏手稿，共收书 1464 种。其题记侧重于记述一书版本源流、各本文字异同及流传始末，其书录则详简不一，多侧重于描述原书序跋题记、藏章印记、行款字数、刻工、讳字、版心牌记等。所录之书现均藏北京大学图书馆。

14.《卷盦书跋》,叶景葵撰,顾廷龙编。上海古典文学出版社1957年版。

内容多为版本源流、鉴定、校勘等。

第四节　图录式版本目录

所谓图录就是书影的集合。书影是反映书刊版式和部分文字内容的图片样张。而汇集反映某类或某处所藏书刊版式文字的书影集,又常被称作"书影目录""书影图录""版本图录""版刻图录"或"影谱",实质上是一种变相的版本目录。

书影的作用在于,不必亲见原书就可以基本知晓原书的面貌,特别是版式、字体等各种版本风格、特征可以通过书影得到逼真的再现,较任何细致生动的文字描述都更为准确。如再加上恰当的文字说明,可以说,书影集即图录是一种体例最为完善的版本目录。

一、最早的古籍图录

现知最早的古籍图录是清末杨守敬编刻的《留真谱》。该书分为初编12卷、二编8卷,初编刻于1901年,二编刻成于1917年。2004年,北京图书馆出版社将初编和二编影印后合编为《留真谱》二册,列入该社出版的《珍稀古籍书影丛刊》中。

《留真谱》初编有杨氏自序,叙此书编刻原委甚详,迻录于下:

著录家于旧刻书，多标明行格，以为证验。然古刻不常见，见之者或未及卒考，仍不能了然无疑。余于日本医士森立之处见其所摹古书数巨册（或摹其序，或摹其尾，皆有关考验者）使见者如逢真本面目，颜之曰《留真谱》，本《河间献王传》语也。余爱不忍释手，立之以余好之笃也，举以为赠。顾其所摹，多古抄本，于宋元刻本稍略。余仿其意，以宋元本补之。又交其国文部省书记官岩谷修与博物馆局长町田久成，得见其枫山官库、浅草文库之藏，又时时于其收藏家传录秘本，遂得廿余册。即于其国鸠工刻之，以费重，仅成三册而止。归后拟续成之，而工人不习古刻格意，久之始稍有解，乃增入百余翻。友朋见之者，多观赏，嘱竟其功。至本年春，共得八册，略为分类印行，观者不以为嫌，当并所集之廿余册赓续刻之。光绪辛丑四月宜都杨守敬记。

该书收录之书大多为《日本访书志》所著录，多选各书之序跋文、目录、卷端所在书页，但由于是用雕版影刻方法摹印，为了省工，一叶书往往只摹刻其边栏和竖行第一行、横排第一排的文字样式，其余全作空白，相应减少了其参考价值。然佛经多整版文字刻出，为一例外。书中有杨守敬所撰提要共19篇。

二、民国时期编印的古籍图录

在照相制版的印刷方法流行之后，于1912年开始分编出版的《古学汇刊》（邓实编辑，上海国粹学报社版）中，曾附有照相铜版书影。此后，受用照相法影印古籍的启示和影响，用照相的方法通过石印或铜版、珂罗版影印而成的古籍图录相继出现,从而取代了以前用雕版印刷方法摹刻古籍书影的做法。民国时期这种影印的古籍图录主要有:

1.《寒云书影》,袁克文辑,上海仓圣明智大学 1917 年影印,一册。

袁克文(1890—1931),字豹岑,一字抱存,号寒云,袁世凯第二子。该书影收录其所藏宋刻本 4 种、明影宋抄本 1 种、元刻本 1 种,影印质量较高,原书风貌基本保存。

2.《宋元书景》,缪荃孙编,缪荃孙 1919 年刻印。

该图录效仿杨守敬《留真谱》方式,据学部图书馆、缪氏艺风堂、张钧衡适园、刘世珩玉海堂、徐乃昌积余斋、刘承幹嘉业堂、董康诵芬室等公私所藏宋元本书 40 种左右,每书选取书影一至二叶,采用传统影刻方式刊版刷印。刻印精良,惜个别版本鉴定有误。

3.《宋元书式》,民国间上海有正书局编印,又名《宋元书影》,4 册 1 函。

分经、史、子、集四部,共收书 142 种。该书影印刷质量较差,版面漶漫不清者甚多,与所据原书版面往往有较大差别,故世人评价极低。2001 年,江苏古籍出版社出版了该书的影印本。2003 年北京图书馆出版社也将该书重新影印出版,收入《珍稀古籍书影丛刊》中。

4.《铁琴铜剑楼宋金元本书影》,瞿启甲编,上海商务印书馆 1922 年用石版影印。2003 年北京图书馆出版社据之重新影印,列入《珍稀古籍书影丛刊》中,书名改为《铁琴铜剑楼书影》。

该书仿《留真谱》之法编成。所采用之印刷技术和印刷效果远胜于《留真谱》。本书所收宋、金、元本232种,多为著名的善本。书后附丁祖荫所撰《识语》,对所收的宋金元本分别作了简要的说明,和书影两相对照,更便于初学者阅读使用。

5.《盋山书影》,1929年南京江苏省立国学图书馆编印。另有2003年北京图书馆出版社据之影印的《珍稀古籍书影丛刊》本。

国学图书馆是南京图书馆的前身,清末建立于南京龙蟠里盋山之下,以购藏清末四大藏书家之一丁氏八千卷楼的藏书而著名。此书影即据八千卷楼旧藏本编印。分为两辑,第一辑收宋本35种,第二辑收元本89种。每种书影前有提要,详记书名、卷数、旧藏者名,以及残缺情况、行款、版式、牌记、评语等。书影不仅揭示各书版式,还注意影印名家题跋,为其特色之一。只是八千卷楼所藏宋元本不如铁琴铜剑楼之既多且精,其中多有赝本、加之石印质量不佳,往往一片模糊,故不甚为人所重。

6.《嘉业堂善本书影》,1929年吴兴刘承幹编,刘氏嘉业堂石印。另有2003年北京图书馆出版社据之影印的《珍稀古籍书影丛刊》本。

刘承幹(1881—1963),字贞一,号翰怡,近代著名藏书家,其藏书多时达60万卷近20万册,嘉业堂是其藏书楼名。本书影是在周子美帮助下,将所藏的宋元本以及个别日本古刊本用石版影印而成。分为五卷六册,按经、史、子、集四部排列,收书162种。卷首有目录,标记书名、卷数、版本、所收叶数,但无提要。印刷质量也很差,模糊之处和《盋山书影》相仿佛。所收书中往往有伪本,鉴定多有错误,不可尽信。

7.《故宫善本书影初编》,张允亨编,故宫博物院图书馆1929年印,1册1函。另有2003年北京图书馆出版社据之影印的《珍稀古籍书影丛刊》本。

故宫博物院图书馆所藏多为清皇室遗留的古籍，其中颇多真宋真元本，也有不少假充的宋元本。这部书影是经过严格鉴定筛选的，所收宋元本以及影宋抄本数量虽仅34种，却都很精，石印也很清晰，质量较好。每种书所收少则一页，多则二三页，卷首有目录、提要，可资参证。

8.《重整内阁大库残本书影》，1933年故宫博物院文献馆编印，1册。另有2003年北京图书馆出版社据之影印的《珍稀古籍书影丛刊》本。

文献馆所藏为内阁大库的遗物，多数是明清档案，但也有少数残缺的旧本书甚至残页夹杂其中。这部书影就是选择其中较稀见的宋、金、元、明、清刻本，明内府写本，清写本共计38种57页，用石版影印而成。书影与原件同大，印刷精美，套红印刷的有9页，前有目录。

9.《涉园所见宋版书影》，1937年陶湘编印。另有2003年北京图书馆出版社据之影印的《珍稀古籍书影丛刊》本，2001年江苏古籍出版社据陶湘本影印本。

陶湘（1871—1940），字兰泉，号涉园，江苏武进人，近代著名藏书家和刻书家。本书影是他选择李盛铎木樨轩所藏宋版书23种，以及潘宗周、傅增湘和杨氏海源阁旧藏精本17种，分为两辑石印而成，少数几页用珂罗版影印，藏章均为朱印，非常美观。每种书多收原书序跋，并有杨万里、黄丕烈、杨守敬等历代名人的批校手迹，古书中牌记也多有收录，是公认的高质量书影。

10.《文禄堂书影》，王文进辑，1937年印行，1册1函。另有2003年北京图书馆出版社据之影印的《珍稀古籍书影丛刊》本。

王文进(1894—1960),字晋卿,号梦庄居士,北京琉璃厂文禄堂书肆主人。本书影收录其所藏之宋、金、元书影 50 种,按经史子集四部分类编排。每书影印一、二页,书影前有各书简短解题,标明书名、卷数、版刻年代、避讳、藏印及完缺等。所收之书多为残本。

11.《明代版本图录初编》十二卷,潘承弼、顾廷龙编。开明书店 1941 年影印。线装,4 册 1 函。

潘、顾二氏都是著名的版本专家,二人在潘氏藏书和叶景葵等人藏书中选出 203 种明刻本,分为分代、监本(官刻附)、内版、藩府、书院、家刻、毛刻、书林、活字、套印、绘图、附录等 12 类编排,用铜版缩小影印,清晰程度仅亚于珂罗版,每种书均有文字说明。以往各家书影多限于选收宋元本,罕及明刻本。专门收印明代版本的,此书影是第一部,而且所选不仅是稀见或名贵的善本,许多很普通的刻本只要有一定代表性也都被收入,确能大致反映明代版本的全貌,这是此书影价值之所在。

除以上所述外,日本学者辑印之中国古籍书影也为数不少。如桥川时雄、仓石武四郎所编《旧京书影》《明版戏曲小说留真谱》,长泽规矩也所编《善本书影》《善本影谱》《图书寮宋本书影》,诸桥辙次所编《静嘉堂宋本书影》,川濑一马所编《旧刊影谱》等,多为珂罗版影印,精美逼真,质量均很高。我国各大图书馆也多有收藏。

三、新中国成立后编印的古籍图录

影印的古籍书影有一定的局限性,即原书的纸张、墨色、装订、原件的挖改、贴补等情况无法逼真有效地反映出来。因此过去有些版本学家曾收集古书散叶装订成册,成为实物性的古籍书影。其中比较典型的是 1953 年苏州旧书店文学山房发行的若干部由江静澜编辑的《文学山房明刻集锦初编》,系将 100 多部明刻残本拆散,按经、史、子、集四部重新汇集而成。这种书影的优点虽然显而易见,但其拆散古籍原本的行为却是不适当的,所以也终于没有二编、三编的出现。

20 世纪 50 年代基本没有编辑出版古籍图录,60 年代也仅有一部大名鼎鼎的《中国版刻图录》,70 年代末以后,古籍图录的出版数量越来越大,编印质量也越来越好。这里择要介绍几部。

1.《中国版刻图录》,北京图书馆编,文物出版社 1960 年初版,1961 年增订,1990 年重印。线装,8 册 1 函。

北京图书馆(今中国国家图书馆)所藏宋元善本书冠于全国各大图书馆,20 世纪 50 年代以来,瞿氏铁琴铜剑楼、杨氏海源阁、傅增湘、潘宗周、周叔弢以及商务印书馆涵芬楼等公私收藏的大量善本书又都归入该馆。本图录即系挑选该馆所藏善本书加上其他图书馆的少数善本编印而成。全书共 8 册,计宋本 2 册,金元本、明本、清本、活字本、套印本版画各 1 册,加上目录 1 册,收录唐至清代各种版本 550 种,图版 724 幅,每书著录书名、著者、版本、刻书地、版框尺寸、行款,并对其版本进行简要的介绍。书前有赵万里先生所撰"中国版刻概况"及"版刻图录目录及说明",对各本的刻印情况、版式行款及流传情况等予以描述,系统地反映了我国历代各个时期图书版本的发展过程。全部书影都用珂罗版影印,少数且套印红色,极其清晰美观。就收书内容而论,则以宋本部分最好,几乎收罗了所有著名的宋本;活字本、版画中著名的也大多收入;元本、明本因现存数量较大,偶有择选不精或遗漏著名版本的现象；至于清本部分所选，虽世人不免有所非议，但究属开创之举，也很难得。所以总的说来，这部图录超过了以往所有的古籍版本书影，是迄今为止收录最全、编辑最精、印刷质量最好的一部综合性版本图录。

2.《善本书影》，上海图书馆编，上海古籍书店1978年出版。线装1册。

上海图书馆在新中国成立后收集了大量的善本书，尤其是馆藏历代抄本、稿本、批校本以及明清善本之多，仅次于北京图书馆。本书影是当初上海图书馆在参加编纂《中国古籍善本书目》时，为有关工作人员提供古籍版本鉴定知识而从其藏书中选择影印的。收宋、元、明、清刻本及抄、校、稿本仅30种，但抉择甚精，尤其是收入了若干著名的抄本、稿本、批校本，与以往书影图谱只收刻本、印本相比独具特色。缺点是用电刻油印的方法影印，影响了印刷质量。

3.《明代版刻图释》，周心慧主编，学苑出版社1998年出版。精装，4册。

该书共辑录明代版刻书籍书影2000余幅、明刊版画200余幅，涉及版本1400余种，按其刊行时代、地域或版刻流派排列，比较全面地反映了明代版刻的成就。每种版本皆有简要释文，介绍版刻特色，考察版本源流。

4.《清代版刻一隅》，黄裳编，齐鲁书社1992年出版。平装，1册。

此书主要从文字书写刻印和图画绘刻的工艺美术角度，对195部清代刻本及活字本予以简单评介，每书配书影一幅，按清帝年号的先后顺序编排，实际上是一部清代版刻图录。清代的雕版印本和活字印本不仅数量极大，而且颇多精品。但以往除《中国版刻图录》收录了 50 余种外，一直欠缺一部类似《明代版本图录初编》那样的清代版刻图录，故此书当属开创之作。书前后之编者自序、自跋，对清代版刻的特点、成就、价值、地位等问题也做了精辟的论述，有较高的参考价值。

5.《清代版本图录》，黄永年、贾二强撰集，浙江人民出版社 1997 年 5 月出版。线装，5 册 1 函。

该图录收录常见的、有代表性的清代版本 350 种，按出版年代先后编排，清代的刻本、写刻本、活字本、套印本均反映充分。每书一般摄取卷一首页，有时也增摄其他可资参考之页。仿《明代版本图录初编》之例，每幅书影均配有比较详细的文字说明，记其书名、卷数、撰人，并详记刊刻者和刊刻年份及版印情况，最后标注版框高宽。每图藏章印记均套红印刷，套印本用彩色印刷。宣纸影印，图像效果清晰、美观，是一部高质量的断代书影集。

6.《清代版刻图录·初编》，中山大学图书馆编，国家图书馆出版社 2019 年出版。精装，9 册。

该图录以中山大学图书馆藏 35 万册线装古籍为基础，选录清代有代表性的刻本、活字本与套印本共 1826 种、书影 4994 幅。全书按古籍刊刻时序编排；如刊刻时间相同，则按经、史、子、集、丛分类编排。每种古籍取卷一卷端、扉页、牌记书影 2 至 8 幅，并配有文字说明，详细说明分类、题名、卷数、著者、版本、版框尺寸、附注等事项，书后附有题名、著者、藏版者索引。体例完善，规模也超过了以往所有的断代版本图录。

7.《清代内府刻书图录》，翁连溪编，北京出版社 2004 年出版。精装，1 册。

此书专门收录清代内府刻书，共收书影300多幅，分为刻本、套印本、活字本、版画和历书五类，类下按版刻年代排列各书书影，每书著录书名、卷数、著者、版本等信息。书后附《清代内府刻书概述》和《清代内府刻书总目录》。前者对清代内府刻书的特点做了全面介绍；后者收录清代内府刻书700余种，是目前收录较为详备的清代内府刻书目录。

8.《中国古籍稿抄校本图录》，陈先行等编，上海书店出版社2000年出版，2014年再版。精装，3册。

该图录专收从魏晋至清末具有代表性的古籍稿、抄、校本三类古籍共375种，每类1册。其中稿本109种、抄本153种、校本113种。每种收书影1—3幅不等，并撰有详细提要一篇。全书彩色印刷。为便于使用者查检，还编有分类、书名、作者、字号等四个索引。

9.《中国活字本图录·清代民国卷》，宫晓卫、李国庆编，齐鲁书社2010年出版。精装，1册。

该书以藏书家周叔弢先生旧藏为基础，补以天津图书馆馆藏，收录清代至民国时期的铜活字、泥活字、木活字、锡活字、铅活字及瓷活字等具代表性活字本共720余种。全书分提要和图录两部分。提要部分简要著录每本的书名、著者、版本、稽考与版本信息等内容，图录部分一般每书选用卷端页书影1幅，少数加以牌记、书名页的书影。

10.《明代闵凌刻套印本图录》，王荣国、王筱雯、王清原主编，广陵书社2006年出版。精装，1册。

该图录以辽宁省图书馆藏明末湖州闵、凌二氏套印本为基础编成，传世闵凌套印本基本收录在内，总计收书117部、145种，彩色印刷。每幅书影以陶湘《明吴兴闵版书目》相应文字予以说明，另加编者的补充说明，著录该书书名、卷数、著者、刊刻者、行款、版框大小及所套颜色。

11.《清代套印本图录》，石光明编著，国家图书馆出版社2018年出版。精装，1册。

该书以国家图书馆馆藏为基础，收录130余种清代套印本，每种选取一至二页书影，附注书目信息。书影按清代皇帝顺序编排，计：顺治3种（包括清初2种）、康熙21种、雍正1种、乾隆26种、嘉庆10种、道光18种、咸丰5种、同治11种、光绪33种、宣统2种，另有不确定年代6种置于最后。

12.《湖北官书局版刻图录》，阳海清、汤旭岩主编，湖北教育出版社2014年出版。精装，1册。

该书选收清末湖北官书局刊印的古籍150余种书影300余幅，按经、史、子、集、丛5大类编排，说明文字包括书名、著者、版本、行款字数、版框尺寸、牌记、藏书钤印、版刻源流等内容。此外还收集了相关资料，如史料、目录、论文等；并编有《湖北官书局刻印图书总目》，著录古籍539种。

13.《自庄严堪善本书影》，周一良主编，国家图书馆出版社2010年出版。精装，7册。

该书主体是周叔弢（1891—1984）1952年捐献国家之宋元明善本古籍共715种的图录，每种书配图版多幅，书中重要跋文也注意展示，全部彩印，按经、史、子、集四部分类编次，每书有简短文字说明，侧重版本内容，著录藏印尤详。附录一《周叔弢及其家属陆续捐献其他善本书影》收书8种，附录二《周叔弢一九四二年售予陈一甫明版书书影》收书109种，今亦均藏中国国家图书馆。

14.《日本汉籍图录》,沈津、卞东波编,广西师范大学出版社2014年出版。精装,9册。

该图录主要选收和刻本也就是日本各个时代翻刻的中国古籍及日本注释、研究中国古籍的汉文著作,还收录部分古抄本、稀见的五山版典籍、江户时代初期的古活字本、据朝鲜本翻刻的中国古籍、琉球学人在中国刊刻的典籍等,共约1800种,其中不少在中国已经失传。书影的遴选注意反映古籍的版式、行款、刻工、牌记,尤其是扉页和版权页,以反映日本不同时期、不同地域所刻古书原貌。读者也可通过图录中的文字说明部分对书之作者、内容及版本等有所了解。

近几十年来,我国各大图书馆、博物馆也有不少出版了本馆的古籍善本书影集,为简明起见,兹列表如下:

序号	编者	图录名	出版事项
1	任继愈主编	《中国国家图书馆古籍珍品图录》	北京图书馆出版社 1999年
2	《国家图书馆宋元善本图录》编委会编	《国家图书馆宋元善本图录》	浙江古籍出版社 2019年
3	国家图书馆编	《翰墨流芳:国家图书馆馆藏精品大展图录》	国家图书馆出版社 2014年
4	国家图书馆编	《鸣沙遗墨:国家图书馆馆藏精品大展敦煌遗书图录》	国家图书馆出版社 2014年
5	国家图书馆编	《铭刻撷萃:国家图书馆馆藏精品大展金石拓片图录》	国家图书馆出版社 2014年
6	北京图书馆金石组编	《北京图书馆藏中国历代石刻拓本汇编》	中州古籍出版社 1989年

续表

序号	编者	图录名	出版事项
7	国家古籍保护中心、中国古籍保护协会编	《册府千华:民间珍贵典籍收藏展图录》	国家图书馆出版社 2015 年
8	国家图书馆古籍馆编	《西谛藏书善本图录》	中华书局 2008 年
9	国家图书馆、国家古籍保护中心编	《书香人淡自庄严:周叔弢自庄严堪善本古籍展图录》	国家图书馆出版社 2012 年
10	国家图书馆、上海图书馆、中国嘉德国际拍卖有限公司合编	《祁阳陈澄中旧藏善本古籍图录》	上海古籍出版社 2006 年
11	国家图书馆、国家古籍保护中心、中国中医科学院编	《灵兰集萃:中华珍贵医药典籍展图录》	国家图书馆出版社 2011 年
12	国家图书馆、国家古籍保护中心编	《西域遗珍:新疆历史文献暨古籍保护成果展图录》	国家图书馆出版社 2011 年
13	倪晓建、张晓光主编	《首都图书馆藏珍品图录》	学苑出版社 2001 年
14	朱家溍主编	《(故宫博物院藏)两朝御览图书》	紫禁城出版社 1992 年
15	吴哲夫主编	《"国立"故宫博物院宋本图录》	台北故宫博物院 1977 年

续表

序号	编者	图录名	出版事项
16	"国立"故宫博物院编辑委员会编辑	《"国立"故宫博物院藏沈氏研易楼善本图录》	台北故宫博物院1986年
17	昌彼得编	《"国立中央图书馆"宋本图录》	台湾中华丛书委员会1958年
18	昌彼得编	《"国立中央图书馆"金元本图录》	台湾中华丛书委员会1961年
19	上海图书馆编	《琅函鸿宝——上海图书馆藏宋本图录》	上海古籍出版社2010年出版
20	天津图书馆编	《天津图书馆古籍善本图录》	天津古籍出版社2009年
21	南京图书馆编	《南京图书馆珍本图录》	江苏人民出版社2007年
22	王筱雯主编	《辽宁省图书馆藏古籍精品图录》	沈阳出版社2008年
23	吴爱云主编	《吉林省图书馆珍本图录》	吉林人民出版社2009年
24	谢林主编	《陕西省图书馆馆藏珍品图录》	陕西人民美术出版社2009年
25	赵炳武主编	《山东省图书馆馆藏珍品图录》	齐鲁书社2009年
26	林祖藻主编	《浙江图书馆馆藏珍品图录》	西泠印社2000年
27	曹海花主编	《浙江图书馆藏国家珍贵古籍题跋图录》	国家图书馆出版社2017年

续表

序号	编者	图录名	出版事项
28	万群华、胡银仿主编	《湖北省图书馆藏古籍善本图录》	北京图书馆出版社2004年
29	周建文、程春焱主编	《江西省图书馆馆藏珍本古籍图录》	江西人民出版社2010年
30	李友仁主编	《云南省图书馆馆藏珍品图录》	云南美术出版社2009年
31	广西壮族自治区图书馆编著	《芸阁菁华：广西壮族自治区图书馆古籍珍品》	广西人民出版社2011年
32	张玉范、沈乃文主编	《北京大学图书馆藏善本书录》	北京大学出版社1998年
33	北京大学图书馆编	《北京大学图书馆藏"大仓文库"善本图录》	中华书局2014年
34	北京师范大学图书馆编	《北京师范大学图书馆藏古籍珍品赏鉴·定级图录》	国家图书馆出版社2011年
35	王新才、楚龙强主编	《武汉大学图书馆藏古籍善本图录》	武汉大学出版社2016年
36	复旦大学图书馆编	《复旦大学图书馆馆藏古籍善本图录》	复旦大学出版社2018年
37	俞钢主编	《上海师范大学图书馆馆藏精品图录》	上海古籍出版社2010年
38	华东师范大学图书馆编	《华东师范大学图书馆馆藏珍本图录》	上海书店出版社2017年
39	张梅秀、何满红、刘秀荣编著	《山西大学藏珍贵古籍图录》	三晋出版社2012年

续表

序号	编者	图录名	出版事项
40	李金田主编	《甘肃中医药大学图书馆藏珍贵古籍图录》	国家图书馆出版社2016年
41	于兰生、赵兰香著	《(西北民族大学图书馆)汉文古籍图录》	甘肃人民美术出版社2010年
42	赵国忠等著	《(西北民族大学图书馆)藏文古籍图录》	甘肃人民美术出版社2010年
43	史小军、罗志欢主编	《暨南大学图书馆藏珍贵古籍图录》	国家图书馆出版社2018年
44	西南大学图书馆编	《西南大学图书馆藏珍贵古籍图录》	西南师范大学出版社2014年
45	吴善中等著	《扬州大学图书馆馆藏珍贵古籍图录》	江苏广陵书社2018年
46	牛筱桔主编	《中国美术学院图书馆馆藏古籍图录》	浙江古籍出版社2017年
47	澳门大学图书馆编	《澳门大学图书馆古籍特藏图录》	澳门大学2006年
48	金延林编著	《中国社会科学院世界宗教研究所文博馆珍藏古籍图录》	社科文献出版社2017年
49	中国文化遗产研究院编	《中国文化遗产研究院藏西域文献遗珍》	中华书局2011年
50	中共山东省委党校图书馆编	《中共山东省委党校图书馆馆藏文献珍本图录》	齐鲁书社2014年
51	毕先弟编著	《云南省社会科学院馆藏古籍珍善本图录》	云南科技出版社2013年

续表

序号	编者	图录名	出版事项
52	苏州博物馆编	《苏州博物馆藏古籍善本》	文物出版社 2012 年
53	于华刚主编	《中国书店藏珍贵古籍图录》	中国书店 2012 年
54	天津图书馆、天津市古籍保护中心编	《天津地区馆藏珍贵古籍图录》	国家图书馆出版社 2012 年
55	天津市南开区图书馆编	《天津市南开区图书馆藏古籍图录》	国家图书馆出版社 2013 年
56	天津市和平区图书馆编	《天津市和平区图书馆藏古籍图录》	国家图书馆出版社 2015 年
57	保定莲池书院善本图录编委会编	《保定莲池书院善本图录》	国家图书馆出版社 2014 年
58	薛山青、徐月霞主编	《青岛市图书馆藏山东文献珍本图录》	齐鲁书社 2013 年
59	徐州市图书馆编	《徐州市图书馆珍贵古籍图录》	国家图书馆出版社 2014 年
60	嘉兴市图书馆编	《嘉兴市珍贵古籍图录》	国家图书馆出版社 2014 年
61	王以俭、廖晓飞编	《绍兴图书馆馆藏珍贵古籍图录》	广陵书社 2016 年
62	深圳图书馆编	《深圳图书馆馆藏古籍图录》	国家图书馆出版社 2016 年
63	陈亮主编	《静海楼藏珍贵古籍图录》	上海古籍出版社 2014 年

续表

序号	编者	图录名	出版事项
64	广州图书馆主编：蔡晓绚、李莺莺、丁玲编著	《广州图书馆藏可居室文献图录》	广西师范大学出版社2012年
65	北碚图书馆编	《北碚图书馆精品图录（古籍卷）》	中华书局2014年
66	长春市图书馆编	《长春市图书馆藏古籍善本图录》	国家图书馆出版社2018年
67	齐齐哈尔市图书馆编	《齐齐哈尔市图书馆古籍善本图录》（第一辑）	国家图书馆出版社2018年
68	杭州图书馆编	《杭州版刻图录》	西泠印社出版社2018年
69	宁波市图书馆编	《宁波市图书馆藏古籍善本图录》	浙江大学出版社2016年
70	曹亦冰、卢伟主编	《美国图书馆藏宋元版汉籍图录》	中华书局2015年
71	柏克莱加州大学东亚图书馆编	《美国柏克莱加州大学东亚图书馆藏宋元珍本图录》	中华书局2014年
72	南江涛选编	《日藏珍稀中文古籍书影丛刊》	国家图书馆出版社2014年

四、珍贵古籍名录图录

2007年发布的国务院办公厅《关于进一步加强古籍保护工作的意见》明确要求"建立《国家珍贵古籍名录》，逐步形成完善的古籍保护制度"。《国家珍贵古籍名录》由国务院公布、文化部颁发证书，对入选的每部古籍颁发"身份证"。截至目前，国务院已先后公布六批《国家珍贵古籍名录》，收录古籍13026部。随着《国家珍贵古籍名录》的公布，纸质《国家珍贵古籍名录图录》的出版也紧跟其后。

1.《第一批国家珍贵古籍名录图录》，中国国家图书馆、中国国家古籍保护中心编，国家图书馆出版社2008年出版。精装，8册。

本书是依据2008年3月1日国务院批准颁布的《第一批国家珍贵古籍名录》编撰而成的大型珍贵古籍图录，共收录210家藏书机构所藏珍贵古籍2392种，其中汉文古籍2282部，民族文字古籍110部。汉文古籍包括简帛117种、敦煌文书72件、古籍2020部、碑帖73部。民族文字古籍包括焉耆—龟兹文、于阗文、藏文、回鹘文、西夏文、白文、蒙古文、察合台文、彝文、满文、东巴文、傣文、水文、古壮字等14种文字。每书配有1幅书影，书影下著录该书的《国家珍贵古籍名录》编号、书名、卷数、著者、版本、行款、钤印、藏书单位等基本信息。全书图版彩色精印。

2.《第二批国家珍贵古籍名录图录》，中国国家图书馆、中国国家古籍保护中心编，国家图书馆出版社2010年出版。精装，10册。

《第二批国家珍贵古籍名录图录》是2009年6月国务院公布的《第二批国家珍贵古籍名录》的图录，共收录全国280余家文献收藏机构的珍贵典籍4478部。

3.《第三批国家珍贵古籍名录图录》，中国国家图书馆、中国国家古籍保护中心编，国家图书馆出版社2012年出版。精装，8册。

本书是 2010 年 6 月国务院公布的《第三批国家珍贵古籍名录》的图录,共收录全国数百家文献收藏机构入选"第三批名录"的 2989 部珍贵典籍中的 2300 余部。

4.《第四批国家珍贵古籍名录图录》,中国国家图书馆、中国国家古籍保护中心编,国家图书馆出版社 2014 年出版。精装,6 册。

本书是 2013 年 3 月国务院公布的《第四批国家珍贵古籍名录》的图录,共收录全国数百家文献收藏机构入选"第四批名录"的 1516 部珍贵典籍的书影 1700 余幅。

5.《第五批国家珍贵古籍名录图录》,中国国家图书馆、中国国家古籍保护中心编,国家图书馆出版社 2016 年出版。精装,6 册。

本书为 2016 年 5 月 24 日公布的《第五批国家珍贵古籍名录》的图录,共收入 899 部古籍。以时间先后顺序,按文字类型将入选古籍划分为汉文珍贵古籍,民族文字珍贵古籍和其他文字珍贵古籍三大类。

受国家珍贵古籍名录之引领,各省、市也纷纷开始评审本省、市所藏珍贵古籍名录,并出版入选国家、本省、市的珍贵古籍名录图录。为清楚起见,列表如下:

序号	图录名	出版事项
1	《江苏首批国家珍贵古籍名录图录》	凤凰出版社 2008 年
2	《江苏第二批国家珍贵古籍名录图录》	凤凰出版社 2010 年
3	《江苏第三批国家珍贵古籍名录图录》	凤凰出版社 2011 年
4	《江苏第四批国家珍贵古籍名录图录》	凤凰出版社 2014 年
5	《江苏第五批国家珍贵古籍名录图录》	凤凰出版社 2018 年

续表

序号	图录名	出版事项
6	《辽宁省入选国家珍贵古籍名录古籍图录》	辽宁人民出版社 2011 年
7	《贵州省第一至五批国家珍贵古籍名录图录》	国家图书馆出版社 2018 年
8	《新疆维吾尔自治区入选国家珍贵古籍名录图录》	中华书局 2016 年
9	《雪域宝典:西藏自治区入选第一、二、三批国家珍贵古籍名录古籍图录》	国家图书馆出版社 2011 年
10	《首都图书馆藏国家珍贵古籍名录图录》	国家图书馆出版社 2013 年
11	《苏州市国家珍贵古籍名录图录》	西泠印社出版社 2011 年
12	《大连图书馆藏国家珍贵古籍名录图录》	万卷出版公司 2016 年
13	《南开大学图书馆藏国家珍贵古籍图录》	南开大学出版社 2015 年
14	《浙江大学国家珍贵古籍名录图录》	浙江大学出版社 2014 年
15	《天一阁国家珍贵古籍名录图录》	北京出版社 2010 年
16	《辽宁省第一批珍贵古籍名录图录》	国家图书馆出版社 2016 年
17	《辽宁省第二批珍贵古籍名录图录》	国家图书馆出版社 2018 年
18	《辽宁省第三批珍贵古籍名录图录》	国家图书馆出版社 2019 年
19	《辽宁省第四批珍贵古籍名录图录》	国家图书馆出版社 2019 年
20	《吉林省珍贵古籍名录图录》	吉林人民出版社 2012 年
21	《第二批吉林省珍贵古籍名录图录》	吉林人民出版社 2014 年
22	《第一批陕西省珍贵古籍名录图录》	三秦出版社 2014 年
23	《第二批陕西省珍贵古籍名录图录》	三秦出版社 2015 年

续表

序号	图录名	出版事项
24	《第一批山西省珍贵古籍名录图录》	山西人民出版社2011年
25	《第二批山西省珍贵古籍名录图录》	山西人民出版社2012年
26	《第一批河南省珍贵古籍名录图录》	中州古籍出版社2014年
27	《首批河北省珍贵古籍名录图录》	国家图书馆出版社2014年
28	《甘肃省珍贵古籍名录图录》	中华书局2012年
29	《广东省第一批珍贵古籍名录图录》	广东人民出版社2012年
30	《广东省第二批珍贵古籍名录图录》	广东人民出版社2019年
31	《第一批湖北省珍贵古籍名录图录》	国家图书馆出版社2015年
32	《第一批广西壮族自治区珍贵古籍名录图录》	广西人民出版社2010年
33	《第二批广西壮族自治区珍贵古籍名录图录》	广西人民出版社2011年
34	《第三批广西壮族自治区珍贵古籍名录图录》	广西人民出版社2016年
35	《宁夏回族自治区珍贵古籍名录图录》	国家图书馆出版社2015年
36	《太原市图书馆珍贵古籍名录图录》	三晋出版社2013年
37	《青岛市图书馆藏珍贵古籍叙录》	齐鲁书社2014年
38	《烟台市珍贵古籍名录图录》	齐鲁书社2010年
39	《潍坊市珍贵古籍名录图录》	国家图书馆出版社2014年

此外,像《续古逸丛书》《古逸丛书三编》《四部丛刊》《百衲本二十四史》《四库全书存目丛书》《续修四库全书》等大部头的影印古籍丛书,也可作为古籍书影使用。

下编

第一章 中国历代图书版本及其鉴定

第一节 隋唐五代时期的图书版本及其鉴定

隋唐以前的图书实物现存极少,且基本上是从考古挖掘中获得的,相关的考古研究多有论述,所以我们对历朝各代图书版本的介绍和鉴定说明,便只从唐、五代时讲起。

现存的大量史料和实物证明,雕版印刷术发明于隋唐之际。有专家考证,20 世纪初在敦煌附近大庄严寺废墟中发现的题隋大业三年(607)《敦煌隋木刻加彩佛像》应属雕版印品,系在印成的线条图上填上相应的颜色制作而成①。而 20 世纪初在敦煌藏经洞中发现的唐代咸通九年(868)刻印的《金刚般若波罗蜜经》,当属世界上现存最早的印有确切年代的雕版印刷品。据专家统计,在敦煌藏经洞中发现并留存至今的唐五代雕版印刷品约有近百件②。其中大多为单页的佛教印品,也有少量的历书、韵书。

在出土发现的唐、五代雕版印刷品中,有一个很有趣的现象,

---

① 张树栋著:《雕版印刷与拓书术结合印制佛像的实物证据——论〈敦煌隋木刻加彩佛像〉为隋朝印本说》,见《中国出版史研究》,2016 年第 1 期,第 88—91 页。

② 白化文著:《敦煌汉文遗书中雕版印刷资料综述》,见《大学图书馆通讯》,1987 年第 3 期,第 44—52 页。

那就是很多都是《陀罗尼经咒》。如 1974 年在陕西西安市西郊西安柴油机厂工地唐墓出土了梵文《陀罗尼经咒》单张印本,经专家鉴定是唐代初年(7 世纪初叶)的印刷品。1966 年在韩国庆州佛国寺塔内发现的雕版印刷品《无垢净光大陀罗尼经》,其上有武则天制字,学者鉴定大约刻印在公元 704—751 年的中国盛唐时期。1967 年在西安西郊张家坡西安造纸厂工地唐墓中出土了梵文《陀罗尼经咒》单张印本,1975 年在西安冶金机械厂出土了《佛说随求即得大自在陀罗尼神咒经》单张印本,据考证也都是盛唐时期的产物。日本天平宝字八年(764)称德天皇也下令雕印百万《陀罗尼经咒》,分藏在 100 万个高 13 厘米的小木塔中,再分送十所大寺院保存,其印本至今仍有存留。1944 年在成都唐人墓葬中出土发现的雕版印品《陀罗尼经咒》,刻印时代大约在中晚唐。唐代印刷的《陀罗尼经咒》在中国各地还有多次发现,说明唐代刻印佛经的风气很盛,尤其是据说有延年益寿、助人超登极乐作用的小幅经咒,刻印更广。直到五代时,吴越国王钱俶仍建塔造寺,广印经咒,普施天下。现存钱俶施印的《一切如来心秘密全身舍利宝箧印陀罗尼经》就有三种不同样式,其中最著名的就是杭州雷峰塔 1924 年倒塌后发现的那一种。卷首有题记云:"天下兵马大元帅吴越国王钱俶造此经八万四千卷,舍入西关砖塔,永充供养。乙亥八月日纪。"

唐五代的图书版本,由于有敦煌藏经洞的发现,现已有大量实物可供研究。故这一部分图书版本的鉴定,已成为敦煌学的重要内容。

总的看来,唐代雕版印刷尚处于初起阶段,社会上仍以纸写本书为主要的图书形式,雕版印本的内容大多为佛经,历书,与作诗有关的字书、韵书及民间常用的阴阳、五行、占书、相书之类的杂书，且质量低劣，不为世人所重。偶尔也有一些刻印质量较好的，如前述咸通九年（868）刊印的《金刚般若波罗蜜经》，文字图画都很精美，线条刀法流畅，工艺技巧已很成熟。

五代时，私人刻书渐成气候，如前蜀任知玄刻《道德经广圣义》三十卷，昙域和尚刻印其师傅贯休的《禅月集》；后蜀毋昭裔刻《文选》《初学记》《白氏六帖》等书；后周和凝自刻其诗集。这些事例为后人所津津乐道，成为五代私人刻书的代表。可惜这些刻本大都没有流传下来，但其行款版式基本为宋本所继承，则是毫无疑义的。

官刻也于五代开始出现。后唐时，依冯道等人的倡议，由国子监雕造《九经》印版，令国子监博士儒徒校勘文字，广颁天下，开创了国子监刻书的先例，监本《九经》名满天下，其所采用的经文、注文合刊，经文用大字、注文用小字的格式，成为后世经书的标准格式。

第二节　宋、辽、金时期的图书版本及其鉴定

一、宋版书的制作

宋代以文治立国，所以图书文化特别发达。在隋唐之际发明的雕版印刷术到宋代得到了极大的发展，活字印刷术也在宋代发明。两宋刻书之多，规模之大，版印之精，不仅远远超过了前代，而且也为后世树立了楷模。

雕版印刷经过唐、五代时期的长期发展，到宋代逐渐形成了

官府、私家、书坊三大刻书系统,所刻之本也相应称为官刻本、私刻本和坊刻本。以后元、明、清历代的雕版印刷事业都是基本循着这三大系统进行的。

在官刻、私刻、坊刻三大系统中,官刻本规模最大。北宋开国之初,朝廷即主持刊刻了《开宝藏》,这是大藏经在我国历史上的第一次开雕。北宋初年,国子监、崇文院等中央政府文化机构接收了五代时期刊刻的一些书版,如《九经》《五经文字》《九经字样》等,并继续刷印;随后即开始大量刻印正经、正史及类书、医书、算书等子部书,作为定本流传于世。现知国子监所刻,经部有:《五经正义》《七经正义》,以及《广韵》《集韵》《说文解字》等小学书;史部有《史记》《前后汉书》《三国志》《晋书》《唐书》《宋书》《齐书》《梁书》《陈书》《后魏书》《北齐书》《后周书》等;子部有《道德经》《南华真经》《荀子》等诸子书,《册府元龟》《太平御览》等类书,《齐民要术》《四时纂要》等农书,《九章算术》《五曹算经》等算学书。崇文院所刻,现知有:《土牛经》《匡谬正俗》《天圣编敕》《删定编敕敕书德音附令敕申明敕目录》《御制攻守卫图》等,数量远较国子监为少。

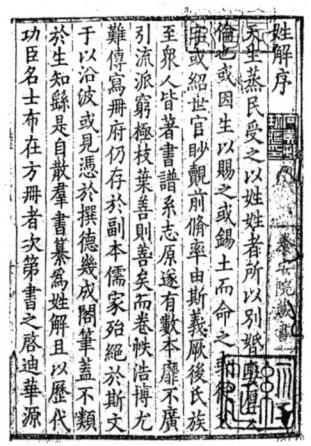

图 41　北宋仁宗时(1023—1063)刻本《姓解》

南宋时期,中央政府刻书很少,所谓国子监本,或系下发到各州郡刊刻,或系将各地官刻书版集中到监中刷印,徒具其名而已。而地方政府的各级各类机构,如各路转运司(别称漕司、漕台、计司、计台、运司)、茶盐司、安抚使司(别称帅司)、提刑司(别称宪司、宪台、臬司、臬台)、提举常平司(别称仓司、庾司、庾台)以及各地的公使库,各府、州(郡)、军、县、官学、书院等,却都热衷于刻书,所以南宋地方政府的刻书数量极大。

在南宋官刻本中,转运司刻本著名的有:绍兴间(1131—1162)两淮江东转运司刻《史记》《汉书》《后汉书》,绍兴二十一年(1151)两浙西路转运司王珏刻《临川先生文集》,淳熙九年(1182)江西漕台刻《吕氏家塾读诗记》,淳熙十二年(1185)江西转运司刻《本草衍义》,嘉定四年(1211)江右计台刻《春秋繁露》,宝庆元年(1225)广东漕司刻《新刊校定集注杜诗》。

茶盐司刻本著名的有:两浙东路茶盐司刻《唐书》《事类赋》《外台秘要方》《周易注疏》等,绍兴间湖北提举茶盐司刻《汉书》等。

提举常平司刻本有:嘉泰间(1201—1204)淮东仓司刻《注东坡先生诗》等。

公使库刻本著名的有:绍兴二至三年(1132—1133)两浙东路茶盐司公使库刻《资治通鉴》《资治通鉴考异》,淳熙年间(1174—1189)抚州公使库刻《六经三传》,淳熙三年(1176)舒州公使库刻《大易粹言》,淳熙七年(1180)筠州公使库刻《诗集传》。

府、州(郡)、军、县等地方官府的刻书数量也不少,著名的有:绍兴九年(1139)绍兴府刻《毛诗正义》,同年临安府刻《汉官仪》《文粹》,嘉定六年(1213)章贡郡斋刻《楚辞集注》,嘉泰元年(1201)筠阳郡斋刻《宝晋山林集拾遗》,嘉熙三年(1239)禾兴郡斋刻《押韵释疑》,乾道七年(1171)姑孰郡斋刻《伤寒要旨》,咸淳五年(1269)崇阳县斋刻《乖崖先生文集》,开禧三年(1207)昆山县斋刻《昆山杂咏》,淳祐二年(1242)大庚县斋刻《心经》等。

各府、州(郡)、军、县的官学最喜刻书,流传至今的刻本都很有名,如:淳熙二年(1175)镇江府学刻《新定三礼图》,嘉定九年(1216)兴国军学刻《春秋经传集解》,绍兴十五年(1145)齐安郡学刻《集古文韵》,绍兴四年(1134)温州州学刻《大唐六典》,淳熙二年(1175)严陵郡庠刻《通鉴纪事本末》,绍兴十二年(1142)汀州宁化县学刻《群经音辨》,庆元六年(1200)罗田县庠刻《离骚草木疏》等。

宋代官刻本一般校勘细致,版面疏阔,纸墨讲究,刻印精美,其书版保存下来的也比较多。元、明两代,多有利用宋代官刻书版修整剜补、重新刷印者。

两宋私家刻书极为有名,尤以南宋数量为多。刻本中著名的有:廖莹中世彩堂刻《昌黎先生集》《河东先生集》,周必大刻《文苑英华》《欧阳文忠公集》,建安黄善夫家塾之敬堂刻《史记》,建安刘元起家塾刻《汉书》,鹤林于氏家塾栖云阁刻《春秋经传集解》,眉山程舍人宅刻《东都事略》,四明楼氏刻《攻媿先生集》,崔尚书宅刻《北磵文集》,祝太傅宅刻《新编四六必用方舆胜览》等。仅叶德辉《书林清话》一书,记宋代私家刻书之著名者,就有32家。

宋代坊刻集中在南宋。坊刻其实也是私家刻书,不过系以营利为目的,开设书坊,常常既售书也刻书。宋代坊刻本现存著名的有:临安府棚北大街睦亲坊陈宅书籍铺刻《江湖集》《常建诗集》《王建诗集》《周贺诗集》等,临安府太庙前尹家书籍铺刻《历代名医蒙求》《续幽怪录》《搜神秘览》《北户录》《曲洧旧闻》《春渚纪闻》《述异记》等,杭州猫儿桥河东岸开笺纸马铺钟家刻《文选》,临安府荣六郎家刻《抱朴子内篇》,临安府贾官人经书铺刻《妙法莲华经》《佛国禅师文殊指南图赞》,金华双桂堂刻《梅花喜神谱》,东阳崇川余四十三郎宅刻《新雕初学记》,东阳魏十三郎书铺刻《新雕石林先生尚书传》,建安刘叔刚一经堂刻《附释音春秋左传注疏》,钱塘王叔边刻《后汉书》,建宁府黄三八郎书铺刻《钜宋广韵》,建安余仁仲万卷堂刻《春秋公羊经传解诂》,建阳崇化书坊陈八郎宅刻《文选》等。

坊刻本关注市场需求,故内容广泛,经、史、子、集,无所不有,多日常生活用书、科举用书,而且多有创新,如纂图互注,重言重

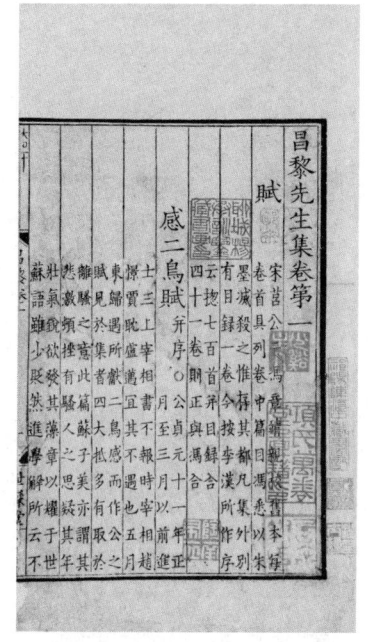

图42 宋咸淳间（1265—1274）廖氏世彩堂刻本《昌黎先生集》

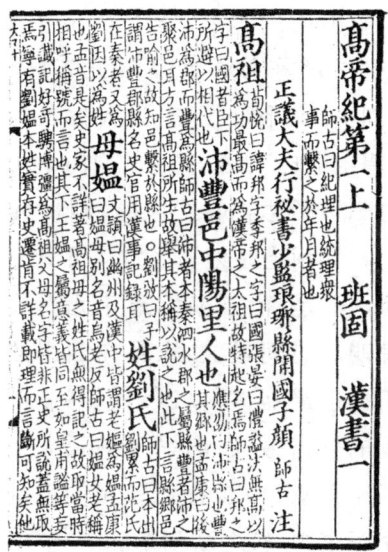

图43 南宋刘元起家塾刻本《汉书》

意等内容体例。形式上，如书耳、黑口、墨钉白文、花鱼尾等，也都始于坊刻本，并成为坊刻本显著的特点。当然，坊刻本比较多地存在着纸墨不精、校勘粗疏的缺点，为世人所诟病。

从地域而论，宋代刻书最集中的地方是两浙、福建和四川。故而形成了浙刻本、闽刻本、蜀刻本这样以地域命名的刻本类型。

四川是雕版印刷较早兴起的地方，所以，宋初刊印《开宝藏》5000余卷这样的大工程，就是发送到成都去刻版。《开宝藏》共收经1076部，5048卷，480函，卷轴装，是我国首部雕版印刷的大藏经，也是首部以千字文编号的藏经。雕版十三万片，刻工精良，影响后世甚巨。

南宋初年，四川转运使井度在眉山还刻印了《宋书》《齐书》《梁书》《陈书》《魏书》《北齐书》《周书》共七部正史，后人称之为"眉山七史"；南宋中叶，眉山书坊也刻印了达千卷之巨的《册府元龟》，四川当时刻书之发达可见一斑。但是，由于南宋末年元军攻掠四川时间最久，宋军在四川的抵抗也最烈，所以四川刻书业遭受的打击最大，图书和书版大多毁于兵火，极少存留。在传世的宋版书中，较之浙刻本和闽刻本，蜀刻本数量是最少的。但蜀刻本的质量世人有口皆碑，就现存

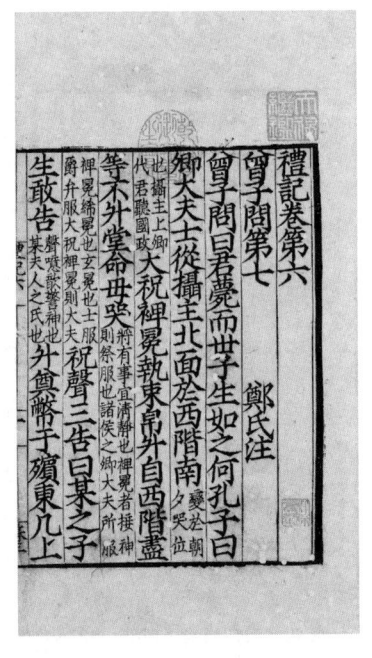

图44　宋蜀刻大字本《礼记》

蜀刻本来看，大多纸墨精良，版面疏朗，美观大方，文字错讹也比较少。

福建盛产竹木，造纸业发达，加之文教昌盛，人才辈出，为刻书事业的发展创造了得天独厚的条件。北宋后期到南宋初期，福州地区先后雕造了两部佛教大藏经和一部道藏，即福州闽县易俗里白马山东禅等觉寺刻印的《崇宁万寿大藏》（简称《崇宁藏》），福州闽县东芝山开元寺刻印的《毗卢藏》，福州闽县天宁万寿观刻印的《万寿道藏》。

《崇宁藏》刻于宋神宗元丰三年（1080）至宋徽宗崇宁二年（1103），收经1440部，6108卷，580函，是首次采用经折装形式的汉文大藏经，其版式成为以后大藏经的楷模。

《毗卢藏》刻于宋徽宗政和二年（1112）至南宋高宗绍兴二十一年（1151），全藏595函，1451部，6132卷，经折装，千字文编号"天"字至"颇"字。

《万寿道藏》刻于宋徽宗政和三年至八年（1113—1118），共5481卷，540函，又称《政和万寿道藏》。这是道藏在历史上的第一次刊印。惜今已不存。

这三部佛、道大藏的雕印，还开启了寺观刻书的先河，从此逐渐形成了我国历史上官、私、坊刻三大系统之外的寺观刻书系统。

南宋福建的刻书中心转移到建阳地区。建阳麻沙、书坊两镇书肆林立，号为"图书之府"，刻书数量大，流传广，价格低廉，内容丰富。故"麻沙本""建本"一时风行天下，家喻户晓。

浙江的雕版刻书在五代时就已经比较发达，北宋国子监、崇文院的许多刻书都是发送到杭州镂版。南宋建都临安，更促进了两浙地区公私刻书事业的发展，所以现存宋版书中，以浙刻本数

261

量最大、质量最精。

宋代浙江也有刻印大藏经之举,这就是由湖州路王永从、王永锡兄弟舍资助缘、始刊于北宋靖康元年(1126)、刊成于南宋绍兴二年(1132)的《思溪藏》。该藏因刻印于王氏兄弟舍资创建的湖州思溪圆觉禅院而得名,共收经1435部5480卷,548函,千字文编号"天"字至"合"字,经折装,每版5个半叶,半叶6行,行17字,字体大多为颜体。后湖州改名为安吉州,思溪圆觉禅院升格为法宝资福禅院,藏于该院的《思溪藏》也进行了补刻,在"合"字号后补刻了"济"至"最"共51个千字文号。补刻后印的大藏经改名为《安吉州思溪法宝资福禅寺大藏经》,简称《资福藏》。

除浙江、福建、四川外,南宋时期江西、江苏、安徽、湖北、广东等地区也刻印了不少图书,就其现存传本来看,校勘之佳,刻印之精,均为世所公认。

二、宋版书的鉴定

宋版书传留至今,已属凤毛麟角。北宋时期的刻本一来制作时代较早,二来由于经历了覆亡时金人的践踏劫掠,而被金人劫走的图书和书版又遭遇了蒙金战争的兵火焚毁,传世绝少。我们今天能看到的宋版书,绝大多数都是南宋版本。笔者据张丽娟、程有庆所撰《宋本》一书中的有关记载统计,世界上现存宋版书的收藏数量,中国大陆应不下3000部,台湾地区约500部,日本约600多部,美国约30多部。[①] 这些宋版书大多收藏在各大藏书机

---

① 任继愈主编:《中国版本文化丛书·宋本》,江苏古籍出版社,2002年,第99—104页。

构中，私人手中也有部分收藏。

宋版书的特点也很突出，主要表现在：

1.字体、刀法。宋版书字体均为手写体，而不同时期、不同地区又有所差异。北宋刻本多为欧体，瘦劲、险峻，字形略长，转折笔划轻细有角。南宋刻本不同地区字体又呈现不同风格，浙本多沿用欧体，字形齐整，刀法圆润；建本字似柳体，字形宽阔，笔划多棱角，刀法峭厉；蜀本字体近于颜体，字形舒展，横划多呈波浪起伏之态，刀法流畅。当然，这些特点只是大致而言，并不绝对。其他地区刻本的字体也呈多样化的发展，不专主于一种字体。

2.版式、行款。宋版书版式以白口、左右双边居多，前期也多四周单边，后期则黑口和四周双边逐渐增多。版心鱼尾上方多镌书版大小字数，下方镌刻工姓名。行款多字大行疏，气象宏阔，为宋本特点；坊刻本为降低成本，行款略显紧密。

3.用纸用墨。宋版书用纸多为皮纸和竹纸。一般说来，浙本和蜀本多用皮纸，建本多用竹纸。皮纸柔韧细密，颜色洁白；竹纸坚实发脆，色泽淡黄。但如果是宋刻元印，或宋刻明印，则用纸明显不同。在用墨上，宋版书的质量也普遍好于元明刻本。

4.装帧方式。北宋初年，刻书犹用卷轴装，但很快就被蝴蝶装所取代。南宋中期以后，又出现了包背装。但流传至今日的宋版书已多被改装为线装形式，蝴蝶装的宋版书已很少见。如果某个宋刻本确系原装的蝴蝶装，那价值又要高出许多了。

5.避讳。宋代刻书十分注意避讳。不仅避本朝皇帝，还要避宋太祖的父祖的讳。如太祖以赵玄朗为其始祖，其祖父名敬，父名弘殷，所以在宋版书中，常见到"玄""敬""弘"等字或缺笔，或改字，非常严格。此外，还经常可以见到诸如"今上御名""犯御

263

名""神宗庙讳""太上御名""渊圣御名"等字样。

6.牌记、刻工。宋刻本多印有牌记和刻工姓名,对于帮助鉴定很有作用。需要注意的是,后世的翻刻本、影刻本多有将牌记、刻工原样刻入的,也有后人作伪的,所以依据牌记和刻工鉴定宋本,必须结合纸张、墨色等多种特征综合判断,才不至于误判和上当。

三、宋版书的优缺点

一般认为,宋版书具有以下优点:

1.宋版书比较接近古书原本的面貌。

宋代是雕版印刷初步发展和兴盛的时期,故宋版书大多为一书的最初印本,也就是后来诸本的祖本,因而最接近原本的面貌。

这里所说的接近原本面貌有两个含义,首先是就版本的形式而言。由于宋版书多以当时流传的纸写本书为底本刊刻,其中也不乏隋唐的古本,故更多地保留了纸写本书的原来格式,如小题在上、大题在下等。宋本书接近古书原本面貌的第二个含义是就其文字内容而言,许多宋刻本是从唐或唐以前的写本书中翻刻过来的,即便不是古本,也不像后来的许多版本经过了多次的辗转传抄和翻刻,故其文字内容较原本变动不大,相对来说更忠实于原著。

2.宋版书大多校勘精审。

宋代正处于雕版印刷的初步发展时期,许多古书都是历史上第一次雕版印行,所以宋人刻书普遍重视文字的校勘。以官刻为例,每刻一书,必先召选许多官员进行校勘,一校之后,又有再校;校毕,确认无误后,方许刻版印行。这固然由于官府所刻之书,大多是有关世道人心、经世济民之要典,不得不然,但这种做法的好处却是明显的，它不仅保证了宋代官刻本的文字质量，也影响了有宋一代的刻书风气，给后人留下了大量文字内容真实准确的刻本。

3.宋版书书法优美，各具风格，同时又是艺术品。

宋代刻书并无统一字体，一般均是由书法好的人誊写上版，刻本的字体风格因书写人而异，所以一叶叶宋版书，其实也就是一篇篇书法作品。加之宋代刻工技艺很高，刀法圆润，运转自如，能将书写人的书法神韵维妙维肖地表现出来，更给宋版书增添了艺术魅力。世人以宋版书为宝，这也是其中的一个重要原因。

4.宋版书用纸用墨质量较高，外表美观，经久不坏。

宋版书纸墨之佳，世人有口皆碑。明代高濂所撰《遵生八笺·燕闲清赏笺》中描述说："宋人之书，纸坚刻软，字画如写，格用单边，间多讳字，用墨稀薄，虽着水湿，燥无湮迹，开卷一种书香，自生异味。"清代孙从添《藏书记要》云："若果南北宋刻本，纸质罗纹不同，字画刻手，古劲而雅，墨气香淡，纸色苍润，展卷便有惊人之处。所谓墨香、纸润、秀雅、古劲，宋刻之妙尽之矣。"许多宋版书保存至今，仍然纸质洁白柔韧，墨色如新，不能不令人惊诧其高超的质量。

由于宋版书具有上述优点，以及其传世愈来愈少，所以世人均奉宋版书为至宝，这是可以理解的。但若因此说宋版书质量都很高，没有错误，甚至迷信宋版书，那就错了。对于宋版书的缺点，前人早已有许多论述。传为苏轼所撰的《东坡志林》一书，就开始批评宋版书说："近世人轻以意改书，鄙浅之人，好恶多同，故从而和之者众，遂使古书日就讹舛，深可忿急！"

南宋理学昌盛，儒生学子荒经蔑古，不遵古书法度。影响到刻书业,便是导致妄改古书的做法蔓延。清代卢文弨《抱经堂文集》卷二《重雕〈经典释文〉缘起》中指出:"今之所贵于宋本者,谓经屡写则必不逮前时也。然书之失真,亦每由于宋人。宋人每好逞臆见而改旧文。"顾千里在《重刻〈古今说海〉序》(见《思适斋集》卷十)中也说:"南宋时,建阳各坊刻书最多,惟每刻一书,必倩雇不知谁何之人,任意增删换易,标立新奇名目,冀以炫售,而古书多失其真。"近人叶德辉在其所撰《书林清话》卷六中更明确指出:"宋刻书字句不尽同古本。"他说:"藏书贵宋本,人人知之矣。然宋本亦有不尽可据者。经如《四书》朱注本,不合于单注单疏也。其他《易程传》《书蔡传》《诗集传》《春秋胡传》,其经文沿误,大都异于唐蜀石经及北宋蜀刻。宋以来儒者但求义理,于字句多不校勘,其书即属宋版精雕,只可为赏玩之资,不足供校雠之用。"此语虽然有些偏激,但也并非随便诋毁宋版书。上述之人都是历史上著名的学者或校勘家,他们关于宋本的这些议论,是在实际研究校勘工作中的切身感受,值得我们参考。

由此可见,宋版书的质量也是参差不齐,有优有劣。从刊刻者而论,则官刻本、家刻本质量较高,文字错误较少,而坊刻本纸墨刻印质量均逊于官刻本和家刻本,文字内容错误较多,甚至凭己意妄加删改的现象也时常可见;从刊刻年代而言,南宋刻本不如北宋刻本;从刊刻地来讲,浙本,特别是杭州刻本质量最好,蜀本次之,建本最差,建阳麻沙本几乎成为劣本的同义语;从流传情况来看,蜀本由于宋元交战,多毁于兵火,故流传最少,最为珍罕;浙本稍多,建本传世最多,价值相对也最低。所以对宋版书也必须认真鉴定,具体评价,不能凡宋即优,凡宋皆好,一概以宋版为是。

四、辽代版本及其鉴定

公元 916 年,辽太祖耶律阿保机建立了契丹国。947 年,辽太宗耶律德光改国号为"大辽",983 年又改国号为契丹,1066 年再改称辽,1125 年为金所灭,立国凡 200 余年。

契丹人在有文字之前是以刻木记事,立国之后,依照汉字先后创制了契丹文大、小字。金章宗明昌二年(1191)十二月,金罢契丹字,其字渐废。契丹文在东北地区使用约计 270 年。据《辽史》记载,辽代曾用契丹文翻译了不少汉文书籍,但由于辽代书禁很严,加上战乱等原因,契丹文字的书籍没有流传下来。现存的契丹文文献大都是进入 20 世纪以后陆续出土和发现的,主要为金石铭文,如墓志、摩崖、洞穴墨书及镜、钱、印章上的铭文等。现存石刻中,属于契丹大字的有:《萧孝忠墓志铭》《北大王墓志》《大辽大横帐兰陵郡夫人建静安寺碑》《故太师铭石记》《辽太祖墓碑残石》等。属于契丹小字的有:《辽兴宗及仁懿皇后哀册》《道宗及宣懿皇后哀册》《许王墓志》等。契丹文字至今尚未完全解读,因此,契丹文献未能得到充分利用。目前,海内外的契丹文字研究专家和学者都在致力于从释读、破译、书法、拼音等方面研究契丹文碑刻。内蒙古有关专家在契丹小字研究上已取得了一定成绩,出版有《契丹小字研究》[①]等书。

辽代在政治文化制度方面,采取"学唐比宋"的政策,在全面学习汉文化的同时,形成了自己的特色。其文化政策是儒、佛、道并重。辽太祖建国伊始,就下令修孔庙,命皇太子春秋祭祀。公

[①] 清格尔泰、刘凤翥等著:《契丹小字研究》,中国社会科学出版社,2018 年。

元946年，辽太宗耶律德光灭后晋，尽收后晋藏书北运。

在这种政治文化环境下，辽代的刻书事业得到了一定程度的发展。辽圣宗时（983—1031），已能供应其他国家儒书。如《辽史·圣宗记》载，辽开泰元年（1012），"那沙国乞赐佛像、儒书，诏赐《护国仁王佛像》一，《易》《诗》《书》《春秋》《礼记》各一部"。辽道宗清宁年间（1055—1064），以政府藏书中经籍多缺，又下诏求书刻书，派遣学者到各地收集遗书，并不断进行经籍的校勘整理工作。辽道宗时（1055—1101），承平日久，文运昌盛，儒学更是大为兴盛，中央政府及各地设学置官，学习《五经》，培养儒士。清宁五年（1059），道宗颁行儒经及其传疏，并置博士、助教各一员。咸雍十年（1074），又命有司颁行《史记》《汉书》。辽统治者还学习宋朝的做法，设官编纂《国史》《实录》等本朝历史。如天祚帝乾统四年（1104）十一月，诏监修国史耶律俨纂太祖诸帝《实录》等。

与宋朝形成官、私、坊三大系统不同，辽代的雕版印书主要是由官府进行的，民间刻书则受到限制。辽代政府曾多次下令，禁止私人刊印文字，甚至在素称文教昌盛的道宗时期也不例外。如辽道宗清宁十年（1064）十月下令："禁民私刊印文字"。这一方面是为了加强政府对文化的控制，另一方面也是由于在辽国的南面，始终有一个敌对的宋朝存在的缘故。沈括在《梦溪笔谈》中曾说："契丹书禁甚严，传入中国者，法皆死。"当然这种防范措施宋朝也有，只是不像辽代那么严厉罢了。

辽代佛教盛行，并广泛传播。辽政府多次大规模整理、刊印佛经，修建佛寺、佛塔，鼓励佛教发展。始于隋代的涿州房山云居寺镌刻佛教石经活动，在辽代也继续进行。据不完全统计，辽代云居寺镌刻石经多达百部以上。辽圣宗统和年间(983—1012)还由官方主持,开始刊刻大藏经,至辽道宗后期方才完成,历时凡数十年,这就是著名的《契丹藏》。全藏收经 1373 部,6006 卷,579 函,卷轴装。史载辽曾先后四次向朝鲜赠送大藏经。

辽代图书传世极少,历代罕见。1974 年 7 月,在山西省应县佛宫寺释迦塔(俗称“应县木塔”)内发现了一批辽代文献共 92 件,其中刻本佛经 47 件,包括被认为是《契丹藏》的经卷 12 件,其他印刷品 8 件,写本佛经 30 件,佛像 7 幅。1991 年,文物出版社影印出版了大型图册《应县木塔辽代秘藏》。世人终于可以借此一睹辽代图书版本的真面目了。

1987 年,在河北丰润县西南辽天宫寺塔中又发现一批辽代佛经计 11 种。1989 年,有关部门在维修内蒙古巴林右旗释迦佛舍

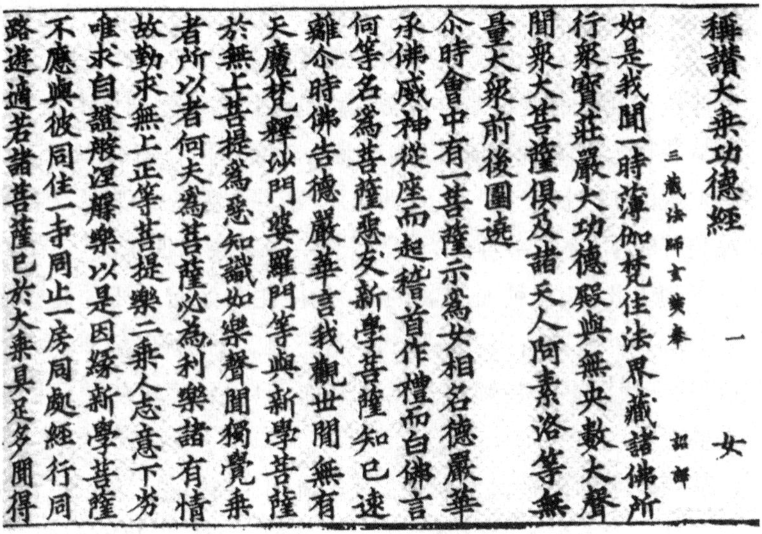
稱讚大乘功德經　一　女
三藏法師玄奘奉　詔譯
如是我聞一時薄伽梵住法界藏諸佛所
行衆寶莊嚴大功德殿與無央數大聲
聞衆大菩薩俱及諸天人阿素洛等無
量大衆前後圍遶
尒時會中有一菩薩示爲女相名德嚴華
承佛威神從座而起稽首作禮而白佛言
何等名爲菩薩惡友新學菩薩知已速
離尒時佛告德嚴華言我觀世間無有
天魔梵釋沙門婆羅門等與新學菩薩
於無上菩提爲惡知識如樂聲聞獨覺乘
者所以者何夫爲菩薩必爲利樂諸有情
故勤求無上正等菩提樂二乘人志意下劣
唯求自證般涅槃樂以是因緣新學菩薩
不應與彼同住一寺同止一房同處經行同
路遊適若諸菩薩已於大乘具足多聞得

图 45　山西应县木塔中发现的辽代刻本《称赞大乘功德经》

利塔(俗称辽庆州白塔)时,从塔刹相轮橖等处发现了按辽代佛教仪轨秘藏的一批辽代雕版印刷佛经,以及内藏雕版印刷《陀罗尼咒》经卷的108座形制多样、造型优美、彩绘华丽的木质法舍利塔。

此外,1999年,鼎丰拍卖公司还拍卖了一部辽刻本《观弥勒菩萨上生兜率天经疏》上卷。此经由藏书家韦力先生购得,并于2002年由北京图书馆出版社影印出版。

辽代图书的相继发现,使我们对辽代图书的形制和刻书情况有了一定的了解。

从刻书地来看,以燕京为最盛。燕京就是今天的北京,当时是辽的南京。《契丹藏》就是在燕京的大悯忠寺(今法源寺)雕印的。在应县木塔发现的《上生经疏科文》中有题记云:"燕京仰山寺前杨家印造",还有《燕台大悯忠寺新雕诸杂赞一策》一书,河北丰润天宫寺塔中发现的《大乘妙法莲华经》《大方广佛花严经》,都有雕造于燕京的题记。这说明燕京是辽代的重要刻书中心。

从装帧方式来看,《契丹藏》都是卷轴装。但在河北丰润天宫寺塔发现的11种佛经中,除卷轴装外,还有3种是蝴蝶装,2种是蝴蝶装订线本,还有一种似为包背装,一种著录为册页装,不知其具体形制。此外,各种册页装的图书,往往在外面还要加装布面封套,套口装细竹签,用以系带。这种形制,唐代就已经有了。由此可见,辽代图书的装帧形式已趋多样,但还是比较多地保留了古老的形式。

从版式字体来看,《契丹藏》版式疏朗,字体端正、遒劲,有魏碑的特征。而单刻本的佛经字体大多古拙、敦厚,但也有清丽、劲峭者。总体上看,辽刻本的版式字体与唐、五代写本一脉相承,而与宋版书则差别较大。确有其独特的风格。

从纸张来看,发现的辽刻本,基本都是皮纸。《契丹藏》的用纸系硬黄纸,也就是皮纸入潢,表面似乎经过施蜡砑光,纸质坚韧、光洁。

在版本文字内容上,辽刻本多根据世传写本整理勘定,比较接近原本面貌。如辽刻本《观弥勒菩萨上生兜率天经疏》上卷,现存《赵城金藏》已遗失该卷,日本《大正藏》虽收有该卷,但经与辽刻本对勘,发现《大正藏》本错漏之处竟多达 300 余处。

五、金代版本及其鉴定

金为女真人建立。女真人居住在我国长白山和黑龙江流域之间,先秦时期称为"肃慎",南北朝以后称为黑水靺鞨,辽时始称女真。1115 年,女真首领完颜阿骨打建立金国。1125 年,金灭辽,1127 年又灭北宋,成为雄踞北方的大国,与南宋形成南北对峙的局面。1234 年,金亡于蒙古。

金立国之初无文字,金太祖天辅三年(1119),始在契丹字的基础上创制了女真大字;金熙宗天眷元年(1138),又在汉字的基础上创制出笔画简省的女真小字,于皇统五年(1145)颁行。起初,汉字、契丹字、女真字都是金代官方通用的文字,但金章宗明昌二年(1191)推行汉字,下令从此女真字直译为汉字,罢废契丹字。金代灭亡后,女真字在东北地区仍有使用,至明中叶渐废,计行世四百年左右。现在发现的女真流行文字只有一种,系大字还是小字,过去学术界看法不一,现在逐渐倾向于其为女真大字的观点。

金代编纂、翻译和雕印了许多图书。金熙宗天会五年(1127)

六月，因金军统帅粘罕好访故老搜集金源事迹，于是金太宗完颜晟下令求访祖先遗事，以备修撰国史。从此，金代开始修纂《国史》。金还设置译经所，大量翻译汉文书籍。据《金史·本纪第八·世宗下》载：

（二十三年［1183］九月己巳）译经所进所译《易》《书》《论语》《孟子》《老子》《扬子》《文中子》《刘子》及《新唐书》。上谓宰臣曰："朕所以令译《五经》者，正欲女直人知仁义道德所在耳！"命颁行之。

章宗明昌二年（1191）四月，金学士院一次就进上唐杜甫、韩愈、杜牧、贾岛、王建，宋王禹偁、欧阳修、王安石、苏轼、张耒、秦观等女真字译集共二十六部。章宗明昌五年（1194）三月，又置宏文院，专译汉文经书为女真文。

但可惜的是，女真文书籍流传至今的，只有明代所编的《华夷译语》中所收的《女真馆来文》和《女真馆杂字》，合称《女真译语》。1973年8月，陕西西安碑林《石台孝经》碑身背面与中心石柱连接处发现的11片《女真字文书》残页，是迄今发现的字数最多的女真文字抄本，对女真文字研究有重要的学术价值。女真文的石碑铭文，则以镌刻于金世宗大定二十五年（1185）的《大金得胜陀颂碑》最为重要。它是目前所知最早、文字最多的女真文碑刻。

天会四年（1126），金兵攻克北宋都城汴京（今河南开封），北宋灭亡。天会五年（1127），金兵俘虏宋徽宗、钦宗二帝及皇族宗室四百余人，并掳获了宋皇室大批图书文物。随后，宋金议和，金人明确提出索取三馆秘阁藏书以赎徽、钦二帝。宋朝只好派官员押监书版和三馆秘阁书籍送至金廷。史载：金对"明堂九鼎观之不取，止索三馆文籍图书、国子监书版"。(《靖康要录》卷十五)于是，北宋皇室、国子监、三馆秘阁累世所藏图书经籍书版，几乎全部归金朝所有。

金灭辽和北宋后，在平阳(今山西临汾)建立了经籍所，大量刻印图书，使平阳成为当时中国北方的刻书中心。平阳的私人刻书在金代也得到了一定的发展，如晦明轩张宅、中和轩王宅等私人所刻之书，在后世均极有名。但传世的金刻本数量极少，收藏金刻本最多的中国国家图书馆，所藏也不过十几种而已。现存金刻本中为人所知的，经部有：《尚书注疏》二十卷，《周礼》二十卷、释音一卷，《新修絫音引证群籍玉篇》三十卷，《崇庆新雕改并五音集韵》十五卷，《泰和五音新改并类聚四声篇》十五卷；史部有：《新编诏诰章表机要》四卷；子部有：《太医张子和先生儒门事亲》等十二卷，《黄帝内经素问》二十四卷、亡编一卷，《本草集方》存八卷，《重校正地理新书》十五卷，《新雕注疏珞琭子三命消息赋》三卷、《新雕李燕阴阳三命》二卷，《新雕云斋广录》八卷、后集一卷，《重编补添分门字苑撮要》存十卷，《壬辰重改证吕太尉经进庄子全解》十卷；集部有：《南丰曾子固先

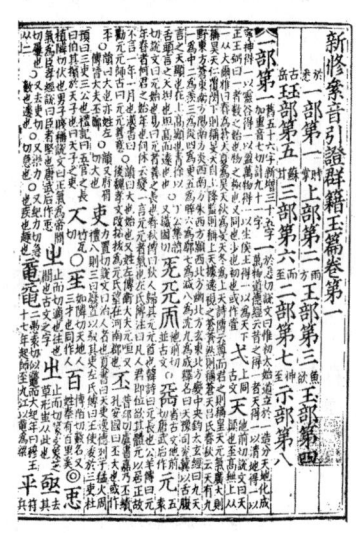

图46　金刻本《新修絫音引证群籍玉篇》

生集》三十四卷,《集注分类东坡先生诗》二十五卷,《栖霞长春子丘神仙磻溪集》三卷,《萧闲老人明秀集注》六卷,《刘知远诸宫调》十二卷。

此外,还有一些金刻佛经传世,如上海图书馆藏金曲沃县吉贽、吉用刻《妙法莲华经》,山西省图书馆藏金熙宗皇统九年(1149)刻本《大方广佛华严经合论》等。金代还刻印过一部大藏经,世称《金藏》。相传这部大藏经为笃信佛教之潞州女子崔法珍断臂募缘倡印,由解州(今山西运城地区)天宁寺刊刻于金熙宗天眷二年(1139)至金世宗大定十三年(1173),前后历34年,共6980卷。当代著名的《赵城金藏》为《金藏》传世最完整的一部,现存中国国家图书馆,计4813卷。国内外一些大图书馆、博物馆及私人藏家也有一些《金藏》零卷收藏,但数量很小。20世纪80年代,中华大藏经局以《赵城金藏》为底本,整理出版了《中华大藏经》(汉文部分)。

第三节　元代图书版本及其鉴定

元代是蒙古族统治中国的时期,但文化事业并没有衰落,印刷术仍在继续发展,泥活字印刷和木活字印刷也进入实用阶段,印本书在图书中所占的比重大大增加。元代活字本今已无传,抄本传世也不多,现今所存元本大多为刻本。

一、元代图书版本的制作

蒙古统治者在统一中国的过程中,逐渐认识到文治的重要性,在灭金的同年,即蒙古太宗八年(1236),就在燕京设置编修所,在山西平阳府沿袭金代旧制,复设经籍所,开始编修典籍,印刷图书。

　　元世祖忽必烈继位后,更加重视文教。至元九年(1272)置秘书监;次年,又设立兴文署,专掌雕印图书。至元十二年(1275),元军进占临安,将南宋秘书省书籍及江南诸郡书版悉数捆载,运至大都。元文宗天历二年(1329),立艺文监,下设艺林库和广成局。艺林库专掌书籍藏贮,广成局掌传刻经籍及印造之事。此外,国子监、翰林院、太医院、太史院印历局等中央政府机构都刻印图书。

　　元代刻书管理严格,官方每刻一书,必须经由中书省或其他相关管理机构批准。明陆容《菽园杂记》云:"尝爱元人刻书,必经中书省看过,下所司,乃许刻印。"清代蔡澄《鸡窗丛话》也说:"先辈云:元时人刻书极难。如某地某人有著作,则其地之绅士呈词于学使,学使以为不可刻,则已;如可,学使备文咨部,部议以为可,则刊板行世,不可则止。"

　　元代统治者对兴学立教极为重视,不仅重视中央高等教育,同时还十分注重地方各级儒学的建置和生徒的培养,在各路、府、州、县都设有儒学。全国各地学校的数目,据元世祖时大司农统计,至元二十三年(1286)为20166所,至元二十五年(1288)已为24400所。由此可见元代学校之盛。元朝政府还规定各学校都应有学田,所得收入全部由学校支配,供师生禀饩和其他经费开支,并用法律形式固定下来。因此,元代的学校一般都有比较充足的经费保证,有条件开展刻书事业。

　　正是因为这个原因,元代地方官府的刻书,也主要是通过各地的儒学来进行的。如：

大德九年（1305），江东建康道肃政廉访司副使伯都，从太平路学官之请，遍牒辖区九路即太平路、宁国路、徽州路、饶州路、集庆路、池州路、信州路、广德路和铅山路，令各路儒学分工刻《十七史》。这就是著名的《十七史》元九路儒学本。

延祐五年（1318）由集贤院呈请中书省，札付礼部议准，发下江西等处行中书省所辖各路儒学，刻印郝文忠公《陵川集》三十九卷。

元顺帝至元五年（1339），江北淮东道肃正廉访司移文扬州路总管府，照行本路儒学刻印马祖常的《石田先生文集》。

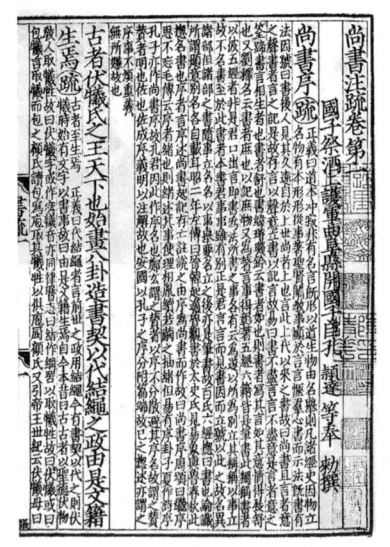

图47 元刻本《尚书注疏》

图48 元至正五年（1345）江浙、江西行中书省刻本《金史》

至元六年(1340),国子监牒呈中书省批准,下浙东道宣尉使司都元帅府,分派庆元路儒学召工刻印《玉海》二百卷、《辞学指南》四卷、《诗考》一卷、《诗地理考》六卷、《通鉴答问》五卷各书。

至正五年(1345),江浙、江西行中书省奉旨开雕《辽史》《金史》《宋史》,实际刻印工作也是由二省辖内的学校完成的。

官府刻书受到限制,而实际工作又由各地儒学来完成,这是元代的一个特殊现象。这种情况使得元代的官刻本一直保持了较高的质量。

与各地官学的情形相类似,元代的书院地位也很特殊。元代统治者对书院采取积极发展,严格控制的政策。元世祖至元二十八年(1291)明文规定,"先儒过化之地、名贤经行之所,与好事之家出钱粟赡学者,并立为书院。"①据白新良《中国古代书院发展史》②一书统计,元代共有书院406所,其中新建书院就达282所。这说明书院的建设在元代确实得到了长足的发展。

书院或由国家拨款,或由私人捐资,同时也大多拥有学田。书院的山长由政府委派,并授予官衔,领取官俸。书院的教授、学正、学录、直学等职务的任命、提升也都由政府批准。书院的官学化是元代书院的一个特点。

书院官学化对元代书院的刻书有两个影响:

第一,是要听命于官府的指令。如九路儒学本《十七史》中的《南史》《北史》,就是信州路的象山书院、道一书院、稼轩书院、蓝山书院奉命与信州路儒学、玉山县学、弋阳县学、贵溪县学、上饶县学一起合刻的。

---

① (明)宋濂等撰:《元史》,卷八十一《选举志》,中华书局,1976年,第2032页。
② 白新良著:《中国古代书院发展史》,天津大学出版社,1995年。

第二，提高了书院刻书的质量，扩大了书院刻书的传播途径。由于官府对刻书的严格控制，所以书院在刻书时，必然会慎加选择，珍惜每一次刻书机会。在刻书时，也会认真对待，精加校勘。而刻成后，也可以依靠官府的力量，扩大影响，广泛发行。所以元代的书院刻本在元刻本中占据了很重要的地位。

元代书院刻书非常普遍，其刻本现存著名的有：元大德三年（1299）广信书院刻印的《稼轩长短句》二十卷，大德六年（1302）宗文书院刻印的《经史证类大观本草》三十一卷、《五代史记》七十四卷，大德九年（1305）茶陵东山书院刻印的《梦溪笔谈》二十六卷，泰定二年（1325）圆沙书院刻印的《广韵》五卷，泰定四年（1327）西湖书院刻印的《文献通考》三百四十八卷，元统二年（1334）梅溪书院刻印的《韵府群玉》二十卷、《皇元风雅》三十卷，元顺帝至元二年至至正二年（1336—1342）西湖书院刻印的《国朝文类》七十卷，至正十一年（1351）建安书院刻印的《蜀汉本末》三卷，至正二十六年（1366）南山书院刻印的《广韵》五卷，雪窗书院刻印的《尔雅注》三卷，圭山书院刻印的《集千家注分类杜工部诗》二十五卷，等等。这些刻本在校勘质量、字体刀法、纸张墨色、版式装帧等各个方面，都可以说是元刻本的典型代表。

元代的私刻和坊刻不易分辨，叶德辉《书林清话》一书《元私宅家塾刻书》篇，共记载了元代私人刻书近40家，其实其中很多是书坊。从刻书内容来看，元代坊刻的数量要比私刻大得多，形成了几个坊刻比较发达的刻书中心，北方主要是大都、平阳，南方主要是杭州和建阳。

元代大都坊刻本中比较有名的是：《大都新刊关目的本东窗事犯》《大都新编关张双赴西蜀梦》，窦桂芳活济堂刻的《新刊黄帝明堂针灸经》《伤寒百证经络图》九卷,《针灸四书》八卷。

元代平阳比较有名的坊刻本是:晦明轩张宅刻的《重修政和经史证类备用本草》《增节标目音注精义资治通鉴》《丹渊集》《滏水集》等,中和轩王宅刻的《新刊韵略》《滏水文集》等,曹氏进德斋刻的《尔雅郭注》《中州集》《中州乐府》等。

元代杭州坊刻本中流传至今最有名的是所谓"古杭新刊"7种戏曲本,即:《关大王单刀会》《尉迟恭三夺槊》《风月紫云庭》《李太白贬夜郎》《霍光鬼谏》《辅成王周公摄政》《小张屠焚儿救母》等。

元代建阳坊刻本中著名的有:余志安勤有堂刻的《李太白诗集》《唐律疏议》《国朝名臣事略》《四书通》《增注太平惠民和剂局方》等,叶日增广勤堂刻的《新刊王氏脉经》《针灸资生经》等,刘君佐翠

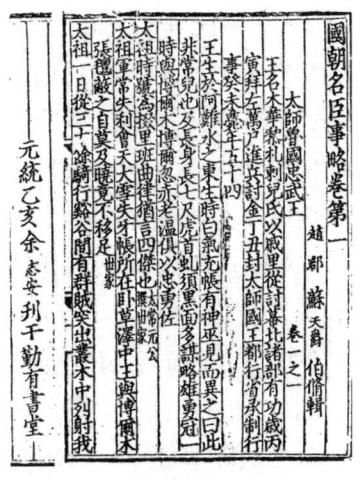

图49　元元统三年(1335)建安余氏勤有堂刻《国朝名臣事略》

岩精舍刻的《周易正义》《程朱二先生周易传义》《新刊河间刘守真伤寒直格》《注陆宣公奏议》《广韵》等,虞氏务本堂刻的《赵子昂诗集》《周易程朱传义》等。

元代的寺观刻书也值得称道。早在蒙古太宗九年(1237),道士宋德方、秦志安等人就在平阳的玄都观开始刊刻《道藏》,共历时8年,装成7800卷,史称《玄都宝藏》。但元代初年政府在佛道之争中崇佛抑道,元世祖至元十八年(1281),又诏毁道藏经文印版。《玄都宝藏》的书版在刻成后短短三十多年,便被付之一炬,

印本也未能幸免,现在只有中国国家图书馆还存有《云笈七签》的零叶和一卷《太清风露经》,使我们尚能一窥《玄都宝藏》的风貌。

大藏经在元代也屡经刊印。计有:

《碛砂藏》。因刻印于平江府陈湖(位于今江苏省苏州市吴中区用直镇南部)碛砂延圣院而得名。开雕于南宋嘉定九年(1216),完成于元至治二年(1322),历时近百年,共1532部,6362卷,591函;千字文编号,始"天"终"烦",经折装,版框高25厘米余,每版30行,每面6行,每行17字。《碛砂藏》经版在明代曾多次刷印和补刻,到清代初年经版仍存,后不知毁于何时。其印本国内外多有收藏,流传甚广。

《普宁藏》。因由杭州路余杭县南山大普宁寺大藏经局主持刊刻而得名。始刊于元至元十四年(1277),到至元二十七年(1290)完成,前后共用14年时间。全藏共1430部,6004卷,千字文编号,由"天"字至"感"字。大德十年(1306),松江府僧录管主八从弘法寺本藏经内选出南方版本藏经所缺的秘密经约97部,315卷,刻完编为千字文"武"字到"遵"字28函,随同《普宁藏》一同流通。最后又补入"约"字函的7部,6卷,收入元代沙啰巴译的秘密经轨5种,《白云和尚初学刻》《白云和尚正行集》2种。除因详细目录佚失,"武"字至"遵"字的28函秘密经无法计算外,《普宁藏》共计1437部,6010卷,559函。该藏基本上是依据宋《圆觉藏》翻刻的,但版式略小,经折装,版框高25厘米余,每版30行,每面6行,每行17字。刻工精巧细致,装帧古朴典雅。元末大普宁寺遭劫,经版与寺俱毁。

元代还刻印有三种官版《大藏经》:一是元初的《弘法藏》,一是元末的《元官藏》,一是所谓的铜版《大藏经》。

《弘法藏》因刊刻于大都弘法寺而得名,始刻于元世祖至元末年,大约经历了三四十年方才完成。

《元官藏》约开雕于元文宗至顺元年(1330),毕工于元顺帝至元二年(1336)以后。全藏约6500卷,651函,经折装,每版上下双边,6个半叶,半叶7行,行17字,版缝中刊千字文号。现云南省图书馆藏有一部。

铜版《大藏经》仅见于史料记载,由元英宗(1321—1323年在位)发起刊刻,但从未见有实物传世,不知是否完成,亦不知是雕刻铜版,还是铜活字版。

此外,元代还刊刻了西夏文、藏文、蒙文大藏经,而且一印再印,流传甚广。

二、元刻本的鉴定

元刻本特点鲜明:多为黑口,不讲避讳,简体和俗体字流行,印刷用纸也和宋版书有较大的差别。

元代刻本在总体质量上不如宋刻本,但也有自己的特色和相当的价值,表现在:

1.元继宋而起,故在宋本已亡佚的情况下,元本即成为一书现存的最早版本。例如《大广益会玉篇》一书,南宋本已亡,而据此本翻刻的元建安蔡氏刻本、元建安郑明德刻本、元至正十六年(1356)翠岩精舍刻本、元至正二十六年(1366)南山书院刻本、元建安朱氏与耕堂刻本等今仍存。

2.元代翻刻古书时,选用底本比较谨慎,故同一种书,元代的翻刻本质量往往胜过现存的宋版书。

此类书经部如元元贞二年(1296)平阳梁宅本《论语注疏》,叶德辉认为这个本子要优于宋刻十行本,光绪三十三年(1907)贵池刘世珩曾影刻行世。又如元大德平水曹氏进德斋本《尔雅郭璞音注》,精加订正,极少舛误,胜于明吴元恭所依据的宋本。

史部如元大德九年(1305)重刻宋景祐本《后汉书》,胜于宋建安刘元起所刻之本。

子部如元大德本《绘图列女传》,胜于阮氏文选楼所据刻之余氏勤有堂本。

集部如元大德本《增广音注丁卯诗集》,较宋版多诗大半,优于宋版;元张伯颜刻本《文选李善注》,胜于现存南宋尤袤刻本;元延祐七年(1320)叶曾南阜书堂刻本《东坡乐府》则胜于宋绍兴二十一年(1151)曾慥刻本。

3.元刻本写刻皆精。

元代刻书仍很讲究书法,多请名手书写上版,刻工技艺也较高,许多元本可以和宋本中之上乘刻本相媲美。对于此点,后人不乏赞美之辞。如《天禄琳琅书目》卷五记元版史部《山海经》十八卷云:"字仿欧体,用笔整严,刻手虽未能尽得其妙,而摹印清朗,在元刻中洵为善本。"乾隆御题云:"是本笔法,刻画清峭。当为元版之佳者。"《后编》卷十一记元版集部曾巩《元丰类稿》五十卷云:"是本书法契手,俱极古雅;麻

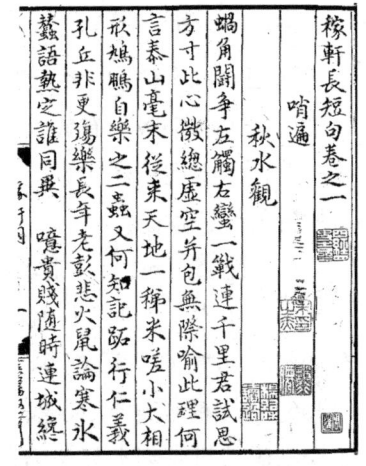

图50 元大德三年(1299)广信书院刻本《稼轩长短句》

纸浓墨,摹印精工,为元刻上乘。"该目同卷记《欧阳文忠公集》一百五十三卷云:"其椠法精朗,纸墨俱佳,元版中甲观。"

叶德辉《书林清话》卷七《元刻书多名手写》一篇,对元本写刻之精颇多论列,并曰:"此类元刻,其工者足与宋椠相颉颃,特以时代论,不免有高下之见耳。"此语当为公论。

元代刻本字体有仿赵(孟頫)体者,流丽娟秀,于流畅之笔画中,见其刚劲之力,具有较高的书法和审美价值。有的甚至以行书上版,如元末建阳刘锦文日新堂刻印的《伯生诗续编》及他人刻印的《朝野新声太平乐府》《新编红白蜘蛛小说》等书,其活泼的风格在历代刻本中是不多见的。

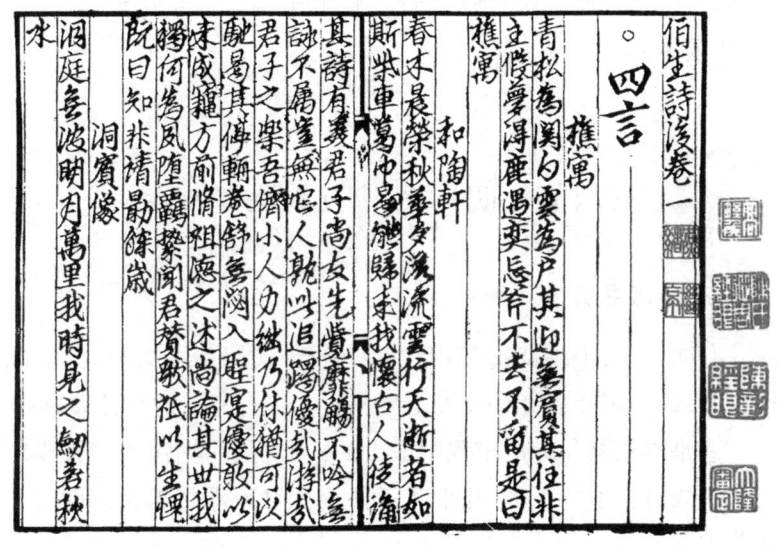

图51 元至元六年(1340)刘氏日新堂刻本《伯生诗续编》

4.元刻本多有创新。

如现存建安虞氏刻《新刊全相平话》五种,上图下文,风格古朴,既开后来"讲史小说"之先声,又可以说是最早的连环画。

元刻本的缺点也是明显的。由于元代坊刻本在刻本中的比重上升,刻书的营业性质显著,刻书工艺较为粗糙,不及宋刻本普遍刻印精细。偷工减料现象比较严重,为图省事,将宋代出现的细黑口变为粗黑口;为图省料,导致版式局促,版面行紧字密,文字不分段落,天头地脚狭窄,缺乏美感。用纸用墨质量下降,竹纸黑而发脆,皮纸薄而粗黄,有些刻本用墨秽浊,触手便污。

总而言之,元代刻本的质量总体上逊于宋代,但又有差别。从刻书者而论,则以兴文署刻本最为有名,各级儒学和书院本质量最好,坊刻本最差;以地区而论,则平水刻本质量最好,浙本次之,建本最差。

第四节　明代图书版本及其鉴定

一、明版书概述

有明一代,由洪武迄崇祯,凡276年,其间刻书数量之大、品种之多,超迈宋元。此外还发生了书史上极有意义的几件大事:

一是永乐初年完成了我国最大的一部写本类书《永乐大典》,其中辑录古籍七八千种,几乎囊括了明代皇家图书馆文渊阁的全部藏书。

二是明代中叶铜、锡活字印书的迅速发展,在江苏无锡、常州、南京一带出现了不少专门从事铜、锡活字印刷的著名刻书家。

三是套版印刷的兴起和盛行,浙江湖州闵、凌二氏所刻之书几乎全部为套版印本,独步一时,加之稍后饾版、拱花技术的发明和应用,为明代印刷术的发展写下了光彩的一页。

四是正德、嘉靖年间古代印刷字体——宋体字的形成,在图书发展史上具有重要的意义。

明代写本书数量很大,据宣德四年(1429)统计:"秘阁贮书约二万余部,近百万卷,刻本十三,抄本十七。"①可见写本书在明代图书中还是占相当大的比重的。但就现存明本书来看,则由于刻本复本量大,写本复本量小,仍以明刻本传留较多,比较常见,更能代表明代图书版本的风格。

明代刻书仍以官、私、坊刻书为三大刻书系统。此外,藏经、道藏的刻印也是明代刻书的一个重要组成部分。

(一)明代官刻本

明代官刻,首推经厂。经厂是由太监管理的司礼监下设立的专门负责刻印书籍的机构。现知明代经厂刻书多至近 200 种,此外还刻印了大量的佛经、道藏。

国子监刻本在明代也很有名。明代在南京和北京都设有国

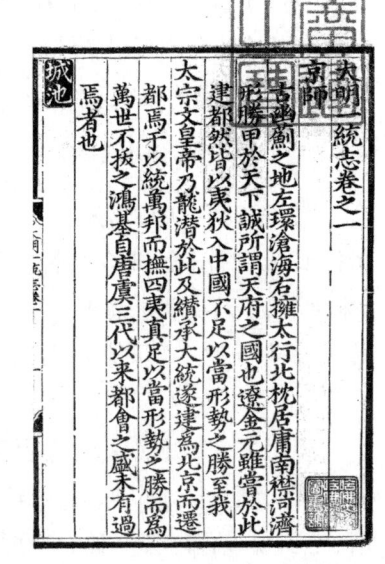

图 52　明天顺五年(1461)内府刻本《大明一统志》

---

① (清)张廷玉等撰:《明史》,卷九十六《艺文志》,中华书局,1974 年,第 2343 页。

子监,南京的叫南监或南雍,北京的叫北监或北雍。南监继承了元集庆路儒学所藏的全部书版,又从各地搜罗了大量的宋元书版,如杭州西湖书院所藏的宋元书版就全部被搬运到南京国子监。南监对这些书版不断进行修补,刷印行世。宋元两代遗存下来的十七史书版,数量大,品种多,更是南监修补重印的主要对象。此外,南监也新刻了不少书籍。

北京国子监建于永乐元年(1403),刻书最多的时期是在万历年间(1573—1620)。据清《钦定国子监志》所附《明太学志载书籍板片名目》著录,北监所刻书版约有137种,其中经部39种,史部59种,子部37种,集部12种,内容遍及经、史、子、集四部。其中著名的有《十三经注疏》《二十一史》等。北监刻书校勘不精,故刻书虽多,却为世人所诟病。

(二)明代家刻本

明代家刻本中,藩府刻本占有重要地位。据各家书目著录,明代诸藩刻书多达300余种。如晋藩所刻之《文选注》《唐文粹》《宋文鉴》《元文类》诸书,秦藩所刻之《史记》,德藩所刻之《汉书》,郑藩所刻之《乐律全书》,卷帙浩繁,既精且美,深为世人所推重。

藩府之外,明代家刻阵容庞大,名家迭起。像朱承爵、王延喆、袁褧、顾元庆、郭勋、闻人铨、范钦、胡宗宪、王世贞、吴勉学、吴琯、冯梦祯、屠隆、曹学佺、臧懋循、张溥、胡正言、洪楩、毛晋等,都是刻印了许多著名图书的刻书大家。其中尤以明末的毛晋刻书最多。

毛晋(1599—1659),原名凤苞,字子晋,堂号汲古阁、绿君亭,常熟人。毛晋一生刻书600多种,遗留书版10万余片,所刻书多

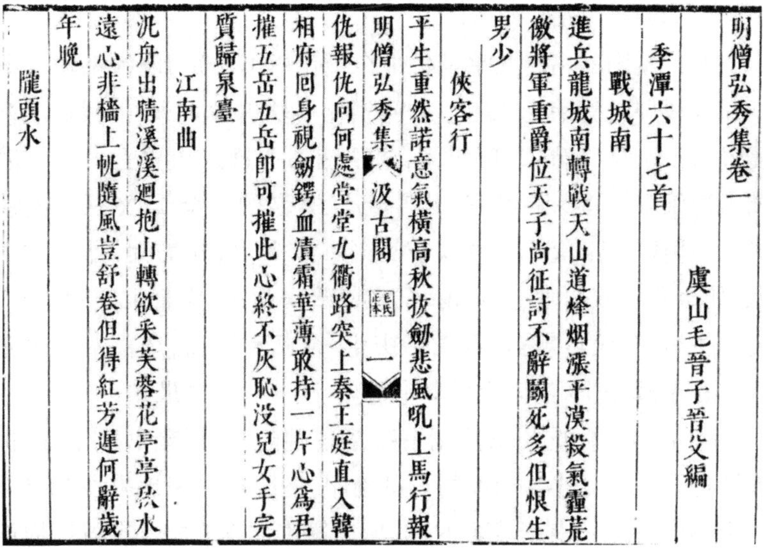
明僧弘秀集卷一
虞山毛晉子晉父編
季潭六十七首
戰城南
進兵龍城南轉戰天山道烽烟漲平漠殺氣霾荒徼將軍重爵位天子尚征討不辭鬬死多但恨生男少
俠客行
平生重然諾意氣橫高秋拔劒悲風吼上馬行報
明僧弘秀集　汲古閣　毛氏正本　一
仇報仇向何處堂堂九衢路突上秦王庭直入韓相府回身視劒鍔血漬霜華薄敢持一片心爲君摧五岳五岳即可摧此心終不灰恥没兒女手完質歸泉臺
江南曲
汎舟出蜻溪溪迴抱山轉欲采芙蓉花亭亭欹水遠心非檣上帆隨風豈舒卷但得紅芳遲何辭歲年晚
隴頭水

图 53　明崇祯十六年（1643）毛晋汲古阁刻本《明僧弘秀集》

据宋元善本，并注意校勘，许多古籍依赖毛本得以流传至今，许多古籍因毛本而使后人得窥全貌。所刻书著名者，有《十三经注疏》《十七史》《六十种曲》《宋六十家词》《津逮秘书》等。

（三）明代坊刻本

明代一反元代限制刻书的政策，鼓励民间刻书。“洪武元年（1368）八月，诏除书籍税。”[①]洪武二十三年（1390），又命礼部遣使购天下遗书善本，令书坊刻行。这就使得明代的书坊刻书如雨后春笋，蓬勃而兴了。

明代坊刻兴盛之地主要有建阳、苏州、南京、杭州、北京等，其

① （清）龙文彬撰：《明会要》卷二十六，清光绪十三年（1887）刻本。

中又以建阳刻书最多。

明代建阳的书坊几乎都集中在崇化里书坊街,麻沙书坊已毁于元末兵燹。弘治十二年(1499)崇化书坊也遭大火,但很快就恢复过来了。到嘉靖、万历年间,建阳刻书业进入历史上的鼎盛时期。建阳书坊多家族经营,世袭传承,著名的有余氏、刘氏、熊氏、杨氏、郑氏、萧氏等,其中以余氏刻书最多,名气最大,计有数十家,如余象斗双峰堂、三台馆,余彰德萃庆堂,余成章永庆堂,余应虬近圣居、余氏自新斋、余氏怡庆堂、余氏克勤斋、余氏双桂书堂等。肖东发先生《建阳余氏刻书考略(中)》①述之最详。

南京、苏州、杭州书坊刻书数量稍逊建阳,但刻书质量好,世人评价高。此外小说戏曲的大量刻印,是明代这三地书坊刻书的一个共同特点。南京著名的有:唐氏富春堂刻《绣刻演剧》,周曰校万卷楼刻《新刻校正古本大字音释三国志通俗演义》,周希旦大业堂刻《重刻西汉通俗演义》,陈大来继志斋刻《重校五伦传香囊记》等;苏州著名的有:贯华堂刻《第五才子书施耐庵水浒传》,衍庆堂刻冯梦龙的《三言》,天许斋刻《天许斋批点北宋三遂平妖传》,叶昆池能远居刻熊大木编的《玉茗堂批点南北宋传》等;杭州著名的有:容与堂刻《李卓吾先生批评忠义水浒传》《李卓吾先生批评幽闺记》,段景亭读书坊刻《艳异编》《怡云阁浣纱记》等。

明代北京书坊数量也不少,有名号可考的有:汪谅金台书铺、永顺书堂、金台岳家、国子监前赵铺、宣武门里铁匠胡同叶铺、刑部街住陈氏、冯氏忠孝堂、晏氏忠恕堂等。其中以金台书铺汪谅最为有名,其特点是据宋元古本大量翻刻古典名著,如《史记》《文

---

① 肖东发著:《建阳余氏刻书考略(中)》,《文献》,1984 年第 4 期,第 199—211 页。

选》《杜诗》《臞仙神奇秘谱》等,现知者即有 14 种之多。

(四)明代大藏经和道藏的刻印

明代佛教虽已趋向衰落,但大藏经的刊刻数量仍旧不少,现知有官版汉文大藏经三部,即《洪武南藏》《永乐南藏》《永乐北藏》;私版两部,即《嘉兴藏》《万历藏》。

《洪武南藏》是明太祖于洪武五年(1372)敕令开雕的明代第一部官版大藏经,毕工于建文三年(1401),收经 1600 余部,近 7000 卷,分装 678 函,经折装,一版 5 个半叶,半叶 6 行,行 17 字。永乐六年(1408)书版即毁于火,故传世印本极少,现仅四川省图书馆收藏有一部。

《永乐南藏》是明成祖于永乐十年(1412)敕令在南京开雕的明代第二部官版大藏经,刻成于永乐十五年(1417)。共收经 1610 部、6331 卷,分装 636 函,经折装,一版 5 个半叶,半叶 6 行,行 17 字。传世印本较多。

《永乐北藏》是明成祖敕令在北京开雕的宫廷大藏经,始刻于永乐十八年(1420),刻竣于明英宗正统五年(1440),共收经 1615 部、6361 卷,分装 6924 册、637 函,经折装,半叶 5 行,行 17 字,开本阔大,装帧华贵。万历十二年(1584)又补雕 410 卷 41 函为《续藏》。

《嘉兴藏》因在嘉兴楞严寺刷印而得名,又因为经版储藏在浙江余杭径山兴圣万寿禅寺,故又名《径山藏》。《嘉兴藏》开雕于明万历七年(1579),最后完成于清雍正元年(1723),线装,半叶 10 行,行 20 字。

《万历藏》由明惠王选侍王氏发心刊于南京,朝野人士及广大信徒助刻。开雕于明万历十七年(1589),完成于清顺治十四年

(1657)。此藏系翻刻《永乐南藏》,并增收《永乐北藏》41函、36部410卷,最后又编入鱼字函的《天童密云禅师语录》13卷。全藏共收经、律、论、集、传等1659部、6234卷、678函,千字文编次"天"字至"鱼"字,经折装。

此外,明代皇帝还先后于永乐年间在南京、万历年间在北京两次刊刻藏文大藏经,即所谓"永乐版"和"万历版"。明末云南丽江土司木增也捐资刊刻了藏文大藏经的《甘珠尔》。其书版17世纪末因战乱运到四川理塘寺,故世称"理塘版"。

明代皇帝普遍崇信道教,永乐四年(1406),成祖敕道教第43代天师张宇初纂校《道藏》,英宗正统九至十年(1444—1445)刻版印行,故称《正统道藏》,共5305卷、480函,以千字文编次,自"天"字至"英"字,经折装,每卷1册。万历三十五年(1607),明神宗又敕第50代天师张国祥刊印《万历续道藏》,自"杜"字至"缨"字,共180卷、32函,与《正统道藏》合计共收入道书1476种。这是历史上道藏的最后一次编纂刊行。

二、明刻本的鉴定

明代刻书大致可分为三个阶段:自洪武至弘治(1368—1505)为初期,所刻率浑穆、淳朴,字体凝重,版心宽大,几可与宋本相媲美;正德、嘉靖两朝(1506—1566)为中期,刻书多且书品精,纸张洁白,字大宜读,人多宝爱之;隆庆、万历以后至崇祯年间(1567—1644),商品经济发达,图书刻印量大,刻书质量不能保证,世人评价最低。所以对明代刻本,不可一概而论。

(一)明初刻本

明初许多宋元旧版还保存完好,可以继续刷印。校印者也能继承宋元刻书校勘认真的传统,对文字不乱加改动,修版时力求保存原本面貌。所以明初版本与宋元版书在风格上无大差别,文字内容也较为准确,叶德辉《书林清话·明时诸藩府刻书之盛》中说:"明时官刻书,推南北监本为最盛,南监多存宋监、元路学旧板,其无正德以后修补者,品不亚于宋、元。"①黄丕烈也曾说:"书籍有明刻而可与宋元板埒者,惟明初黑口板为然,故藏书家多珍之。"②又说:"而明刻之可贵,直至历过宋元抄校之后方有味乎!"③可见明初刻印图书,质量确实较好。所以后人对明初刻本一向评价很高,称宋、元、旧刻为善本,其中所谓旧刻,即指明初刻本。

(二)明中期刻本

明正德以后,前后七子提倡复古,文必秦汉,诗必盛唐,对古籍的重视程度骤然加深,对图书文字内容的准确真实性的要求也相应提高,于是,校勘精审、文字内容更为接近古书原本面貌的宋版书大受欢迎。于此同时,官府方面也鉴于书坊翻刻经书开本窄小,错讹连篇,不仅贻误初学,对士子科举考试也为害不浅,于是三令五申,令书坊翻刻经书时,不仅要重复校勘,而且要按钦颁官

---

① 叶德辉著,漆永祥点校:《书林清话:外二种》,北京联合出版公司,2018年,第158页。
② (清)黄丕烈撰:《明刻本周职方诗文集二卷跋》,见《黄丕烈书目题跋·荛圃藏书题识》卷九,中华书局,1993年,第215页。
③ (清)黄丕烈撰:《明居敬堂刻本法藏碎金录十卷跋》,见《黄丕烈书目题跋·荛圃藏书题识续录》卷二,1993年,第312页。

书照式翻刻，不得有违。在这上下两方面的要求下，自嘉靖起，刻书风格为之一变，模仿宋本成为一时风尚，不仅版式由明初的黑口变为宋版书通行的白口，四周双边或单边改为与宋版一致的左右双边，甚至宋本的行款、字体也一丝不误，翻刻时原样摹刻，几与宋本无异，从而产生了大量的影宋刻本。这些影宋刻本刻印皆精，比较忠实地反映了宋本书的原貌，具有很高的版本价值，受到后世藏书家的喜爱，称之为仅下真迹一等的佳品。

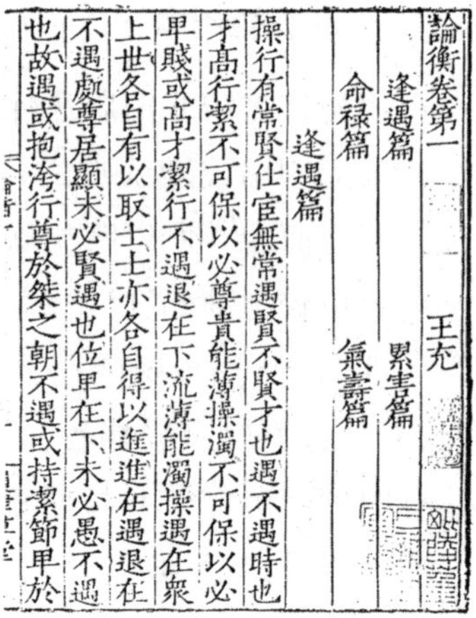
論衡卷第一　王充
逢遇篇　累害篇
命祿篇　氣壽篇
逢遇篇
操行有常賢仕宦無常遇賢不賢才也遇不遇時也
才高行潔不可保以必尊貴能薄操濁不可保以必
卑賤或高才潔行不遇退在下流薄能濁操遇在衆
上世各自有以取士士亦各自得以進進在遇退在
不遇處尊居顯未必賢遇也位卑在下未必愚不遇
也故遇或抱洿行尊於桀之朝不遇或持潔節卑於

图 54　明嘉靖十四年（1535）吴郡苏献可通津草堂刻本《论衡》

此外，明代中期刻本多用白棉纸，洁白柔韧，经久不坏。过去藏书家购求明版，必以白棉纸为贵。

总之，嘉靖以前即明初和明中叶的刻本虽也有校勘不精、粗制滥造的现象，但并不普遍，总的说来，刻书态度比较严肃认真，刻本的质量是比较好的。所以对这一时期的明刻本后人评价很高，少有贬语。

（三）明末刻本

明代后期，商品经济发达，社会生活活跃，印刷业也呈现繁荣局面，万历至崇祯末年的六七十年间，是历史上刻书最多的一个时期，刻书内容也极其丰富，刻书业中历来以刻印古书为主的倾向被当代人著作大批刊行问世的现象所打破。而当时人所著之书，大多是直接反映当时社会政治、经济、军事、学术、文化、边疆见闻等具有珍贵史料价值的所谓"野史稗乘",这些书在清代大多被列入禁毁书目而成为禁书,而这些明末刻印之书大多是未经任何人删改的初印本,所以有很高的版本价值。如万历刊本《明经世文编》(今有中华书局影印本)是研究明代历史的极好资料,全国目前只发现4部,而且均有残缺。再如版画、传奇、杂剧的刻印也以隆庆、万历以后为最多。金陵唐氏世德堂、富春堂刻印的戏曲、小说几十种质量都很不错。徽州黄、汪二姓刻工刻印的版画、书籍精美异常。又如崇祯年间黄国琦刻印的《册府元龟》,今天中华书局影印的就是这个本子。宋代眉山刻本虽比黄本好,但只存残本,若非有黄刻本的传世,今天我们就不会见到《册府元龟》一千卷巨帙的全貌了。

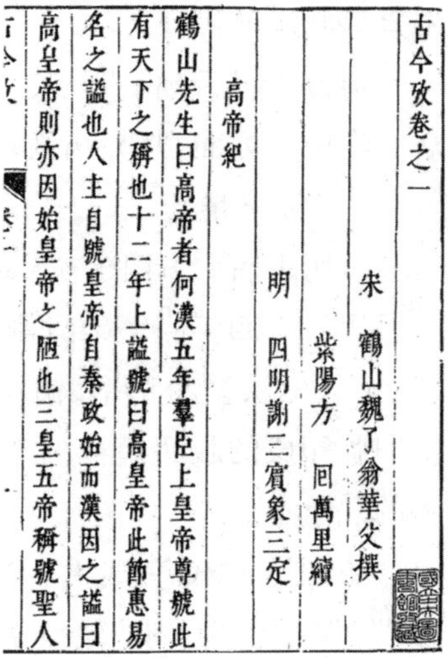
古今攷卷之一
宋　鶴山魏了翁華父撰
紫陽方　回萬里續
明　四明謝三賓象三定
高帝紀
鶴山先生曰高帝者何漢五年羣臣上皇帝尊號此有天下之稱也十二年上諡號曰高皇帝此節惠易名之謚也人主自號皇帝自秦政始而漢因之謚曰高皇帝則亦因始皇帝之陋也三皇五帝稱號聖人

图55　明崇祯九年(1636)刻本《古今考》

明末陆容在其所著《菽园杂记》中说:"宣德、正统间,书籍印版尚未广。今所在书版日增月益,天下右文之象,愈隆于前已。但今士习浮靡,能刻正大古书以惠后学者少,所刻皆无益,令人可厌。上官多以馈送往来,动辄印至百部,有司所费亦繁。偏州下邑寒素之士,有志占毕①,而不得一见者多矣。"这段议论固然是出于封建正统立场而发的,但反过来看,也恰可以作为反映明末刻

① 意即看书、读书。《礼记·学记》:"今之教者,呻其占毕。"汉郑玄注:"占,视也。简谓之毕。"

书繁盛状况的佐证。

但万历以后刻书既多,就不免于滥;既滥,就不免出现各种弊病。在版本方面,其弊病则表现为:

1.校勘不精。

万历以后,刻印图书大多校勘草率,虽官刻也不能避免。如自万历二十四年(1596)开雕,至三十四年(1606)竣工的北监刻本《二十一史》,校勘草率,错字极多。所以当时藏书家宁可购买拼凑旧版印成的版面模糊的南监本,也不愿收藏行款整齐、版面洁净的北监本。

坊刻本的校勘则更为粗略,如误"官"为"宫",误"数"为"疏",误"互"为"牙",诸如此类,不胜枚举。

私人刻书也存在着这种弊病。如著名之毛晋汲古阁,刻书质量在当时已属佼佼者,但由于各种原因,翻刻古书也未能尽据家藏之宋元善本校勘周详,导致所刻之书文字错讹较多,贻人以口实。清初孙从添《藏书记要》中就说:"毛氏汲古阁《十三经》《十七史》,校对草率,错误甚多,不足贵也。"又说:"汲古阁毛氏所刻甚繁,好者亦仅数种。"黄丕烈也曾说:"汲古阁刻书富矣,每见所藏底本极精,曾不一校,反多臆改,殊为恨事。"①

上述事例说明,文字校勘不精的现象,是明末刻本普遍存在的问题。

2.任意删减,改窜原书。

刻书时删改原书之事,万历以前也偶有发生,但并不普遍。例如成化刊本《周礼句解》一书,于经文就任意删节。万历以后则

---

① (清)黄丕烈撰,(清)潘祖荫辑,周少川点校:《元大德本〈后汉书〉一百二十卷跋》,见《士礼居藏书题跋记》卷二,书目文献出版社,1989年,第13页。

此风大开,成为一种社会现象。顾炎武《亭林诗文集》中说:"闻之先人,自嘉靖以前,书之锓本虽不精工,而其所不能通之处,注之曰'疑'。今之锓本加精,而疑者不复注,且径改之矣。"在《日知录》卷十八中又说:

> 万历间人多好改窜古书,人心之邪,风气之变,自此而始……不知其人,不论其世,而辄改其文,缪种流传,至今未已。
>
> 山东人刻《金石录》,于李易安《后序》:"绍兴二年玄默岁壮月朔",不知"壮月"之出于《尔雅》"八月为壮",而改为"牡丹"。凡万历以来所刻之书,多"牡丹"之类也。

此类尚属臆改,还只是校勘不精、方法不当的错误,明末刻本更大的弊病还在于妄删图书内容。如宋人王楙所著《野客丛谈》三十卷,陈继儒刻入其自编丛书《宝颜堂秘笈》中,删掉了18卷,只存12卷,精核之处多被删去。又如明人田艺蘅的《留青日札》一书,隆庆间原刻本和万历间重刻本都是39卷,但明末的其他刻本则只有4卷,竟然删去了十分之九的篇幅。明末郎瑛在所撰《七修类稿》中,更进一步分析说:

> 我朝太平日久,旧书多出,此大幸也,亦惜为福建书坊所坏。盖闽专以货利为计,但遇各省所刻好书,闻价高,即便翻刊,卷数目录相同,而于篇中多所减去,使人不知,故一部只货半部之价,人争购之。近如徽州刻《山海经》,亦效闽之书坊,只为省工本耳。

据此而论,大概明末删改节略原本之风起自闽而蔓延于各地,流毒甚广。本来选取各种古书的若干章节汇编为一书之事,古已有之,如唐代马总的《意林》、元代陶宗仪的《说郛》等,人人都知道它们所收的不是全本。又如《十七史详节》《少微通鉴节要》之类,其为节本,一望而知。但明末刻本往往将全书删去大半而不注明其为节本,或将注解删掉许多而不加以说明,以蒙混读者,牟取高利,此种行为实在害人不浅。故后人常说"明人好刻书而古书亡",指的就是这个道理。

3.万历以后刻本纸墨转劣。

万历以后,刻书用纸多由棉纸变为竹纸,这种竹纸既不如棉纸颜色洁白,也不如棉纸绵软柔韧,而是薄脆光滑,不如棉纸耐印经久。印书用墨质量也转差,明万历刻本《南京礼部编定印藏经号簿》中首列条约中有一条云:"作料:烟煤五篓,银壹两;面伍百斤,银叁两。"以烟煤和面制墨,成本远低于油烟墨或松烟墨,所以许多明末刻印本墨色轻浮,触手便污,很容易污染版面,不受读者欢迎。

总论明代版本,初期、中期质量较好,晚期在刻印技术和外观形态上虽有许多进步,但文字校勘较差,刻书态度不如以往严肃,出现了许多弊病。如以地域而论,则嘉靖以前,以江苏吴中等地为好;万历以后,浙江湖州、新安、安徽徽州等地刻书质量较高;福建刻本最多,质量也最差。

对于明代版本的优劣和价值高下,必须历史地看待。早在20世纪40年代,顾廷龙先生就对此有极为清醒的认识,他说:

明本之于今日，其可贵诚不在宋、元之下。盖清初之去北宋末叶与今日之距洪武纪元，其历年相若，一也。经史百家之中，若郑注《周礼》、《仪礼》、《纪年》、《周书》、《家语》、《孔丛》等书，无不以明覆宋本为最善，赖其一脉之延，二也。又以前明掌故之作特盛，往代后世鲜有重刻之本，足以订补史乘之未备；而晚明著述辄遭禁毁，其中正多关系重要者，三也。橅刻旧本惟妙惟肖，虎贲中郎，藉存真面，四也。①

进入21世纪，明代最晚的版本距今也有三四百年了，今人看明版书，正如明人看宋版书，所以不能总是拿清代人的眼光来看明版书，那就会低估了明版书。此外明代出版的明人的著作，当然是最早的，对这种明版书就更要特别珍视了。

第五节　清代图书版本及其鉴定

清代是中国古代印刷事业最为繁荣的一个朝代，也是中国图书出版印刷事业经历大变革、大转折的时代。道光以后，西方印刷术逐步传入中国，最终取代了中国传统印刷技术。所以，清代的图书版本类型最为复杂，既有大量精美的刻本、活字本、套印本，也有数量浩繁、面貌迥异的铅印本、石印本。为了避免与后面的内容重复，本节所论，仅限于中国传统的印本类型。

---

① 潘景郑、顾廷龙编纂：《明代版本图录初编·叙》，上海：开明书店，1941年，第3页。

一、清代版本概述

清本在现存古书中,数量最大,目前各大中型图书馆收藏的古籍中,也以清本最为常见,最便利用。所以清本应在历代版本的鉴定、研究和评价中占据主要的地位。

(一)清代官刻本

清代官方刻书,规模大,成系统,很有特点。尤其是武英殿刻书,影响最大。

武英殿在紫禁城内,康熙十九年(1680)在其左右廊房设立武英殿造办处,由内务府管辖;康熙四十四年(1705)以后,成为内府专门的刻书机构,开始大量刊印书籍。雍正七年(1729),改武英殿造办处为修书处,下设监造处、校刊翰林处、档案房等。监造处又有书作、刷印作、铜字作、聚珍馆等机构。此后,大凡御定、御制、敕撰诸书,以及经、史群籍,均由武英殿校定版行。康、雍、乾三朝,特别是乾隆朝,武英殿刻书最多,道光二十年(1840)后刊书甚少,仅存其名。武英殿前后刻印图书在400种以上。仅据近人陶湘《故宫殿本书库现存目》著录,就有300多种。其中最著名的有:《康熙字典》《圣谕广训》《大清会典》《十三经注疏》,《二十四史》《三通》等。武英殿除刻印了大量的刻本外,雍正年间,还雕刻铜活字,摆印了《古今图书集成》64部。该书字体秀丽工整,绘图完善精美,品相甚高。乾隆三十八年(1773),又命将《永乐大典》中辑出的古书134种,雕刻木活字排版付印,御赐名《武英殿聚珍版丛书》。同治八年(1869)和光绪二十七年(1901),武英殿两次遭受火灾,书籍版片损失很大。

清代名公大臣们热衷于领衔刻书,甚至于不惜自己出资,而以朝廷的名义刊行。如江宁织造曹寅成立扬州诗局刻印《全唐诗》，詹事府詹事陈元龙刻《历代赋汇》，吏部尚书宋荦刻《御批通鉴纲目》。这些刻本不惜工本，校刻认真，往往也被归于武英殿刻本。

武英殿外，国子监也从事刻书，所刻有《御纂周易折中》《钦定诗经传说汇纂》等，不过数量较武英殿要少得多了。

清代官刻中还有一个很重要的部分，就是官书局刻本。官书局的普遍设立是在清代末年。此系太平天国被扑灭以后，清政府为了重振封建伦理纲常，而大力倡导的一项重要文化措施，始于同治二年（1863）曾国藩在安庆创建的江南书局。同治三年（1864）湘军攻陷南京，江南书局迁至南京，后改名为金陵书局。于是各省纷纷效仿，相继开设了扬州淮南书局（又称扬州书局），苏州江苏书局（又称苏州书局），杭州浙江书局，武昌崇文书局，南昌江西书局，成都存古书局，济南皇华书局，广州广雅书局，昆明云南书局，长沙湖南书局、思贤书局、传忠书局，太原濬文书局，合肥敷文书局，贵阳贵州书局，福州福建书局（又称福州书局）等。其中以金陵书局、江苏书局、浙江书局、广雅书局等最具影响。官书局专门刊印古代经史书籍和名人文集，并大量翻刻武英殿版图书。在晚清的半个多世纪中，官书局刻书基本就是当时官刻本的全部。刻本中著名的有：金陵、淮南、浙江、江苏、崇文五局合刻的《二十四史》，金陵书局校刻的《史记》，浙江书局辑刻的《二十二子》，崇文书局辑刻的《子书百家》，江苏书局辑刻的《资治通鉴汇刻》，广雅书局辑刻的《纪事本末汇刻》，思贤书局刻印的《湖南丛书》，云南书局刻印的《云南丛书》，广雅书局刻印的《广雅丛书》，江西书局和福建书局先后翻刻的《武英殿聚珍版丛书》等。

（二）清代家刻本

清代的学者或藏书家均好刻书，而且刻书规模大，校刻质量精。清初的周亮工、曹溶、朱彝尊、徐乾学、黄叔琳等人，已开风气之先，刻印了不少内容好、价值高的图书。乾嘉时期的孙星衍、卢见曾、胡克家、卢文弨、毕沅、鲍廷博、黄丕烈、顾千里、张海鹏等人，更是精心校刻了大量图书。这些家刻本最终大都以丛书的形式传世，如曹溶的《学海类编》、纳兰性德的《通志堂经解》、卢见曾的《雅雨堂丛书》、黄丕烈的《士礼居丛书》、鲍廷博的《知不足斋丛书》、毕沅的《经训堂丛书》、卢文弨的《抱经堂丛书》、孙星衍的《岱南阁丛书》和《平津馆丛书》、张海鹏的《学津讨源》《墨海金壶》、马国翰的《玉函山房辑佚书》、姚振宗的《快阁师石山房丛书》等。这些丛书不仅部头大，内容涉及面也极广，凡历代各科学术的主要著作，几乎囊括无遗。所收之书，均校勘精审，准确可靠，集中反映了清代学者整理校刻古书的成果。

直到清末的家刻本，仍保持着上述特点。如黎庶昌的《古逸丛书》，叶德辉的《郋园全书》，王先谦的《虚受堂十种》，缪荃孙的《云自在龛丛书》《藕香零拾》，都是精刻精校，深受世人好评。

（三）清代坊刻本

清代坊刻主要集中在北京、苏州、南京、广州等地。

北京的琉璃厂、隆福寺书铺云集，既售书，也刻书。仅琉璃厂一处，就有书肆120多家，其中有刻书记录的就有30多家，著名的有：饶氏富文堂、王氏文盛堂、汤氏善成堂、李氏龙威阁、谭氏正文斋、邓氏有益堂、魏氏奎文堂、程氏宝经堂、李氏西山堂、王氏来鹿堂、韦氏鉴古堂、丁氏荣禄堂、曹氏文宝堂、程氏宏道堂、魏氏文贵堂、张氏荣华堂、孙氏文友堂、韩氏翰文斋等。上述这些书肆刻书多在清末,一般少则数种,多则十余种到数十种不等。隆福寺书肆数量稍逊于琉璃厂,但规模也很不小。著名的有:刘氏聚珍堂、李氏宝书堂、高氏文成堂、陈氏老二酉堂、龚氏三槐堂,以及同立堂、明经堂、带经堂、文元堂、镜古堂等。

苏州书坊可称与北京南北辉映。仅有刻书记录的就有70多家。如席氏扫叶山房、赵氏书业堂、尤氏宝翰楼、绿荫堂,刻书都在数十百种以上,不能一一细数。其他如天禄阁刻《唐诗正》、映雪草堂刻《礼记增订旁训》、拥万堂刻《明诗归》、陶氏五柳居刻《太玄经集注》、小酉山房刻《困学纪闻集证》、友益斋刻《困学纪闻三笺》、书艺堂刻《说呼全传》等,都流传甚广。

清代南京的坊刻不如苏州发达,但刻书也很不少,如李光明庄一家,刻书就将近200部;芥子园也刻书数十部。其他如大业堂刻《朱子语类》、奎璧斋刻《周易》、观成堂刻《纲鉴百将策题汇纂广集》、德聚堂刻《新刻钟伯敬先生批评封神演义》、味经堂刻《明诗别裁集》、李氏三多斋刻《杜工部集》《本朝试赋丽则》《本朝试赋新硎》、抱青阁刻《介子园画传四集》、问经堂刻《明堂考》、冶麓山房刻《金陵琐志》、状元境宜春阁刻《也侬诗草》《塾言》、状元阁刻《古文辞类纂》、桂氏务本堂刻《四书益智录》、一得斋善书坊刻《劝修净土切要》等,现今仍有传本存世。

清末广州商品经济发达,书坊林立,无论公私刻书,都习惯于将刻印乃至发行事务交给书坊承办。现已知位于双门底①的书坊

---

① 双门底,广州市旧地名,20世纪60年代改名北京路。双门底位于老广州城的中轴线,市井繁华,商贾云集,被称为"岭南第一街"。

就有：文选楼、全经阁、味经堂、聚文堂、福芸楼、聚锦堂、儒雅堂、九经阁、芸香堂、拾芥园、经韵楼、三元堂、古经阁、集成堂、登云阁、壁鱼堂、汲古堂、伟文堂、古香楼、经史阁、瑞云楼、元奎阁、纬文堂、文华阁、芸楼、文英阁、圣教书楼等，数量多达数十家，可见当年该处书业之繁盛。双门底西边，有一条东西向的街道叫西湖街，也是书坊聚集之地，规模仅次于双门底，称得上是"书坊一条街"。西湖街上有名的书坊有：富文斋、六书斋、萃古堂、超华斋、绍经堂、博文斋、聚珍堂、心简斋、效文堂、正文堂、酌雅楼、留香斋、汗青斋、成文堂、墨宝楼、鸿文堂、藏珍阁、宝珍楼、艺苑楼、六云斋、行远堂、迂斋等二十余家。这些书坊既售书，也刻书，极大地繁荣了清代广州的图书出版事业。

（四）佛经的刊刻

清代官版汉文大藏经只有《乾隆版大藏经》一部，俗称"龙藏"。雍正十一年（1733），诏开藏经馆于北京东安门外贤良祠，开始编辑大藏经。雍正十三年（1735）开雕，乾隆三年（1738）刻竣。全藏分正藏、续藏两部分，共收经 1675 部，7240 卷，分装 724 函，经折装，每版 5 个半叶，半叶 5 行，行 17 字。经版原藏武英殿，后藏柏林寺，现藏房山云居寺。

清代民间虽然没有编刻完整的大藏经，但单本佛经的刊刻数量却也不少。清末杨文会（1837—1911，字仁山）更以刊印佛经为己任，他于同治五年（1866）在南京创办了金陵刻经处。在他主持金陵刻经处的四十多年中，刻印佛经达 200 余种，3000 余卷，经版 17 万余片。他还通过日本佛教学者，从日本寻回中国自唐末五代以来久已散佚的各宗重要典籍 300 余种，择其善者，如《中论疏》

《百论疏》《成唯识论述记》《因明入正理论疏》等，予以刻印流传。他编辑了《大藏辑要》的目录，选佛典460部，计3300余卷，计划陆续刻印，惜未竟其业，赍志而没。

与其同时，还有郑学川（1826—1880）于同治五年（1866）在扬州创立江北刻经处，之后又在苏州、常熟、杭州、如皋设立刻经处，前后共计刻印佛经近3000卷。

清代还有藏文大藏经、蒙文大藏经、满文大藏经的刻印。

藏文大藏经有：

北京版《大藏经》，又名嵩祝寺版。康熙二十二年（1683）由朝廷出资，在北京嵩祝寺刻印了《甘珠尔》，雍正二年（1724）又刻了《丹珠尔》。现有印本传世，经版毁于1900年庚子之役。

卓尼版《大藏经》。康熙六十年（1721）至乾隆十八年（1753）在甘肃临潭县卓尼寺雕造。现有印本传世，经版已毁。

德格版《大藏经》。雍正八年（1730）至乾隆九年（1744）在四川德格县雕造。经版今仍存德格寺。

纳塘新版《大藏经》。由七世达赖主持雕造。《甘珠尔》刻成于雍正十年（1732），《丹珠尔》刻成于乾隆七年（1742）。经版存放于日喀则纳塘寺，现大部已毁。

《蒙文大藏经》，又称《如来大藏经》，清康熙二十二年（1683）由和硕裕亲王福全领衔监修，据藏文大藏经翻译，历时17年，到康熙三十九年（1700）方告刻印完成。康熙五十七年至五十九年（1718—1720），刊印完成蒙文《御制甘珠尔》。乾隆六年（1741）至十四年（1749），又刊印蒙文《御制丹珠尔》。至此，蒙文大藏经全藏完备。

满文大藏经全名《国语译汉全藏经》,系根据汉文大藏经译为满文,于乾隆五十五年(1790)在北京刻竣。全藏共 699 种,2466 卷,108 函。

二、清代版本的鉴定

清代版本与宋、元、明各代版本的风格差别很大,特点明显;加之距今时代较近,序、跋、封面、牌记等保存相对较完整,作伪的情况也较少,故对于刻印时间、刻印地点、刻印者的鉴定不是很困难。

对于清本价值的鉴定,一般认为,清本有以下优点:

1.校勘极精,文字内容的准确可靠程度胜于历代版本。

清代是中国历史上对古籍进行全面整理的时期。清代学者提倡"求古""求真""言必有征""实事求是",考据之学大盛,目录、版本、校勘之学被目为"显学"。张之洞在《书目答问》中说道:"大抵征实之学,今胜于古。即前代经、史、子、集,苟其书流传自古,确有实用者,国朝必为表章疏释,精校重刻。凡诸先正未言及者,百年来无校刊精本者,皆其书有可议者也。"[①]版本学求精择优的原则,在清代刻本上得到了最充分的体现。

清代特别是乾嘉时期的学者以其认真而辛勤的工作,为我们留下了大量精校精刻的家刻本。以卢文弨《抱经堂丛书》为例,该丛书除附刻了他自己的《抱经堂文集》《钟山札记》外,像《经典释文考证》《仪礼注疏详校》诸书,都是他根据善本精校后,再付诸精

---

① (清)张之洞撰,范希曾补注:《书目答问补正》,附二《国朝著述诸家姓名略》,上海古籍出版社,1983 年,第 343 页。

刊的。在家刻本中,孙星衍所刻《说文解字》《古文苑》,张敦仁所刻《礼记》,黄丕烈所刻《国语》《战国策》等书,系由著名校勘家顾千里精心校勘,并为之设计雕印的。每书刻毕,顾氏又综合书中校订语,写成精确的《考异》或《校勘记》附后,洵称善本。

不仅家刻本,清代的官刻本于文字内容的校勘也极为精严。如乾隆年间木活字排印的《武英殿聚珍版丛书》,所收为辑自《永乐大典》中之佚书及"四库馆"所收民间遗书等,校勘极精。当时有规定:误一字罚俸一年。可见要求之严。其他如殿版《十三经注疏》《二十四史》《大清一统志》《三通》《康熙字典》,扬州诗局刻《全唐诗》《宋金元明四朝诗》《历代诗余》等书,在文字内容的校勘精审程度方面,都远远超过了以往各个朝代中央政府的刻书。

2.清代写刻本校刻俱精,堪称佳品。

清代写刻本不仅写刻精良,纸墨俱佳,风格独特,从书的文字内容来看,也都是有相当价值的,加之校勘精审,装帧典雅,不但超迈元、明,且可媲美两宋。

3.清本中有许多是影刻宋元本,保存了宋元本的原貌。

清代继承了明代影刻宋元本的做法,但较之规模更大,印书态度更为严肃。如果说明代的影刻宋本书主要是为了迎合当时的复古风气的话,那么清代的影刻宋元本书则更多是从学术研究方面着眼,并抱着为后世存留宋元本书的原貌的目的而自觉为之的。所以清代的影宋元刻本质量更高,价值更大。

清代版本的缺点在于:

1.整体上给人一种拘谨压抑之感。清代刻本以硬体字(即宋体字）居多，字体呆板沉重，版式局促，过于死板。

2.缺乏活泼多样的风格和豪放的气魄。即使是写刻本，也是柔美、秀丽有余，而刚劲之气不足，缺乏浑穆、雄壮之感。

3.道光以后刻书质量总体下降。道光以后，由于清廷的腐败和西方资本主义国家的侵略，国势日益衰落，人民生活水平普遍下降，人们对图书的审美要求也随之降低。刻书者力求降低成本，一般很少再精校精刻，加之先进的西方近代印刷术的传入，传统印刷业日渐衰败，最终为西方印刷术所取代，从而完成了其历史使命。

西江志卷第五
城池一 疆域附
芒芒九土幅員旣長惟王建國經野辨方我泉我池迺城迺隍壯哉嬰堞屹矣女牆下因乎川上陟乎岡胥役民力以為民防四達之區重湖九江道里衝僻纖悉具詳山高叢叢水流湯湯毋滋伏莽式固圉疆作城池志
南昌府 即省城南昌新建二縣附郭
漢潁陰侯灌嬰築豫章城廣十里八十四步闢六門南曰南門松陽門西曰皐門昌門東北二門各以方隅名詳雷次宗豫章記 晉咸寧中林志作太康中豫章太守范甯更闢東北西北二門合八門 唐垂拱元年洪州都督李景嘉更築之凡八門題額皆會稽公徐浩所書元和四年刺史韋丹

图 56　清康熙五十九年（1720）刻本《西江志》

觀妙齋藏金石文攷畧卷八
集王右軍書聖教序記
此碑為百代書法模楷今時尤重搨者無虚日風骨鎚鍛俱無存者形似耳然其筆法隱然可尋余曾見舊搨十數本獨長安一田生本為善今已為按察僉事劉公餘澤索去餘皆不及也余所收本乃二十年前物較之今搨猶勝真可寶惜 石墨鐫華
書苑云唐文皇製聖教叙時都城諸釋

图 57　清雍正刻本《观妙斋藏金石文考略》

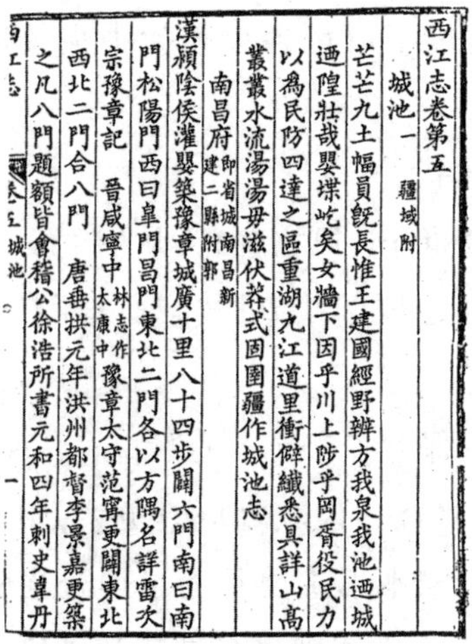

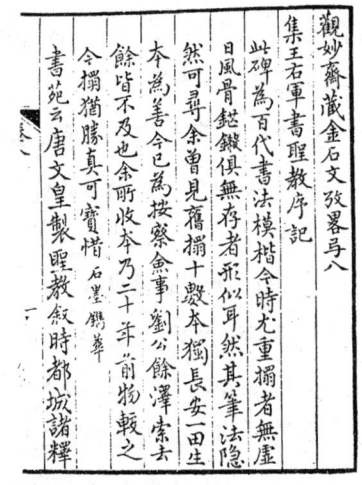

第六节　民国以后的图书版本及其鉴定

一、民国以后图书版本的类型和特点

民国以后的图书版本大多为铅印本、胶印本、影印本,此外还有石印本、铜版印本及少量油印本、复印本等。装订形式主要为平装、精装,也有一些为线装、经折装、活页装等。

19世纪以后,西方近代印刷技术陆续传入中国,并最终取代了中国传统的雕版印刷和活字印刷。进入民国以后,沿袭了近千年之久的官、私、坊三大出版体系并立的格局终于被打破了,以资本主义方式经营的私人出版印刷业逐渐兴起,并占据了主导地位。铅印、石印、影印、胶印等各种先进的印刷技术工艺,使印本数量剧增,出版印刷业又开始了一个新的繁荣时期。

从版本角度来看,民国以后的图书版本有如下特点:

1.印本书总量大增,复本量极大。

由于远较传统印刷术先进的西方近现代印刷术的广泛应用,民国以后的图书版本,印本书的总量急剧增加,几乎成为流通于世的唯一图书形式。每种书印刷的册数也极大地增加了,大量的复本为图书的广泛流通利用创造了有利的条件。

2.印本类型日益丰富。

道光以后,中国出现了如铅印本、石印本、影印本、胶印本等由不同制版印刷方法形成的各种类型的印本,同时传统的雕版印刷事业也在一定程度上予以了保留,使得民国以后的图书版本多姿多彩,五光十色,改变了以往长期存在的版本面貌单一、缺少变化的情形。

3.图书的印刷质量提高。

由于近现代印刷术先进的机械化、自动化印刷工艺,使得民国以后图书版本的印刷质量可以随需要达到极高的水平,例如美术作品的印刷,真是随心所欲,精美绝伦。这是传统印本所无法比拟的。

4.新印古籍质量提高。

影印技术的发明与进步,更加逼真地再现了古籍的原貌,使影印本的质量远远超过了传统的影抄本和影刻本,彻底避免了传抄、翻刻古书时极易产生的文字错误。另一方面,古籍整理的态度更加严肃,方法更加科学,使新印古籍的质量和水平都达到了空前的高度。

民国以后图书版本的不足之处在于:

1.由于近代中国的贫困,国民的消费心理和消费水平受到限制,较长一段时期内比较忽视图书的审美功能,在装帧、用料方面都处于较低的水平。

2. 在某些特定的历史时期和特定的条件环境下,图书的出版印刷出现了粗制滥造、不负责任的情况,产生了一定数量的质量低劣的版本。

3.许多有价值的学术著作,在文字内容的编辑和校对方面不能令人满意。

4.各种版本的字体统一规范,缺乏各自的独特风格和活泼生动的气象。

5.图书用纸老化严重、不耐久存。民国以后的图书用纸多为机制纸,纸张中植物纤维短,化学成分含量高,容易老化破碎,加之多用铁丝装订,日久遇潮生锈断开,图书成为散页,导致许多几十年前才问世的旧平装本书,如今已破损不堪,面临毁坏的危险。

二、民国以后图书版本的鉴定

民国时期(1912—1949)是我国由传统的出版方式过渡到现代出版方式的基本完成时期。但由于尚未形成统一规范的版本记录格式,所以,这一时期出版物上各式各样的版本记载,给民国版图书的版本鉴定造成了一定的困难,有必要予以适当的说明。

20世纪50年代以后中国大陆出版的图书一般都有较为统一规范的版本记录,但也不乏个别独特的例子。同一时期港、台版图书的版本记录仍是五花八门,各式各样。所以总的来说,鉴定古书版本的原理和方法,也同样适用于现代图书的版本鉴定。

具体地说,现代图书的版本鉴定主要依据的是图书的版权页,如果版权页提供的说明不够完整准确,则还应参考书名页、封面、封底以及前言后记的有关文字说明。

(一)出版者的鉴定

现代图书一般都印有××出版社出版发行的字样,一书出版者为谁,往往一看即知,但也有一些特殊情况需要注意。

1.民国时期出版的图书,其版权页大多分列有出版者、发行者、发行所,在这种情况下真正的出版者应为发行所。如民国三十六年(1947)出版的《先秦诸子文选》一书,其版权页标识出版者为济东印书社,发行者为王畹芗,发行所为东方书社,但书名页却题为"东方书社出版"。应以书名页所题为是,版权页所列之出版者实际上是印刷者。

又如民国二十五年(1936)出版的《诗经集注》一书,版权页题出版者为大达图书供应社，发行人为周健人，发行所为广益书局，封面则题为"上海广益书局刊行"。很明显，实际的出版者也应是上海广益书局。

1949年以后台湾出版的图书，大多沿袭了民国时期的做法，其版权页所题之发行所或发行者，也常常是一书实际的出版者。

2. 民国时期及1949年以后的港台版图书，时有个人为出版者的情况。这种现象与我国古代的私人刻书是一脉相承的，鉴定时应如实反映。

3. 凡一书的影印本，应以影印者为该本的出版者。如上海文艺出版社1992年影印出版的《广东俗语考》一书，是将1933年南方扶轮社原版上下册合订影印的，应以上海文艺出版社为1992年版影印本的出版者。

（二）出版地的鉴定

现代正式出版的图书虽然大都有版权页，但其著录并非完全标准划一，有的在出版社下标识社址，有的则不标。碰到这种情况，有时就需要认真判断一下。

1. 有些书在版权页上不标出版地，而在书中其他部位标出，容易使人发生错误判断。如1992年版的《国际形势年鉴》，版权页题为："中国大百科全书出版社出版发行"，其下不标出版地，很容易使人误以为其出版地在北京。但该书书名页和书脊都题为中国大百科全书出版社上海分社，所以，该书的出版地是上海，而不是北京。

又如《实用科技文体大全》一书，版权页题："南海出版公司出版发行，新华书店北京发行所经销，北京百花印刷厂印刷。"南海出版公司在何地，版权页上没有说明。鉴定者如稍一马虎，以为其经销、印刷地均在北京，该出版公司可能也在北京，从而作出结论，那就错了。查该书书名页题有"南海出版公司，1991，海口"一行文字，可知该书出版地是在海口。

2.民国时期出版的图书常直接将出版地冠于版次之前，如商务印书馆、正中书局、开明书店等在各地的出版机构出版图书，常于版权页题"沪×版""渝×版""桂×版"等字样。特别是抗战时期，许多出版社四处迁移，这种做法更为普遍。

3.外国出版的中文图书，有些印有出版地，有些则不印，需加以注意。如新加坡东亚问题研究所曾出版过一套哲学方面的中文书籍，其版权页所印出版地用的是新加坡的英文名称。又如朝鲜曾用中文出版了许多金日成的文章、讲话及有关研究著作，都没有版权页，仅在书名页印有"外国文出版社"字样。经查证，外国文出版社在平壤。实际上，世界许多国家都出版有中文图书，碰到这类书时，要注意查考其出版地。

（三）出版时间的鉴定

1.出版时间指的是图书的制版时间而不是印刷时间，故要注意同印刷时间相区别。如许国璋主编的《英语》教科书，1962年初版，后来多次印刷，但各本版权页上的出版时间不变。1979年作者对原书做了一些修改，更换了若干篇课文和相应的练习，出版了修订本。该修订本及后来的各次印本，其版权页上的出版时间就都改为1979年了。

2.民国时期出版的图书，出版年印"民国××年"，一般不印公元纪年。1949年以后台湾出版的图书仍沿用这种做法。其纪年加1911，即为公元纪年。

一般来说，现代图书的出版时间在版权页上反映得都比较清楚,是不难知道的。

(四)版次、印次的鉴定

1.现代图书的版次情况如增补、修订、新一版、第二版等,一般都反映在版权页上。但应注意个别图书的版次情况不在版权页上反映,而是在封面或书名页等处反映,此种现象多见于港台图书。如香港中文大学出版社1990年出版的萧芳芳所著《洋相》一书,版权页上不注明版次,而在封面上印有"第二版"字样。

2.民国版图书及1949年以后的台湾版图书,往往版次和印次不分。例如王凤喈撰《中国教育史》一书,其版权页题:"中华民国三十四年渝初版",以后说十八版,实际上是指该书各不同版次累计的第18次印刷。

3.民国版图书版权页标识版次有"总×版""分×版""改版"等名目,需做具体分析。例如上海开明书店出版的巴金的小说《电》一书,版权页题:"民国二十七年十一月总初版,民国三十七年一月分3版,民国三十七年八月分4版";《雨》一书题:"民国二十七年十一月总初版,民国三十七年十二月分5版。"这种题法反映了图书的版本源流。《雾》《雨》《电》是巴金的"爱情三部曲",1938年11月开明书店曾出合订本,后又分别出版了单行本,故有上述"总×版""分×版"的说法。

又如广州实学书局出版的《演讲·雄辩·谈话术》一书,版权页题"民国三十六年三月沪1版(总9版)"。这里的"总9版",实际是指该书的印次,也就是第9次印刷的意思。

版权页题"改版"的例子也不罕见,如日本厨川白村著、任白涛翻译的《恋爱论》一书,由上海学术研究总会出版,版权页题:"民国十七年八月改版";上海现代书局出版的《达夫代表作》,题为"1930年1月20日改版";上海会文堂新记书局所出的通俗小说和历史演义小说也多题为改版。改版的情况不一而足,但不外乎以下三种:(1)图书内容无变动,但印刷、装帧或出版方式有变化,仍由同一出版者出版;(2)图书内容做较大修订后仍由原出版者出版;(3)出版者变更,图书内容形式或有变化,或依原貌。

(五)非正式出版物的版本鉴定

非正式出版物往往没有版权页,需要从封面、书名页、前言、后记等处去查检甚至考证。如北京大学图书馆为纪念建馆90周年,编辑印刷了《馆藏文献调查评估报告集》一书,为非正式出版物。其书名页印有"北京大学图书馆,1992年10月"提供了出版者、出版时间等版本情况。但要碰到没有明确标识版本情况的非正式出版物,那就要像鉴定古书版本一样,进行一番考证了。

第二章　中国古代的主要版本类型及其鉴定

本章对刻本、活字本、套印本、写本等中国古代的主要版本类型进行重点的分析和介绍。这几种版本类型不仅可以基本概括自造纸术发明以来的大多数中国古籍,而且也可以由此看出中国古代印刷技术的发展演进轨迹和图书制作所达到的水平。

第一节　刻本及其鉴定

一、刻本的制作

刻本就是用雕版印刷方法刻印而成的本子。所谓雕版印刷,就是在木版上雕刻文字图画并于其上敷纸刷印的一种印刷方法。所以刻本又称雕版印本、刊本、雕本、椠本、镌本等。

雕版印刷术是中华民族的伟大发明。从隋唐之际发明雕版印刷到清末1200多年间,雕版印刷术一直是我国最主要的图书印刷方式。1840年鸦片战争以后,西方近代印刷术逐步传入中国,并最终取代了中国传统的图书印刷术。但自宋、元、明、清以来使用雕版印刷术刻印的历代刻本却大量地保存了下来,成为古籍中数量最大的一种版本类型,并继续发挥着重要的作用。

刻本的一般制作工序是：

1. 选材。最经常被选作印版的木料是枣木、梨木、梓木等。所以中国古代常将图书印刷出版称为"付之枣梨""梓行"等。此外，黄杨木、银杏木、皂荚木、杏木、苹果木等也可用作印版。

2. 成型。选好木材后，将其按书式大小锯成一块块木版，放在水中浸泡一个来月，如急用，也可以用煮的办法；然后取出阴干，将两面刨平以便双面雕刻；再涂上植物油，用草棍打磨平滑，就可以使用了。

3. 写样。就是请人或由专门的书手将书稿上的文字按照要求誊写在某种较薄的纸上。纸上一般都预先印好行格，书写前常常先用白蜡在纸上轻抹一遍，再用抛光石磨光，以易于用毛笔书写，写好后校对无误即可"上版"。

4. 上版。就是将写样反贴到整治好的木版上，贴前用熟饭泡水，在木版上压融成糊，用手抹去，然后贴字样。贴好后，取棕毛刷在纸的背面轻轻拂拭，使纸上的图文墨迹清晰地转到木版上，待纸稍干后，即用棕刷擦去纸毛，显露出已经翻转上版的图文，擦磨至图文字迹清晰如同直接写在木版上的样子时，就可以进行镌刻了。

5. 刊刻。刊刻的过程复杂，名目繁多。先是"发刀"，即紧挨着每个字迹的四周刻出一条细线来；其次是"挑刀"，即依照发刀所刻出来的细线，将字划两侧及内外线条中间需要空白的部分铲去；然后是"打空"，即用半圆刃的凿子将一切多余部分挖去；最后是"锯边"，即沿着印版四周的边栏，把多出的部分锯去、刨平。至此，整个制版工序才算完成。

6. 刷印。印版刻成后，先清除表面上留下的木屑、纸衣，再用

315

热水洗干净，晾干后就可以用来刷印了。印刷时，先将印版和纸固定，然后用棕刷蘸墨在书版上轻轻刷抹，使凸起的字划上都均匀受墨，再敷纸于其上，用长刷在纸背上刷动，将纸揭下后，纸面上就会留下正面的图文，一叶书就算印成了。这样一张张地重复，直到印完足够的份数为止。

印书一般都用黑墨。但一开始刷印时为了便于校对，也常常用红色或蓝色刷印若干样张，以使用墨笔校改的文字显得醒目。如果校出错字，则必须在书版上修改。具体方法是将书版上的错字、错句挖掉，形成孔洞，再削个较大的木楔子或木块，将其敲入孔洞，然后用铲刀铲平，将改正的字句按前述办法重新镌刻。木质较好的书版大都能连印上万叶。第一次印完后，书版可以长期保存，以备日后随时再印。

7.装订。将印好的纸叶按一定的装订方式装订起来，刻本的制作工序便完成了。

二、刻本的鉴定

在现存的中国古籍中，以刻本的数量为最大，地位最重要；从时间跨度上，刻本贯穿的历史也比较长久，从唐代初年直至现代仍在继续刊印。所以对刻本的版本鉴定任务最重，鉴定中遇到的各种版本问题也较为复杂，往往需要经过认真的考证鉴定才能得出结论。在版本鉴定中，刻本的鉴定占有最重要地位。

古籍除刻本外，还有写本、活字本等不同版本类型。在古籍的牌记和序跋中经常出现的表示刻本的字词有：雕、刊、开雕、开版、开造、雕造、镂版、锓版、刻梓、绣梓、刻版、镌木、模刻、镌版、椠版、剞劂、杀青、付梓、刊行、版行、梓行、付之枣梨，等等。

鉴定一书是否为刻本,除据书中有无出现上述字词外,还应对版面做一番较为细致的考察。一般说来,容易和刻本相混淆的版本类型古代有活字本,近现代有影印本。鉴定时,必须排除其为活字本和影印本的任何可能,才能确认其为刻本。刻本书的特征是:

1. 以水墨刷印而成,墨色无油迹,略浮于纸上,与影印本墨呈油性、吃透纸中不同。

2. 字迹规整,笔划着墨匀称,与写本一字之中墨色即有轻重浓淡之分不同。

3. 版面行气比较整齐连贯,上下字划或有交叉,绝无横字、倒字现象,与活字本不同。

4. 由于书版可以长期存放,反复刷印,故后印之本多有版面断裂、字迹模糊、笔画残损等现象。

总之,在鉴定刻本时,必须有其他版本类型特别是活字本和影印本的意识,要特别注意防止将上述两种版本类型的版本鉴定为刻本。

在刻本的鉴定中,还要注意以下几个方面。

(一)同一版本的鉴定

刻本的同一版本,指的是利用同一书版刷印的各种印本。雕版印刷的一个很大的优点,就是版片可以长期保存。故古籍中属同一版本的不同印本,其刷印时间可相差数年、数十年乃至数百年不等。必须指出,这些同一版本的各种不同印本情况复杂,有的在文字内容和外观形态上都有大小不等的差别,其价值自然也有大小的不同。所以鉴定刻本,不仅要鉴定其刊刻年代,还要鉴定其具体的刷印年代。

刻本中同一版本的各种印本,一般存在着下列几种情况需要注意。

1.初印、后印问题。

同一版本中,初印本与后印本价值不同。初印本文字内容一般比较符合原本面貌,版面边框界行完整,字画清晰,刷印质量较好,故价值相对也较高。古代刻印图书,在书版刻成之后,常常用蓝色或红色先刷印若干本,主要做校勘之用,为的是用墨笔在上面校改时比较醒目,其功用同现在的校样是一样的;此外也可作为馈赠亲朋好友之用。这种印本通常称为蓝印本或朱印本,一见即可定其为初印本。有些刻本的墨色黑中带紫,就是由于书版上早先刷抹的红色尚未完全褪尽,与墨色搀杂所致,说明印在书版校正后不久,也一见可知其为初印本。

初印本在文字内容上也常常与后印的通行本不同。有的初印本属于刻未足卷即先行传世,如清康熙初年顾湄等刻《梅村集》二十卷,是吴伟业的诗集,系用《梅村集》四十卷足本的已刻成之前二十卷书版先行刷印传世。这种初印本在性质上颇似现代的某书抽印本。

有的初印本属于刻成后即行刷印传世,但其中尚有错字误句甚至内容不够完全的现象,与后来业经改正补足的通行本在文字内容上有所差异,实际上是一种试印本。

后印本的后印时间与版面模糊程度成正比,即版面模糊程度愈严重,其印本的后印时间就愈晚。后印本往往出现版面断裂、字迹漶漫模糊、笔画残损、墨色暗淡无光等现象。这是因为:(1)书版放置日久,版片干裂,表面产生裂纹,甚至完全断开,刷印时即有版面断裂现象;(2)书版刷印次数过多,表面磨损,导致版面模糊,字画残损;(3)书版经久,木质老化,吸水性增强,使得墨色暗淡无光。

后印本在文字内容方面的情况十分复杂,下面的"修版、补版问题",实际上讲的就是后印本的情况。

2. 修版、补版问题。

存放的书版用时一般取出即可刷印。但有的书版放置年久,或搬来运去,渐有残损,或由于政治上的原因,或由于印书者需要及其他原因,再印时就常有挖改修补书版甚至更换部分书版的现象。所以同一版本的刻本,又有原版原印与修版后印的区别。修版后印一般可分为两种情况:

第一种情况是在原来书版上挖改修补,再行刷印。这种情况不是很好鉴定。除可与初印本对勘外,如注意观察,仍可不时发现其挖改的痕迹,特别是挖补的字体与原版其他字体很难保持完全一致,修版特征还是能够找出来的。

第二种情况是原版部分残损或毁失,另补刻书版以与原版其他版片相匹配,印出后仍为全本。这种情况比较好鉴定。因为补配之书版版心上方往往标出补版年代;即使没有标明,由于补版与原版风格明显不同,也不难一眼看出。例如宋刊元明递修之所谓"三朝版",就字画之清晰度而言,明修版最清晰,元修版次之,宋刻原版则漶漫模糊,一望而知;就字体而言,宋版较方整,元修版较圆活,明修版若在中叶以后则已采用宋体字,极易分辨;就讳字而言,宋原版与宋修版皆避讳,元、明修版不避讳;就版式而言,各代版式有别,而同一次刻版之版式大致相同。

总之,修版、补版后印本与原版原印本相较,在刻本的形式和内容上都有各种各样的差别。在版本形式上,可能会有装订形式、纸张、墨色、个别版式和字体的变化；在文字内容上，则有正文内容完缺，字句误正、脱衍、删增，卷首、卷末材料多寡，封面和卷端、牌记所题不同等差异。所以我们在鉴定刻本时，要善于随时发现问题，尽可能利用对勘法，通过与该本其他印本的全面比较，做到不仅了解某一具体印本的原刻情况，而且还能搞清其是否为修版、补版后印等情况，这才是完整的版本鉴定。

此外，版片放置年久，或干燥缩小，故版框也相应缩短；或受潮胀大，版框尺寸也相应增大。同一版本的不同时期印本如版框尺寸微有不同，属正常现象，切不可因此断其为不同版本。

3.增刻本问题。

增刻本与修版、补版情况不同，它不是对原版所做的挖改修补，而是在原版基础上增篇益卷，加刻新版，并与原版组合为一书，组合后，书名往往仍沿用旧称，页码也连续计算，但篇卷数增加，原书封面、卷端、目录更多有更换。

如清吴兆骞所撰《秋笳集》一书，原刻赋一卷，诗一卷，附《西曹杂诗》一卷，为康熙间徐乾学（号健庵）刻本。雍正四年（1726）其子吴振臣又增刻四卷，其跋曰："爰就旧刊，增以家藏，析为八卷，汇为一集。其先四卷系健翁所刻，后四卷则振臣所增也。"所谓先四卷者，即以徐刻赋卷为卷一，诗卷析为卷二、卷三，附《西曹杂诗》为卷四。原诗卷二第三十、三十一叶间《与旧史》一诗删去，移入卷五，空出三十一叶首二行，改刻"秋笳集卷三"和"吴江吴兆骞汉槎氏著"字样，成为卷三卷端。①

增刻本中有些有增刻序跋，说明其增刻情况；有些则无任何

---

① 崔建英著：《古籍中的增修本和著录审校》，《图书馆学通讯》，1988年第3期，第84—85页。

序跋题识,易被忽略;还有一些增刻者甚至采用剜改、冒称的做法,以泯增修之迹,制造全本为已所刻的假象,希揽全功。

如宋代王柏所撰《宋鲁斋王文宪公遗集》十二卷,有明崇祯五年(1632)阮元声刻本。清顺治十一年(1654)冯如京仅在其基础上增刻《补遗》一卷为卷十三,却在序中冒称全书为已刻,并将原刻卷端等处的辑刻人题名进行剜改。①

4.增修本问题。

增修本的情况多见于族谱、传记、地方志及其他各类专志等内容需递增修补的图书。故在鉴定这一类古籍刻本时,头脑中必须有增修本的意识,多注意采用对勘法,综合一书各本的内容、版式、刻工、字体等各方面的特征,进行比较、分析、判断,将原刻和增刻情况准确地区分开来。

5.藏版问题。

古代刻本的封面、牌记中常出现"×××藏版"的字样。遇到此种情况,不能贸然断定藏版者即为刊刻者。因为书版既可以长期存放,便存在转换主人的情况,实际上许多藏版者是刷印者,而不是刊刻者;其所标明的年代也只是此本的刷印时间,而非雕版刊刻的时间。例如本书第六章第一节所述"会稽陶氏藏版"本《华阳国志》,其实是嘉庆十九年(1814)邻水廖寅题襟馆刻本的重印本,如若不加思索,不耐心考察,粗率地断定其为会稽陶氏刻本,就完全错了。

当然,藏版者即为刊刻者也是为数不少的,如清道光十年(1830)刻本《春草堂黄河远》,封面题"春草堂藏板",春草堂即刻

---

① 崔建英著:《古籍中的增修本和著录审校》,《图书馆学通讯》,1988年第3期,第86页。

书者之堂号,藏版者与刻书者是一致的。该书道光庚子(二十年,1840)重刻本,内封俱镌"道光庚子重镌/曲邑奎文斋存版",确实就是奎文斋重刻的了。所以遇到只标明藏版者的情况,必须做具体分析,弄清藏版者与刻书者之间的关系,做出正确的鉴定。

(二)重刻本、翻刻本的鉴定

一书的同一版本中,存在着印有先后的问题;一书的不同版本中,又常有重刻、翻刻等情况。

重刻一书,是常有的现象。其所据的底本往往不止一本,一般做法是,以某个版本为主要底本,同时参校其他各本。重新刻印而成的版本较以往的任何版本,都有较为明显的不同,它除了在外观形态上区别于以往各种版本外,常常在文字内容方面有较多的修改、增删,有时甚至书名、卷数都有改换。所以重刻本和原刻本是比较容易区辨的。

翻刻与重刻有所不同,它虽然一般也采用以某本为主要底本,同时参校其他各本的做法,但更注意反映其所据主要底本的面貌,故与主要底本在版式、行款方面常取一致,甚至在字体、版幅等方面也约略相似。有的翻刻本甚至将原本的牌记也照样刻入,稍一粗心大意,就有可能产生鉴定错误。所以在鉴定时,对翻刻本现象要予以一定的注意。

(三)写刻本及其鉴定

雕版印刷术自发明以来,一直采用手写字体上版刻印,宋代刻书流行欧、柳、颜体字,元代盛行赵体字,明初刻本也都是手写字体。但明代中叶以前这些用手写字体上版刻印的书并不被称作写刻本。

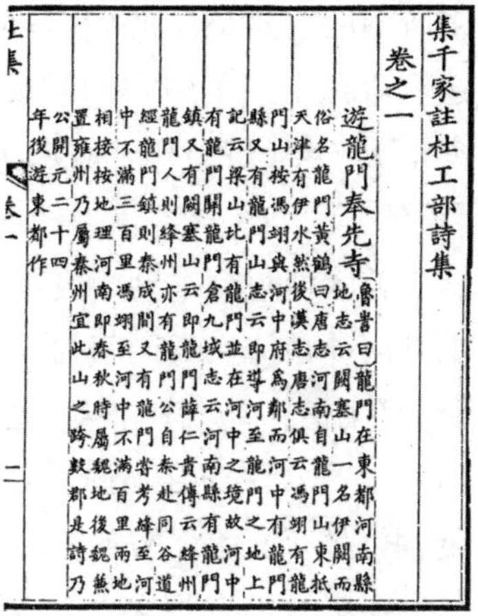
集千家註杜工部詩集
卷之一
遊龍門奉先寺（魯訔曰）龍門在東都河南縣地志云闕塞山一名伊闕而俗名龍門黃鶴曰唐志河南自龍門山東抵天津有伊水然後漢志唐志俱云馮翊有龍門山按馮翊與河中府爲鄜而河中有龍門縣又有龍門山志云即導河至龍門之地上記云梁山北有龍門並在河中之境故河中有龍門開龍門倉九域志云河南縣有龍門鎮又有闕塞山云即龍門薛仁貴傳云絳州龍門人則絳州亦有龍門公自秦赴同谷道經龍門鎮則秦成間又有龍門峇考絳至河中不滿三百里馮翊至河中不滿百里雨地相按按地理河南即秦秋時屬魏地後魏燕置雍州乃屬秦州宜此山之跨數郡是詩乃公開元二十四年後遊東都作

图 58　清乾隆七年（1742）怡府明善堂刻本《集千家注杜工部诗集》

明代中叶规整的宋体字出现，并逐渐发展成为刻书字体的主流。但明代中叶以后，仍有一些刻书者在刻印某些书时特意仍采用手写体字，特别是清代的私家刻本，多为好手书写上版并由名工镌刻而成。版本学界一般将这种明代中叶以后仍采用手写字体上版刻印的刻本称为写刻本，以与用宋体字刻印的版本相区别，所以写刻本是一个相对的概念。

清代的写刻本大都是康熙、雍正、乾隆、嘉庆四朝刊印的，这些刻本写、刻、校勘俱精，故常常又称为精刻本。

其中康熙朝最著名的写刻本有：由吴郡良工程济生施刀镌刻的汪琬所著《尧峰文钞》、良工成文昭亲刻的王士禛《古夫于亭稿》、鲍文野亲刻的王士禛《渔洋山人精华录》、陈廷敬的《午亭文编》。此四部书俱由当时的著名书法家林佶手写上版，世人称之为“林佶四写”。此外还有康熙三十八年（1699）顾嗣立秀野草堂聘吴郡名刻工邓明玑、曾唯圣刊刻的《韩昌黎先生诗集》；康熙四十二年（1703）古吴范稼庵手写上版、金陵名匠刘文藻所刻的汤斌著《汤子遗书》；康熙四十九年（1710）林佶同门歙县程哲七略书堂写刻的《带经堂全集》，胡介祉写刻的《王司马集》《陶靖节诗》《谷园印谱》等。

雍正朝著名的写刻本有：雍正九年（1731）江都陆钟辉水云书

屋所刻的唐陆龟蒙的《笠泽丛书》及陆氏所辑刻的《南宋群贤诗选》，雍正十一年（1733）广陵般若庵所刻的金农《冬心先生集》，雍正十三年（1735）辛浦校、梁溪（今无锡）华育渠手写上版的汪琬《说铃》等。

乾隆朝写刻本刻印更精，乾隆十四年（1749）郑燮手写上版并由其门徒司徒文膏刻字的《板桥集》，乾隆二十三年（1758）春晖堂所刻《菊谱》，均刻印精绝，堪称刻本中的艺术品。至于乾隆六年（1741）吴江沈守义所刻其祖沈启撰著的《南船纪》，更是图文并茂、书写精劲、版面秀美雅洁，真古代刻本中之神品。

嘉庆时仍有许多私家刻书崇尚写刻，如黄丕烈手写上版之《季沧苇书目》，字画圆润而苍劲，刻印亦佳。嘉庆十五年（1810）松江沈慈、沈恕的古倪园所刻唐《鱼玄机诗》《薛涛诗》、宋《杨太后宫词》与嘉庆二十四年（1819）所刻元傅若金妻孙蕙兰的《绿窗遗稿》，世称"四妇人集"，写刻俱精，传世极罕。嘉庆十四年（1809）海宁拜经楼吴骞辑刻之《海昌丽则》，亦清丽可喜。

总之，清代写刻精本，肇于康熙，盛于乾、嘉，手写精椠，蔚然成风，精本佳刻，层出不穷。道光以后，政治腐败，国势衰弱，对刻本精美程度的要求也相应降低，写刻本日渐稀少，好的写刻本更几乎绝迹，以至到清末，国内几乎已少有人会刻软体字（即手写体字，与硬体字相对而言），更不要说刊刻大部头的写刻本了。

第二节　影刻本及其鉴定

一、影刻本的制作与传世

影刻是忠实按照底本的图文符号字及版式面貌,用雕版印刷的方法进行复制的一种图书出版方法。古代也称"仿刻""摹刻""覆刻"等。用这种方法刻印的本子,就叫影刻本。

影刻方法的采用,大多是因为底本精善珍罕,刻印者欲忠实反映原本面貌,故不惜费力而为之。影刻虽然也多有传刻失真,或仅形似而乏神似的现象存在,但在完全依赖手工操作的古代,确实不失为一种较好的图书复制方法。

古代雕版印刷的第一道工序就是用毛笔在纸上书写版样,而是否依照底本原样进行复制的关键也正在这第一道工序上。复制底本无非采用两种方法,一是临,就是对照底本尽可能原样抄写;二是摹,就是将半透明的薄纸覆于底本书叶之上,照原样摹写。

影刻本不仅版式、字画与原本相同或相近,而且常常连原本的牌记、避讳缺笔乃至刻工姓名,也都依原样刻出,如果书之前后没有序跋说明的话,很难一眼辨认出其为原本还是后刻本。古代书贾作伪,通常就是利用的这种刻本。

影刻的方法大概在雕版印刷术发明后不久就出现了。唐代杜甫在《李潮八分小篆歌》中写道:"峄山之碑野火焚,枣木传刻肥失真。"说明早在唐代就有在木板上复制石碑碑文的事情了。这种"枣木传刻"碑文的方法是同碑石铭刻一样,还是与影刻方法相同,现在还不得而知,但二者的理念是一致的,影刻之法是有源头可寻的。

宋、元两代,还是雕版印刷初步繁荣的时期,对前代图书尚未从形式上予以特别重视,所以极少有原样复制前代图书的做法。影刻本的大量出现是从明代中叶开始的。导致这种现象产生的原因主要有两个:一是文坛上前后七子所倡导和发动的复古运动形成社会风气,反映在刻书上就是尊崇宋本,刻意摹仿;二是明代中叶官府一度有令严禁窜改旧版文字行格。叶德辉《书林清话》中有《明时官刻书只准翻刻不准另刻》一篇,录明代福建提刑按察司牒建宁府文云:

> 为此牒仰本府着落当该官吏,即将发出各书,转发建阳县,拘各刻书匠户到官,每给一部,严督务要照式翻刊。县仍选委师生对同,方许刷卖。书尾就刻匠户姓名查考,再不许故违官式,另自改刊。如有违谬,拿问重罪,追版划毁,决不轻贷,仍取匠户不致违谬结状同依准缴来。①

官府下此令之意,在于纠正当时所刻书中文字内容割裂窜改、谬误连篇的现象,但却使各书坊和刻字工人战战兢兢,不敢越雷池一步,在翻刻古本图书时,更是照式摹刻,甚至连原本所刻的每叶大小字数、刻工姓名,也原样照刻,唯恐因违式而获罪。上述因素都促成了影刻古本图书风气的盛行,使这一时期的影刻本在数量上迅速增长,在质量上也达到了很高的水平。

---

① 叶德辉著:《书林清话》,中华书局,1987年,第179页。

这一时期刻印精致、比较著名的影刻本有:明正统年间影宋刻本《汉书注》,正德年间陆元大影刻宋建康郡斋本《花间集》,嘉靖年间袁褧嘉趣堂据宋淳熙严州郡斋本影刻之《世说新语》,沈与文野竹斋影刻之《西京杂记》,嘉靖四至六年(1525—1527)王鏊长子王延喆据宋黄善夫本影刻之《史记》,苏献可通津草堂于嘉靖十四年(1535)据元至正嘉禾本影刻之《韩诗外传》,黄省曾所刻影宋本《山海经》,徐时泰东雅堂的影刻宋本《韩昌黎集》,郭云鹏济美堂的影刻宋本《柳河东集》,芝秀堂影刻之《古今注》,明末毛晋汲古阁据北宋本影刻之《说文解字》等。

清代乾隆、嘉庆年间,由于考据学的盛行和校勘学的发达,影刻古本之风重又兴起。这一时期产生的著名的影刻本有:黄丕烈据宋本影刻的《仪礼》《国语》《战国策》《舆地广记》《伤寒总病论》《洪氏集验方》,及据汲古阁影宋抄本影刻的《孝经》《论语》《孟子》等;胡克家据元本影刻的《资治通鉴》,据宋淳熙年间池阳郡斋本影刻的《文选注》;张敦仁据宋抚州本影刻的《礼记郑注》和据明本影刻的《盐铁论》等;汪士钟据宋元本影刻的《孝经义疏》《仪礼疏》《刘氏诗说》《郡斋读书志》等。清末黎庶昌于同治年间两次出使日本,在那里收罗了大量唐、宋旧籍珍本,其中许多在中国已经失传,黎庶昌在版本学家杨守敬的协助下将之摹刻印行,成为一部大型的影刻本丛书即著名的《古逸丛书》,全帙共收书26种,200卷,刻印之精,引起当时国人的一片赞叹。

进入民国以后,近代西方印刷术已在印刷业中占据了主导地位,雕版印刷逐渐被淘汰。此种情形反而激发了一些大藏书家的存古之心,于是,影刻古本、旧本之风重又兴起。吴兴张钧衡(1872—1927)于1926年刻印的《择是居丛书》13种,41卷,其中多是影照旧本所刻。吴兴蒋汝藻(1876—1954)据宋本影刻了《曹子建文集》、唐李贺《歌诗编》、唐窦常等撰褚藏言辑《窦氏联珠集》、宋朱长文《吴郡图经续记》、宋周密《草窗韵语》、宋宋伯仁《雪岩吟草甲卷忘机集》、宋郭祥正《青山集》等共7种,此即《密韵楼丛书》,也称《密韵楼景宋七种》。吴兴刘承幹(1882—1963)据宋蜀刻本影刻了《史记正义》,据宋淳祐刻本影刻了前后《汉书》等。安徽南陵徐乃昌(1868—1943)据明赵均小宛堂影刻本影刻了《玉台新咏》。贵池刘世珩(1874—1926)刻印有《玉海堂影宋元本丛书》21种,《宜春堂影宋巾箱本丛书》10种,都是据宋本影刻,其中影刻之宋蜀大字本《孔子家语》、小字本《五代史记》,刀法劲峭,纸墨精好,只下宋本一等。浙江仁和吴昌绶1915年刻《双照楼词》40种,系影宋、金、元、明旧本刻成,刻印精工,为世人所推重。此丛书版片至解放后仍被完整保存。江苏武进陶湘(1871—1940)据宋咸淳本影刻《百川学海》100种,其中缺卷系据明弘治年间华氏覆宋本影刻添补,此外还影刻了宋本《儒学警悟》6种。

据上所述,可见民国时期的影刻本数量大,质量精,其价值不可低估。

现代由于影印本的盛行,影刻的方法已基本不再被采用了,但是千百年来不断产生并广泛流传着的影刻本却以其独特的作用和精美的质量给人们留下了深刻的印象,因而也奠定了其在刻本中的特殊地位。

二、影刻本的鉴定

影刻本一般在书之前后都有刻印者的序跋,说明影刻原因、过程、时间,等等。但这些序跋或刊刻说明经常被人撕去以充旧本,或在流传过程中佚失了。所以影刻本的鉴定较一般刻本更为困难。此外对影刻本的鉴定还多了一个任务,即不仅要鉴定影刻本的版刻时间、地点和刊刻者,还需进一步了解其所依据的底本。所以影刻本的鉴定最宜采用对勘法,先搜求与其相似的各种版本,然后一一进行对勘。

影刻本的鉴定方法:

1.对字体和刀法进行比较。

影刻本在字体上刻意与原本求同,但往往弄巧成拙,不仅不能求得神似,即连形似也不易达到,反而丧失自己的风格,结构可笑,笔画肥细失宜之处比比皆是;又由于书法一朝有一朝风气,刻工一时有一时习尚,所以影刻本字划、刀法常显得迟滞、笨拙,与原本相比,高下不难看出。

2.对纸墨进行比较。

一般影刻本与原本年代都相距较远,二者纸墨截然有别。如明清影宋刻本,只要具备各代版本用纸用墨的知识,与原本相较,便可以很容易地指出其为影刻本了。

3.考辨讳字。

影刻本中多有讳字,但元、明、清影宋刻本中之缺笔、改字,只是照原样雕刻,并非避宋讳,个别地方常有一时遗忘不讳的情况。又如清代影宋、元刻本,同时也避清讳,遇此情况,即可断定其为后刻之本无疑。元、明二代不讲避讳,故元、明影宋刻本也常有不避宋讳者,遇此也可立即推知其非宋本。

4.考证刻工。

影刻本中,有的将原刻本中刻工姓名全部删去,有的则全部改记影刻时的刻工姓名。如发现刻工年代与书中版刻年代不符，也可据此判断其可能为影刻本。

第三节　覆刻本及其鉴定

一、覆刻本的概念与制作

影刻之外，还有一种更为简便的版本复制方法，采用这种方法不必重新书写版样，而只是将作为底本的原书拆成散叶，分别直接粘贴到木版上作为版样，照原本的版式、字划原样雕镂，制成新的书版，然后刷印。但这种版本复制方法过去并没有固定的称谓。

在以往的古籍书目或文献记载中，在描述古代的复制本时，"影刻""覆刻"等概念是混用的，其间的区别人们并没有硬性的规定。考虑到当代所编古籍目录中"影刻"说法常见而"覆刻"说法少见的现状，我们可以将这两个名称做一个分工，将用临或摹复制刻印之法称为"影刻"，将利用原本直接上版刻印之法称为"覆刻"，用覆刻方法刻印而成的本子就称为覆刻本。

使用"覆刻"的称呼，还有如下理由：

1."覆刻"的说法符合其固有的忠实复制原书底本的本义。例如清张惠言编《七十家赋钞》六卷一书，最早为清道光元年（1821）合河康绍镛刻本，后来清光绪成都宏达堂采用将原书直接上版刻印的方式重刻该书时，即在版心下方明确镌"宏达堂覆刊"5字。

2."覆"可以理解为是将原书纸叶直接覆盖粘贴到木版上进

行雕刻的动作和行为,是一个生动形象反映这种雕版印本复制方法的字眼。

覆刻法省去了摹写的步骤,同时还可以避免翻刻时容易产生的文字错误,因而也简化了文字校对工作,可以极大地节省图书出版成本,并保证了图书的出版质量。

覆刻本主要集中在那些普及性比较强、适用面比较广、社会需求量比较大的图书品种上。中国古代的雕版印刷由于木版质地和手工操作的局限,一副书版不能刷印过多的数量,限制了图书的生产能力和流通范围。而覆刻毁一部书而使之化身千百部的做法,极大地提高了图书的复本产量,扩大了图书流通的地域范围,在当时是一种极为经济便捷的图书复制和传播方法。

覆刻本的制作动机是出于看重一部图书的内容价值并迎合当时社会上的广泛需求,这首先就是对覆刻本图书在文字内容上的一种肯定。而且值得作为样本来覆刻的版本,自然也不会特别差。覆刻本的价值自然不如原本,但覆刻本毫不走样的翻刻方式,传神地反映了原本的面貌。不少古籍的原本世上已极少见甚至根本绝迹了,是靠覆刻本才流传于世。许多覆刻本与原本刊刻年代非常接近,也属于善本的范畴。所以即使是从单纯的版本角度来看,对于覆刻本的价值也不能轻易贬低。

二、覆刻本的源流和种类

覆刻这种图书翻刻复制方法滥觞于何时,因为缺乏实物的参照,还不能给出一个准确的说法。但可以肯定地说,在雕版印刷术发明应用的早期阶段,就有覆刻本的出现。

本人曾将收入《中华再造善本》的元大德七年(1303)云谦刻

本《校正刘向说苑》一书与北京大学图书馆藏宋刻残本《说苑》相对照,发现二者版式字体面貌几乎完全一样。元本书后有云谦跋云:"宪使牧庵先生暇日出示刘向《说苑》,有益后学,俾绣之梓,以寿其传,诚盛事也。"大德七年距宋代并非久远,很有可能是采用了覆刻的方法,否则二本不会如此相像。

覆刻的现象在明末比较多见。当时覆刻的主要对象是明代人的著作。

如明陆楫辑《古今说海》,明嘉靖二十三年(1544)云间陆氏俨山书院刻本,明末有覆刻本,下书口仍镌"俨山书院"。

明陈深所辑《诸子品节》五十卷,明万历十八年(1590)金陵周竹潭初刻,半叶9行20字,小字双行同,四周双边,单鱼尾,版框高19.7厘米,宽14厘米,眉上镌评。明末即有人据之覆刻,版式字体与之毫厘不爽。

明刘侗、于奕正修《帝京景物略》八卷,初刻于明崇祯八年(1635),稍后即有覆刻本。

清代据明本覆刻现象较少,而且大多发生在清初。如:

明张居正撰《张太岳先生集》四十七卷,该书以明万历四十年(1612)金陵唐国达刻本为最有名,清初有据之覆刻者,线装16册2函。

宋鲍彪校注、元吴师道重校的《战国策》十卷,明万历九年(1581)张一鲲刻本质量较好,清初杭州二余堂便据之覆刻。线装8册,半叶10行21字,小字双行同,白口,单黑鱼尾,四周单边;内封题"高氏原本""武林二余堂重刊"。书前有序说明覆刻情况,这种情况比较少见。

清代康熙年间刻印的本子质量较高,所以当时以及后世对康熙间刻本进行覆刻的现象比比皆是。

如清王士禛撰《居易录》三十四卷,初刻于康熙四十年(1701),半叶10行20字,小字双行同,黑口,单鱼尾,左右双边,康熙间即有据原本覆刻者。北京大学图书馆这两个本子都有收藏。

清邵长蘅撰《古今韵略》五卷,半叶9行14字,小字双行28字,细黑口,单鱼尾,四周单边,清康熙三十五年(1696)商丘宋荦初刻,现已发现2种康熙以后的覆刻本。

明唐汝询选释、明吴昌祺评《删订唐诗解》二十四卷,清康熙四十年诵懿堂本甚佳,半叶9行21字,小字双行同,单黑鱼尾,左右双边,我至少发现有3个面貌极为相似的不同版本,均为覆刻本。

清末战祸不断,特别是太平天国战争,江南糜烂,藏书损失惨重,旧家所藏书版大多毁灭,即使是道光间和咸丰初年的刻本也所存无几,所以同、光间据道光和咸丰初年版本覆刻图书的现象非常普遍。如:

明沈德符撰、清钱枋辑《万历野获编》三十卷、补遗四卷,有清道光七年(1827)姚氏扶荔山房广州刻本。北大图书馆有该刻本的清末覆刻本,线装24册。

清方苞撰《望溪先生全集》文集十八卷,集外文十卷,集外文补遗二卷,年谱一卷,年谱附录一卷,清咸丰元年(1851)桐城戴钧衡刻。但原刻本少见,常见的是清末的覆刻本。

宋徐锴传释《说文解字系传》四十卷,有清道光十九年(1839)祁氏重刊本,清末又有该本的覆刻本,线装12册2函。

不仅一般的刻本覆刻现象比较普遍,刻本中的套印本也有覆刻现象，如梁萧统纂、唐李善注《文选》六十卷，清乾隆三十七年（1772）海录轩刻印有朱墨套印本。其后大文堂据之覆刻，线装16册，内封题"大文堂藏板"，下书口仍镌"海录轩"。

还有据活字本覆刻的，如：明刻本宋彭叔夏撰《会通馆印正文苑英华辩证》十卷，系覆刻明正德元年（1506）华氏会通馆活字本。

书画、地图的重刻描摹难度比较大，而覆刻的方法比较简便，所以也喜欢使用覆刻的方法。如：

清上官周绘撰《晚笑堂竹庄画传》，线装2册，书前有清乾隆八年（1743）上官周序言刻书事。该本仅北大图书馆就有3个不同的清代覆刻本。

清马揭、盛绳祖纂修的《［乾隆］卫藏图识》一书，线装4册，最早有乾隆五十七年（1792）刻本，稍后即有覆刻本行世。

清董方立绘《皇清地理图》，北大图书馆有藏，线装3册1函，系清同治十年（1871）广州华文堂据清咸丰六年（1856）长沙胡氏日知斋本覆刻。

中日两国文化交流自唐代以来一直没有中断，明治维新以前，日本仍然大量翻刻中国图书，其中采用覆刻方法也很多。如据传是曹操等人所注的《孙子十家注》十三卷，北大馆藏一种刻本，线装4册1函，即为日本嘉永六年（1853）据《平津馆丛书》本覆刻。

此外，明清许多古籍在后来利用原书版重新刷印时，由于有的书版断烂残缺，已不能使用，于是常常有将以前印出的原书相应书叶拆下，直接粘贴到木版上刊刻予以替补的情况。如明潘季驯撰《河防一览》十四卷，明万历十九年（1591）初刻，清顺治十四年（1657）朱之锡利用原书版重印，其中个别残缺版片，即以原书叶上版覆刻。北大图书馆藏该书万历十九年雕版之明末印本一部,相应书叶上的文字内容反远不如顺治十四年修版重印本清晰准确。

由此可见,覆刻是中国古代雕版印刷业中一种常见的图书翻刻复制手段。直到清光绪五年(1879)以后,基于照相石版印刷技术的影印本开始大量出现,覆刻方法相较而言,已不具备技术和成本上的优势,这才逐渐销声匿迹,很少被使用了。

三、覆刻本的特点

覆刻本的特点可以归纳为三:

1.或改头换面,或原样照搬,与原本的关系扑朔迷离。

覆刻本版式、字划与原本相同或相近,如果书之前后没有明确说明的话,很难一眼辨认出其为原本还是覆刻本。明清的出版者在覆刻一书时,有两种不同的做法:

一种做法是换印有自己店铺名号的内封,使人误认其为完全不同的版本,如:清沈辛田著、钮大炜增订之《名法指掌新例增订》四卷。有清道光四年(1824)刻本、道光五年(1825)宝名斋刻本、道光六年(1826)培荫轩刻本、咸丰十年(1860)粤东刻本,其实都是覆刻本。

又如清乾隆时安徽无为人汪有典,竭十余年精力,搜集明代三百年间抗节死义诸贤事迹,编纂成《史外》三十二卷,初刻于清乾隆十三年(1748)。清同治三年(1864)庐陵寻乐山房本改为八卷,清同治四年(1865)陕甘公所即据此本覆刻,线装6册1函,内封后牌记镌:"同治四年乙丑陕甘公所藏板",原本版刻情况,一毫不载。

一种做法是覆刻时并不添加抽换任何内容,甚至连内封、书牌、避讳缺笔乃至刻工姓名,也都依原样刻出,使人难以意识到其为覆刻本。如清万斯大撰《经学五书》(五书分别是:《学礼质疑》二卷;《礼记偶笺》三卷;《仪礼商》二卷,附录一卷;《周官辨非》二卷;《学春秋随笔》十卷),线装6册,内封面镌"辨志堂藏板",实为清末据乾隆辨志堂本覆刻本。

又如清初吴伟业撰、清中期吴翌凤笺注的《梅村诗集笺注》十八卷,清嘉庆十九年(1814)苏州严荣沧浪吟榭初刻,内封面镌"沧浪吟榭刊板",书前有嘉庆十九年严荣序言刻书事。稍后的覆刻本将严荣序和原书内封完全照原样刊印。

2.多为畅销之书,读者适用面广。

覆刻本的制作者大多是书商,主要出于牟利的动机。畅销书社会需求量大,而雕版印刷由于材料和技术的限制,印数有限,当然翻刻就不可避免。而在翻刻的各种方式中,又以覆刻最为简便,所以覆刻本中,以当时的畅销书数量为最多。如:

清沈德潜辑《明诗别裁集》十二卷,清乾隆四年(1739)初刻,社会反响甚好,稍后即有覆刻本。

清顾炎武撰、黄汝成集释之《日知录集释》三十二卷,附刊误二卷,续刊误二卷,初刻为清道光十四年(1834)嘉定黄氏西溪草庐本,一时颇为流行,清末多有据之覆刻者。

清荆石山民填词、清黄兆魁订谱的《红楼梦散套》十六折,是《红楼梦》的戏曲改编,所写均为原书精彩之处,故每折不相连贯,都可以独立成一剧。初刻为清嘉庆间(1796—1820)蟾波阁本,8行19字,谱6行17字,白口,左右双边,版心下镌"蟾波阁"。该书出版后,在社会上供不应求,遂有覆刻本问世,且完全保留原貌,神似原本。

3.一般与原本刊印时间比较接近。

由于社会需求量大,而雕版印刷印数有限,一家出版者的印书发行范围也有限,所以往往是初刻本问世后不久,就有各种覆刻本出现。如清末张之洞撰《劝学篇》二卷,问世后盛行一时,社会上翻刻极多,但封面后均刻"光绪二十四年(1898)两湖书院刊印"牌记,版心下镌"两湖书院刊印",基本上都是采用的覆刻方式,彼此刊印年代都很接近。

又如《圣武记》十四卷,清魏源撰,道光二十二年(1842)初版,颇为世人所重,道光二十四年(1844)、道光二十六年(1846)连续修订重刻。其间即有覆刻本出现,我就见到一部道光间古微堂据道光二十四年京都琉璃厂本覆刻本,线装14册,内封镌"新增校对无讹/古微堂藏版"。

覆刻的方法是毁一书而换得千百部书,出于经济上的考虑,原本必然不会是特别珍贵值钱的书,刻印年代相对于当时不会太早,这也是覆刻本一般都与原本刻印年代比较接近的一个主要原因。

四、覆刻本的鉴定

对覆刻本的鉴定有两个难点:一是容易将重新刻印了内封或牌记的本子误以为是全新的版本,不能指出其与原本的覆刻关系;二是容易将没有添加改换文字内容的覆刻本误当作原本,不识其为覆刻本。

有鉴于此,古籍版本工作者心中一定要有覆刻本的意识,不能一看两个本子大体相像,就认为属同一种版本。应该切实意识到,覆刻其实是古籍翻刻中一种比较普遍的现象,必须牢牢树立覆刻本的意识,才能及时予以指出。

例如北大图书馆藏元阴时夫、阴中夫兄弟编注之《新增说文韵府群玉》二十卷,该书初版为明万历十八年(1590)王元贞刻本,卷前有陈文烛序,卷前凡例后题"金陵徐智督刊"。除原刻本外,北大图书馆还藏有该本的两个覆刻本,一个有内封,印有"康熙五十五年新镌/文盛 天德堂梓行"字样,但是从版式、字体风格来看,不像康熙时的神气,而是明版书的面貌。于是编目员将其与馆藏明刻本对比,发现其果然系根据明万历十八年王元贞刻本覆刻。

另一本《新增说文韵府群玉》二十卷没有添加任何文字内容,卷前的陈文烛序、卷前凡例后所题的"金陵徐智督刊",与明万历十八年王元贞刻本完全一样,如果稍一粗心,就会定其为同一版本。但因为编目员有覆刻本的意识,故也将其与馆藏明万历十八年王元贞刻本认真比对,发现其实际是王元贞刻本的另一个覆刻本,从纸张、墨色来看,应是明末刻本。说实话,如果不是与初版本相对照,无人能识其为覆刻本。

由此看来,覆刻本的鉴定确实是比较困难的,除非将各种不同的覆刻本放在一起认真比对,否则孤立地去看一个个单独的本子,很难发现其为覆刻本。所以,覆刻本的鉴定,还必须具备一定的客观条件,也就是应有较为丰富的馆藏,有可以相互比对的本子。

例如《温飞卿诗集》九卷,北大图书馆有4个同样著录为清康熙顾氏秀野草堂刻本的本子,分开来看,显然属同一种版本,但合到一起对比着看,却发现原来是4个行款、字体非常接近的不同版本。仔细分析,一个是原版本,一个是原版的修版后印本,一个是原版本的覆刻本,一个是修版后印本的覆刻本,其间的关系真是扑朔迷离,如果不是放在一起细细比对,很难发现4个本子的不同,理清其间的关系。

版本的比对必须耐心细致,才能区分出孰为原刻本,孰为覆刻本。因为覆刻本是完全依据原刻本复制的,不细心比对,就很容易弄混。另一方面,覆刻本毕竟是转了一道手,在字体的风格神气上一般都逊于原刻本,所以只要细心揣摩,还是能分出高下的。

如宋苏轼撰、宋施元之注、清顾嗣立等删补之《施注苏诗》,正文四十二卷,年谱一卷,总目二卷,续补遗二卷,最早为清康熙三十八年(1699)商丘宋荦刻本,半叶10行21字,黑口,单鱼尾,四周单边。该书稍后即有覆刻本,与原刻极为相似,北大图书馆藏有该覆刻本的道光甲辰(二十四年,1844)后印本,因为在内封镌有出版年,才不太容易使人误判。但如果有人作伪,将内封撕去,版本鉴定者也应该通过版本的比对,鉴定出其为覆刻本。

覆刻本有时还会露出一些"马脚"。如唐孙思邈撰《千金翼方》三十卷,宋林亿等校正,有清乾隆二十八年(1763)华希闳刻本,线装16册2函,内封镌"乾隆癸未新镌/千金翼方/保元堂藏板"。版本事项说明得很清楚,不细心者不会追究其来历。但编目员详阅书中内容,发现卷四第三十二叶背面第四行右侧刊一手书"御"字,令人费解,故而起疑,遂与馆藏其他版本对较,果然发现该本系据明万历间王肯堂本覆刻,刻工不辨内容,故将底本中后人手书的一个"御"也当作正文刻了下来。此本卷端还刻有"内阁撰文中书舍人加四级金匮华希闳校刻"字样,华希闳是清代人,如果不是发现这个"御"字蹊跷,故与明版相较,谁也想不到它竟然是一个覆刻本。

覆刻本的存在给后世的版本研究者带来了不少的困扰。当人们将覆刻本误认作原本时,会导致对原本的错误认识,对古籍版本源流的认知造成一定的混乱。一些用初刻初印本作为底本翻刻的覆刻本,文字内容比用原版刷印的后印本还要清晰完整,很容易使后世人们误将覆刻本认作一书的初刻初印本。

第四节　活字本及其鉴定

一、活字本的类型及其制作

活字本就是用活字印刷方法印制的图书。活字印刷术不同于雕版印刷,不是在木版上刻字,而是预先制成一个反的单字,制版时,将一个个单字检排拼成一块块书版,再在版面上敷墨印刷。活字印刷术具有拼版灵活迅速且适合于大规模印刷图书的优点,较雕版印刷术更为先进,更节省费用,印书效率更高。令人遗憾的是,我国虽然是活字印刷术的故乡,但活字印刷术在我国却始终停留在手工操作的水平,除了在活字材料上有所改换外,在工艺技术上并无显著的进步,加之缺乏社会的充分重视和有效组织,所以活字印刷术的优越性没能得到充分的体现。与雕版印刷术相比,始终处于从辅的地位;活字本的数量既远少于刻本,其质量也未尽如人意。但惟其稀少,则愈显其珍贵。而其较为先进的制版印刷工艺,也使活字本在诸多版本类型中占有特殊而重要的地位。

(一)泥活字本

最早的活字印刷采用的是泥活字,是北宋庆历年间(1041—1048)由平民毕昇发明的。据宋代沈括(1031—1095)所撰《梦溪笔谈》卷十八"技艺"门记载:

> 版印书籍,唐人尚未盛为之,自冯瀛王始印《五经》,已后典籍皆为版本。庆历中,有布衣毕昇又为活版,其法:用胶泥刻字,薄如钱唇,每字为一印,火烧令坚。先设一铁板,其上以松脂、腊和纸灰之类冒之。欲印,则以一铁范置铁板上,乃密布字印,满铁范为一板,持就火炀之,药稍熔,则以一平板按其面,则字平如砥。若止印三、二本,未为简易;若印数十百千本,则极为神速。常作二铁板,一板印刷,一板已自布字。此印者才毕,则第二板已具,更互用之,瞬息可就。每一字皆有数印,如"之""也"等字,每字有二十余印,以备一板内有重复者。不用则以纸贴之,每韵为一贴,木格贮之。有奇字素无备者,旋刻之,以草火烧,瞬息可成。不以木为之者,木理有疏密,沾水则高下不平;兼与药相粘,不可取。不若燔土,用讫再火令药熔,以手拂之,其印自落,殊不沾污。昇死,其印为余群从所得,至今宝藏。

毕昇用他所创制的这套泥活字究竟印过什么书,今已无从考知。但后世仿效其法制作泥活字印书的却不乏其人。南宋光宗绍熙四年(1193)即有周必大在潭州(今湖南长沙)根据沈括的记载,用胶泥铜版排印了其自著的《玉堂杂记》一书。元代燕京行台郎中姚枢弃官归里,也曾教弟子杨古用沈括所记载的毕昇泥活字

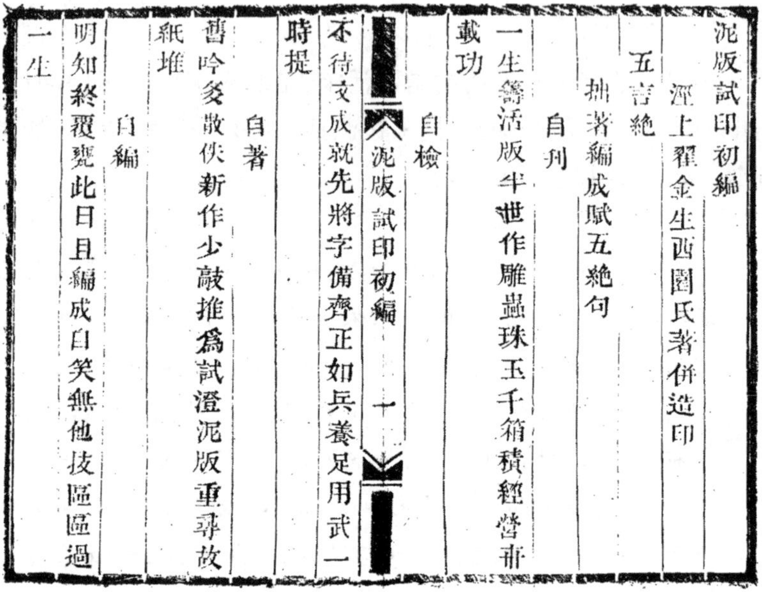
泥版試印初編
涇上翟金生西圃氏著併造印
五言絕
拙著編成賦五絕句
自刊
一生籌活版半世作雕蟲珠玉千箱積經營廿
載功
自檢
不待文成就先將字備齊正如兵養足用武一
時提
自著
舊吟多散佚新作少蒐推爲試澄泥版重尋故
紙堆
自編
明知終覆瓿此日且編成自笑無他技區區過
一生

泥版試印初編 一

图 59　清道光二十四年（1844）安徽泾县翟金生泥活字本《泥版试印初编》

印书法印刷小学书，“散之四方”①。

清代道光年间（1821—1850），苏州人李瑶在杭州用泥活字版先后排印了《南疆绎史勘本》和《校补金石例四种》；安徽泾县翟金生也在几乎同时烧制了 10 多万个泥活字，并用这套泥活字先后印成《泥版试印初编》《仙屏书屋初集》《修业堂集》《水东翟氏宗谱》等书。李瑶、翟金生排印的这些泥活字本书现均有传本存世，这说明沈括的记载是可信的，其方法也是可行的。

清代乾隆元年（1736）前后，浙江新昌人吕抚造活字泥版，印

① （元）姚燧著：《牧庵集》，卷十五《中书左丞姚文献公神道碑》，丛书集成初编第 2103 册，中华书局，1985 年，第 175 页。

刷了自著的《精订纲鉴廿一史通俗衍义》。吕抚所造活字泥版不同于毕昇所创泥活字印书法，不是用泥活字排版印书，而是将泥条放在一个方形小铜管内，扣在已刊刻文字的木质印版上，逐字制成阴文正字字模。制版时，用这些字模在泥片上印出阳文反字，制成泥版，待其干燥后，直接用泥版刷印。《精订纲鉴廿一史通俗衍义》卷二十五对其自创的这套印刷工艺有详细的描述。该书现藏天津图书馆，该馆白莉蓉女士撰有《清吕抚活字泥板印书工艺》一文①，首次披露了中国历史上这一独特的活字印刷方法。

这种印刷方法，近似于采用泥版或纸型方法制版的西方铅印术，但铅印术制作泥版或纸型，是采用排好版之后的整块版面，而且泥版和纸型只是用来浇铸铅版的中间产品，用来印书的是浇铸好的整块铅版。而吕抚的印刷方法是直接用捺好文字的整块泥版印刷。这种制版方法理论上每个字只需制作一枚活字字模即可，不用为常用字制作大量备用活字，也避免了活字印刷活字容易磨损报废的问题。不足之处是泥材料制作和制版工艺稍嫌费工，不适于大规模的印刷需求。

(二) 木活字本

木活字的具体发明年代不详，据沈括《梦溪笔谈》，知北宋时毕昇就已试验过木活字，但因效果不好而放弃了。现知最早制作木活字并用来印书的是元代的王祯。他雇请工匠刻制了3万多个木活字，并于大德二年(1298)以之排印了他本人修纂的《旌德县志》一书。令人遗憾的是，这部木活字印本的《旌德县志》现已

---

① 白莉蓉著:《清吕抚活字泥板印书工艺》,《文献》,1992年第2期,第242—251页。

失传了。但在王祯所著《农书》的卷末却保存着一篇王祯所记的《造活字印书法》，使我们可以据之了解其制作木活字的经过和具体方法。王祯在刻制木活字的同时，还创制了一种转轮排字架，以字就人，提高了排字的效率。上述这些极为详细的情况，都是《造活字印书法》一文所提供的。

继王祯之后，元代延祐六年（1319），奉化知州马称德也"活书板镂至十万字"①，印成《大学衍义》等书，可惜久佚不传。

明代用木活字排印图书之风大盛，苏州、杭州、南京、福州、四川、云南等地均有木活字本印行，印书者范围也很普遍，上自王公，下至庶民都有刻字印书者，如蜀王朱让栩于嘉靖二十年（1541）排印宋代苏辙《栾城集》八十四卷，益王于万历二年（1574）排印元谢应芳的《辨惑编》和《辨惑续编》。私人使用木活字的为数更多，如南京拔贡李登用家藏"合字"（即活字）印其自著的《冶城真寓存稿》八卷数百本，以送亲友。嘉定徐兆稷借他人活字，排印其父徐学谟所著记载嘉靖一朝史料掌故的《世庙识余录》二十六卷。书院、书坊也刻制木活字并用来印书。今可以考知的明代木活字本约有100余种，其中较为著名的还有：弘治年间碧云馆排印的《鹖冠子》，嘉靖间排印的宋刘宰《漫塘刘先生文集》、明劳罊《柴桑问答》、明储罊《柴墟文集》、明桑悦《思玄集》，隆庆间的明陈善《黔南类编》，万历间建阳游榕排印的明徐师曾《文体明辨》、念初堂排印的邓元锡《函史》、明曹学佺《诗经质疑》、明魏国显《历代史书大全》等。

到了清朝，木活字印书已在全国通行。采用木活字印书的地

---

① 乾隆《奉化县志》卷二十二所收元李洧孙至元三年（1337）撰《知州马称德去思碑记》。

图60　清乾隆四十一年（1776）武英殿木活字印本《钦定武英殿聚珍版程式》

区有河北、山东、河南、江苏、浙江、安徽、江西、湖北、湖南、四川、福建、广东、陕西、甘肃等。不仅私人用木活字印书盛行，各地的官府衙门、书院、官书局，也多备有木活字以供不时之需。诸如："活字印书局""聚珍堂"等专门采用木活字印刷的店铺也颇不少见。浙江、江苏、安徽、江西、湖南、四川各省的许多地区，还出现了专门以木活字为人摆印家谱的工匠。所以，清代的许多家谱都是用木活字排印的。

清代最著名的木活字本是乾隆三十八年（1773）开始制作排印的《武英殿聚珍版丛书》，共134种，2300多卷，用25万个木活字印成。主持其事的四库全书馆副总裁金简还专门撰写了《钦定武英殿聚珍版程式》一书，详细记载了其整个过程和制作印刷方

345

法，使我们从中得知武英殿制木活字印书法与元代王祯有较多的不同。如王祯削竹片为界行，金简改用梨木预制成一版18行的行格版。先印出格纸，再用格纸覆在活字版上套印，称作"套格"；王祯用转轮式排字架贮字检字，金简改用贮字柜等。当时活字刻成后，乾隆皇帝嫌"活字"之称不雅，赐名曰"聚珍版"。从此，木活字又常被称作"聚珍"。

　　清代私家和书坊所印的木活字本中，较为著名的有：顺治时印的明郑棠《义门郑氏道山集》；康熙时印清施琅《靖海纪》；雍正时印的宋陈师道《后山居士诗集》、宋唐庚《眉山诗集》；乾隆时紫阳书院印的《婺源山水游记》，萃文书屋印《红楼梦》，省园印范祖禹《帝学》；嘉庆时易安书屋印《甫里逸诗》《假年录》《甫里闻见

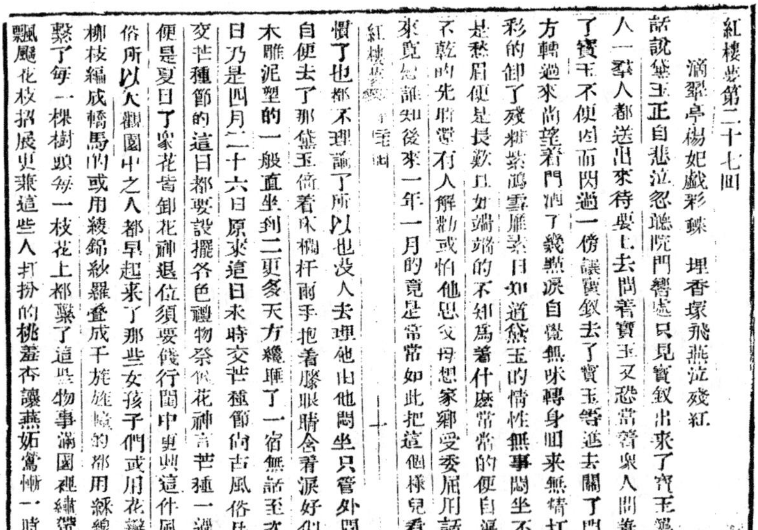

图61　清乾隆五十七年（1792）萃文书屋木活字印本《红楼梦》

录》,张金吾爱日精庐印《续资治通鉴长编》《爱日精庐藏书志》,陈景川刻字局印《淞南志》,吴淑骐企瑶山馆印《瑶光阁集》;道、咸、同、光时期,则有六安晁氏印《学海类编》,崇敬堂印《燕香居诗稿》,金陵甘氏津逮楼印《帝里明代人文略》、清黎定攀《黎氏易学》、清黄崇惺《徽州府志辨证》、明李邦华《李忠肃公集》、吴敬梓《儒林外史》,福建晋江黄氏梅石山房印《毛诗国风绎》,晋江陈庆镛诵芬堂印《籀经堂集》,以及各地书坊排印的《蒿庵随笔》《扪烛脞存》《保闲堂集》《宝纶堂集》《文选笺证》《孝经学》《徐霞客游记》《野叟曝言》,等等。

(三)铜活字本

据文献记载,明代弘治、正德年间,用铜活字印书的风气在江苏的无锡、常州、苏州、南京及浙江、福建一带开始流行起来。其中以无锡的华家和安家最为有名。

华氏一家四代从事铜活字印刷,其主要代表人物是华珵、华燧、华坚、华镜。

华珵,字汝德,号尚古,成化八年(1472)贡生,其铜活字印本有弘治十五年(1502)排印的《渭南文集》。

华燧(1439—1513),字文辉,华珵之侄,室名"会通馆",所排印之铜活字本有:《宋诸臣奏议》一百五十卷,《锦绣万花谷》前集、后集、续集、别集各四十卷,《容斋随笔》共五笔各十六卷,《辑补古今合璧事类备要》前集六十九卷,《会通馆集九经韵览》十四卷,《文苑英华纂要》八十四卷、《辨证》十卷,《百川学海》一百六十卷等至少15种图书,总卷数在千卷以上;印书时间从弘治到正德初年,长达20年左右。其中,弘治三年(1490)排印的《宋诸臣奏议》是我国现存最早的一部铜活字印本。不过华燧的一些传记

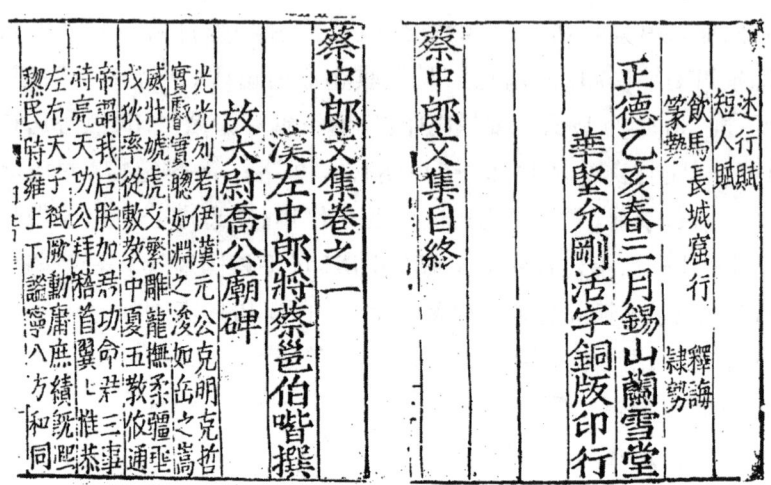

图 62　明正德十年（1515）锡山华坚兰雪堂铜活字印本《蔡中郎集》

多有华燧"范铜版、锡字"的字句，故有人在经过考证后认为，华燧会通馆的活字印本是用锡活字放置在铜版上印成的，是锡活字本。①

　　华坚，字允刚，华燧之侄，室名"兰雪堂"。华坚所印铜活字印本主要有：正德八年（1513）排印的《元氏长庆集》和《白氏长庆集》，正德九年（1514）排印的《玉台新咏》，正德十年（1515）排印的《艺文类聚》和《蔡中郎集》，正德十一年（1516）排印的《春秋繁露》。此外，华坚还印有《广成子》和《意林》等书。据说，华坚之子华镜也排印过铜活字本图书，但其事迹不详。

　　嘉靖时，无锡安国桂坡馆继华氏而起，也以排印铜活字本而

---

①　潘天祯著：《明代无锡会通馆印书是锡活字本》，《江苏图书馆工作》，1980 年第 1 期，第 72—75 页。

著称于世。其所印铜活字本有：嘉靖二年（1523）印《颜鲁公文集》，嘉靖十年（1531）印《初学记》，以及嘉靖年间所印《重校鹤山先生大全文集》《古今合璧事类备要》《吴中水利通志》《石田诗选》等书。

华、安二家中，华燧所印之书，版心下方多印有“会通馆活字铜板印”字样；其他各家则多有诸如“兰雪堂华坚活字铜版印”“锡山兰雪堂华坚允刚活字铜版校正印行”“安国活字铜版刊行”等字样的牌记，可证其为铜活字本。

不过还有一种影刻铜活字本的情况需要注意。此类影刻铜活字本系以铜活字本为底本摹刻而成，实为雕版印本。现知的影刻铜活字本只有三种，即《锦绣万花谷》《会通馆印正文苑英华辨证》和《蔡中郎集》。其中《锦绣万花谷》已将原书版心“会通馆活字铜版印”字样改刻为“徽藩崇古书院”六字；而《蔡中郎集》仅在卷六第十叶版心上端刻有“兰雪堂”三字，未有其他任何说明，书叶中有断版痕迹，说明其为刻本无疑，但不知究系何人影刻。

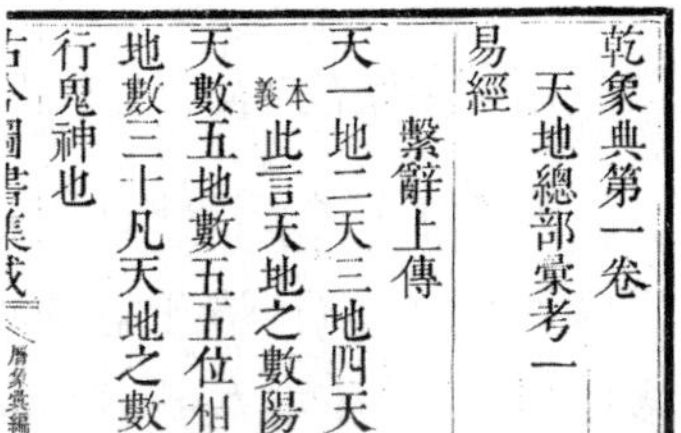
乾象典第一卷
天地總部彙考一
易經
繫辭上傳
天一地二天三地四天五地六天七地八天九地十
本義 此言天地之數陽奇陰偶即所謂河圖者也
天數五地數五五位相得而各有合天數二十有五
地數三十凡天地之數五十有五此所以成變化而
行鬼神也
古今圖書集成 曆象彙編乾象典第一卷天地總部彙考一之二

图 63　清代雍正四年至六年（1726—1728）内府铜活字本《古今图书集成》

明代还有许多其他铜活字本，如隆庆年间饶氏等排印之《太平广记》，弘治十五年（1502）金兰馆印本《石湖居士集》，弘治十六年（1503）印本《西庵集》，嘉靖间五云溪馆印本《玉台新咏》《襄阳耆旧传》，常熟杨仪五川精舍印本《王歧公宫词》，嘉靖三十一年（1552）芝城蓝印本《墨子》，隆庆年间新城王材念初堂印本《函史》，万历二年（1574）无锡周堂印本《太平御览》等，都是较为可信的铜活字本。

清代雍正四年至六年（1726—1728）内府排印的《古今图书集成》，是中国古代最大的一部铜活字印本。全书一万卷，只印成64部，纸用连四纸和太史连纸两种，柔韧洁白，刷印精妙，字体美观，装帧富丽华贵，堪称珍品。

但是清代的私家铜活字本却不多见，传本仅有康熙二十五年（1686）吹藜阁排印的《文苑英华律赋选》，道光间林春祺福田书海排印的顾炎武《音论》《诗本音》以及《水陆攻守战略秘书》等七种书。

（四）锡活字本

元代王祯《造活字印书法》一文中曾说："近世又有注锡作字，以铁条贯之作行，嵌于盔内界行印书。但上项字样，难于使墨，率多印坏，所以不能久行。"据此可知，早在元代初年，就已有锡活字本问世了。只是由于其质量不佳，故未能推广使用。明代华燧"范铜板，锡字"，华、安二家所印之书皆称"活字铜板"，而均未明言为铜活字，是否有可能都属于锡活字本呢？从华、安二家所印之书的字形神气皆异于明清其他铜活字本这一点来看，此种猜测也未必没有道理，只是一时还缺乏足够的证据，所以只好姑且沿用前人的成说，仍将之归于铜活字本一类。

关于锡活字印书的明确记载，见于19世纪中叶一个叫卫三畏（Samuel Wells Williams）的美国人所写的《中国通史》一书中论述印刷史的部分。① 他说,当时广东佛山有个姓邓的书商为了印刷赌博用的彩票,从道光三十年(1850)开始,铸造了三套共 20 多万个锡活字,一套为扁体字,一套为长体大字,一套为作注解用的长体小字。除印刷彩票外,邓姓书商还用他的锡活字排印了马端临的《文献通考》三百四十八卷,装订成 120 册,大字悦目,纸张洁白,墨色鲜亮,质量很高。张秀民著、韩琦增订的《中国印刷史》很详细地描述了这一制作工艺。②

宋平生进而发现,天津图书馆所藏的《三通》(《通典》《通志》《文献通考》)就是邓氏所印锡活字本,还有一部清咸丰印本《十六国春秋》也是广东邓氏锡活字印本③。据艾俊川先生考证,此邓姓商人还印过一部锡活字本《陈同甫集》④。

(五)其他活字印本

除泥、木、锡、铜等材料制作的活字外,据说还有铅、铁、瓢等质地的活字。古代铅活字印书,至今未见传本。铁活字、瓢活字⑤则为朝鲜创制。据说铁活字传本有《西坡集》,瓢活字传本有《论语集注大全》,不知是否确切。

---

① 见卫三畏 Movabla Metallic Types in Chinese.//The Chinese Repository. Vol. XIX, pp.247-253. Vol. XX, pp.281-282. 1850, 1851 Canton. The Chinese Recorder. Vol.Ⅵ, pp.24-25. 1875, Shanghai.
② 张秀民著,韩琦增订:《中国印刷史》(插图珍藏增订版),浙江古籍出版社,2006 年,第 613—614 页。
③ 宋平生撰:《新发现的清咸丰广东邓氏锡活字印本〈十六国春秋〉鉴定记》,见《版本目录学研究》,2012 年第 3 辑,第 277—282 页。
④ 艾俊川撰:《锡活字印本〈陈同甫集〉与历史上的锡活字版印刷》,《北京印刷学院学报》,2011 年第 19 卷第 6 期,第 8—11 页、第 18 页。
⑤ "瓢"是用匏的果实对半剖开做成的勺或舀子。匏为一年生草本植物,果实俗称"瓢葫芦"。瓢活字就是用瓢葫芦做成的活字。

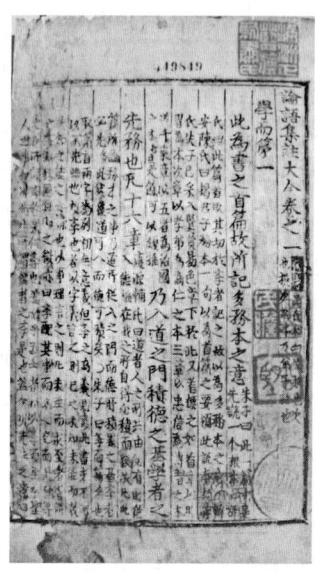

图 64　北京大学图书馆藏瓢活字《论语集注大全》

二、活字本的鉴定

活字本属于一种古籍版本类型，其外表装帧与刻本一致而与近代印本有异，所以鉴定活字本，首先应将活字本与刻本区别开来，其次再尽可能地判断是属于木活字印刷，还是属于铜活字、泥活字或其他材料活字印刷。

活字本与刻本相较，一般具有如下特点：

1.活字本的上下栏与左右栏线交接处（即版框之四角）衔接不严密，多有缺口。因为活字本的版框是拼合而成的，不像雕版印本是在一块整版上直接刻成，故可严丝合缝，不留一隙。但清武英殿聚珍版是一例外，因为它采用"套格"的方法，用事先印好的框格纸印书，故其版框、版心、界行特征与刻本一样。

2.同样原因，活字本的界行与上下栏线的衔接处，版心鱼尾同左右界行相交处，也都不严密，均有一定程度的分离。

3.活字本各行文字的排列多不整齐，歪扭不正、倾斜不直的现象比较常见，与刻本整版文字气势连贯、排列整齐之态有异。这是因为活字本系一字一字拼排，而古代活字制作不甚精密，难免产生误差，导致上述现象存在。

4.活字本版面各字大小不一致，比例常不协调。刻本系写稿上版，字体大小一致，刻工一气呵成，因而比例匀称，字与字之间可以相互照应，而活字本一字一刻，各字不相照应，难免有大小不匀的现象。

5.活字本版面文字墨色轻重、浓淡不匀，不似刻本墨色匀称。古代活字高矮不能完全相同，特别是木活字，湿胀干缩，各字难求完全一致，致使排版后版面凹凸不平，印本墨色也就难得一致了。

6.活字本各字之间笔画一般不交叉、重叠。活字本每字一刻，各自独立，字与字之间皆保持一定距离，除了一印多字外，一般不重叠、交叉，而刻本上下字笔画交叉是常有的事情。

需要注意的是，活字本也有字与字之间笔画交叉的现象，一是某些金属活字丁并非是上下规格一致的立方体，而是不规则的异形活字丁；二是木活字规格不一，排版时如出现排不下的情况，可以用刀切削字丁的空白部分，使字丁与字丁之间相互榫接，从而产生上字与下字之间的笔划交叉现象；三是一些特殊类型文献中使用频率较高的词语如日期、年号、人名、官名、地名等，有时会刻在一个字丁上，成为连字印，并有可能出现上下字之间的笔画交叉。

7.活字本绝无断版、裂版现象。雕版有的因刻成存放年久,遭风吹日晒,常会断裂。活字印书,印完即拆版,再印再排,绝不会像雕版那样出现断裂的情况。

8.活字本有时会出现个别字倒置或卧排(横排)现象,而刻本一般不会出现这种情况。鉴定时可据此种现象断定某本必为活字本。

9.活字本书上下栏线整齐。版刻印本,由于书版胀缩,版框尺寸大小不一,按装订时齐下不齐上的规矩,上栏经常参差不齐;而活字印本拼版时,上下栏线尺寸一致,版无胀缩之事,故装订成册后,从书口看来,上下栏线均整齐划一。

10.活字本有时个别字与同一版面其他文字有笔画粗细和字体风格、大小不一之别。这是因为活字本拼版时,若活字不够用,须临时再刻(或铸),新刻之活字,与原刻之活字,其字样、大小、高低及制作活字之材料、质地等皆难完全相同,以致印成后,新刻之字与版面其他文字风格不相协调。刻本虽也常有后印时修补文字的情况,但自是雕版特点,与活字本之浓淡大小情况不同,鉴定者稍加观察,即可看出。

根据上述十条特征,古籍中的活字本,一般都是可以鉴定清楚的。至于对活字材料的鉴定,则须从制作活字的材料特性、制造方法、技艺高低、印本特征及墨色等方面做彻底的研究。若能利用显微照相机,将活字摄影放大,从各种不同活字材料因吸墨性能不同所呈现的不同墨痕,做细密观察对比,则活字类别亦定能鉴定清楚。大致而言,铜活字因坚硬、光滑,制作不易,墨色较浮而不匀。若系刀刻,字画粗细不定,从印本观之,有刀在光滑硬物上雕刻、笔画无法驾驭自如之感;若系模铸,则字体大小、笔画粗细皆尚整齐,但点画波折不露锋芒;若系先用模铸,再用刀修饰,则难予分辨。幸好名家的铜版活字多有牌记可证,如华坚的"锡山兰雪堂华坚允刚活字铜版印行"、安国的"安国活字铜版刊行"、建宁府城的"芝城铜版活字"等牌记,都很准确地说明了版本的情况。初期的铜活字本,金属受墨的技巧尚未掌握精熟,印在纸上,但见墨色模糊,有的字只印出一半,且墨污纸面空白处,不难鉴定。清代铜活字印刷技术已趋成熟,字样墨色皆较精美,只是印本现存不多。

木活字印本一般书中很少有明确说明,鉴定之法除了把握上述活字本之各项特征外,其墨色一如雕版印本。由于木性软而易刻,刻工如技艺娴熟,则点画波折皆能恰到好处,故一般较铜活字印本精美。木质坚硬程度不如金属和经过烧制的泥活字,印多则易漶漫模糊;入纸之凹痕较铜活字为浅,较刻本为深。此外,木活字印本点画多露锋芒,细观其钩趯处,锐利者为木,钝者为铜,最钝者为泥。上述各项特征均有助于木活字本的鉴定。

但鉴定活字本时,必须有覆刻本的意识。魏隐儒先生在其《古籍版本鉴定丛谈》第八章"活字本的鉴定"中就曾说过,明铜活字本《锦绣万花谷》《会通馆印正文苑英华辨证》和《蔡中郎集》这3部书都有覆刻本传世(书中称覆刻为"影刻")。其中《锦绣万花谷》覆刻本将原书版心"会通馆活字铜版印"字样改刻为"徽藩崇古书院"六字。《蔡中郎集》覆刻本仅在卷六第十叶版心上端刻有"兰雪堂"三字,未有其他任何说明,书叶中有断版痕迹,说明其为刻本无疑。明铜活字本《会通馆印正文苑英华辨证》的覆刻本,除国家图书馆有藏之外,北大图书馆也存有一部,经笔者目验,刻本特征明显。

清代看似活字本而实为其覆刻本的也不少。例如所谓清同治十年(1871)京都聚珍斋捡子板《平定粤匪纪略》十八卷附记四卷，虽然该本内封题"京都聚珍斋捡子板"，版式风格也颇类活字本，但雕版印刷的各种特征极为明显，其为刻本毫无疑问，实系据同治八年(1869)群玉斋活字本覆刻。二者惊人相似，不仅字体非常近似，版式行款完全一样，而且版框尺寸也都是21厘米。

除了"聚珍斋捡子板"之外，还有一件很奇怪的事情，就是所谓的"都城琉璃厂半松居士排字本"，目前我们所知所见的都是刻本，没有一部是真正的活字本！

例如《明季北略》二十四卷，北京大学图书馆和中国人民大学图书馆都有收藏，内封背面都有"都城琉璃厂半松居士排字本"牌记，二本确属同一版本，但北大馆藏本版面边栏界行多有残损，显然是刷印在后。这种现象证明，这两个藏本绝不是活字本，而应该是同一刻本的前后印本。

而且即使是都印有"都城琉璃厂半松居士排字本"牌记的同一部书，也可能是不同的版本。例如《贰臣传》十二卷，北京大学图书馆和厦门大学图书馆都是所谓"都城琉璃厂半松居士排字本"，其实都是刻本，而且还不是同一个版本。但是版式风格字体又极为相似，显然有极为密切的关系。

又如都有"都城琉璃厂半松居士排字本"牌记的《明季南略》十八卷，笔者将北京大学图书馆、人民大学图书馆和四川大学图书馆3个藏本相比对，发现竟然是3个不同的刻本！

所以，鉴定活字本，不能轻易相信书上内封、牌记等处的文字说明，一定要综合各种特征，全面观察，才能得出正确的结论。

第五节　套印本及其鉴定

一、套印本的种类

套印本是用多种颜色印刷而成的一种古书印本类型。其制版印刷方法有三种：

1. 涂色印刷。

这是套印本的最早印刷方法，即在同一块雕好的书版上，将不同的内容部分分别涂上不同的颜色进行印刷。

2. 套版印刷。

由于涂色印刷常常出现敷色部位不准及墨色掺杂揉混的毛病，人们于是加以改进，将一叶书的不同内容分别刻在几块版式大小相同的书版上，每块书版各涂一种颜色，印刷前先固定书版和纸的位置，然后逐版加印在同一张纸上。由于印刷时必须使各版内容部位密切吻合，故称之为"套版"或"套印"。

3. 彩色套印。

套印术应用于彩色版画的印刷上，所需技术更为复杂，于是有"饾版"和"拱花"二法出现。

所谓"饾版"，就是将彩色画稿按不同颜色分别勾摹下来，每色刻成一块小木版，然后逐色依次套印或叠印，最后形成一幅完整的彩色画面。因一块块小印版形似古代的一种五色小饼"饾饤"，故名之为"饾版"。

所谓"拱花"，是用凸凹两版，将纸夹在中间，互相嵌合，把白纸压成凸起的图形，用来表现画中的山水、流云、花鸟羽毛等，富有立体感。

　　套版印刷术发明于何时,目前还没有一致的说法。1974年在山西应县佛宫寺释迦塔内发现了三幅约在辽代统和年间(983—1012)印刷的彩色印品《南无释迦牟尼佛》,但系用何种方法印刷则众说不一。有说是用丝漏方法印刷的,有说是用涂色印刷的方法印成的。1973年8月,陕西省文物管理委员会在修整《石台孝经》时,在碑身背面与中心石柱连接处发现了一幅金代刻印的《东方朔盗桃》彩色版画及其他金代图书文物。此画系用浓墨、淡墨和浅绿色三色印成,但究竟是套版印刷还是单版涂色印刷却无法考知。

　　1941年还曾发现一部元末顺帝至正元年(1341)中兴路(今湖北江陵)资福寺刻《无闻和尚注金刚波罗蜜经》,经文朱印,注文墨印,卷尾并附朱墨二印的《写经图》。该书一度被认为是我国最早的套版印本,但现据有关专家鉴定,仍系用在同一书版上分刷二色的单版涂色印刷而成。此从若干地方原应是墨色的注文,却误印成红色,以及页码数或用朱或用墨即可推知。此经现藏台北"中央图书馆"。

　　这种单版涂色印刷的方法一直到明代万历年间安徽歙县黄家坞黄尚文、程起龙等人刻印《闺范》、程大约刻印《墨苑》时,仍在继续采用。

　　真正的套版印刷本,现在看来还是应以明代万历末年湖州闵齐伋的印本为最先。闵齐伋刻印的第一部套印本是《春秋左传》十五卷,刻印于万历四十四年(1616),为朱墨二色印本。第二年又刻出了朱、墨、黛三色套印的《孟子》。在此后的十多年间,他又先后刻印了《春秋穀梁传》《春秋公羊传》《三经评注》《楚辞》等

10 多种套印本书。

受到闵齐伋套版印刷的启发，同乡的凌濛初接踵继起。凌濛初从事套版印刷虽然较闵齐伋略晚数年，但在刻书数量上却超过了闵齐伋。与闵齐伋刻书偏重于正经、正史不同，凌濛初则更注意子、集二部。所刻书有《东坡书传》《陶靖节集》《孟东野集》《西厢记》《琵琶记》《红拂记》《虬髯客传》等约 20 余种。

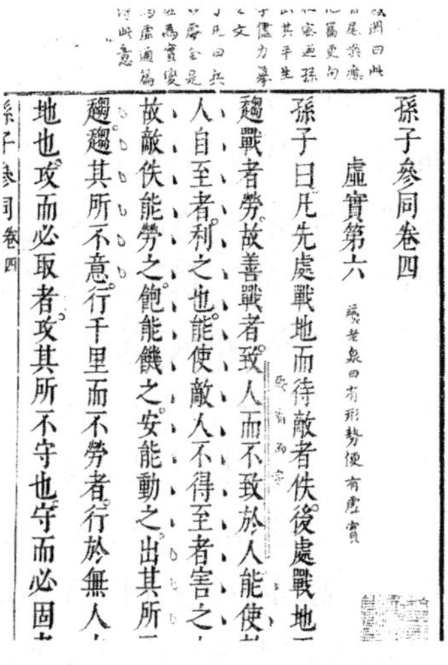
孫子參同卷四
虛實第六
孫子曰凡先處戰地而待敵者佚後處戰地
趨戰者勞故善戰者致人而不致於人能使
人自至者利之也能使敵人不得至者害之
故敵佚能勞之飽能饑之安能動之出其所
趨趨其所不意行千里而不勞者行於無人
地也攻而必取者攻其所不守也守而必固

图 65　明万历四十八年（1620）闵于忱松筠馆刻套印本《孙子参同》

在闵齐伋、凌濛初的带动下，闵、凌二族中从事套版印刷的人纷纷而起，计闵氏中有闵于忱、闵振声、闵映壁、闵映张、闵绳初等十余人；凌氏中有凌毓枏、凌瀛初、凌性德、凌启康、凌森美、凌云、凌汝亨等 20 余人。从万历四十四年（1616）闵齐伋始刻《春秋左传》起，到崇祯末仅短短 20 多年间，闵、凌二家共刻套印本书 140 多种。印色从朱墨二色到三、四、五色不等。此外，湖州的茅氏也在这一时期刻印了一些套印本。

天启、崇祯年间，吴发祥、胡正言更进一步采用饾版、拱花技术，刻印出了精美异常的版画作品，吴氏的《萝轩变古笺谱》、胡氏的《十竹斋笺谱》和《十竹斋画谱》，就是其中的优秀代表。

入清以后，画家王概兄弟在康熙间创作的《芥子园画传》，以及苏州桃花坞、天津杨柳青等地出版的民间年画，都是彩色套印的，但皆只用饾版而不用拱花。其中《芥子园画传》更是清代彩色套印的杰出代表。

清代的套版印刷不仅有私家刻印,官府也刻印,且地域也比明代广泛得多,所刻之本都非常精美,著名的有:康熙年间内府刻朱墨套印本《曲谱》,乾隆年间内府朱墨套印的《昭代箫韶》、五色套印的《劝善金科》、三色套印的《西湖佳话》,嘉庆年间祝荔亭以浓淡墨色套印的《三图诗》,道光十四年(1834)两广总督卢坤芸叶庵在广州六色套印的《杜工部集》,安徽黄履昊广仁义学刻墨绿二色套印的《御制耕织图诗》等。

套版印刷印一页而需数版,耗费巨大,对工艺技术的水平也要求较高,故在道光以后,随着国势的逐渐衰弱,套版印刷亦罕见应用,套印本更是销声匿迹,不见踪影了。代之而起的,则是采用近现代西方印刷技术印制的新型彩色印本。

二、套印本的鉴定

套印本的鉴定并不困难,由于历来都将套印本的概念限定在刻本的范畴,所以只要呈现刻本的特征而用2种以上颜色印刷的本子,就是套印本。

但实际上,活字本中也有套印本。北京大学图书馆藏有一部八卷本的《陶渊明集》,书衣有墨笔题记:"陶渊明集,八卷二册,五色评点本,麟嘉馆藏"。麟嘉馆为李盛铎堂号之一。查所谓五色,目录、正文为墨色,卷首、卷末及文中句读圈点为朱色,文中批校文字为草绿、墨绿二色,版框为蓝色,无行格。观书中文字行气不整,墨色浓淡不匀,版框衔接处有缺口,决非刻本,当系活字本无疑。《北京大学图书馆藏李氏书目》也著录为"清活字五色套印本"。

还有一部《御选唐宋文醇》五十八卷、《御选唐宋诗醇》四十七卷，为清咸丰初年谢兰墀以朱、墨、蓝、绿、赭五色木活字套印，字体精好，纸白墨润。此书北京大学图书馆和天津师范大学图书馆均有收藏。

翁连溪《清代内府刻书图录》也收录了两种活字套印本：一是彭元瑞编的《万寿衢歌乐章》，一是德保等撰《御制律吕正义后编》八卷，两者皆为乾隆间武英殿聚珍版朱墨套印本。

由此看来，套印本的说法只是就印本用墨的颜色多少和重叠套印的情况来讲，并不局限于雕版印本一种印刷方法。这是以往的版本学和中国书史著述没有注意到的。

第六节　手写本及其鉴定

一、手写本

手写本即是指非经制版印刷而是手写成书的本子。在雕版印刷术发明以前，图书文献全靠手写笔录的方式流传，手写本书几乎是图书的唯一形式。雕版印刷术发明以后，虽然印本书逐渐成为主要的图书形式，但由于种种原因，手写本书的数量仍很庞大，在宋以后的历代图书以至现存的古籍藏本中，都占有相当大的比重。造成这种现象的原因可以归纳为以下几点。

1.宋以后的历代王朝仍利用抄写的方式作为其扩充政府藏书的重要手段。宋代统治者对收集补充图书非常重视，北宋尤为突出，几乎历朝都有较大规模的抄书活动。仁宗、神宗、徽宗及南宋高宗四朝都设置了补写所一类的专门机构，置官募工，大规模地抄书。就数量而言，当时政府的藏书绝大部分是手写本。宋仁宗嘉祐年间，政府一次就抄书 16000 余卷，而同时的刻本仅 4070 余卷，为手写本的四分之一强。

明清两代是雕版印刷的巅峰时期，但政府组织的抄书活动依旧保持着较大的规模。明成祖永乐初年，我国最大的写本类书《永乐大典》即告完成，全书字数约 3.7 亿字左右，22877 卷，目录 60 卷，订成 11095 册，辑入古代图书七八千种，是世界文化史上一部出类拔萃的鸿篇巨制。嘉靖四十一年（1562）至隆庆元年（1567），又重录一部。据《明史 · 艺文志》记载，明宣宗宣德四年（1429），“是时，秘阁贮书约二万余部，近百万卷，刻本十三，抄本十七”。就是说，在当时的政府藏书中，手写本与刻本的比例是 7 ∶ 3。而当时专贮《永乐大典》和列朝实录宝训的皇史宬，所藏皆为手写本。

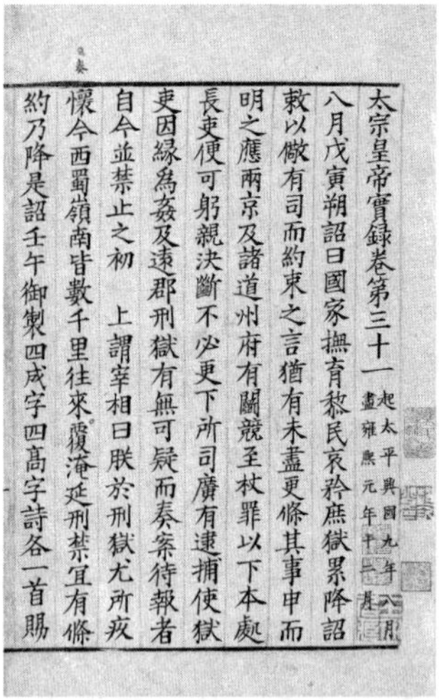
太宗皇帝實録卷第三十一 起太平興國九年盡雍熙元年十二月
八月戊寅朔詔曰國家撫育黎民哀矜庶獄累降詔
敕以儆有司而約束之言猶有未盡更條其事申而
明之應兩京及諸道州府有鬬競至杖罪以下本處
長吏便可躬親決斷不必更下所司廣有逮捕使獄
吏因緣爲姦及遠郡刑獄有無可疑而奏案待報者
自今並禁止之初 上謂宰相曰朕於刑獄尤所疚
懷今西蜀嶺南皆數千里往來覆淹延刑禁宜有條
約乃降是詔壬午御製四成字四高字詩各一首賜

图 66　宋理宗时（1225—1264）馆阁写本

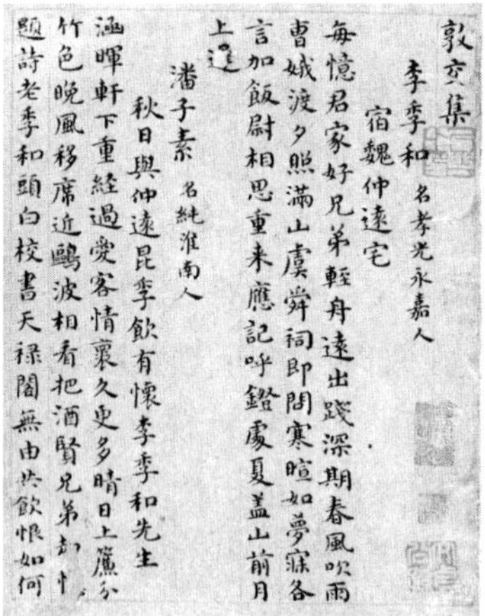
敦交集
李季和 名孝光永嘉人
宿魏仲遠宅
每憶君家好兄弟輕舟遠出踐深期春風吹雨
曹娥渡夕照滿山虞舜祠即問寒暄如夢寐各
言加飯慰相思重來應記呼鐙處夏蓋山前月
上遲
潘子素 名純淮南人
秋日與仲遠昆季飲有懷李季和先生
涵暉軒下重經過愛客情衷久更多晴日上簾分
竹色晚風移席近鷗波相看把酒賢兄弟却憶
題詩老季和頭白校書天祿閣無由共飲恨如何

图 67　元人写本

清代乾隆时纂修《四库全书》，共收书3470种，79018卷，分装36078册，先后抄成7部，分藏南北七阁。清朝历代皇帝的实录、圣训、本纪、黄红玉牒等也一向概不付印，一律用朱丝界格工楷抄写，叫做"内府写本"。直到清末，罗振玉在《京师创设图书馆私议》中还建议："馆中宜置写官，凡民间珍异之书不愿献纳者，可令写官移写后，而返其原本。"①

2.历代藏书家及读书人均喜抄书。宋以后，雕版印刷虽已渐盛，但喜抄书的藏书家仍然为数众多。近代学者袁同礼在考订了宋代私家藏书后曾下过这样的结论："宋代私家藏书，多手自缮录，故所藏之书，抄本为多。"②如北宋时藏书家王钦臣与宋敏求相约，互置目录一本，遇所缺写寄，其目多至四万三千卷。可见宋代藏书家仍多以抄写的方式来扩充其藏书。

明、清两代，随着私人藏书事业的发展，抄书之风更加盛行。袁同礼在《明代私家藏书概略》中指出："明人好抄书，颇重手抄本，藏书家均手自缮录，至老不厌。"③明、清两代的名家抄本不胜枚举，如姑苏丛书堂吴氏、宁波天一阁范氏，二家之书半系抄本；胡惠堉的小重山馆藏书中，抄本十居六七，范希仁一市楼藏书数千卷，尽为手录。毛晋汲古阁雇请许多人为其抄书，有"入门僮仆尽抄书"之雅誉。明清两代藏书家所抄之书，皆为有价值之本，后人评价很高，此亦为其特点之一。

---

① 李希泌、张椒华编：《中国古代藏书与近代图书馆史料》（春秋至五四前后），中华书局，1982年，第124页。
② 袁同礼撰：《宋代私家藏书概略》，《图书馆学季刊》，1928年第二卷第二期，第186页。
③ 袁同礼撰：《明代私家藏书概略》，《图书馆学季刊》，1927年第二卷第一期，第8页。

除藏书家外,古代读书人也多喜抄书,一来以此获致难得之本,二来以此作为增强记忆之手段。甚至以抄书为谋生手段的人也为数不少。

由此可见,雕版印刷术发明以后,社会上仍存在着强大的抄书力量,他们的不懈工作,使手写本书源源不断地产生,并在社会图书总量中占有相当大的比重。

印本书之所以不能完全取代手写本书,还有经济、政治、学术等方面

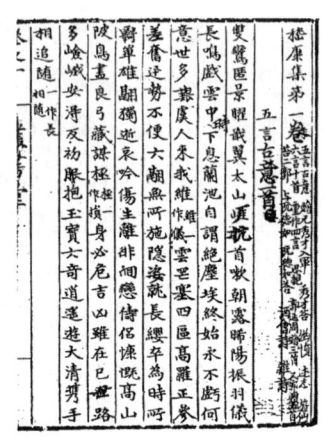

图68　明长洲吴氏丛书堂抄本《嵇康集》

的原因。经济上,由于物力、财力及人力等各方面的原因,不可能每部书都得到刊刻印行。政治上,许多图书被统治者列为秘典或禁书,不能公开流传,更不要说印刷出版了。学术上,学者和藏书家宝重珍本秘册,即使不能得之,亦必录副以存。在上述种种情况下,许多图书的流传播衍,就只能依靠手抄笔录的方式了。

手写本图书的价值,可从形式和内容两个方面进行考察。从形式上来看,宋元手写本、名家手写本、影宋抄本等,本身就具有较高的文物价值,应作为珍贵文物看待。从内容上来看,有些手写本从未见有同书印本传世,或虽有刻印本但现已佚失,或虽有刻本存世但有较大差异,所以也必须予以珍视。

现存的中国古代手写本书数量极大,内容上经、史、子、集四部皆有,但其精华却主要集中在以下四个方面:

1.卷帙众多的丛书、类书、政书、总集等。如《永乐大典》《四库全书》《唐音统签》等。

2.封建统治者不准刊行或不准照原样全部刊行之书。如本朝实录、会要、边机文字等。

3.历代封建统治者禁止流传的所谓"禁书",以及被其视为有伤风化的所谓"戏亵文学"作品,如《藏书》《红楼梦》《聊斋志异》以及一大批戏曲、小说、评弹、宝卷等。

4.极富史料价值的笔记、杂史、日记、函札、文集等。如《万历野获编》《国榷》《啸亭杂录》等。

至于那些需求量很大,而封建统治阶级又不加限制甚至鼓励刊行的正经、正史、字书、应试之书,则因印本较多,价格低廉,罕有抄本。这种现象说明,在雕版印刷事业兴盛的时代,手写本书是作为印本书籍的补充来履行其社会职能的。

现存的手写本书可细分为稿本、抄本、写本三种类型。

(一)稿本

稿本就是作品的手写原本,一般又可分为手稿本、誊清稿本和上版稿本等。

手稿本是作者亲手书写的著作稿本,如《资治通鉴》原书手稿,清蒲松龄《聊斋志异》手稿等。

誊清稿本是作者自己或请别人代为誊清的稿本,是在初稿基础上形成的字迹比较清楚齐整的稿本。誊清稿本一词很早就有了。黄丕烈《荛圃藏书题识卷十·省斋诗余一卷养拙堂词一卷(旧抄本)跋》云:"余往往见毛氏词本有旧抄手校者,有誊清稿本者。"可以为证。现代也有人称之为"清稿本",容易让人误解为"清代的稿本",不妥,不如"誊清稿本"词义清晰。

上版稿本又叫写样待刻本,是按照刻版要求和规格用刻书字体写好准备上版雕刻的稿本,有时由于某种原因,写好的书样未能上版雕刻，却被装订保存下来，就成为一种独特的稿本形式。

稿本的版本价值很高，具体表现为：

1.稿本一般都是孤本，保存不易。宋、元人的稿本现在几乎没有了，宋代司马光的《资治通鉴》手稿残页，现已成为珍贵的书法墨迹。现存的明人稿本也大多集中在明末。所以人们对现存的稿本是很珍视的。

图69　1944年福建陈氏阁楼写样待刻本《容台文集》

2.名家手稿本反映作者的手迹，具有较高的文物价值。如明代著名书法家文徵明现有《文衡山文稿》，钱谷有《吴都文粹续编》手稿传世，从中可以领略和品味这二人的书法风貌。

3.可以从稿本中的删改、增补、校订文字，看出作者的写作思路和认识过程，了解作者当时的真实想法。如章太炎的《菿汉微言》，是被袁世凯关在北京钱粮胡同时撰写的，其中有许多描写袁世凯的话，对袁极少微词，这是人们看了该书出版本后的印象。但后来发现了章氏的稿本，才知道原来章在原著中对袁世凯颇多指斥，且言辞激烈，终于弄明白了他当时真实的思想感情。

4.稿本是最好的校勘对本。稿本是一书版本的原始形态，它没有传写翻刻的舛讹，也没有后人的妄改臆删，是最可靠最可信的版本。未刊印过的稿本其版本价值自不用说，即使是刊印过的稿本，也有极高的参考价值，可以用来校正印本的各种失误，补阙拾遗,纠谬订讹,是难得的校勘资料。例如20世纪50年代初发现的蒲松龄《聊斋志异》手稿本,虽然只存前半部,但与通行本相较,即可发现通行本对原稿多所删改。《仇大娘》一篇,在通行本中全删,全赖稿本才得以保存。又如1932年山东图书馆购得清李文藻《琉璃厂书肆记》手稿本,王献唐先生亲为之装裱并作题跋,计考出此稿本与传抄本、刻本的不同之处约50事。

此外,古人日记和书信的原件原函也是具有特殊价值的稿本,这不仅是因为日记和书信上的字迹系作者手书,更是因为其文字内容真实可靠,且多涉及历史内幕或个人隐私及事情发展的细枝末节,极具史料价值,应予相当的重视。

（二）抄本

抄本是指根据底本（不论其为写本还是印本）传录而成的副本,故又称为"传抄本"。其中书法工整、文字内容舛误较少者,称为"精抄本";对有些不能断定其确切抄写年代,但可以肯定其抄成年代较早者,则笼统称之为"旧抄本"。

宋元抄本传之今日已寥寥无几,其珍罕程度超过宋元刻本。明抄本现存较多,尤以江浙二省的名家抄本为世所著称。常见有吴宽丛书堂抄本、叶盛赐书楼抄本、文徵明玉兰堂抄本、王肯堂郁冈斋抄本、沈与文野竹斋抄本、杨仪七桧山房抄本、姚咨茶梦斋抄本、秦四麟致爽阁抄本、祁承㸁澹生堂抄本、毛晋汲古阁抄本、谢肇淛小草斋抄本等。晚明抄本中还有不少从未刻印过的书籍,虽非出自名家之手,但由于保存了许多珍贵的史料,也深受世人重视。

清代抄本流传最多,比较珍贵的是清初抄本和乾嘉时期的名家抄本。常见的名家抄本有：常熟钱谦益绛云楼抄本,常熟钱曾述古堂抄本，常熟冯班、冯舒空居阁抄本，叶树廉朴学斋抄本，昆山徐乾学传是楼抄本，秀水朱彝尊潜采堂抄本，吴县惠栋红豆斋抄本，仁和赵昱小山堂抄本，吴县黄丕烈士礼居抄本，吴县袁廷梼贞节堂抄本，桐乡金檀文瑞楼抄本，钱塘吴焯绣谷亭抄本，钱塘汪宪振绮堂抄本，海宁吴骞拜经楼抄本，金山钱熙祚守山阁抄本，归安姚觐元咫进斋抄本，诸城刘喜海嘉荫簃抄本，歙县鲍廷博知不足斋抄本，休宁汪森裘杼楼抄本，南昌彭元瑞知圣道斋抄本，檇李曹溶倦圃抄本等。上述各家抄本，皆有一定之规，或为墨格，或为绿格；或在版心下方标记斋堂号，或在栏外印"××堂（斋、楼）抄本"等。

乾嘉以后的名家抄本有：劳格、劳权丹铅精舍抄本，朱学勤结一庐抄本，丁日昌持静斋抄本，莫友芝影山草堂抄本，顾修艺海楼抄本，丁丙八千卷楼抄本，陆心源皕宋楼抄本，缪荃孙藕香簃、艺风堂抄本，等等。这些抄本或以所据底本称善，或以校勘精审见长，或以图书内容道罕，总之各具特点，均有相当价值。

衡量抄本的价值，也要从文物、艺术、学术的角度进行考虑。一般说来，抄写时代愈早，抄本的文物价值就愈高。此外，好的抄本在外表上也有其特点，刘昌润《"善本"漫谈》一文①中指出这些特点是：

①有印记；②有题识跋语；③用印有栏格之专用纸抄写，或乌丝栏，或朱丝栏，或绿格，或蓝格，室名镌在书口下方，或在书耳，亦有无栏格者；④抄手字体古雅，即令书法不精，亦

---

① 刘昌润撰：《"善本"漫谈》，《古籍论丛》，福建人民出版社，1982年，第399—400页。

必工整不苟,无破体,不潦草;⑤有校字;⑥偶有用旧纸者。

但是,判断抄本的价值高低和精善与否的标准仍在于版本的文字内容。就文字内容而言,抄本可根据其不同价值分为以下几类:

1.从未刻印过的抄本。

这类抄本舍此则无别本可求,其版本价值之高不言而喻。如清查继佐撰《流寇琐闻》一卷,世无印本,仅有抄本流传,是一部研究明末农民起义的珍贵史料。又如明清两代实录照旧例概不付印,原本现虽基本保存完好,但屡经修订,已失原貌。而传世旧抄本由于抄出年代较早,更多地保留了原貌,往往较现存正本更为可信。

2.其刻本已亡佚的抄本。

此类抄本复本量极少,有的甚至是孤本,故亦极受世人珍重。如抄本《五岭文集》二卷,明邝元乐撰。邝元乐,字和仲,号五岭山人,广东南海人,正德、嘉靖间人,举人出身,历官安徽广德、广西郁林、山东宁海三州。文集收录各类序文书记 64 篇,所载史实可补史志之缺,具有一定价值。是书曾刊行于万历年间,但刻本早已无存。清光绪十六年(1890)重修邑志时,有人献出此抄本,才使邝元乐遗文重现于世。

3.同时有刻本流传,但文字内容与刻本有较多差异的抄本。

此类抄本可据以校订补正刻本的缺失不足,故在校勘学中极具价值,不可因有刻本传世而轻视之。如著名的《徐霞客游记》直到清乾隆四十一年(1776)才首次刊印,距徐霞客逝世已 135 年。但该书最早的季会明抄本系据徐霞客稿本抄录而成,今人将之与乾隆刻本相校，发现其内容详细程度远在刻本之上，比乾隆本多了156天的记录，字数多三分之二以上。这是抄本优于印本的例子。

又如曾作为《全唐诗》主要编纂底本之一的《唐音统签》，全书共十签，虽经其编者明末清初的胡震亨及其子孙多次刻印，但累计不及全书之半，现存唯一的一部全本就是范文若的补抄本，其价值可想而知，这是抄本全而刻本不全之例。

清代著名校勘家卢文弨曾以钱遵王手抄本对校石砚斋刻本《鬼谷子》，校出刻本讹脱不可胜计，其中仅《内揵》一篇就校出刻本正文和注文讹脱达420字。这是刻本漏略而抄本完全的例子。

此外，如抄本和刻本分属不同版本系统，也可两本相校，弥补刻印本的不足。

4.同时有刻本流传，且文字内容与刻本相差无几的抄本。

相对说来，此种抄本价值不大。如明代凌廷堪自称历九年之久，只抄得《易》《书》《诗》《周礼》《仪礼》五经；乾隆时，李松雪、蒋拙存费十多年光阴，手写《十三经》，虽精神可嘉，但这种抄本的版本价值就很难说了。

除上述各种抄本外，还有一种非常特殊的抄本，就是影抄本。它是用对临或影摹的方法，照原书字迹、版式一丝不苟地仿写下来，一点一画也务求与原本毫无差异。据《天禄琳琅书目》卷四《周易辑闻》载：

> 明之琴川毛晋，藏书富有，所贮宋本最多。其有世所罕见而藏诸他氏不能购得者，则选善手以佳纸墨影抄之，与刊本无异，名曰影宋抄。于是一时好事家皆争仿效，以资鉴赏，

而宋椠之无存者,赖以传之不朽。

孙从添《藏书记要·钞录》中也说:

> 惟汲古阁影宋精钞,古今绝作。字画纸张,乌丝图章,追摹宋刻,为近世无有能继其作者。

此后清代钱曾述古堂、徐乾学传是楼、赵氏小山堂、鲍氏知不足斋、汪氏振绮堂都影抄过宋元珍本,惟精工不及毛氏。黄丕烈士礼居影抄宋元本之精,则为举世公认,可与毛氏相匹敌。到了清末民初,影抄之风重又大盛,当时一些刻书家喜欢影刻宋元本,其工序必先影抄而后付刻,因而产生了一大批影宋元抄本。同时由于明初刻本的日渐难得,所以影抄之风开始及于明本,出现了如《越绝书》等影明抄本。

影抄本不像传抄、刻印那样容易发生错误,更符合古书原貌。所以《天禄琳琅书目》特辟影宋抄本为一类,置于宋版之后、元版之前,可见对影宋抄本的珍视。宁波范氏天一阁藏毛氏汲古阁影抄本《集韵》,被清代学者阮元誉为"稀世之珍",段玉裁则盛赞此书"尤精乎精者也"。北京大学图书馆现也藏有汲古阁影宋抄本《谢宣城集》、钱曾述古堂影宋抄本《才调集》等精品。

(三)写本

写本一词的用法比较复杂,往往有其特殊的含义。古老的抄本可以称为写本,如六朝写本、唐写本、日本写本等;另一种含义是指除抄本和稿本之外以手写形式成书的本子,如官府衙门的公文、奏折、账簿、契约、档案和私家手写的家谱、族谱等。这类文献当时非旨在流传,往往被排斥于正规的"图书"概念之外。但现今各大图书馆也多有整理后装订成册之本收藏,且由于其收录资料的丰富广泛,于学术研究大有裨益,故亦不能排斥在版本研究的范围之外。

此外,明代的《永乐大典》、清代的《四库全书》及现存历代实录、会要、国史、玉牒、圣训等,当时即以手写形式装订成书,以后也从未刊印,因有副本,故不宜称之为稿本;虽副本类似抄本,但习惯上一直统称之为写本。这类写本更具版本价值,数量也颇为不少,在现存古籍中占有比较突出的地位。

二、手写本的鉴定

手写本是用笔蘸墨直接在纸上书写而成,其笔触、墨迹与印本显然不同,一望即知。鉴定手写本的难点在于如何准确地区分稿本、抄本和写本。

(一)稿本的鉴定

确认某本为稿本,首先必须同抄本和写本区分开来。也就是说,稿本必须具备以下三个条件:(1)不是为流传存副目的而书写;(2)应系个人著述而非官书、公文、档案;(3)作者或书写人姓名确切且有一定名气。

稿本还有手稿本、誊清稿本和上版稿本之分。上版稿本罕见,且字迹规整,写于方格之中,比较容易鉴定;手稿本其上多有文字涂改,也一见即知;惟誊清稿本,字迹整齐,与抄本难以一下子区别开来,鉴定时很容易马虎过去。所以鉴定手写本时,必须有誊清稿本的意识,只有排除其为誊清稿本的可能,才能鉴定其为抄本。

鉴定稿本需要具备一定的书法修养,以便从书稿字迹上审定系谁人所书,是原稿还是清稿,是作者手笔还是请人代为誊写,是什么字体风格,等等。所以从事版本鉴定者日常应多看一些古今名人、学者、藏书家的作品手迹,倘看不到真迹,找些影印本也可以。如抗战时期潘承厚用珂罗版影印的《明清藏书家尺牍》,清道光时吴修刻石墨拓的《昭代名人尺牍》,民国初年陶湘影印的《昭代名人尺牍续集》等,此外罗振玉影印的《昭代经师手简》也可参考。

鉴定稿本时,首先应阅读稿本的序跋和收藏家的题记,再详细研究稿本的内容,以此来确定稿本的作者和稿本本身的价值。

(二)抄本的鉴定

抄本是最常见的手写本类型,手写本中,只要不是作者亲手书写或没有作者印记、说明的个人著述,以及非为原本的官方文献,均可目之为抄本。

鉴定抄本的具体方法是:

1.分清各个时代的书法风格特征。宋代抄本现存极罕,现存元抄本字多古致。明代抄本字体飘洒,书写自然,多俗体,似乎不受任何约束。清初抄本,字体古拙,与明本风格略近。乾隆以后,受馆阁体的影响,规规矩矩,工正秀丽,起落顿笔,一丝不苟,不似明本出于自然。根据抄本字体,可以大约推断其抄写的时代。

2.查证抄家的室名、堂号和图章印记。明清两代名家抄本,多在版心下方或栏外标记室名、堂号,或钤盖自家图章印记。鉴定者只要熟悉此方面知识,或利用有关工具书查证,即可迅速断定抄家的姓名,并了解有关的背景情况。

3.辨认各抄家习用的格纸。明抄本一般可分为黑格、蓝格、红格、无格四类。嘉靖以前,除《永乐大典》用朱画界格外,一般多用黑格、蓝格或无格;正德、嘉靖年间,无格的居多;万历以后,蓝格和红格多。清代也有黑格、蓝格、无格的,但印绿格纸的为多。清末民初,又盛行用红格纸。

至于纸张,虽然也是鉴定抄本时代的一种版本特征,但由于明、清两代抄本用纸大致和明、清刻本相同,前已有述,故此不再赘言。

抄本中,影抄本的鉴定略为困难一些。其具体特征是:

1.用较为厚实的白纸抄写,并照原本用笔画出版框、界行、鱼尾等。也有刻印好格纸再影抄的,个别页码或仅影抄文字而忘掉将版框画出。

2.明、清抄本字体有其各自的特点和风格,而影抄本字体多似欧、颜、柳、赵诸体,与一般抄本有异。

3.行款与明、清通行本不同,但与宋、元本或明刻本吻合。

凡具有上述特征的抄本,即有可能是影抄本。鉴定时应在掌握其各种版本特征后,进一步查阅有关目录和工具资料,寻求相关版本对照,以验证其确为影抄本。如果为影抄本,又需进一步考查其所据底本的情况,以判定其版本价值。

(三)写本的鉴定

写本,其类型多为历代官修的实录、会要、国史、圣训和不便刊印的大部头书如《永乐大典》《四库全书》等,以及官府衙门的公文、奏折、账簿、档案实物和私人手写的家谱、族谱等,内容范围比较狭窄,时代特征显著,形式上也易于掌握,故对其鉴定一般并不困难,此处就不多说了。

第七节　拓本及其鉴定

　　拓本就是将刻在金石器物（如古代青铜器、石碑、陶器、画像砖等）上的文字图案用纸墨拓印下来装帧而成的本子。其制作方式是：首先将准备拓印的金石器物表面清理擦抹干净，使其上的图文尽可能地显现出来，然后将手工纸浸湿后平整地刷贴在金石器物的表面，用打刷和小槌隔着毡布轻轻捶拍，将纸面压入凹处，待纸紧贴碑面将要干燥时，用布包做成的"扑子"蘸墨轻拍纸面，使文字图像显现出来。如果金石器物表面比较平滑光整，可以仅敷一层薄薄的墨色，使之产生一种薄如蝉翼的效果，名为"蝉翼拓"或"蝉翅拓""蝉衣拓"；如果金石器物表面比较粗糙或风蚀剥化严重，则在施过薄墨之后，再加浓墨，使之产生一种浓亮的效果，叫做"乌金拓"。拓好后，将纸从金石器物上小心地揭下、压平，为保存翻阅方便起见，还常常将一张张拓片裁剪装订成经折装的册页形式，或经装裱使之成为卷轴装形式，于是便成了拓本。

　　拓本与雕版印本性质相近，都要使用纸、墨、印版或器物。不同的是，雕版印本的印版为阳文反字，印刷方法是在版上涂墨覆纸印刷，故纸面为白底黑字；而拓本所拓之碑文绝大多数都是阴文正字，拓印时，以纸覆盖碑文用扑子将墨拓在纸面上，故纸面为黑底白字。

　　我国的拓印技术大约产生于南北朝时期。起初只限于碑石拓印，从宋代开始，逐渐又扩大到青铜器、陶、砖等器物，至近代又包括了甲骨文等。有时甚至在木版上雕刻图文进行拓印，如宋

375

《淳化阁帖》，据称为"宋淳化三年（992）壬辰十一月六日奉圣旨模勒上石"，实为枣木刻版。

拓本类型的名目繁多：用墨色拓印的称墨拓本，用红色拓印的称朱拓本；早期拓的称初拓本，后来拓的称后拓本；拓印年代较远的称旧拓本，年代较近的称近拓本或新拓本；利用原刻碑石拓印的称原拓本，利用后来翻刻的碑石拓印的称翻刻本或重刻本；墨用松烟或油烟拓印的称烟拓本，墨用烟和蜡为之拓印的称蜡拓本；内容全的称全本，内容残的称残本，用几种拓本配成的某碑某石拓本称配本；此外，还根据拓印时间分为宋拓本、元拓本、明初拓本、明末拓本、清初拓本等。从近代开始，用各种影印技术方法将拓本影印成书出版，更成为普遍现象，不过这类版本就不能称作拓本了。

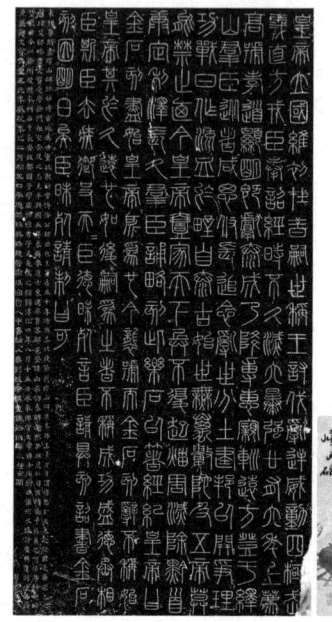

图70 李斯《峄山刻石》拓本

目前我国古代拓本的存世数量是很大的，而且由于古代的金石陶砖实物现存既多，又在不断出土发现，故拓本的数量仍在继续增加之中。

拓本鉴定的重点，不在鉴定其是否为拓本，而是在鉴定原器物图文的镌刻年代、地点和拓片的拓印年代，以及是原刻还是翻刻，等等。拓本的鉴定，与一般图书版本的鉴定原理相同，但鉴定方法多有不同，尤其需要鉴定者对碑刻器物的源流有一定的知识和经验积累,才能胜任此项工作。

第八节 其他重要版本类型及其鉴定

以上各节所介绍的古书重要版本类型,基本上是按照版本的制版和印刷方法的标准划分的。本节所要介绍的,是按照其他各种标准划分的一些重要的和常见的古书版本类型及其鉴定方法。

一、批校本及其鉴定

图书在写成或印成后又加批、注、点、勘的本子,称为批校本。"批"指批评,即在书叶的天头、地脚、字里行间写下批评、论述文字;"注"是解释字句;"点"是标点、圈点;"校"是校勘,即在书叶上直接对文字进行校订、勘正。批评、批注、标点、圈点、校勘有时集中写于同一本上,有时只有其一。如单有批评,可称为批评本;单有批注,可称为批注本;如单有校勘,则称为校本,等等。笼统而言,则可概称之为批校本。

有的批校本上的批校文字系从别的版本上照样抄录而得,非批评、批注者或校勘者本人所手书,这种版本称为过录批校本。

古代的藏书家、鉴赏家、校勘家以至阅读者都习惯于在书上随时记下自己的感想、心得、发现。有些人更专门以批书、校书为其从事学术研究的一种方式,所以批校本在古籍中所占的比重是比较大的,且有突出的地位。

批校本中以校本居多。校本有校改和校录两种形式。校改即是边校边改,将所校改之字直接写在所校之本上,俗称"活校",

绝大多数校本属于此类。这种校订方法的优点是简单明了,一看便知;缺点是容易改错,且缺乏有根据的说明,不易使人信服,常有武断、妄改之嫌。校录是把不同版本的异文一一校录于所校之本上,俗称"死校",清代一些著名的藏书家如黄丕烈等常采用这种方法。其优点是能忠实保留各种版本的文字特点,一旦其他各本失佚,尚可从此校本中求证,同时也可避免因武断、偏狭或识见有限而造成的校订错误;其不足是由于校者不直接下结论,其是非对错需由读者自己分析、思考,从形式上看也显得繁琐、臃肿。清人校书最多最好,现存批校本中也以清本为最多最好。

直接在书上进行批评圈点是明代文人的时尚。如钟惺、谭元春、汤显祖、徐渭、李贽、茅坤、陈继儒等,都是明代著名的批评家。所作批评的内容非常广泛,文笔活泼自如,实际上是古代文学、史学及其他学术批评的一种表现形式。可惜他们的手批本很少流传下来,故今存较为著名的批评本多为清人所为了。

清代文人一反前明学风,重考证而轻思辨,批点图书也不像明人那样纵横恣意。大多清人批本或笺疏文句,或阐述本旨,或探源发微,或增补辑佚,实际上是一种学术研究工作,有些详尽精细的批本实际上已近乎撰述了。如清代著名学者邵懿辰,其案头常置《四库全书简明目录》一部,所见宋元旧本书,辄手记于各条之下,最终撰成一部极有价值的《四库简明目录标注》。稍后莫友芝所撰《邵亭知见传本书目》,用的也是与邵氏完全相同的方法。

批校本的价值,一般都在普通古籍之上;而名人批校本,其价值更远非一般批校本所能比。例如过去版本学界视"顾批"(顾千里批点)、"黄跋"(黄丕烈题跋)为至宝,凡有顾、黄批校手迹的版本,一经发现,书价顿时抬高百倍。所以我们今日研究古籍版本,对批校本,特别是名人批校本,绝不能有丝毫的忽视。

批校本由于天头地脚、字里行间有批校者手写的批评校语、圈圈点点,故一见即可知其为批校本。所以批校本鉴定的重点在于弄清批校者的姓名、身份,这对于判断一个批校本的价值大小是十分重要的。

二、百衲本及其鉴定

用各种不同的残本拼凑配成一部内容较为完整的图书,称为百衲本。

"衲"系古代僧人用许多方块布头补缀而成的衣服,如袈裟,僧人称为"百衲衣"。以"百衲"之名称呼版本,系借喻其配本种类之多。百衲本之名,始于清初钱曾所撰《读书敏求记》。该书《史记》一百三十卷下解题云:

> 今此本乃集诸宋板共成一书,小大长短各种咸备。李沂公取桐丝之精者,杂缀为一琴,谓之"百衲",予亦戏名此为百衲本《史记》,以发同人一笑焉。①

清初宋荦曾集合宋本 2 种、元本 3 种,配成《史记》八十卷。近人傅增湘又增入明南监本,除去重复成一〇一卷。黄丕烈也曾以宋本 5 种集配《宋文鉴》,以宋刻 4 种残本集配《昌黎先生集》。汪士钟以明影刻本多种集成《唐文粹》一百卷。缪荃孙用清刻残

---

① (清)钱曾撰,管廷芬、章钰校证,傅增湘批注,冯惠民整理:《藏园批注读书敏求记校证》,中华书局,2012 年,第 125—126 页。

本、活字本及各种新、旧抄本集成《北堂书钞》一百六十卷。傅增湘用宋刻残本7种集成《资治通鉴》二百九十四卷，并由商务印书馆影印出版，称为百衲本《资治通鉴》。其后商务印书馆又汇集历代各种不同版本影印出版了《二十四史》，也称为百衲本。则百衲本之名，已由配本之意一变而为一种出版方式了。

百衲本由于一书中各部分的版面很不一致，所以将书中内容大致浏览一通即可知晓。但由于百衲本系由各种不同的版本配成，如果书前书后没有明确的文字说明，会给鉴定和著录造成一定的困难。

三、书帕本及其鉴定

严格说来，书帕本不能算是一种版本类型。但自从近人叶德辉撰《书林清话·卷七·明时书帕本之谬》一篇专论明时书帕本以来，书帕本之名遂常见于版本学论著中。现录叶氏此文如下：

> 明时官吏奉使出差，回京必刻一书，以一书一帕相馈赠，世即谓之书帕本。语详顾炎武《日知录》。王士禛《居易录》云："明时翰林官初上或奉使回，例以书籍送署中书库，后无复此制矣。又如御史、巡盐茶、学政、部郎、榷关等差，率出俸钱刊书，今亦罕见。宋王琪守苏州，假库钱数千缗，大修设厅。既成，漕司不肯破除。琪家有《杜集》善本，即俾公使库镂板印万本，每部值千钱，士人争买之，既偿省库，羡余以给公厨，此又大裨帑费，不但文雅也。"按明时官出俸钱刻书，本缘宋漕司郡斋好事之习，然校勘不善，讹谬滋多，至今藏书家，均视当时书帕本比之经厂坊肆，名低价贱，殆有过之。然

则昔人所谓刻一书而书亡者,明人固不得辞其咎矣。①

其实,《四库全书总目·素王记事》提要下之案语,对书帕本的产生和质量情况说得更为简练明白,兹录于下:

> 案顾炎武《日知录》曰:"昔时入觐之官,其馈遗一书一帕,谓之书帕。"又曰:"历官任满,则必刻一书以充馈遗,此亦甚雅。而卤莽就工,殊不堪读。"陆深《金台纪闻》亦称:"有司刻书,只以供馈贶之用,其不工反出坊本下。"今藏书家以书帕本为最下,盖由于此。

据曹之先生《中国古籍版本学》书中统计,《四库全书总目》中共著录有明代书帕本约20种,其中《四库全书》所收仅有元王好古《医垒元戎》、宋潘自牧《记纂渊海》、明杨慎《丹铅录》、元张养浩《三事忠告》共4种,其他16种皆贬入存目。这16种书是:不知撰人之《素王记事》和《历代小史》、明车玺《治河总考》、明周诏《石鼓书院志》、元许衡《鲁斋心法》、明杨道会《性理抄》、明黄瑜《书学会编》、明杨昱《牧鉴》、明王国宾《群书摘草》、明朱东光《中都四子集》、明鲁点《黄楼集》、佚名《群公小简》、明贺泰《唐文鉴》、明傅振商《四家诗选》、明项梦原《宋史偶识》和明郭惟贤《三忠集》。

由以上所述看来,书帕本乃是因多与绢帕、绸缎等物一起作为礼物馈送于人而得名。《金瓶梅》在一些描写达官贵人、士绅秀

---

① 叶德辉著:《书林清话》,中华书局,1987年,第180页。

才与西门庆交往的情节中,也多次提到馈送"书、帕二事"的事情。说明馈送"书、帕二事",在明代是官宦、文人、士绅等社会中上层人物相互交往时的一种惯常礼仪,而不仅仅局限于下级官僚晋见上司时的情况。只是因地方官握有实权,用作馈赠之书多由所在衙门为之刻印,各项开支也由其开销,才构成书帕本的一些特点。即书帕本之产生主要是用于馈赠,而送人以书不过是一种形式,受书之人未必看,刻书之人也不是为了传播好书或营利赚钱而认真刻。于是,除了占有特殊尊隆地位的经部外,书帕本的内容遍及史、子、集三部,没有一定的规律和特点。至于书的体例之乱、刻印质量之差,当可想而知。这就难怪历来人们都对书帕本贬斥有加,甚至较书坊劣本也谓之不如了。总之,明代书帕本多为官刻,也有少量自刻,一般来说,刻印质量都比较差,不为世人所重。

赠人以书、帕,作为一种雅尚在万历以前甚为风行;万历以后,世风日下,重金而轻书,此种风尚逐渐归于消亡。而在这种风尚影响下产生的相当数量的所谓"书帕本"因没有独自的特点,构不成一种版本类型,从版本学的角度来看,现今已没有什么必要去特别区分了。

四、纂图互注重言重意本及其鉴定

南宋时期,流行着一种内容特殊的所谓"纂图互注重言重意"本图书。此类书大都出于坊刻,内容则仅限于经、子二部。据现存实物和文献记载,经部有:

巾箱本《纂图附释音重言重意互注周易》九卷、麻沙本《纂图附释音重意重言互注尚书》十三卷、婺州本《点校重言重意互注尚书》十三卷、《监本纂图重言重意互注点校尚书》十三卷、《监本纂图重言重意互注点校毛诗》二十卷、麻沙本《附释音纂图重言重意互注毛诗》二十卷、《京本附释音纂图互注重言重意周礼》十二卷、巾箱本《纂图附音重言重意互注周礼郑注》十二卷、《京本点校附音重言重意互注礼记》二十卷、《监本纂图重言重意互注礼记》二十卷、麻沙本《纂图互注礼记》二十卷、《礼记举要图》一卷、《京本纂图附音重言重意互注春秋经传集解》三十卷、《监本纂图春秋经传集解》三十卷、《监本纂图重言重意互注论语》二十卷。以上共 7 种图书 14 个版本。

子部有:《纂图互注荀子》二十卷、《纂图互注老子道德经》二卷、《纂图互注南华真经》十卷、《纂图互注列子冲虚至德真经》八卷、《纂图互注文中子》十卷、《纂图互注扬子法言》十卷。以上 6 种子书不仅皆有宋刻,而且元、明亦有翻刻,可见"纂图互注重言重意"这种内容形式的图书还是有一定生命力的。

所谓"纂图",就是绘图。上述经、子各书,每书中均有大量插图。"纂图本"就是插图本。

所谓"互注",就是在一书某句文下,注出他书所引该句之文。如《四部丛刊》影印之南宋建阳刻《监本纂图重言重意互注点校尚书》十三卷,在《洪范第六》部"无偏无党,王道荡荡"句下,用墨围圈出"互注"二字,下引《左传》曰:

《左·襄公三年》:"君子谓祁奚于是能举善矣。称其雠,不为谄;立其子,不为比;举其偏,不为党。《商书》曰:'无偏无党,王道荡荡',其祁奚之谓矣。"

所谓"重言",就是在一书某句文下,将本书中其他篇章里文字相同的词句一一注出。如前举《尚书》中《尧典》篇开首为"曰若稽古"四字,其下注有"重言":"'若稽古'四:本篇,《舜典》《大禹谟》《皋陶》各一。又《周官》:'唐虞稽古';又《微子之命》:'惟稽古'。"

所谓"重意",就是在一书某句文下,注出本书其他篇章中与之意思相近的词句。仍举前述《尚书》为例,《周官》篇中"冢宰掌邦治,统百官,均四海",其下墨围圈出"重意":"'统百官',《说命》:'总百官'。"

"纂图互注重言重意"本书,是一种科举考试用书,目的是使考生易懂易记,灵活掌握书的文字内容。"互注"实际上是一种引文索引,"重言""重意",都有助于考生对比、联想,都是很好的帮助读书的方法。所以"纂图互注重言重意"本书虽然总的数量不大,但其影响却很深远,值得现代图书借鉴。

"纂图互注重言重意"本图书流行时间短,内容特征明显,书名还常有提示,非常容易鉴定。

五、巾箱本(袖珍本)及其鉴定

古书中将版面和体积较小的版本称为巾箱本。巾箱是古代放置头巾等细小杂物的小箱箧,巾箱本即因其体积较小,可放在巾箱中随身携带而得名。其名由来已久。《西京杂记》葛洪(约283—约363)序称:"尔后洪家遭火,书籍都尽,此两卷在洪巾箱中,常以自随,故得犹在。"又据许嵩《建康实录》卷十六记载,南北朝时南齐衡阳王萧钧曾用小字手写《五经》各一卷,置于巾箱之中,以备随时检阅。当时诸王争相仿效其做法,"巾箱《五经》自此始也"。宋代刻书常刊印小版,也沿用其名。南宋尤为盛行,多作为科场夹带之用，屡禁不止，以后历代都印制不衰。

所谓"袖珍本"是形容书的版式极小，可藏于怀袖之中，与巾箱本是一个意思，是一种事物的两种名称。袖珍本之名大约起源于清代乾隆年间，当时武英殿修书处秉承乾隆皇帝的意旨，利用刻印经史大部头书所剩的零碎木料，刻印了10种袖珍本书，即著名的《古香斋袖珍十种》。此后袖珍本之名日渐流行，反而取代了巾箱本这一旧称。至于现代图书，更是只闻有袖珍本而不闻有巾箱本。现代凡50开或64开以下开本的图书，均可以"袖珍本"称之。

第九节　古书伪本及其鉴定

在古书版本鉴定中，常常会碰到各种各样的伪本。所谓"伪本"，是指图书在抄、刻制成后在其上制造各种假象的版本。伪本不同于伪书，不是在书名、著者及图书文字内容方面作伪，进行篡改以提高某书的价值，而是侧重于在图书的某一具体版本上做手脚，使人对其版本情况得出错误的结论，以便抬高其版本价值，牟取暴利。伪书产生的原因比较复杂，政治、经济、社会诸方面的因素都可能有，而伪本产生的原因却比较简单，多属欲谋高价而为。版本伪，不见得内容伪，而内容伪，则不见得版本伪。了解伪本与伪书的差别，对于正确认识伪本的含义，会有很大的帮助。

一、古书版本作伪的种种情况

1. 以残充全。

按照版本学的观点，一种质量较好、价值较高的版本，首先应该是内容完整,没有删削或残缺现象。另一方面,重足本、轻残本,也是历来藏书家的共同心理。针对此种情况,过去许多书贾在收购到残本图书时,常常利用各种作伪手段,将残本伪装成足本,使贱价收来的图书得以高价售出。在版本鉴定中,以残充全的现象是比较普遍的。

例如笔者在北京大学图书馆古籍组鉴定古书时,曾发现一部明黄训辑、嘉靖年间新安汪云程刻《皇明名臣经济录》,仅存第八至十七卷共10卷,馆藏有该书残本,二本对勘,发现为同一版本,但相同卷数中的文字内容却截然不同,众皆疑惑不解。后与馆藏该书一五十三卷晒印本逐卷对勘,终于发现残存所谓八至十七卷原来分别为原书第二十五、二十七、二十九、三十、三十四、三十五、四十四至四十七卷,全部挖改卷端,将原零散各卷分别挖改为连续的第八至十七卷,并将版心和卷末所标卷数也悉数挖去,以原纸贴补,重印卷数。仅从外表观去,完全看不出丝毫破绽,只是后来从背面透过阳光,才发现其挖改贴补的痕迹,可见作伪手段之高超。推测此本作伪之时,当尚有其他零散残卷,被作伪者伪造成次序连贯的全本,后此伪本又遭散失,其中第八至十七卷本即为北京大学图书馆收得。

又如笔者曾校点整理出版的宋代程俱撰《麟台故事》[①],此书有明影宋抄本传世。原书六卷,明影宋抄本仅存前三卷。作伪者为冒充全本,将其卷端原题"卷一""卷二""卷三"后分别加添上、中、下字,成为"卷一上""卷二中""卷三下",使人误以为这是一个足本。但有经验的鉴定者不难一眼看出其伪。此本曾经黄丕

---

① 徐雁、王燕均主编:《中国历史藏书论著读本》,四川大学出版社,1990年,第97—159页。

烈鉴定,书后有黄氏题跋,明确指出其作伪之迹。

又如现存舒元炜序抄本《红楼梦》,原书八十回,残存前四十回。书贾欲充全本,从目录叶中撕去第四十一回至第七十九回的回目,又用原第八十回的回目代替原第四十回的回目。手法之拙劣,可恨又好笑。

2.以近充远。

版本抄写、刻印的时代愈早,其价值也就愈大,其售出价格相应也愈高。过去书贾常在这方面做手脚,以近刻本冒充旧刻本,以后刻本冒充原刻本,以牟取高利。

例如武汉大学图书馆藏《增修附注资治通鉴节要续编》十卷,卷端题"宋礼部员外郎兼国史院编修官臣李焘编,书林增入音释批点校正重刊,大德甲寅朱氏尊德堂印行"衔名三行。前有元大德序,半叶14行,行21字,字体纸张略似元末风气,而不像大德刻本,然不经细审,很难发现其伪。经查年表,大德并无甲寅纪年。于是鉴定者陡然生疑,详审后发现卷端衔名中大德的"大"字有挖改痕迹,改后其上并钤一闲章以资掩饰,稍一疏忽即被瞒过。书前之序中大德的"大"字也有挖改痕迹。据未经挖改的"德"字推测,此本可能是明宣德年间刻本。查宣德年间果有甲寅干支,即宣德九年(1434)。故此本实系宣德九年刻本无疑。

又如明嘉靖三十年(1551)高翀、吴凤所刻《重校鹤山先生大全文集》一百一十卷,书中有吴凤后序,末署"皇明嘉靖辛亥",被剜改为"皇元至大四年",以冒充元刻本。

古书作伪,常利用影刻本或翻刻本、仿刻本,利用各种手法冒充原本或前代刻本,以达到以近充远的目的。因此类版本的字体、版式多模仿前代版本,有的酷似原本,如无明确标志,极易产生混淆而导致错误判断。

例如《史记集解索隐正义》一百三十卷,最早有南宋黄善夫刻本,刻印极佳。明代有此书4种影刻或仿刻本,其中以嘉靖六年(1527)震泽王延喆影刻本最酷似黄本,王本序末有"震泽王氏刻于恩褒四世之堂"12字长方印,目录后有"震泽王氏刻梓"六字牌记。书贾常抽掉刻序,挖去牌记,以冒充宋本。世人上当受骗者为数不少。

3.伪造名人批校藏本。

黄丕烈有一句名言:"书籍贵有源流。"历来藏书家都将图书的授受源流(即流传经过)视为决定其版本价值大小的一个标准。因为一本书如印有名人藏章,或经名人翻阅乃至批校题识,则一来可证版本之不妄和文字内容的可信,二来也为此版本平添了许多光彩,提高了它的版本价值。旧时书贾常利用这一点来作伪。

例如20世纪30年代开设于上海的古书流通处,曾伪刻清代著名藏书家卢文弨抱经楼等藏书印,并请了三个专司抄书的人员,把伪章加盖在所抄各书之上,使所抄之书"悉售善价"。

清光绪末年开设在杭州的文元堂书店,由于曾误将清代著名学者劳格的一批劳氏批校本书贱价售出,追悔之余,便伪刻劳氏藏印,只要收到稍旧一些的刻本而且其上有批校文字者,都加盖一方劳氏藏印。这种做法一直持续了许多年,使许多很平常的版本都卖了高价。

又如上海图书馆、中国科学院文献情报中心、中国社会科学院历史研究所和考古研究所以及清华大学、北京师范大学、南开大学、中山大学图书馆等十余处所藏的清代鲍廷博题跋本《巴西文集》,皆系伪本。此书为元代邓文原所撰,传世均为抄本。上述各抄本卷末均有所谓鲍氏亲手题识,曰:"前借抄振绮堂汪氏所藏《巴西文集》。顷又见新仓带经楼本,计有八十余篇,始悉汪氏藏本未称完善,尚有缺憾。今托友人重借带经楼本,付手民补录,庶后之庋藏家得窥全豹,岂非一大快事! 乾隆四十年乙未夏四月,以文鲍廷博并志。"并钤"以文"朱文长方印,正文首钤"遗稿天留"朱文方印、"知不足斋抄传秘册"方印。题识并非鲍氏手迹,而印章也皆系伪作。各馆藏本用纸及版式全同,字亦同出一家抄工之手,皆金镶玉装。可见这是当初书贾有意进行的一次规模较大的造伪工程。各馆均受其欺骗,信以为真,而以高价收进。

4. 以丛书零种充单刻本。

以丛书零种充单刻本,也是版本作伪中常用的手法。如明代著名学者胡应麟所撰《少室山房笔丛》中有《经籍会通》一种四卷,其万历刻本在流传中,曾有《经籍会通》与其他各书失散,书贾便将所存的《经籍会通》四卷卷端和版心下所题"少室山房笔丛"的总名挖去,使之以《经籍会通》的单行本面貌出现。

元代俞琰所撰《俞氏易说》十三卷,本是清康熙十九年(1680)通志堂刊《通志堂经解》本中的一种,原书版心下有"通志堂"三字,书贾将其挖去,同时挖去书前"康熙丙辰二月纳兰成德容若序"的字款,以充单行本。

《东莱先生唐书详节》,是宋代吕祖谦编辑的《十七史详节》丛书中的一种,此丛书有明正德十五年(1520)刘弘毅慎独斋刻本。书贾将《东莱先生唐书详节》一书剜去各卷卷端所题"建阳慎独斋新刊"字样,并割去卷六十末尾的刻书牌记,剜去斋名之处,补上从原书剪下的白皮纸,并满钤名家藏书印,还在卷端题上钤"元本"一圆印,使剜补之处很难被察觉。

除此之外，还有一种作伪方法是将几种丛书零种凑合起来，另立一书名，伪加序目，冒充别一丛书。如明商浚所编《稗海》共71种，446卷，明万历中会稽商氏半野堂刻本。书贾将此丛书中零散的《独异志》《述异记》《小名录》《东观奏记》等10种41卷汇集在一起，伪编目录，题一假丛书名《稽古汇编》，编者也由明商浚改为"明锡山吴学纂辑"，并在全书前伪作一篇序文，称："侍御吴公巡按河南诸郡，观风之暇，校刻《稽古汇编》，檄布学宫"，以惑人眼目。

5.以常见书充罕见书。

过去藏书家收藏善本时，罕见与否是一条重要的衡量标准。书贾也常利用人们的这种心理作伪行骗。

例如唐代杜佑的《通典》二百卷，世所习见，不以为贵。便有书贾将明嘉靖十七年（1538）王德溢、吴鹏有刻本《通典》，剜改书名为《国史通典》，同时剜去卷端著者题名，补印"南宋礼部尚书锡山邵宝国贤撰"字样，序文也作剜改，并在书名和著者剜改的地方钤了"南京翰林院印"和季振宜的藏书印，以掩饰剜改的痕迹。这样一来，此本便成为一部罕见的奇书了。

《晋书》是一部纪传体正史，人所共知。于是便有书贾将元刻明修本《晋书》刻改书名为《两晋人物传》，并伪题"无锡王达撰"，使人感觉书名既冷，作者亦奇，不知其中奥秘者，多被欺骗。

6.以抄本充稿本。

稿本价值高于抄本，更受人珍视。自然也是书贾作伪的对象。但这种作伪并非全无根据，作伪时常随书中的内容、作者的生平便宜行事。如《虞阳说苑》为民国丁祖荫所编的一部丛书，以抄本传世，存21种。书贾将这21种重新编写目录，伪题《海甸野史》、锡山顾祖禹纂著。顾是明末清初无锡人,地理学家,明亡后,他深怀悲痛,隐居著述,住在无锡与常熟两县交界的苑溪。因《虞阳说苑》是论述常熟掌故及有关明代史乘的,书贾就利用此点造伪,在抄本中涂涂抹抹,大加窜改,以冒充顾祖禹的稿本。

又如抄本《乾隆吴江县志》五十八卷,清陈衮修、沈彤纂。书贾为了冒充稿本,将书名刻改为《三吴采风志》,著者剜改为"句吴赵函纂",并在书中大事圈改,伪造著者写作时修改的假象。但细看圈改之处,发现只是将原书文字的意思颠来倒去,并无修改之意,又将书中大清字样改为我朝或国朝,且圈改极为粗略,有的改,有的不改,目的只在以圈改涂抹的痕迹哄骗买主。

二、古书版本作伪手法的鉴定

鉴定伪本,除了要了解伪本的各种情况,还要掌握作伪的各种手段,熟悉伪本的诸种特征表现。由前述伪本的各种情况,我们可以总结出古书版本作伪常用的具体手法有如下几种:

1.挖改描补。

就是将原书的关键文字挖去,另配纸粘补,有的并补描或补刻新字,以达到其作伪的目的。被删改的地方经常是卷端所题书名、作者及版刻文字,版心各种说明文字,序后所署年代及作序者姓名,刻书牌记和各种有关版本的说明文字等。本节前述的《皇明名臣经济录》《重校鹤山先生大全文集》《史记集解索隐正义》《增修附注资治通鉴节要续编》《俞氏易说》《东莱先生唐书详节》等书都采用了挖改描补的作伪方法。这也是作伪者最经常使用的一种作伪方法,在大多数伪本中都可以发现挖改描补的痕迹。

由于作伪者在挖去关键文字后,一般都配纸或用原纸接补,从表面看去几乎看不出挖补的痕迹，只有从纸背面对着阳光或亮处才能发现。所以，此种作伪方法不易立刻识破，稍一疏忽，就可能被蒙骗。鉴定时，必须时刻有伪本的意识存在于心，如发现版本的字体、纸张、版式风貌与牌记或其他说明中所言版刻时代的版本风貌不相符合，千万不能轻易放过，要善于抓住蛛丝马迹，认真对待和解决任何一个疑点。例如，作伪者为掩饰其挖补痕迹，常在挖补处钤一印章。鉴定时如果发现印章钤的不是地方，就要及时仔细审察，看其是否有挖补的痕迹，很多伪本就是这样发现的。

2.撤去序跋，割掉牌记。

古书中有许多影刻本和仿刻本，或酷似原本，或与原本风格相近。对于这种本子，书贾往往只需撤去影刻或仿刻时所加的新序或新跋，即可冒充原本出售。有的影刻本和仿刻本甚至将原本的牌记也照样摹刻或翻刻下来。这种牌记书贾求之不得，但如有说明后刻版本情况的新牌记，作伪者则一律割去，以泯其作伪之迹。此种作伪方法非常简单，鉴定却很困难，如不与原本相对勘，是不易发现其伪的。

3.伪造名人批校题跋，伪钤名人藏章印记。

这也是作伪时常用的手法，借重名人批校题识和藏印提高一书的版本价值。伪造名人批校题跋有两种情况：一是利用书中原有批校题跋文字，稍作挖改修补增添，伪称是某名人批校题跋；二是作伪者自己造作批校题跋，落款署某名人姓名字号。遇此种版本，最好能核对此人的其他手迹，并从书中批校题识处发现漏洞。例如有一明嘉靖十二年（1533）吴郡顾氏世德堂刻本《荀子》二十卷，书贾欲充惠栋批校本，在书中对原文进行毫无意义的涂改。

如在卷一"青取之于蓝"处,将"取"字用墨笔圈去,旁边另写一"取"字,各处涂改均类于此,可笑之至。

其他如批校文字与批校者自署名笔迹不一致等,都应引起鉴定者的注意。

此外对名人藏印也不可轻信。中国历史博物馆1952年在北京琉璃厂收购到伪刻的自宋代至现代的名书画家、收藏家的印章达一千多枚,可见过去伪造名人印章的现象是非常普遍的。

鉴定伪印是一件比较困难的事情,从事古籍版本鉴定工作之际,应当利用平时接触古籍较多的便利条件,随时注意历代公私藏章的式样,印文字体的风格特色以及印章钤盖的规律。在较为熟悉的基础上,还可进一步研究各时代各种印泥的质量、颜色等,再以之和各种印谱、书影所载以及各种版本目录中所记录的印章图形文字相互比较、印证,对于各著名学者、藏书家的印章尤需多作研究、揣摩,这样才能及时发现作伪之迹,不放过经眼的任何一部伪本。

4. 染纸造蛀。

纸张过一定时期就会发生老化现象,而且一定时代的用纸都各有其特点。古书版本作伪,常常在用纸上露出马脚。正因为如此,古代作伪者在用纸的伪装上面,是颇费心机的。早在明代,藏书家高濂就在所撰《遵生八笺·燕闲清赏笺·论藏书》中对当时版本作伪的情形作了生动的描述:

> 近日作假宋板书者,神妙莫测:将新刻模宋板书,特抄微黄厚实竹纸,或用川中茧纸,或用糊扇方帘绵纸,或用孩儿白鹿纸,筒卷用槌细细敲过,名之曰刮,以墨浸去嗅味印成,或

将新刻板中残缺一、二要处,或湿霉三、五张,破碎重补;或改刻开卷一、二序文年号,或贴过今人注刻名氏,留空,另刻小印,将宋人姓氏扣填;两头角处或妆茅损,用砂石磨去一角,或作一、二缺痕,以灯火燎去纸毛,仍用草烟熏黄,俨状古人伤残旧迹;或置蛀米柜中,令虫蚀作透漏蛀孔;或以铁线烧红锥书本子,委曲成眼,一二转折,种种与新不同。用纸装衬,绫锦套壳,入手重实,光腻可观。初非今书,仿佛以惑售者。

从明末开始,书贾常用染纸造蛀的手法作伪。首都图书馆藏有一《文选》残册,纸色暗黄,古色古香,极似宋版,即系书贾利用嘉靖时的仿宋刻本染纸伪作宋刻。无锡市图书馆藏有一部《尚书》,原是清光绪二年(1876)江南书局刻本,但书中却有"宋刊奇书""蒋廷锡印"等印记,纸经熏染,装饰古雅。初看惊为宋刻,但细审却发现书中"宁"字缺笔,写作"㝉",系避清道光帝旻宁之讳,露出了马脚。

一般说来,经过熏染的纸张,颜色虽黄,但不能十分匀称,一细加观察,可发现有的还有花一团、白一团的水渍,与真正的宋纸、元纸总不能完全相像,只要认真鉴定,并具备相应的学识,是不难发现其伪的。有的作伪者只用剪刀挖造蛀痕,很容易出现直角,也比正常的蛀痕僵直得多,更容易被人识破。

5.改变装帧形式。

将线装改为蝴蝶装或包背装,以充古本,也是版本作伪的一种手法。北京图书馆藏有一部宋代程颐传注的《周易上经》四卷,本是清光绪十年(1884)黎庶昌刻《古逸丛书》的零种,书贾将纸染色后,改装为蝴蝶装,书口伪造伤残,从后托裱。第四卷末页也假造残缺，并用刀伪造虫蛀孔痕。这样一来，竟把堪称老眼的版本学家张元济都蒙混过去了。张氏居然定其为元代至元间积德堂刻本。并在卷端钤盖"涵芬楼""海盐张元济经眼"印记，以示珍藏。

  版本作伪的手法虽然多种多样，变化莫测，但实际上任何作伪手法都不是天衣无缝的。许多作伪手法十分拙劣，只要人们在鉴定时有伪本的概念存在，不轻易放过任何一个可疑之处，并做到细察穷究，一追到底，任何伪本终究都会暴露出其本来面目。

第三章　近现代图书主要版本类型及其鉴定

第一节　近现代印刷术的类型

自19世纪初开始,西方近现代印刷术逐渐传入我国。由于其明显的长处和不断的改进,在不到一百年的时间里,就迅速取代了长期裹足不前的中国传统印刷技术——雕版印刷和活字印刷,而成为中国近现代占统治地位的印刷技术,相应地也产生了大量多种新型印本。

现代印刷术依其印版的结构,可以分为三种类型,即凸版印刷、平版印刷和凹版印刷。

凸版印刷的原理是,印版的图文部分高于空白部分,印刷时,表面涂有墨层的胶辊滚过印版表面,使凸起的图文部分粘附油墨,而凹下的空白部分不粘油墨,再将纸张置于印版之上加压印刷,即完成一次印刷。我国古代传统的雕版印刷和活字印刷都属于凸版印刷,而近现代的凸版印刷则主要是铅印了。

平版印刷的特征是,印版上的图文部分和空白部分几乎处在同一平面上,印刷时,利用水油相斥的原理,使图文部分具有亲油排水性,空白部分具有亲水排油性,以使墨辊滚过润湿的版面时,图文部分着墨而空白部分排墨,印版再与纸张接触,即得印品。平版印刷一般分为照相平版印刷、石版印刷、珂罗版印刷、预涂感光版(又称 PS 版)印刷等,又分为直接印刷法和间接印刷法两种。直接印刷法即印版直接接触纸张印刷;间接印刷法是油墨由印版先转移到橡皮滚筒上,然后又转印到纸张上,所以又称为胶版印刷。比较常见的石印本、胶印本、影印本等都是用平版印刷方法印成的。

凹版印刷是意大利工人菲拉求拉于 1452 年发明的。其特点是:印版的图文部分凹下并随色彩的浓淡而深浅不同,其空白部分则处于同一平面。印刷时,印版滚筒通过墨槽,或由传墨辊将油墨传涂在版面上,再用刮刀将印版平面的油墨刮去,只剩下低于版面的图文部分油墨,此时,纸张通过版面,由压印滚筒给以一定的压力,使印版低凹处的油墨转印到纸张上,从而完成一次印刷。我国清代乾隆、道光年间由内府铜版印刷的系列战图和《圆明园西洋楼图》,都属于凹版印刷。

上述三种印刷方法中,平版和凹版印刷效率高,彩色印刷套印准确,照片图网线密,层次丰富;插图的制版、印刷面积可以比较大,工艺简单,质量比较好,生产周期短。但平版、凹版印刷常常与照相制版相配套,要经过照相或雕版方法制版后才能印刷,且印刷成本比凸版印刷高出许多,只有在印数较大或不宜活字排版的情况下才比较合算。

除上述三种印刷类型外,还有一种滤过版(又称孔版)的印刷方式,其特点是将印版上的图文部分用各种不同方法使之成为密布的网眼或洞孔,印刷时,在压力作用下,油墨从网眼中挤压到承印物的表面,形成印刷图文。滤过版印刷的历史甚至早于雕版印刷,我国古代用于印染衣物的丝漏印刷技术,就是一种滤过版的印刷方式。现代滤过版印刷包括誊写版印刷、喷花印刷和丝网印刷三种,其中用于印制图书文献的,主要是誊写版印刷,亦即俗称的油印。

下面就将用上述四种印刷方式印刷的几种常见印本类型及其鉴定方法分别予以介绍。

第二节　铅印本及其鉴定

一、铅印本的制作

铅印本其实也是一种活字印本。铅活字本很早即已问世,1436年朝鲜排印的《通鉴纲目》,是世界上最早的铅活字本。但这种铅活字除活字材料外,其印刷工艺与中国传统的活字印刷术并没有什么不同,所以并没有产生很大的影响。

世所公认,铅印术的发明者是德国人谷腾堡(Johannes Gutenberg,1395—1468)。他于1450年第一次用铅、锑、锡的合金材料制成以字母为单位的活字,并制成螺旋式手扳木质印书机,之后他用他创制的这种机器和铅合金活字印刷了《四十二行圣经》《加特利根》《万灵药百科全书》等书。

谷腾堡的铅印术在几十年内就迅速传遍了欧洲,一个世纪以后传到亚洲各地,1589年传到中国,第二年传到日本。其铸字、排字印刷方法,以及他首创的螺旋式手扳印刷机,在世界各地沿用了400多年。到1845年,德国生产出了第一台快速印刷机;1860年,美国生产出第一批轮转机;以后德国又相继生产了双色快速印刷机、双色轮转机，到1900年又制成了六色轮转机，铅印技术逐步进入机械化时代。

现代铅印术的优越性不仅在于采用了机器印刷，并且还在于纸型的发明和应用。我国古代的活字印刷和国外早期的铅印术，在排版印竣之后，立即拆版，改排别版，如要再印，则又需重新排版，不像雕版印刷，书版可以长期保存，一印再印。此外活字经多次印刷之后，字迹磨损，即行报废，必须不断重制补充，浪费也不小。中国古代活字印刷术未能得到全面推广，这可能也是一个重要的原因。

1804年英国人斯坦荷普（Charles Stanhope，1753—1816）针对铅印术的上述缺点，发明了泥版。其方法是：将胶泥覆盖在已排好的铅字版上，压成阴文，稍干后即将铅液浇于其上，制成阳文铅版，用铅版进行印刷。这种铅版可以长期保存，以便再印；也可复制多版，增加印数。1844年设立的澳门花华圣经书房，以及上海的字林西报馆、申报馆等，早期都曾使用过这种泥版制型的方法。

但泥版之法也有缺点，铅版厚重，成本既高，保存也不方便，而且泥版一经浇铅即行散碎，铅版如损坏，无法再浇铸，于是到1829年，法国人谢罗（Genaux）又发明了纸型（Foundry Form）。其方法是：将由多层纸粘贴而成的一张薄纸板覆于已排校好的铅字活版之上，在压型机中加压、加热后，即制成一个印版模型，这就是纸型。还有一种刷子打型法，即用几层薄纸，刷上稀浆放在活字版上，用大毛刷反复打击，逐次加厚，最后经过烘干而成为厚实的纸型。这是一种手工打型法，效率较低，但质量较好。利用纸型法印刷时，将铅液浇铸于纸型之上，即得到阳文铅版，铅版用于印刷，而纸型则用于长期保存。印量较大或需要分地印刷的书刊、报纸,可在一副活版上压制多副纸型,运往各地制版印刷。用于长期保存的纸型可供再版重印时浇版印刷。纸型制作方便,易于保存,成本较低,采用此种方法印书,印数和印次可毫无限制,且方便易行。所以纸型的发明和应用,是铅印术的一次革命,它使活字印刷的优点和长处得到了充分的发挥。

我国早在明代万历年间,就有外国传教士带来西方的铅活字和印刷机。明神宗万历十八年(1590)曾用西洋的铅字印过拉丁文的《日本派赴罗马之使命》一书。这是我国用西方活字印行的最早的书籍。但是,此后的 200 年间,西方印刷术在我国并未得到广泛推广应用。直到清嘉庆十二年(1807),英国传教士马礼逊(Robert morrison,1782—1834)来到澳门,开始用铅印术刊印汉文《圣经》,才再次将铅印术重又传入中国。经过几番周折,马礼逊在中国人梁发和蔡高的配合下,终于在 1819 年印成了铅印本的《新旧约圣经》,这是最早的汉字铅印本书。

清道光二十三年(1843),英国传教士麦都思(Walter Henry Medhurst,1796—1857)在上海创办了中国第一个近代印刷出版机构——墨海书馆(London Missionary Society Mission Press),第一次引进了西方印刷机械和铅活字印刷术。

1859 年,上海美华书馆技师美国人姜别利(William Gamble,1830—1886)改进了汉文活字规格,定出了七种标准,奠定了汉文铅字制度的基础。此后我国自办的印刷出版机构越来越多,并普遍采用了铅印技术。例如民国二年(1913),商务印书馆使用汤姆生自动铸字炉,每日可浇铸铅字 15000 枚,不仅可以满足本馆的需要,还可以大量供应其他印刷机构。印刷技术的迅速进步,促使我国的图书印刷事业很快完成了由手工业作坊和个体单干方

图71　清咸丰十一年（1861）上海墨海书馆铅印本《大美联邦志略》

式向大规模机械化印刷方式的重大转变。

　　铅印术较之中国古代的传统印刷技术有极大的改进，因而迅速地取而代之，成为我国最主要的图书印刷方法之一，近现代的图书大多数都是铅印本。但铅印术也存在着许多缺点，如劳动强度大，制版成本高；不适合印制大幅面的印品；使用铅合金时，挥发的蒸汽污染环境等。20世纪90年代以后，随着电子计算机激光照排技术的迅速发展和推广，铅印术很快退出了印刷领域而成为历史。

二、铅印本的鉴定

铅印本是近现代最常见的一种版本类型,其特征非常明显,容易鉴定。

1.铅印本字形规范,大小有一定规律。铅印本所用活字,早期只有1—7号七种规格,后来由于这七种规格不能满足出版事业发展的要求,又逐渐在这七种字号中间插入了一种小号系列,即小四号、小五号等;在一号字之上,又增添了初号和小初号。但在图书正文中最多用的,是五号字。在字体方面,铅印本所采用的宋体字、黑体字、楷体字、仿宋体字等,都是人们所常见熟知的,与古代的刻本、活字本所采用的字体明显有异,其字形、大小更是不同。

2.铅印本用油墨印刷,而古代刻本、活字本用水墨印刷。墨质、墨色及渗入纸内的程度有很大的区别。早期的油墨质量不好,字的笔画周围常有油迹泛出,现代印本则无此现象。

3.铅印本系用压印的方法印成,与古代刻本和活字本采用刷印方法不同,故印成后纸面和纸背的凹凸痕迹明显,用手在纸面上抚摸即有不平感。

4.铅印本同活字本一样,有时会出现横字或倒字现象。

5.铅印本大多采用平装或精装形式,与古代版本的传统装订形式不同。

铅印本的上述特征,使它与古代刻本、活字本很容易区别开来,与近现代其他类型版本如石印本、胶印本也不难予以辨别。

第三节　石印本及其鉴定

一、石印本的制作

石印本是用石印术印制的一种近代新型印本。石印术是一种以石头为印版版材的平版印刷方法，1798年由奥国人亚罗斯·逊纳菲尔德（Alois Senefelder,1771—1834）发明。逊纳菲尔德是一个作曲家，但由于经济困窘，无力将其所作曲谱付印，于是寻找自己印刷的方法。他发现表面布满微孔的石版涂上油脂后能吸附油墨，而未涂油脂的部分具有蓄水性能，根据水油相斥的原理，他用一种特制的药水将文字书写于一种胶纸之上，然后覆于石版上，使胶纸上的字迹反映在石版上，并使石版上的图文部分具有亲油排水性，而石版上的空白部分仍具有亲水性，印刷时用清水将石版润湿，使版面空白部分具有排油性，然后以墨辊滚过石版表面，这样，石版上的图文部分就粘附上了油墨，而空白部分仍是空白，再施以纸张印刷，就得到了印品。

1826年，J.N.涅普斯（Niepce J. N.）发明了照相术。很快，照相术就与印刷术相结合，出现了照相凸版。1859年，照相术又应用到平版印刷，产生了一种新的石版制版技术，即将书稿或原书用大字誊写在一叶版式宽大的大纸上，然后摄影制成照相底片，随需要可大可小地在石版上晒版，进行印刷。用这种制版方法印出的石印本，无论开本书式多么小，书中文字都字画清晰，历历可辨。我国近代的石印本书，大多用这种方法印成。

19世纪中叶以后，石版印刷术已实现了机械化，成为仅次于铅印术的一种近代主要印刷方法。

石印术早在19世纪30年代即已传入我国,鸦片战争前夕,广州、澳门均有外国传教士开办的石印所印刷中文图书。光绪初年,上海也出现了石印所。最早是光绪二年(1876)徐家汇天主教堂附设的土山湾印书馆,主要印一些宗教宣传品。光绪五年(1879)英国人安纳斯托·美查(Ernest Major)创办了点石斋印书局,用轮转石印机大量印刷中文图书。最早印刷的石印书有《圣谕详解》《考正字汇》等,之后又相继印刷出版了《佩文韵府》、中英合璧本《四书》《校邠庐逸笺》《五经备旨》《镜花缘》等书。光绪七年(1881),我国商人也创办了专门从事石印的同文书局和拜石山房,与点石斋成鼎足之势。受此三家影响,继之而起的石印书局层出不穷,逐渐遍及全国各个省区。从清末到民国,仅上海一地,就有扫叶山房、蜚英馆、大通书局、文明书局、会文堂书局、锦章图书局、世界书局、受古书店、六艺书局、二酉书庄、大成书局、大东书局、广益书局、铸江书局、天宝书局、医学书局、有正书局、上海书局、进步书局、晋江书庄、珍艺书局、宝善书局、顺城书局、共和书局、文元阁书庄、商务印书馆、神州国光社等数十家出版机构从事石印出版图书事业。石印本书籍也随之大量问世,一时蔚为大观,其规模和数量在一段时间内甚至超过了铅印本。据《扫叶山房发行石印精本书籍目录》统计,仅扫叶山房一家出版的石印本图书先后就有400多种。直到20世纪30年代以后,大规模的石印事业才逐渐衰落下去。今天,石印术已成为历史的陈迹,但这一时期产生的石印本却大量地保存了下来,成为在图书史上有重要地位的一种图书版本类型。

二、石印本的鉴定

石印本是近代广泛流行的一种印本类型,但自20世纪40年代以后即基本不再继续产生。由于其属于平版印刷,故其纸面光滑平整,着墨处没有像铅印本那样的印压痕。由于油墨质量不好,许多石印本的笔画周围常有油迹泛出。此外,石印本的字体大都是手写体,而且版框内常常不画栏线,这些特征几乎成为鉴定石印本的重要依据。

但也有一些石印本的字体有意模仿通常刻本所用的宋体字,不明就里者,很容易以为是据哪个刻本影印而成的,而将其误断为影印本。

还有一些近代印本,字体、版式与铅印本无异,但又呈现出平版印刷的特征。这种印本是用铅活字排版,印出样片后照相上石

图72　清光绪间石印本《海上花列传》

晒版,利用石版印刷机印刷,其实也应该归为石印本。但许多人见其为铅印字体,遂将其鉴定为铅印本,严格说来是不对的。

第四节　影印本及其鉴定

一、影印本的制作

影印本是利用照相制版手段反映图书旧本面貌的一种印本类型,它采用照相制版和近现代印刷工艺生产制作,故其复制效果较古代的影抄本和影刻本更为精准。

最早的影印本是用照相石印术印制而成的。照相石印术是奥司旁(John W. Osborne)于1859年在石印术的基础上发明的,与石印术的印刷原理基本相同,但制版方式有所不同,它是先将原书摄影,冲出底版,将底版经过校对修润后,经感光、显影过程晒样于石质印版上,然后用与石印术相同的方法进行印刷,即得到效果逼真的影印本。

照相石印术发明后很快就传入我国,并得到广泛的应用。我国近代许多专门从事石印的出版印刷机构如点石斋印书局、同文书局、拜石山房、蜚英馆、鸿文书屋、扫叶山房、文明书局、有正书局、神州国光社等都影印出版了大量的古籍。清光绪五年(1879)点石斋印书局出版的照相石印本《金陵杂述》可以说是我国最早的影印本之一。20世纪二三十年代商务印书馆出版的《四部丛刊》,则是一部著名的中国古籍善本影印本丛书,这一大部头丛书,就是用照相石印的方法影印的。这一时期用照相石印法影印的著名古籍还有《古今图书集成》《二十四史》《康熙字典》《佩文

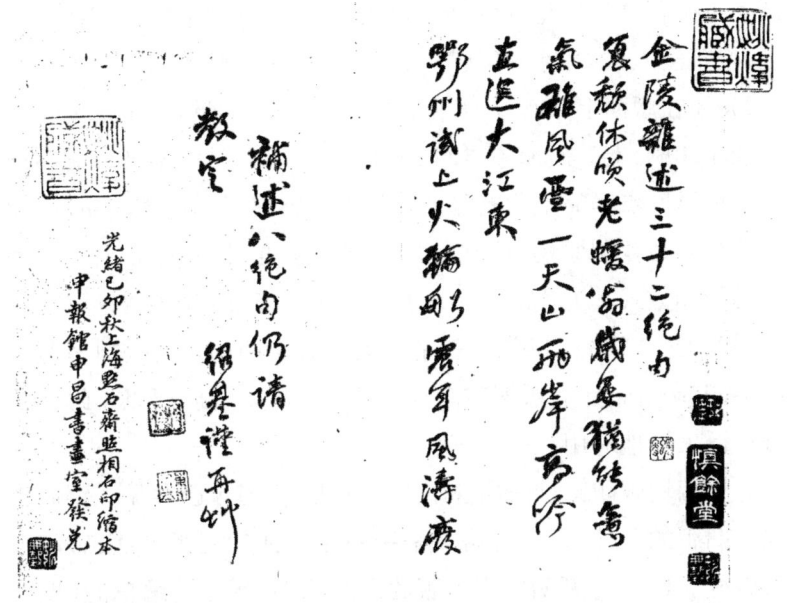

图 73　清光绪五年（1879）点石斋印书局影印本《金陵杂述》

韵府》《渊鉴类函》等。可以说，几乎所有的中国著名古籍，都曾在这一时期用照相石印的方法影印一过。所以，近现代用照相石印术印制的古籍影印本数量是非常大的。过去人们将石版影印本与石印本不加区别、混为一谈是不对的，今后应予以纠正。

除照相石版印刷外，珂罗版印刷（Collotype Printing）也是古籍影印的一种方式。珂罗版印刷由德国人阿尔贝特（Joseph Albert）发明于1864年，是一种有较长历史的平版印刷方式。它以10毫米厚的玻璃为版材，经研磨表面使其粗糙，再涂上硅酸钠底层，上面再涂重铬酸明胶感光液，感光胶膜干燥后，表面就产生细微的小皱纹。制版时用连续调阴图接触晒版，按照光的强弱，感光膜产生不同程度的硬化反应,再从后面曝光使胶膜紧密附着在版基上,接着浸入水中,除去未感光的重铬酸盐,印版就制成了。印刷时,先要在版面上涂布甘油,使其被非图文部分吸收,用密度较高的油墨印刷,上一次油墨能印 5—10 张印刷品。由于其印刷品层次不依靠网点而靠不同的曝光硬化程度转移不同的着墨量,因此能够忠实地复制原稿,达到非常精细的程度,是一种效果十分理想的影印方式。近代的许多珂罗版影印本都被视作"新善本",颇享盛誉的《中国版刻图录》就是用珂罗版影印的。但是珂罗版不耐多印,印数百印后版即起毛,加之制版成本过高,所以始终不曾被广泛大量地应用。

照相铜版印刷过去也曾用于影印古籍,但今已罕见。铜版也属于凸版的一种,影印古籍多采用照相腐蚀的制版方法,影印效果较好。1941 年开明书店出版的由潘承弼、顾廷龙编辑的《明代版本图录》十二卷,就是用铜版影印的。

1980 年代以来,影印图书则主要是采用胶印的方式,影印技术日趋先进和简便,影印本也在大量不断地产生。现时影印本已不限于古籍及其他文献文物的范围,而已延伸到近代的大量优秀旧平装书。随着古籍整理和旧文献发掘和重新利用工作进一步深入广泛的开展,影印本的数量和质量无疑也会得到更大的提高。

影印本的版式设计大体上采用以下几种方式:

1.将原书按原大影印,如清末上海同文书局石版影印的武英殿铜活字本《古今图书集成》。

2.将原书缩小影印,如商务印书馆 20 世纪二三十年代石版影印的《四部丛刊》。日常的平装本古籍影印本一般也都采用这种方式。

3.打乱原书行款,重新安排设计版式,但仍照原本字迹图像影印,《康熙字典》的同文书局影印本就是采用的这种方式,现行的《康熙字典》又是据前本翻版影印的。

4.将原书二叶的内容分上、下栏合排在一个页面上,缩小影印,例如《丛书集成初编》中许多影印本采用此种方式;后来《影印文渊阁四库全书》《四库全书存目丛书》《续修四库全书》等大型影印本丛书大都采用这种版式安排。

5.将原书若干叶除去版心,分上、中、下三栏合并为一大页,再缩小后影印。现行中华书局出版的《四库全书总目》、商务印书馆出版的《十三经注疏》,都是这种样式的影印本。

早期的影印本,牟利的性质比较明显,主要取其易印易行、成本低廉的优点,选择底本比较马虎,质量不高,学术价值不大。民国以后,学术界和出版界对影印工作和影印本都开始重视起来,影印成为保存古籍善本,以广其流传的重要手段,这一时期产生了如《四部丛刊》《续古逸丛书》《四库全书珍本初集》等大部头、高质量的古籍影印本丛书。新中国成立后,古籍整理工作更是有计划、有步骤地大规模开展,底本经过精选的、高质量的影印本正在源源不断地大量产生。

二、影印本的鉴定

迄今为止的绝大多数影印本都是用石版印刷或珂罗版印刷、胶版印刷等平版印刷方式印制的,虽然也有一些影印本是用属于凸版印刷的铜版印刷方法印刷的,但为数极少。所以,影印本大多反映着平版印刷的特征。早期影印本字迹周围多有油渍泛出,现代影印本则无此现象。再由于影印本是近现代的产物,其上多说明系据何本影印,其版式、字体及文字内容也各反映着所据原本的不同时代特征,细加鉴定,是不难得出正确结论的。

第五节　其他近现代版本类型及其鉴定

一、胶印本及其鉴定

用胶版印刷方法印成的图书版本叫胶印本。胶版印刷简称胶印,是一种平版间接印刷方法。1904年,美国人鲁培尔(Ira. W. Rubel)在平版印刷机上安装了一个橡皮滚筒,使印版上的图文经过橡皮布转印到纸面上,印版和纸张不直接接触,以减少印版版面的磨损,提高印刷质量。胶印印版的图文部分和空白部分都在一个平面上,图文部分为亲墨层,而空白部分则为亲水层,印刷时先由供水辊在印版表面涂布润版液,再由供墨辊在版上涂布墨层,随着印版滚筒的转动,将印版上着墨的图文转印到橡皮滚筒上。这时,纸张通过橡皮滚筒,同时压印滚筒给以一定的压力,将橡皮滚筒上的油墨转印到纸张上,从而完成一次印刷。

胶版印刷一律采用照相制版技术,先据原稿摄制照相底版,经过分色、修版、拼版等程序,再将照相底版上的图文经感光、显影过程晒到薄锌版或其他材料版上,然后印刷。印刷时由于使用光滑细密的橡皮滚筒与纸张接触,与用易凸凹不平的金属版直接印刷相比,印迹更加清晰完整,且耗墨量小,极少出现一个印张上未干的油墨粘在下一个印张背面的"覆墨"现象。此外,由于弹性橡胶滚筒能够压入纸张的细纹里,在纹理较为粗糙的纸面上也能印出鲜明连贯的线条,所以胶版印刷对纸张质量的要求也相对放松,从而有更广泛的适应性。

胶印的效率比较高,胶印机的转速都在10000印/小时以上,而且还可以在一台机器上一次完成四色印刷;卷筒胶印机可进行单面、双面的连续印刷,印刷速度最高达35000印/小时,极大地缩短了印刷周期。

胶版印刷虽然在20世纪初即已发明,但传统的胶印工艺,主要是承印彩色印件或是以图片为主的画报或画册,而以文字为主的书刊印刷,则主要是由凸版印刷及平版印刷中的石印来承担。20世纪60年代以后,随着电子技术的发展,照相排字技术发展很快,用电子计算机控制的照相排字机,可以很快地完成文字排版工作,印刷业开始逐渐摆脱长期以来铅活字排版所带来的污染、低速和笨重的体力劳动。进入20世纪90年代,北京大学王选教授发明设计的北大方正汉字排版系统,引领了中国印刷术的一场革命,"告别铅与火,迎来光与电",从此,电子计算机汉字激光照排技术日新月异,迅速发展和推广。这一排版技术上的革命,需要一种与其相适应的印刷工艺来配套,而胶印则正是与之最相适应的一种印刷方式。我国从20世纪70年代中期开始发展胶版印刷,到90年代得到迅速普及推广,于是,胶印本很快就取代了铅印本的地位而成为目前最主要的一种图书印本类型。

胶印本与铅印本的区别主要是在印品表面有无凸凹不平之感上面。胶印是一种平面印刷,故其印品表面平整光滑,用手抚摸无凸凹不平之感,以眼观之,则其字迹没有铅印本所特有的那种立体感,而显得飘浮平润,墨色匀整。

411

二、油印本及其鉴定

油印的正式称谓应叫誊写版印刷或孔版印刷,属于滤过版印刷中较为简易的一种。用这种方法印出来的本子就叫油印本,过去学校刻印的考卷、讲义等多采用油印的方式印成。

油印技术是1886年由美国科学家爱迪生发明的,清光绪十八年(1892)英国传教士傅兰雅(John Fryer,1839—1928)在其编辑的《格致汇编》期刊上将其介绍到中国,后又经日本人改进,油印技术才在中国逐渐普及开来。

就制版方法而言,油印又可分为以下4种:

1.铁笔油印。

其制版方法是:将蜡纸覆于誊写钢版上,用铁笔在蜡纸上刻写图文而成蜡版,然后在油印机上装好蜡版后,滚墨印于纸上即完成印刷。整个过程完全是手工操作。

2.真笔油印。

真笔油印是日本人的发明,即用毛笔蘸稀酸书写于涂以明胶的纸基来制版,形似毛笔字体,印刷效果较好。但因其纸基纤维粗松不耐多印,所以不如铁笔油印流行时间长。

3.打字油印。

即用打字机在蜡纸上打印成版,再装于机器上滚印而得印品,是一种半机械化生产。1912年周厚坤发明中文打字机,1919年舒震东予以改良,开始投入社会使用。

4.电刻油印。

即利用电子刻版机制成蜡版在机器上进行印刷的一种方法。其原理是:在电子刻版机中,原稿和蜡纸同步运动,投射到原稿上的光束在原稿上进行扫描,反射光束进入光电管转换为电流,电流输出经过放大和调频,然后流入雕刻装置,控制雕刻触针在蜡纸上的切刻深浅程度,使之随原稿上的图文自动刻出网点或凹印的小槽,最后雕刻成一张蜡版,将制好的蜡版安放在印刷机上铺纸滚印,即形成印品。其操作过程完全是机械化,且印出的图文与底稿完全一致,所以电刻油印其实也是一种文献复制法。1978年上海图书馆编印的《善本书影》,就是用电刻油印的方法复制而成的。

油印本的使用时间基本上只限于 20 世纪。由于其印刷质量较差,印数也有限,所以只用于非正式出版物的印刷,如临时编发的讲义、学生的论文、学生社团刊物、小报、宣传材料等。油印本使用油墨印刷,油性很大,用手涂抹,极易沾污,日久油迹泛出,污染纸面;此外用纸一般都较差,开本大多为 16 开或 8 开,特征明显,容易鉴定。

三、复印本及其鉴定

复印本是用静电复印方法印成的一种现代图书版本类型。静电复印是一种无压力印刷,它不需要通过压力,也不需要印版来进行印刷,而是利用静电复印机,让光电导物质事先通过静电为正电荷,用照相镜头把原稿图像投影到滚筒上,图文以外的部分受强光照射消除静电,而图文部分保持静电,并形成静电潜影,再将墨粉给予负电荷,从而使墨粉按照图像潜影吸附到纸上,经过加热固化,即复制完成一张印刷品。静电复印是一种小规模的图书复制手段,其优点是灵活方便,缺点是效率低,成本高,复印质量不稳定。现代复印本主要是一些复本量较小,比较难得的图书,如古籍、旧平装本、港台图书等,大多为图书馆或读者自印自用,装订简易,并不是一种出版物,现代人极易辨识。

四、晒印本及其鉴定

晒印本又称晒蓝本,是利用与复制工程图纸相同的方法制成的一种图书复制本。其制作方法是:将涂有感光药品的晒图纸衬在书叶下面,用灯光或日光曝晒,使之发生化学反应,再经显影处理,便在其上显出文字图形,一页书便复印完成。通常在晒图纸上所涂之感光药品为柠檬酸铁和赤血盐的混合液,所以在曝晒显影后经洗涤干燥,晒图纸上均呈现蓝底白字的颜色。特征明显,一望即知。

晒印本的出现主要是在民国时期,大多用来复制中国古籍。仅北京大学图书馆就藏有近160多部晒印本,其中相当一部分是民国时期燕京大学图书馆的藏本。笔者所见中,印象较深的有《皇明名臣经济录》《吴氏拜经楼书目》《萍乡县志》等。

主要参考文献*

*此处只列主要参考的论著,所参考的各种版本目录因书中已有专章论列,故不再收入。

一、著　作

1. 钱基博著.版本通义[M].上海:商务印书馆,1933.
2. 陈国庆编著.古籍版本浅说[M].沈阳:辽宁人民出版社,1964.
3. 毛春翔著.古书版本常谈[M].上海:中华书局上海编辑所,1965.
4. 魏隐儒,王金雨编著.古籍版本鉴定丛谈[M].北京:印刷工业出版社,1984.
5. 魏隐儒编著.中国古籍印刷史[M].北京:印刷工业出版社,1984.
6. 李清志著.古书版本鉴定研究[M].台北:文史哲出版社,1986.
7. 屈万里,昌彼得著,潘美月增订.图书板本学要略[M].台北:中国文化大学出版部,1986.
8. 施廷庸著,张秀民校.中国古籍版本概要[M].天津:天津古籍出版社,1987.
9. 戴南海著.版本学概论[M].成都:巴蜀书社,1989.
10. 严佐之著.古籍版本学概论[M].上海:华东师范大学出版社,1989.
11. 李致忠著.古书版本学概论[M].北京:书目文献出版社,1990.
12. 程千帆,徐有富著.校雠广义·版本编[M].济南:齐鲁书社,1991.
13. 曹之著.中国古籍版本学[M].武汉:武汉大学出版社,1992.

14. 黄永年著.古籍版本学[M].南京:江苏教育出版社,2009.
15. 黄永年著.古文献学四讲[M].厦门:鹭江出版社,2003.
16. 黄永年著.古籍整理概论[M].西安:陕西人民出版社,1985.
17. 李致忠著.历代刻书考述[M].成都:巴蜀书社,1990.
18. 李致忠著.宋版书叙录[M].北京:书目文献出版社,1994.
19. 北京大学、武汉大学图书馆学系编著.图书馆古籍编目[M].北京:中华书局,1985.
20. 张秀民著,韩琦增订.中国印刷史(插图珍藏增订版)[M].杭州:浙江古籍出版社,2006.
21. 钱存训著.刘祖慰译.纸和印刷[M].科学出版社,上海古籍出版社,1990.
22. 郑如斯,肖东发编著.中国书史[M].北京:书目文献出版社,1987.
23. 肖东发著.中国图书出版印刷史论[M].北京:北京大学出版社,2001.
24. (清)孙从添撰.藏书记要[M].上海:古典文学出版社,1957.
25. (明)胡应麟撰.少室山房笔丛[M].上海:中华书局上海编辑所,1958.
26. 叶德辉撰.书林清话[M].北京:中华书局,1987.
27. 王重民著.冷庐文薮[M].上海:上海古籍出版社,1992.
28. 任继愈主编.中国版本文化丛书[M].南京:江苏古籍出版社,2002.
29. 田建平著.元代出版史[M].石家庄:河北人民出版社,2003.
30. 谢俊贵编著.图书学基础[M].长沙:湖南大学出版社,1989.
31. 吴平编著.图书学[M].哈尔滨:黑龙江教育出版社,1991.

32.来新夏著.古典目录学浅说[M].北京:中华书局,1981.

33.王欣夫著.文献学讲义[M].上海:上海古籍出版社,1986.

34.吴枫编著.中国古典文献学[M].济南:齐鲁书社,1982.

35.瞿冕良著.版刻质疑[M].济南:齐鲁书社,1987.

36.倪其心著.校勘学大纲[M].北京:北京大学出版社,1987.

37.戴南海编著.校勘学概论[M].西安:陕西人民出版社,1986.

38.(日)长泽规矩也编著,梅宪华、郭宝林译.中国版本目录学书籍解题[M].北京:书目文献出版社,1990.

39.唐弢著.晦庵书话[M].北京:生活·读书·新知三联书店,1980.

40.姚伯岳等编著.中小学图书馆文献知识与文献检索[M].北京:北京图书馆出版社,1998.

41.罗树宝,吕品编著.编辑出版知识问答[M].北京:科学普及出版社,1988.

42.张家恕,孙蕴文编著.出版业务知识问答[M].北京:机械工业出版社,1988.

43.叶再生著.编辑出版学概论[M].武汉:湖北人民出版社,1988.

44.唐弢等著.鲁迅著作版本丛谈[M].北京:书目文献出版社,1983.

45.金宏宇著.中国现代长篇小说名著版本校评[M].北京:人民文学出版社,2004.

46.金宏宇著.新文学的版本批评[M].武汉:武汉大学出版社,2007.

47.张舜徽著.中国古代史籍校读法[M].上海:上海古籍出版社,1962.

48.李零著.简帛古书与学术源流[M].北京:生活·读书·新知三联书店,2004.
49.姚伯岳著.黄丕烈评传[M].南京:南京大学出版社,1998.
50.中国图书馆学会学术委员会古籍版本研究组编.版本学研究论文选集[C].北京:书目文献出版社,1995.

二、论 文

1.吴则虞.版本通论[J].四川图书馆学报,1978(12);四川图书馆学报,1979(1)(2)(3)(4).
2.汪应文.版本研究和目录学的关系[J].南充师院学报(哲学社会科学版),1979(1):8—14.
3.邵胜定.版本学有广狭二义论——从版本学的对象说起[J].图书馆杂志,1985(4):29—31.
4.郭松年.古籍版本研究的意义和作用[J].山东图书馆季刊,1987(5):27—29.
5.郭松年.关于古籍版本学的探讨[J].黑龙江图书馆,1990(2):60—63.
6.石洪运.版本学基础理论研究述评[J].黑龙江图书馆,1991(3):57—60.
7.郭松年.古籍版本研究的努力方向[J].图书馆学研究,1984(4):113—115.
8.郭松年.古籍版本学与其相关学科的关系[J].黑龙江图书馆,1989(5):57—58.
9.邵胜定.版本学目的任务谭[J].四川图书馆学报,1988(1):89—95.

10. 胡道静.从黄荛翁到张菊老——一百五十年来版本学的纵深进程[J].古籍整理研究学刊,1987(04):23—26+17.
11. 李致忠."善本"浅论[J].文物,1978(12):69—73.
12. 卢中岳.古籍善本简论——兼评《"善本"浅谈》[J].四川图书馆学报,1979(3):78—83+92.
13. 沈津.抄本及其价值与鉴定[J].四川图书馆学报,1982(3):48—52;1982(4):90—93.
14. 崔建英.古籍中的"初印本"[J].图书情报工作,1987(6):22—26.
15. 崔建英.古籍中的后印本[J].图书情报工作,1989(6):36—40.
16. 崔建英.古籍中的增修本和著录审校[J].图书馆学通讯,1988(3):84—87.
17. 叶农.书影概述[J].福建图书馆学刊,1988(3):35—37+71.
18. 林申清.书影研究[J].图书馆理论与实践,1989(4):16—19.
19. 徐孝宓,卫扬春.新书版本研究浅见[J].四川图书馆学报,1982(2):75—82.
20. 张伟.期刊版本研究[J].图书馆杂志,1988(1):44—47.
21. 朱积孝.新版本学探微[J].图书馆工作与研究,1989(2)2:49—52.
22. 包东波.民国时期图书版别录异[J].图书情报论坛,1990(3):69—72.

索 引

术语索引

Collotype Printing / 407
London Missionary Society Mission Press / 400
安抚使司 / 257
凹版印刷 / 77,396,397
扒圆起脊 / 103
白口 / 105,107
白口本 / 117
白文本 / 118,159
白鱼尾 / 106
百衲本 / 116,379,380
拜石山房 / 404,406
版 / 4,5
版本 / 9,10,11
版本对勘 / 178,180,181,182,183,185
版本对勘法 / 119,180,184
版本分析 / 17,73
版本记录页 / 112
版本鉴定 / 17,119

版本类型 / 73,113
版本目录 / 203
版本评价 / 17
版本提要 / 212,213,214
版本系统 / 161—169
版本学 / 19
版本学史 / 16,29
版本源流 / 149
版权页 / 111—113
版式 / 104
版心 / 105—107
半松居士 / 356
包背装 / 101
包背装本 / 117
宝善书局 / 404
宝珍楼 / 302
抱青阁 / 301
鲍廷博知不足斋 / 115
北大方正汉字排版系统 / 411
北监 / 286,291,294

421

北监本 / 114,209,291,294
贝叶经 / 13,99,100
本 / 5—10
本校法 / 7,187,188
本宅藏版 / 115
皕宋楼 / 56,61,368
碧云馆 / 344
壁鱼堂 / 302
避讳 / 67,120,128,129,130,134,
　　227,234,263,281,319,325,
　　329,336
边栏 / 12,104,105,106,107,145,
　　179,230,315,356
扁黑体 / 85
扁宋体 / 85
辨伪学 / 26
辨志堂 / 336
标点符号 / 87,88
标简 / 110
别本 / 8,34,187,205,207,217,
　　369
帛书 / 7,13,33,96,97,100,104,
　　105,194
博古栏 / 105
博文斋 / 302
补版 / 319,320
彩色套印 / 357,359

参校本 / 118,173
残本 / 54,55,56,59,118,119,
　　164,172,192,198,217,224,
　　234,235,293,332,376,379,
　　380,386
仓司 / 257
沧浪吟榭 / 336
藏版 / 115,118,123,153,179,
　　237,321,322,337
藏印 / 147,234,239,388,392,393
藏章印记 / 55,78,133,134,136,
　　147,220,228,237,392
藏珍阁 / 302
曹溶倦圃 / 368
曹氏进德斋 / 115,282
曹氏文宝堂 / 300
漕司 / 43,257,380
漕台 / 257
漕台本 / 114
草书 / 79,82,83,84
草宣 / 91
策 / 4,95
插图本 / 118,383
茶盐司 / 114,257
查检考证法 / 119,120,137
蝉翅拓 / 375
蝉衣拓 / 375

索　引

蝉翼拓／375
蟫波阁／336
镵木／316
昌化石／147
抄本／8,55,67,116,165,196,197,198,200,365,367
抄写本／116
超华斋／302
朝鲜本／114,240
陈八郎宅／259
陈大来继志斋／288
陈氏老二酉堂／301
陈宅书籍铺／115,121,133,258
衬页／110,111
成文堂／302
程舍人宅／122,258
程氏宝经堂／300
程氏宏道堂／300
崇化坊／126,127
崇文书局／115,299
崇文院本／114
抽印本／117,318
初版本／11,185,186
初刻本／117,200,202,337
初印／46,318
初印本／117,179,293,318,319,340

川连纸／92
传忠书局／299
吹藜阁／350
磁盘／13,15,89
次要作者／74,154,160,162
粗黑口／107,284
崔尚书宅／258
萃古堂／302
存古书局／115,210,299
打字油印／412
大成书局／404
大东书局／404
大黑口／107,139
大花脸本／117
大通书局／404
大业堂／301
大篆／79,80,81,147
大字本／40,42,55,117,153,172,205,221,260,328
带经堂／301
单行本／117,159,210,312,389
单刻本／117,270,389
单栏本／117
刀法／142
道一书院／277
德藩／286
德聚堂／301

423

登云阁／302
等线体／85,87
邓氏有益堂／300
底本／6,8,24,31,32,37,38,40,
　48,50,118,157,162,165,166,
　167,168,169,173,174,181,
　207,264,274,281,294,322,
　325,329,330,339,340,349,
　367,368,370,374,409
地脚／106,107
递修本／116,200
点数制／87
电刻油印／236,412,413
电影胶卷／89
电子计算机磁带／13
殿本／114,182,183
雕版印本／9,69,193,254,314,
　331,349,355,361,375
雕版印刷术／13,37,100,113,
　253,255,314,322,325,340,
　361,364
雕本／314
蝶装／100,117,207
丁丙八千卷楼／368
丁日昌持静斋／226,368
丁氏荣禄堂／300
东观／7

东山书院／278
东洋本／114
铊版／116,193,201,285,357,359
段景亭读书坊／288
对校法／7,187,188
对鱼尾／106
二名不偏讳／128,130
二酉书庄／404
藩刻本／4
翻刻本／116,117,180,200,264,
　281,322,376,387
翻印本／168,186
梵夹装／69,99,100
方头体／85
坊刻本／55,77,114,115,146,
　256,258,259,260,263,266,
　278,279,284,287,294,300
仿刻本／117,387,388,392
仿宋体／85,86,402
扉页／111,237,240
蜚英馆／211,404,406
封底／100,102,111,309
封底里／111
封二／110
封里／110
封面／110
封皮／110

封三 / 110
封四 / 111
封一 / 110
空居阁 / 368
冯氏忠孝堂 / 288
敷文书局 / 299
福建书局 / 299
福田书海 / 350
福芸楼 / 302
福州书局 / 299
府学 / 258
辅文 / 149,158,159,160
付之枣梨 / 315,316
付梓 / 54,316
复印本 / 13,116,307,413
副本 / 34,113,117,372
副封面 / 111
富文斋 / 302
覆刻本 / 117,182,330,331,332,
　333,334,335,336,337,338,
　339,340,355,356
改字法 / 129
高丽本 / 42,51,114,200
高氏文成堂 / 301
稿本 / 116,165,197,198,200,
　202,220,236,365,366,367,
　371,372,373,390,391

哥德体 / 87
工作本 / 118
公使库 / 257,380
公使库本 / 114
龚氏三槐堂 / 301
拱花 / 116,193,201,285,357,359
共和书局 / 404
孤本 / 118,194,201,366,369
古本 / 8,34,59,113,165
古典文献学 / 174,188,264,266,
　288,326,327,394
古籍整理 / 24,31,308,408,409
古经阁 / 302
古文 / 30,32,33,34,79,80,82
古香楼 / 302
顾批 / 378
顾嗣立秀野草堂 / 115,323,338
顾修艺海楼 / 368
观成堂 / 301
官堆纸 / 92
官刻本 / 77,114,256,257,258,
　265,266,277,285,298,299,305
官学 / 257,258,277
贯华堂 / 288
光盘 / 13,15,89
广成局 / 275
广雅书局 / 115,299

425

广益书局／310,404

圭山书院／278

贵州书局／299

桂坡馆／348

桂氏务本堂／301

国子监／37,41,75,77,174,218,255,256,261,273,275,277,286,288,299

国子监本／114,256,285

过录本／118,201

海录轩／334

韩氏翰文斋等／301

汗青斋／302

翰林院／127,136,275,390

行款／106

行书／79,84

行远堂／302

杭本／42,114,205

合订本／117,185,312

合刻本／117

和刻本／114,200,240

黑口／107

黑口本／107,117

黑体／85,86,87,402

黑鱼尾／106,332,333

横排本／11,117

宏达堂／330

鸿都／7

鸿文书屋／406

鸿文堂／302

后印／169,262,317,318,319,320,354

后印本／117,179,181,318,319,339,340,356

胡氏日知斋／334

湖南书局／299

蝴蝶装／100,101,138,139,263,270,394

花华圣经书房／399

花鱼尾／106,123,260

华氏会通馆／334

华文堂／334

淮南书局／299

皇华书局／299

黄丕／54,216,378

黄丕烈士礼居／368,371

黄三八郎书铺／259

黄善夫家塾之敬堂／258

会通馆／347,348,349,355

会文堂书局／404

晦明轩张宅／273,279

惠栋红豆斋／368

活页装／103,104,307

活字本／8,9,51,66,67,116,165,

193,235,236,237,238,240,
274,297,314,316,317,334,
340,352,353
剞劂／219,316
畸形开本／109
汲古堂／302
汲冢书／35
级数制／87
集成堂／302
辑佚学／26
计司／257
计台／257
计台司本 114
纪念本／118
家刻本／70,77,114,115,219,
266,286,300,304,305
家塾本／77
甲骨文／15,79,375
贾官人经书铺／259
稼轩书院／277
监本／114,234,256
缣帛／6,7,8,32,33,88
捡子板／356
简策／6,7,8,13,32,33,80,95,
104,138,200
简策制度／4,95,97,138
简精装／103

简录式版本目录／204
建安书院／278
建本／21,40,91,114,139,142,
143,144,261,263,266,284
江北刻经处／303
江南本／34,113,114
江南书局／299,394
江苏书局／299
江西书局／299
胶版印刷／409,410,411
胶版印刷术／9
胶版纸／92,93,94
胶印本／13,116,204,307,397,
402,410,411
胶粘订／102
焦尾本／117
校本 118,238,377,378
校读印／188,189
校勘四法／187
校勘学／18,26,27,36,62,157,
158,187,188,193,327,369
节本／118,296
洁本／118
芥子园／301
界行／104,105,318,346,350,
353,356,374
巾箱本／67,117,384

427

今本／113
今草／83
今古文之争／30
金本／113
金陵刻经处／302
金陵书局／92,115,174,299
金石拓片／13
金台书铺／288
金台岳家／288
金檀文瑞楼／368
金文／79
金镶玉本／117
锦章图书局／404
进步书局／152,404
进呈本／118
近本／113
晋藩／286
晋江书庄／404
京本／42,43,114
经厂本／114
经史阁／302
经眼印／134
经验判断法／119,137
经韵楼／302
经折装／6,96,98,100,117,138,
　　261,262,307
精本／195,196,233,304,324

精刻本／116,141,220,323
精装／102,103,110,117,138,
　　139,307,402
静电复印／413
静电复印本／13
静嘉堂文库／56
镜古堂／301
九经阁／302
九路儒学本／276,277
九条／71,198,199,200
旧本／8,24,34,39,40,42,113,
　　173,193,195,233,297,327,
　　328,378,406
局本／115
聚锦堂／302
聚文堂／302
聚珍版／200,225,226,346,352,
　　361
聚珍堂／301,302,345
聚珍斋／356
镌版／316
镌本／314
卷端／125
卷轴装／33,96,97,98,100,138,
　　260,263,269,270,375
卷子本／117
军学／258

郡庠 / 258
郡庠本 / 114
郡学 / 258
郡斋 / 114,257,327,380
开版 / 316
开本 / 108, 109, 117, 169, 291, 385,403,413
开雕 / 256, 277, 280, 281, 289, 294,302,316
开化纸本 / 64,117
开笺纸马铺钟家 / 258
开造 / 316
楷书 / 79,83,84,85
楷体 / 85,86,402
刊本 / 314
刊行 / 316
珂罗版印刷 / 397,407,409
刻版 / 10, 75, 87, 170, 260, 264, 290,316,319,365,376
刻本 / 51, 77, 113—117, 200, 314—324
刻梓 / 121,216,316,388
空字法 / 129
孔版印刷 / 397,412
狂草 / 83
奎璧斋 / 301
邋遢本 / 117

兰台 / 7
兰雪堂 / 348,349,355
蓝山书院 / 277
丹铅精舍 / 368
礼品本 / 118
李光明庄 / 115,301
李氏宝书堂 / 301
李氏龙威阁 / 300
李氏三多斋 / 301
李氏酉山堂 / 300
里封面 / 111
理校法 / 7,187,188
历史文物性 / 197,201
历史文献学 / 26
隶书 / 30,34,79,82,83,84
隶书体 / 85
连史纸 / 92
连史纸本 / 117
连四纸本 / 117
两湖书院 / 337
辽本 / 113
辽刻本 / 270,271
料半纸 / 91
廖莹中世彩堂 / 121,258
廖莹中世彩堂本 / 115
劣本 / 21,266,382
临安本 / 51,114

429

凌本 / 115
刘君佐翠岩精舍 / 279
刘氏翠岩精舍刻本 / 115
刘氏聚珍堂 / 301
刘氏慎独斋刻本 / 37,115
刘叔刚一经堂 / 259
刘喜海嘉荫簃 / 368
刘元起家塾 / 258,259
留香斋 / 302
琉璃厂 / 210,228,234,300,301,
　337,356,367,393
六色套印本 / 116
六书斋 / 302
六艺书局 / 404
六云斋 / 302
龙鳞装 / 98,99
隆福寺书肆 / 301
镂版 / 220,261,316
陆心源皕宋楼 / 56,368
录像带 / 15,89
录音带 / 15,88
罗列式版本目录 / 60,136,176,
　205,209,211,212
螺旋式手扳木质印书机 / 398
绿荫堂 / 301
滤过版印刷 / 397,398,412
麻沙本 / 51,76,114,261,266,
　382,383
麻纸 / 76,89,90,91,144
麻纸本 / 117
满汉合璧本 / 118
毛边本 / 103
毛边纸 / 92
毛边纸本 / 117
毛晋汲古阁 / 92,174,294,327,
　363,367
毛氏汲古阁刻本 / 64,115,287
毛太纸 / 92
毛装　103
梅溪书院 / 278
蒙古刻本 / 113
秘本 / 118,221
秘书监本 / 114
棉连纸 / 91
棉纸 / 90,144,292,296
棉纸本 / 117
闵本 / 115
闽本 / 39,76,114,142
明版书 / 146,239,284,297,338
明本 / 70,75,113,194,235,297,
　327,332,371,373
明经堂 / 301,329
缪荃孙藕香簃 / 368
模刻 / 316

摩崖 / 15,267

莫友芝影山草堂 / 49,368

墨宝楼 / 302

墨钉 / 87,88,181,260

墨海书馆 / 401

墨色 / 12,47,137,145,146,180,234,264,265,278,296,317,318,319,320,338,351,353,354,355,357,358,360,375,376,402,411

墨围 / 87,129,383,384

木活字本 / 116,163,343,344,346,355

木记 / 84,120,216

目录学 / 17,18,26,27,58,62,64

南监 / 286,291

南监本 / 114,294,379

南山书院 / 278,281

内封 / 121,123,127,335,336,337,356

内府本 / 114

泥版 / 88,201,342,343,399

泥活字本 / 342

逆鱼尾 / 106

臬司 / 257

臬台 / 257

排字本 / 356

牌记 / 55,111,120,121,122,123,127,128,134,175,176,179,229,232,237,238,239,240,264,304,316,320,321,322,325,335,337,349,355,356,388,389,391,392

泮宫本 / 114

配补本 / 116

喷花印刷 / 398

彭元瑞知圣道斋 / 368

批校本 / 67,118,196,236,377,378,379

皮宣 / 90

皮纸 / 76,89,90,91,144,263,271

皮纸本 / 117

辟雍 / 7

瓢活字 / 351,352

平版印刷 / 77,93,396,397,403,405,407,409,411

平版印刷机 / 410

平水本 / 114

平体 / 85

平印书刊纸 / 92,94,95

平装 / 101,102,103,117,138,139,236,307,309,402,408,413

评本 / 118

普及本 / 11,117

431

普通本／118
期刊／13,92,111
祁承爜澹生堂／367
铅活字本／116,398
铅印本／8,9,13,92,116,185,204,297,307,398,401,402,404,405,406,411
铅印术／9,343,398,399,400,401,404
签名本／118
钤印本／10,116,201
前封面／110
钱曾述古堂／371
钱谦益绛云楼／367
钱熙祚守山阁／368
椠版／16
椠本／314
钦天监本／114
秦藩／115,173,286
秦四麟致爽阁／367
锓版／316
青田石／147
清本／75,113,140,144,194,235,236,298,304,305,378
衢州本／114,155
圈点本／118
全本／118,192,296,319,321,370,386,387
全经阁／302
缺笔法／129
群玉斋／125,356
饶氏富文堂／300
饶州本／114
荣六郎家／259
容与堂／288
儒学本／114,276,277
儒雅堂／302
瑞云楼／302
赛连纸／92
三朝本　116
三朝版／319
三台馆／288
三性／197,198,199,201
三性九条／71,200
三元堂／302
桑皮纸／47,90,91
扫叶山房／301,404,406
扫叶山房本／115
杀青／6,7,31,90,316
晒蓝本／414
晒印本／13,386,414
删改本／11
删节本／160
善本／195

商务印书馆／63,64,72,154,168,
　170,173,215,225,227,231,
　235,380,400,404,406,408,409
赏鉴印／134
上版稿本／116,365,372
上海广益书局／310
上海书局／404
上素／6,7,8
上图下文本／117
绍经堂／302
申报馆／399
神州国光社／404,406
沈与文野竹斋／367
圣教书楼／302
石版印刷术／403
石鼓文／80,81
石室／7
石印本／8,9,13,66,92,116,201,
　297,307,397,402,403,404,
　405,407
石印术／403,404,
时本 406
拾芥园／302
世界书局／404
收藏印／134,213,225,228
手稿本／116,365,367,372
寿山石／147

受古书店／404
书耳／105,106,139,260,368
书林／115,120,126,127,234
书帕本／118,380,381,382
书牌／84,120,389,391
书衣／60,84,110,123,134
书艺堂／301
书影／229
蜀本／51,76,114,142,143,144,
　263,266
帅司／257
双桂堂／259
双栏本／117
双鱼尾／106,139,140
顺城书局／404
顺鱼尾／106
司礼监／285
司礼监本／114
丝漏印刷／398
丝网印刷／398
私刻本／51,77,114,115
思贤书局／115,299
四周双边／105,135,139,140,
　263,292,332
宋本／56,75,113,134,262,263,
　264,266
宋体／85,86,142

433

宋体字 / 84,85,86,142,285,319,
　　323,402,405
苏州书局 / 299
俗本 / 8,22,34,113,118
塑料线烫订 / 103
孙氏文友堂 / 301
莎草纸书 / 13
缩微胶卷 / 13,88,116
缩微胶片 / 116
缩微平片 / 13
缩微制品 / 116
锁线订 / 102,103
他校法 / 188
太史连纸 / 92,350
太史院印历局 / 275
太医院 / 275
太医院本 / 114
谭氏正文斋 / 300
汤姆生自动铸字炉 / 400
汤氏善成堂 / 300
唐氏富春堂 / 288
唐氏文林阁刻本 / 115
桃花坞 / 359
陶氏五柳居 / 301
陶氏五柳居刻本 / 115
套版印刷 / 77,285,357,358,359,
　　360

套印本 / 8,66,67,116,193,199,
　　200,201,235,237,238,314,
　　357,358,359,360,361
誊清稿本 / 116,365,372
誊写版印刷 / 398,412
提举常平司 / 257
提举常平司本 / 114
提刑司 / 257
提刑司本 / 114
题跋 / 132
题跋本 / 118,201,388
天宝书局 / 404
天禄阁 / 301
天头 / 105,106,107,108,284,
　　377,379
天许斋　288
贴塑装 / 103
铁笔油印 / 412
铁活字 / 351
铁丝订 / 102
通行本 / 118,209,318,367,374
同立堂 / 301
同文书局 / 404,408,409
铜版印本 / 201,307
铜版纸 / 92,93
铜活字本 / 116,347,348,349,
　　350,355,408

凸版印刷 / 77，94，396，397，409，411
凸版纸 / 92，94，95
图录式版本目录 / 229
图书史 / 15，28，404
图书学 / 13，26
图书在版编目（CIP）数据 / 112
涂色印刷 / 357，358
土山湾印书馆 / 404
拓本 / 9，80，113，116，200，375，376
外国文出版社 / 311
外书 / 6，33
卍字栏 / 105
汪森裘杼楼 / 368
汪宪振绮堂 / 368
王肯堂郁冈斋 / 367
王氏来鹿堂 / 300
王氏文盛堂 / 300
威尼斯体 / 87
韦氏鉴古堂 / 300
伟文堂 / 302
伪本 / 63，67，118，143，385，386，388，391，392，393，395
伪装本 / 11
纬文堂 / 302
味经堂 / 301，302

魏碑体 / 84，85
魏十三郎书铺 / 259
魏氏奎文堂 / 300
魏氏文贵堂 / 300
文萃堂刻本 / 115
文华阁 / 302
文明书局 / 404，406
文武边栏 / 105
文献学 / 13，15，26
文选楼 / 282，302
文英阁 / 302
文元阁书庄 / 404
文元堂 / 301，388
文徵明玉兰堂 / 367
问经堂 / 301
乌金拓 / 375
乌丝栏 / 104，106，368
无线胶粘订 / 103
吴焯绣谷亭 / 368
吴骞拜经楼 / 368
吴宽丛书堂 / 367
武英殿本 / 182
误本 / 34
婺州本 / 382
西湖街 / 302
西湖书院 / 114，278，286
西溪草庐 / 336

锡活字本／116,350,351
席氏扫叶山房／301
细黑口／107,284,333
嫌名不讳／128,130
县庠／258
县学／258,277
县斋／257,258
线订／102
线鱼尾／106,140
线装／100,101,138,139,263,307,394
线装本／117
宪司／257
宪台／257
象鼻／105,107
象山书院／277
小黑口／107,139
小酉山房／301
小篆／81,82,84,147
小字本／55,117,328
效文堂／302
写本／8,9,12,59,67,98,113,116,117,195,197,200,264,269,284,285,314,316,317,365,371,372,374
写刻本／116,143,146,237,305,306,322,323,324

写样待刻本／365
写样稿本／116
谢肇淛小草斋／367
心简斋／302
新闻纸／92,93,94
兴文署本／114
修版／169,291,319,320,335,339,410
修补本／117
修订版／117,170
修订本／118,169
袖珍本／117,384,385
绣像本／118
绣梓／316
徐乾学传是楼／368,371
叙录／6,31,33
宣明／7
宣纸／90,91
旋风装／98,138
选本／118
学术资料性／197,201
雪窗书院／278
潘文书局／115,299
俨山书院／332
衍庆堂／288
晏氏忠恕堂／288
扬州书局／299

羊皮纸书 / 13
杨柳青 / 359
杨氏清江书堂刻本 / 115,124
杨仪七桧山房 / 367
洋粉连纸 / 92
样本 / 118,331
姚觐元咫进斋 / 368
姚氏扶荔山房 / 333
姚咨茶梦斋 / 367
摇篮版 / 12
冶麓山房 / 301
叶昆池能远居 / 288
叶日增广勤堂 / 279
叶盛赐书楼 / 367
叶氏广勤堂刻本 / 115
叶树廉朴学斋 / 368
叶曾南阜书堂 / 282
一得斋善书坊 / 301
医学书局 / 404
宜春阁 / 301
已祧不讳 / 128
艺风堂 / 222
艺林库 / 275
艺术代表性 / 197,201
艺文监 / 275
艺苑楼 / 302
异本 / 8,34,35,217

异形开本 / 109
译本 / 35,153,154,157,171,186
阴文 / 87,124,343,399
尹家书籍铺 / 258
印谱 / 13,91,199,323,393
印张 / 110,112,410
影抄本 / 200,308,370,371,374,406
影刻本 / 179,200,264,308,325,326,327,328,329,330,379,387,388,372,406
影印本 / 9,13,66,116,168,193,201,209,227,228,231,307,308,310,317,328,335,373,397,405,406,408,409,410
应县木塔 / 269,270
映雪草堂 / 301
拥万堂 / 301
永顺书堂 / 288
尤氏宝翰楼 / 301
油印本 / 116,185,212,307,412,413
友益斋 / 301
有正书局 / 231,404,406
幼圆体 / 85
迂斋 / 302
于氏家塾栖云阁 / 258

余成章永庆堂／288
余仁仲万卷堂／259
余氏克勤斋／288
余氏勤有书堂刻本／115
余氏双桂书堂／288
余氏万卷堂刻本／115
余氏怡庆堂／288
余氏自新斋／288
余四十三郎宅／259
余象斗双峰堂／288
余应虬近圣居／288
余彰德萃庆堂／288
余志安勤有堂／279
鱼尾／105，106，107，123，139，140，213，263，353，374
虞氏务本堂／279
庾司／257
庾司本／114
庾台／257
玉版宣纸／91
元版书／46，106，141，144，146
元本／21，46，56，75，113，194，210，216，232，235，274，281，282，283，327，332，374，379，389
元奎阁／302
袁褧嘉趣堂刻本／115
袁廷梼贞节堂／368

圆沙书院／278
越南本／114
粤本／114，182
云南书局／299
芸楼／302
芸香堂／302
运司／257
再版／117，153，169，170，185，400
再版本／11
增订版／117
增刻本／117，320
增修本／321
赠阅本／118
张氏荣华堂／301
章草／83
长仿宋体／85
长宋体／85
赵氏书业堂／301
赵昱小山堂／368
照相石印术／406，407
照相制版／230，397，406，410
折装／117
浙本／76，114，142，143，144，182，183，263，266，284
浙江书局／115，299
珍本／118，174，194，327，364，371
珍艺书局／404

真本／8,34,35,50,118,123,172,230

真笔油印／412

正本／34,117

正开本／109

正文／155

正文堂／302

郑藩／286

直排本／11,117

纸型／153,170,343,399,400

中和轩王宅／273,279

重刻本／117,169,171,182,200,295,322,376

重修本／116,121,200

州学／258

周希旦大业堂／288

周曰校万卷楼／288

朱墨套印本／116,201,334

朱丝栏／104,368

朱学勤结一庐／368

朱彝尊潜采堂／368

竹节栏／105

竹纸／76,89,90,91,92,144,263,284,296,393

竹纸本／117

主要作者／74,154,155,160

注本／118,159,209

注符／87,88

祝太傅宅／258

铸江书局／404

转运司／256

转运司本／114

篆字本／117

装订形式／10,78,95,96,99,100,101,102,103,117,137,138,139,307,402

状元阁／301

赘简／110

酌雅楼／302

梓行／123,315,316

字典纸／92,94

字林西报馆／399

宗文书院／278

足本／118,192,195,196,209,318,386

祖本／118

纂图互注本／118

纂图互注重言重意／382,383,384

左右双边／105,139,140,263,292,333,336

439

人名索引

Alois Senefelder / 403
Charles Stanhope / 399
Ernest Major / 404
Ira. W. Rubel / 410
J.N.涅普斯 / 403
Johannes Gutenberg / 398
John Fryer / 412
John W. Osborne / 406
Joseph Albert / 407
Niepce J. N. / 403
Robert morrison / 400
Samuel Wells Williams / 350
Walter Henry Medhurst / 400
William Gamble / 400
阿尔贝特 / 407
阿英 / 11
艾俊川 / 351
爱迪生 / 412
安国 / 348,349,355
安纳斯托·美查 / 404
奥司旁 / 406
巴金 / 22,153,312

鲍廷博 / 300,388,389
毕沅 / 159,300
卞东波 / 240
蔡高 / 400
蔡伦 / 6,89,90,96,97
蔡邕 / 34,35
曹溶 / 300
曹学佺 / 286,344
曹禺 / 23,186
曹之 / 68,69,381,415
曾唯圣 / 159
昌彼得 / 66,415
晁公武 / 40,41,155,215
晁瑮 / 48
陈国庆 / 34,200
陈乃乾 / 196,213,226
陈先行 / 238
陈垣 / 129,157,187,188
陈鳣 / 30,110
陈振孙 / 40,43
陈子善 / 72
程大约 / 358

程起龙 / 358
程千帆 / 68,69,415
程有庆 / 262
戴南海 / 14,68,415,417
邓明玑 / 323
丁丙 / 57,59,61,196,218—220
董康 / 64,218,219,231
范稼庵 / 323
范钦 / 286
范文澜 / 21
范希曾 / 20,209,210,304
费衮 / 44
冯梦祯 / 152,286
傅刚 / 72
傅兰雅 / 412
傅熹年 / 208,222
傅增湘 / 23,64,171,176,177,
　181,189,208,222,223,233,
　235,379
高濂 / 47,146,265,393
高乾和 / 35
高诱 / 34
宫晓卫 / 238
龚明德 / 72
谷腾堡 / 398
顾广圻 / 57,58
顾千里 / 55,172,187,266,300,
　305,378
顾廷龙 / 227,229,234,296,297,
　408
顾炎武 / 295,336,350,380,381
顾元庆 / 286
管庭芬 / 23,214,215
郭沫若 / 23,80,186
郭勋 / 286
韩琦 / 351,416
何晏 / 4
洪迈 / 44
洪楩 / 286
胡介祉 / 323
胡克家 / 21,115,210,300,327
胡适 / 65
胡应麟 / 45,46,389,416
胡正言 / 193,286,359
胡宗宪 / 286
华珵 / 347
华坚 / 347—349,355
华镜 / 347,348
华燧 / 347—350
华希闵 / 339
桓玄 / 97
黄丕烈 / 23,49,52—57,61,78,
　132,162,176,180,182,216,
　217,225,233,291,294,300,

305,324,327,365,378,379,
386,388,418
黄尚文／358
黄裳／76,236
黄叔琳／300
黄永年／68,69,107,199,237,416
贾二强／237
江静澜／235
姜别利／400
姜德明／72
蒋汝藻／328
蒋星煜／174
蒋拙存／370
金宏宇／72,417
金简／345,346
井度／40,260
康有为／134
孔平仲／44
雷梦水／210
黎庶昌／227,300,327,394
李登／344
李国庆／132,238
李清志／67,415
李盛铎／228,233,360
李松雪／370
李文藻／367
李瑶／342

李致忠／13,14,68,98,197,198,
415,416,419
梁发／400
梁永／72
林春祺／350
林佶／323
凌濛初／359
凌启康／359
凌汝亨／359
凌森美／359
凌廷堪／370
凌性德／359
凌瀛初／359
凌毓枬／359
凌云／359
刘宝楠／4
刘承幹／231,232,328
刘凤翥／267
刘世德／72
刘文藻／323
刘向／3,5—8,31—33,36,332
刘之遴／35
卢见曾／300
卢前／145
卢文弨／224,265,300,304,370,
388
鲁培尔／410

鲁迅 / 158,159,185,417
陆德明 / 34,35
陆容 / 275,293
陆心源 / 56,59,61,176,218,221
陆游 / 42,44
罗振常 / 228
罗振玉 / 363,373
吕抚 / 167,168
马称德 / 344
马国翰 / 151,300
马礼逊 / 400
麦都思 / 400
毛春翔 / 66,415
毛晋 / 163,286,370
茅盾 / 186
闵齐伋 / 358,359
闵绳初 / 359
闵映壁 / 359
闵映张 / 359
闵于忱 / 359
闵振声 / 359
缪荃孙 / 54,56,57,59,61,179,180,196,205,206,213,216,221,222,231,300,379
莫绳孙 / 60,207,226
莫友芝 / 59,60,207,208,226,378
纳兰性德 / 300

倪墨炎 / 72
潘景郑 / 228,297
彭元瑞 / 52,215,361
蒲松龄 / 365,367
钱曾 / 22,23,49,50,214,215,379
钱大昕 / 56—58
钱基博 / 63,64,415
钱泰吉 / 57,58,174
清格尔泰 / 267
屈万里 / 66,415
瞿木夫 / 30
瞿启甲 / 107,113
瞿镛 / 32,107
任继愈 / 70,240,262,416
邵博 / 44
邵懿辰 / 60,205—207,378
沈继孙 / 145
沈津 / 240,419
沈括 / 9,268,341—343
石光明 / 239
斯坦厄普 / 399
宋平生 / 351
宋庠 / 38,39
苏轼 / 44,141,265,272,339
孙从添 / 49—52,143,265,294,371,416
孙殿起 / 210,211

443

孙星衍 / 57,58,135,181,300,305
唐弢 / 11,12,72,417
陶湘 / 64,233,239,298,328,373
屠隆 / 286
万曼 / 71,72
汪士钟 / 327,379
王肯堂 / 339
王岚 / 71
王清原 / 238
王荣国 / 238
王世贞 / 46,47,142,286
王叔边 / 122,123,259
王文进 / 228,233
王先谦 / 300
王献唐 / 367
王筱雯 / 238
王选 / 289,411
王延喆 / 115,173,184,286,327,388
王肇文 / 132
王祯 / 343,344,346,350
王重民 / 9,59,64,70,132,181—184,190,223,224,227,416
韦力 / 270
卫三畏 / 350,351
魏隐儒 / 67,107,132,355,415
闻人铨 / 286

翁连溪 / 237,361
吴昌绶 / 216,328
吴发祥 / 359
吴琯 / 163,286
吴骞 / 57,58,132,225,324
吴勉学 / 286
吴寿旸 / 225
谢兰墀 / 361
谢启昆 / 65
邢昺 / 37
徐炀 / 48
徐乃昌 / 180,231,328
徐乾学 / 219,300,320
徐有富 / 68,69,415
徐兆稷 / 344
许慎 / 81
玄奘 / 34,35
旋风装 / 98,138
选本 / 118
薛冰 / 72
荀勖 / 35
亚罗斯·逊纳菲尔德 / 403
严复 / 153
严佐之 / 68,107,415
颜师古 / 32,35,36,82
颜之推 / 34
阳海清 / 239

杨古 / 341
杨柳青 / 359
杨绍和 / 61,218
杨守敬 / 61,176,226,229—231,233,327
杨文会 / 302
姚枢 / 341
姚祐 / 21
姚振宗 / 150,300
叶昌炽 / 217,226
叶德辉 / 5,48,63,179,187,258,266,278,281,283,291,300,326,380,381,416
叶景葵 / 229,234
叶梦得 / 9,44,46,195
叶圣陶 / 12,185
应劭 / 6
尤袤 / 40—42,53,205,282
于敏中 / 52,215
余嘉锡 / 6,8
俞樾 / 157
袁宏 / 46
袁克文 / 231
袁同礼 / 363
岳浚 / 39
臧懋循 / 286
翟金生 / 342

张邦基 / 44
张敦仁 / 305,327
张海鹏 / 163,300
张金吾 / 57,58,220,347
张钧衡 / 150,213,225,231,327
张丽娟 / 262
张溥 / 286
张舜徽 / 31,188,189,417
张秀民 / 351,415,416
张玉春 / 72
张玉范 / 228
张元济 / 64,143,164,181,227,395
张允亭 / 232
张之洞 / 20,21,61,192,195,196,206,209,211,304,337
章太炎 / 366
章学诚 / 58,59
章钰 / 23,214—216,379
长泽规矩也 / 131,234,417
赵翼 / 129
郑若曾 / 75
郑玄 / 4,34,293
郑学川 / 303
郑振铎 / 64
周必大 / 258,341
周煇 / 44,195
周亮工 / 300

445

周密／19,44,328
周叔弢／235,238,239
周心慧／236
周一良／239
周子美／228,232

朱弁／44,195
朱承爵／140,286
朱让栩／344
朱彝尊／65,300
朱彧／21,44

文献索引

"眉山七史"／260
《[乾隆]卫藏图识》／334
《〈红楼梦〉版本探微》／72
《〈史记〉版本研究》／72
《〈文选〉版本研究》／72
《爱日精庐藏书志》／58,347
《安吉州思溪法宝资福禅寺大藏经》／262
《巴西文集》／388,389
《白氏长庆集》／348
《白氏六帖》／255
《百川学海》／328,347
《百花魁》／153
《百论疏》／302
《百宋一廛赋注》／54,55
《百宋一廛书录》／54,55,212,225
《拜经楼藏书题跋记》／58,225
《拜月亭》／151
《板桥集》／324
《版本通义》／63,64
《版本学概论》／14,68
《版本杂谈》／72

《包山楚简》／4
《宝晋山林集拾遗》／257
《宝礼堂宋本书录》／227
《宝纶堂集》／347
《宝颜堂秘笈》／223,295
《保闲堂集》／347
《抱经堂丛书》／300,304
《抱经堂文集》／266,304
《抱朴子内篇》／259
《悲剧的诞生》／157
《北大王墓志》／267
《北户录》／258
《北磵文集》／258
《北京大学图书馆藏李氏书目》／360
《北京人文科学研究所藏书目录》／136
《北齐书》／35,256,260
《北史》／277
《本草集方》／273
《本草衍义》／257
《本朝试赋丽则》／301

《本朝试赋新砌》/301
《辨惑编》/344
《辨惑续编》/344
《别录》/5—7,33
《盍山书影》/232
《伯生诗续编》/283
《补后汉书艺文志》/150
《才调集》/371
《蔡中郎集》/209,348,349,355
《藏书》/365
《藏书记要》/49,50,52,143,265,294
《藏书十约》/187
《藏园订补邵亭知见传本书目》/208
《藏园群书经眼录》/64
《藏园群书题记》/64,171,176,222,223
《曹禺选集》/23
《曹子建文集》/328
《草窗韵语》/328
《册府元龟》/152,256,260,293
《插图本》/70
《柴桑问答》/344
《柴墟文集》/344
《禅月集》/255
《昌黎先生集》/121,258,259,379

《长书》/31
《常建诗集》/258
《晁氏宝文堂书目》/48
《朝野新声太平乐府》/283
《陈参政简斋集》/41
《陈书》/256,260
《陈同甫集》/351
《成唯识论述记》/303
《程朱二先生周易传义》/279
《持静斋藏书纪要》/226
《冲虚至德真经》/152
《崇宁藏》/261
《崇宁万寿大藏》/261
《崇庆新雕改并五音集韵》/273
《仇池笔记》/44
《筹海图编》/75
《初学记》/97,255,349
《楚辞》/358
《楚辞集注》/257
《春草堂黄河远》/321
《春秋繁露》/257,348
《春秋公羊传》/35,358
《春秋公羊经传解诂》/259
《春秋穀梁传》/358
《春秋经传集解》/55,258
《春秋左传》/358,359
《春渚纪闻》/258

《辞海》/ 10,11,196
《辞学指南》/ 277
《达夫代表作》/ 312
《大藏辑要》/ 303
《大藏经》/ 100,280,281,303
《大乘妙法莲华经》/ 270
《大都新编关张双赴西蜀梦》/ 278
《大都新刊关目的本东窗事犯》/ 278
《大方广佛花严经》/ 270
《大方广佛华严经合论》/ 274
《大广益会玉篇》/ 122,281
《大金得胜陀颂碑》/ 272
《大辽大横帐兰陵郡夫人建静安寺碑》/ 267
《大清会典》/ 298
《大唐六典》/ 207,258
《大唐新语》/ 152
《大学衍义》/ 344
《大易粹言》/ 257
《岱南阁丛书》/ 300
《带经堂全集》/ 323
《丹铅录》/ 381
《丹渊集》/ 279
《荡平奇妖传》/ 152
《莿汉微言》/ 366
《道藏》/ 279,290

《道德经》/ 151,256
《道德经广圣义》/ 255
《道宗及宣懿皇后哀册》/ 267
《帝京景物略》/ 332
《帝里明代人文略》/ 347
《帝学》/ 346
《第二批国家珍贵古籍名录图录》/ 247
《第三批国家珍贵古籍名录图录》/ 247
《第十才子书》/ 152
《第十才子双美缘》/ 152
《第四批国家珍贵古籍名录图录》/ 248
《第五才子书施耐庵水浒传》/ 288
《第五批国家珍贵古籍名录图录》/ 248
《第一批国家珍贵古籍名录图录》/ 247
《点校重言重意互注尚书》/ 382
《电》/ 312
《东都事略》/ 122,258
《东方朔盗桃》/ 358
《东观奏记》/ 390
《东莱先生唐书详节》/ 389,391
《东坡乐府》/ 282

449

《东坡书传》/ 359
《东坡志林》/ 265
《冬心先生集》/ 324
《窦氏联珠集》/ 328
《独异志》/ 390
《读书敏求记》/ 22, 49, 50, 52, 53, 214, 215, 379
《杜工部集》/ 301, 360
《杜工部诗集注》/ 43
《短长》/ 31
《敦煌隋木刻加彩佛像》/ 253
《恩玄堂集》/ 151
《儿女英雄传》/ 151, 152
《尔雅郭璞音注》/ 282
《尔雅郭注》/ 279
《尔雅注》/ 278
《二十四史》/ 174, 298, 299, 305, 380, 406
《二十一史》/ 174, 286, 294
《贰臣传》/ 356
《反唐演义传》/ 153
《贩书偶记》/ 60, 210, 211
《贩书偶记续编》/ 210
《方言》/ 22
《坊刻本》/ 70
《风俗通》/ 6
《风月宝鉴》/ 151

《风月紫云庭》/ 279
《佛经版本》/ 70
《甫里闻见录》/ 346
《甫里逸诗》/ 346
《辅成王周公摄政》/ 279
《滏水集》/ 279
《滏水文集》/ 279
《附释音春秋左传注疏》/ 259
《附释音纂图重言重意互注毛诗》/ 383
《甘珠尔》/ 290, 303
《纲鉴百将策题汇纂广集》/ 301
《稿本》/ 70
《歌诗编》/ 328
《格致汇编》/ 412
《攻媿先生集》/ 258
《古夫于亭稿》/ 323
《古籍版本鉴定丛谈》/ 67, 132, 355
《古籍版本浅说》/ 66
《古籍版本学》/ 68, 69, 421, 423
《古籍版本学概论》/ 68
《古籍定级标准》/ 71, 200
《古籍宋元刊工姓名索引》/ 132
《古籍特藏破损定级标准》/ 71
《古籍元数据规范》/ 71
《古籍著录规则》/ 71

《古今合璧事类备要》/ 349
《古今说海》/ 332
《古今图书汇编》/ 152
《古今图书集成》/ 152,298,349,
　　350,406,408
《古今逸史》/ 163
《古今韵略》/ 333
《古今注》/ 327
《古书版本常谈》/ 66
《古书版本鉴定研究》/ 67
《古书版本学概论》/ 14,68,197,
　　198
《古书疑义举例》/ 157
《古文辞类纂》/ 301
《古文苑》/ 305
《古逸丛书》/ 300,327,394
《谷园印谱》/ 323
《故宫善本书影初编》/ 232
《故太师铭石记》/ 267
《乖崖先生文集》/ 257
《关大王单刀会》/ 279
《观弥勒菩萨上生兜率天经疏》/
　　270,271
《管子》/ 32,217
《广成子》/ 348
《广东俗语考》/ 310
《广韵》/ 124,256,278,279

《闺范》/ 358
《鬼谷子》/ 370
《癸辛杂识》/ 44
《国策》/ 31
《国朝名臣事略》/ 279
《国朝文类》/ 278
《国富论》/ 154
《国际形势年鉴》/ 310
《国家珍贵古籍名录》/ 71,246,
　　247
《国民财富的性质和原因的研究》
　　/ 153
《国事》/ 31
《国语》/ 305,327
《国语译汉全藏经》/ 304
《海昌丽则》/ 324
《海甸野史》/ 390
《函史》/ 344,350
《韩昌黎集》/ 327
《韩诗外传》/ 327
《寒云书影》/ 231
《汉官仪》/ 257
《汉书·艺文志》/ 32
《汉书》/ 32,35,47,82,123,257—
　　259,268,286,328
《汉书注》/ 327
《汉魏丛书》/ 163

451

《汉文古籍特藏品定级第1部分：古籍》/ 202
《汉语文古籍机读目录格式使用手册》/ 71
《河东先生集》/ 175, 258
《河防一览》/ 334
《鹖冠子》/ 344
《珩璜新论》/ 44, 223
《弘法藏》/ 280
《红拂记》/ 359
《红楼梦》/ 20, 65, 151, 173, 336, 346, 365, 387
《红楼梦散套》/ 336
《红楼梦书录》/ 20
《红星照耀中国》/ 154
《红雨楼书目》/ 48
《洪氏集验方》/ 327
《洪武南藏》/ 289
《后汉纪》/ 46
《后汉书·延笃传》/ 8
《后山居士诗集》/ 346
《后魏书》/ 256
《后周书》/ 256
《湖北官书局版刻图录》/ 239
《花间集》/ 327
《华阳国志》/ 162, 179, 321
《华夷译语》/ 272

《淮南子》/ 34
《幻影》/ 151
《皇明名臣经济录》/ 386, 391, 414
《皇清地理图》/ 334
《皇元风雅》/ 278
《黄帝内经·素问》/ 5
《黄帝内经》/ 137
《黄帝内经素问》/ 273
《黄楼集》/ 381
《挥麈录》/ 123
《徽州府志辨证》/ 347
《会通馆集九经韵览》/ 347
《会通馆印正文苑英华辨证》/ 349, 355
《会通馆印正文苑英华辨证》/ 334
《绘图列女传》/ 282
《绘图一笑缘》/ 152
《晦庵书话》/ 12, 72
《活字本》/ 70
《霍光鬼谏》/ 279
《鸡窗丛话》/ 275
《鸡肋集》/ 150
《稽古汇编》/ 390
《集古文韵》/ 258
《集千家注杜工部诗》/ 135

《集千家注分类杜工部诗》／278
《集韵》／4,256,371
《集注分类东坡先生诗》／273
《辑补古今合璧事类备要》／347
《记纂渊海》／381
《季沧苇书目》／324
《加特利根》／398
《家刻本》／70
《嘉兴藏》／289
《嘉业堂善本书影》／232
《假年录》／346
《稼轩长短句》／278,282
《监本纂图春秋经传集解》／383
《监本纂图重言重意互注点校毛诗》／382
《监本纂图重言重意互注点校尚书》／382,383
《监本纂图重言重意互注礼记》／383
《监本纂图重言重意互注论语》／383
《建康实录》／384
《建阳县志》／137
《江湖集》／258
《介子园画传四集》／301
《芥子园画传》／359
《金藏》／274

《金刚般若波罗蜜经》／253,255
《金华丛书》／164
《金陵十二钗》／151
《金陵琐志》／301
《金陵杂述》／406,407
《金瓶梅》／154,166,381
《金瓶梅词话》／156
《金史》／276,277
《金玉缘》／151,152
《津逮秘书》／163,287
《锦绣万花谷》／347,349,355
《晋书》／256,390
《京本点校附音重言重意互注礼记》／383
《京本附释音纂图互注重言重意周礼》／383
《京本纂图附音重言重意互注春秋经传集解》／383
《经典释文》／35
《经典释文考证》／304
《经籍跋文》／58,225
《经籍会通》／45,389
《经史证类大观本草》／278
《经学五书》／336
《经训堂丛书》／300
《经义考》／58,65
《经苑》／164

453

《荆钗记》／156
《旌德县志》／343
《精订纲鉴廿一史通俗衍义》／343
《靖海纪》／135,346
《静嘉堂宋本书影》／234
《镜花缘》／404
《九经》／44,255,256
《九经字样》／43,256
《九章算术》／256
《旧京书影》／234
《旧刊影谱》／234
《居易录》／333,380
《菊谱》／324
《钜宋广韵》／259
《卷盦书跋》／229
《郡斋读书志》／40,41,155,215,327
《开宝藏》／256,260
《刊正九经三传沿革例》／39,40
《康熙字典》／23,298,305,406,409
《考正字汇》／404
《孔子家语》／221,328
《快阁师石山房丛书》／300
《匡谬正俗》／256
《困学纪闻集证》／301

《困学纪闻三笺》／301
《捞针集》／72
《老学庵笔记》／44
《老子》／151,272
《老子考》／65
《乐律全书》／286
《离骚草木疏》／258
《黎氏易学》／347
《礼》／29,34
《礼记》／34,260,268,305
《礼记举要图》／383
《礼记增订旁训》／301
《礼记郑注》／327
《李太白贬夜郎》／279
《李太白诗集》／279
《李义山诗》／124
《李忠肃公集》／347
《李卓吾先生批评幽闺记》／288
《李卓吾先生批评忠义水浒传》／288
《历城县志》／137
《历代赋汇》／299
《历代君臣事迹》／152
《历代名医蒙求》／258
《历代史书大全》／344
《历代小史》／381
《笠泽丛书》／324

《廉石居藏书记》/ 58,181

《恋爱论》/ 312

《梁书》/ 35,256,260

《梁溪漫志》/ 44

《两汉书》/ 46

《辽史》/ 267,277

《辽太祖墓碑残石》/ 267

《辽兴宗及仁懿皇后哀册》/ 267

《聊斋志异》/ 365,367

《列子》/ 152

《临川先生文集》/ 257

《麟台故事》/ 386

《陵川集》/ 276

《刘知远诸宫调》/ 274

《留青日札》/ 295

《留真谱》/ 229—232

《琉璃厂书肆记》/ 367

《柳河东集》/ 327

《六经三传》/ 257

《六十种曲》/ 287

《龙龛手镜》/ 41

《鲁迅全集》/ 20,155,158

《鲁斋心法》/ 381

《陆子》/ 151

《吕氏春秋·慎行论·察传》/ 30

《吕氏春秋》/ 34

《吕氏家塾读诗记》/ 164,257

《邵亭知见传本书目》/ 60,207,208,378

《绿窗遗稿》/ 324

《绿云缘》/ 152

《栾城集》/ 344

《论衡·量知篇》/ 5

《论语·乡党》/ 4

《论语》/ 34,35,272,327

《论语集注大全》/ 351,352

《论语正义》/ 4

《论语注疏》/ 281

《萝轩变古笺谱》/ 359

《洛阳伽蓝记》/ 163

《洛阳伽蓝记集证》/ 163

《马氏文通刊误》/ 167

《漫塘刘先生文集》/ 344

《毛诗》/ 34,47

《毛诗国风绎》/ 347

《毛诗正义》/ 257

《眉山诗集》/ 346

《梅村诗集笺注》/ 336

《梅花喜神谱》/ 259

《扪烛脞存》/ 347

《蒙文大藏经》/ 303

《孟东野集》/ 359

《孟子》/ 272,327,358

《梦溪笔谈》/ 9,268,278,341,343

455

《密韵楼丛书》／328
《密韵楼景宋七种》／328
《妙法莲华经》／259，274
《名法指掌新例增订》／335
《明版戏曲小说留真谱》／234
《明本》／70
《明代版本图录初编》／234，237
《明代版刻图释》／236
《明代闵凌刻套印本图录》／238
《明代私家藏书概略》／363
《明季北略》／356
《明季南略》／356
《明刊本〈西厢记〉研究》／174
《明诗别裁集》／301，336
《明诗归》／301
《明史·礼志》／130
《明太学志载书籍板片名目》／286
《明堂考》／301
《墨法集要》／145
《墨海金壶》／164，223，300
《墨苑》／358
《墨庄漫录》／44
《墨子》／350
《木樨轩藏书题记及书录》／228
《目录学发微》／6
《牧鉴》／381

《南船纪》／324
《南丰曾子固先生集》／273
《南华真经》／152，256
《南疆绎史勘本》／342
《南京礼部编定印藏经号簿》／296
《南史》／277
《南宋群贤诗选》／324
《南无释迦牟尼佛》／358
《泥版试印初编》／342
《倪焕之》／185
《廿二史札记》／129
《农书》／344
《女神》／23，186
《女真馆来文》／272
《女真馆杂字》／272
《女真译语》／272
《女真字文书》／272
《欧阳文忠公集》／258，282
《藕香零拾》／300
《滂喜斋藏书记》／226，228
《佩文韵府》／404，406
《批校本》／70
《毗卢藏》／261
《琵琶记》／359
《平津馆丛书》／300，334
《平津馆鉴藏书籍记》／58

《平妖传》/ 152
《萍乡县志》/ 414
《萍洲可谈》/ 21,44
《普宁藏》/ 280
《曝书杂记》/ 58
《七经正义》/ 256
《七十家赋钞》/ 330
《七修类稿》/ 295
《栖霞长春子丘神仙磻溪集》/ 273
《齐民要术》/ 256
《齐书》/ 256,260
《契丹藏》/ 129,269—271
《契丹小字研究》/ 267
《碛砂藏》/ 280
《千金翼方》/ 339
《前后汉书》/ 256
《钱遵王读书敏求记校证》/ 214,215
《乾隆版大藏经》/ 302
《乾隆吴江县志》/ 391
《黔南类编》/ 344
《钦定国子监志》/ 286
《钦定诗经传说汇纂》/ 299
《钦定武英殿聚珍版程式》/ 345
《青山集》/ 328
《清波别志》/ 195

《清波杂志》/ 44
《清代版本图录》/ 237
《清代版刻图录·初编》/ 237
《清代版刻一隅》/ 236
《清代内府刻书图录》/ 237,361
《清代套印本图录》/ 239
《清刻本》/ 70
《情僧录》/ 151
《穷达以时》/ 4
《丘琼山先生大学衍义补赞英华》/ 136
《秋笳集》/ 320
《求古居宋本书目》/ 54,55
《虬髯客传》/ 359
《曲洧旧闻》/ 44,195,258
《臞仙神奇秘谱》/ 288
《全国古籍普查登记目录》/ 71
《全唐诗》/ 51,299,305,370
《劝善金科》/ 360
《劝修净土切要》/ 301
《劝学篇》/ 337
《群公小简》/ 381
《群经音辨》/ 258
《群书摘草》/ 381
《荛圃藏书题识》/ 54,57,61,176,182,216,217
《荛圃刻书题识》/ 54,216

《壬辰重改证吕太尉经进庄子全解》／273
《日本访书志》／61,176,226,230
《日本汉籍图录》／240
《日本派赴罗马之使命》／400
《日出》／23,186
《日下新书》／152
《日知录集释》／336
《容斋随笔》／347
《如来大藏经》／303
《儒林外史》／124,347
《儒学警悟》／328
《三分事略》／153
《三国演义》／65,74,154,159
《三国志》／47,256
《三经评注》／358
《三刻拍案惊奇》／151
《三事忠告》／381
《三遂平妖传》／152
《三通》／298,305,351
《三图诗》／360
《三吴采风志》／391
《三忠集》／381
《扫叶山房发行石印精本书籍目录》／404
《啬庵随笔》／347
《山海经》／282,295,327

《山堂考索》／137
《删订唐诗解》／333
《删定编敕敕书德音附令敕申明敕目录》／256
《善本书室藏书志》／57,61,219,220
《善本书所见录》／228
《善本书影》／234,236,413
《善本影谱》／234
《伤寒百证经络图》／278
《伤寒要旨》／257
《伤寒总病论》／327
《上海书林梦忆录》／196,213
《上生经疏科文》／270
《尚书古文疏证》／125,126
《尚书注疏》／273,276
《少室山房笔丛》／45,389
《少数民族古籍版本》／70
《少微通鉴节要》／296
《邵氏闻见后录》／44
《涉园所见宋版书影》／233
《涉园序跋集录》／164,227
《圣经》／400
《圣武记》／337
《圣谕广训》／298
《圣谕详解》／404
《省级珍贵古籍名录》／71

《诗》／29,34,35,268,370
《诗本音》／350
《诗地理考》／277
《诗集传》／257,266
《诗经集注》／309
《诗经质疑》／344
《诗考》／277
《施注苏诗》／339
《十七史》／174,276,277,287,294
《十七史详节》／296,389
《十三经注疏》／34,286,287,298,305,409
《十竹斋画谱》／359
《十竹斋笺谱》／193,359
《石鼓书院志》／381
《石湖居士集》／349
《石林燕语》／9,44,195
《石台孝经》／272,358
《石田诗选》／349
《石头记》／151
《实用科技文体大全》／310
《史记·滑稽列传》／5
《史记》／20,42,47,159,173,184,190,256—258,268,286,288,299,327,379
《史记集解索隐正义》／388,391
《史记正义》／328

《史外》／335
《士礼居藏书题跋记》／54,61,216,294
《士礼居丛书》／300
《世庙识余录》／344
《世说新语》／152,155,327
《事类赋》／257
《事语》／31
《适园丛书》／150,225
《释名》／152
《书》／29,34,35,268,272,370
《书林别话》／145
《书林清话·古今藏书家纪板本》／48
《书林清话》／5,63,258,266,278,283,326,381
《书林余话》／63
《书目答问》／20,21,60,61,209,304
《书目答问补正》／20,209,210,304
《书学会编》／381
《菽园杂记》／275,293
《塾言》／301
《蜀汉本末》／278
《述异记》／258,390
《双鉴楼善本书目》／64

459

《水东翟氏宗谱》/342
《水浒传》/65,154,156,167
《水经注》/65
《水陆攻守战略秘书》/350
《睡虎地秦墓竹简·秦律十八种》/4
《说郛》/223,296
《说呼全传》/301
《说铃》/324
《说文解字》/4,5,59,81,256,305,327
《说文解字系传》/333
《说文解字注》/4
《说苑》/332
《思适斋书跋》/58
《思溪藏》/262
《思玄集》/344
《四部丛刊》/64,210,250,383,406,408,409
《四家诗选》/381
《四库简明目录标注》/60,378
《四库全书》/206,363,364,372,374,381
《四库全书总目》/57,60,126,130,182,183,207,210,381,409
《四十二行圣经》/398
《四时纂要》/256

《四书》/266,404
《四书通》/279
《四书益智录》/301
《淞南志》/347
《宋本》/70,262
《宋朝道学名臣言行录》/134
《宋六十家词》/287
《宋鲁斋王文宪公遗集》/321
《宋人文集编刻流传丛考》/71
《宋史》/38,277
《宋史偶识》/381
《宋书》/256,260
《宋文鉴》/286,379
《宋元旧本书经眼录》/60,226
《宋元刊本刻工名表初稿》/131
《宋元书景》/231
《宋元书式》/231
《宋元书影》/231
《宋诸臣奏议》/347
《搜神秘览》/258
《素王记事》/381
《隋书·经籍志》/36
《遂初堂书目》/40—42,53,205,212
《孙子十家注》/334
《所见古书录》/54,56
《太平广记》/349

《太平御览》／6,256,350

《太玄经集注》／301

《太医张子和先生儒门事亲》／273

《泰和五音新改并类聚四声篇》／273

《汤子遗书》／323

《唐集叙录》／71,72

《唐律疏议》／279

《唐女郎鱼玄机诗集》／121,133

《唐诗正》／301

《唐世说新语》／152

《唐书》／47,256,257

《唐文粹》／286,379

《唐文鉴》／381

《唐音统签》／364,370

《陶靖节集》／359

《陶靖节诗》／323

《陶渊明集》／38,360

《天禄琳琅书目》／52,53,56,173,212,215,221,282,370,371

《天圣编敕》／256

《天许斋批点北宋三遂平妖传》／288

《铁琴铜剑楼藏书目录》／61,217,218

《铁琴铜剑楼书影》／231

《铁琴铜剑楼宋金元本书影》／231

《亭林诗文集》／295

《通典》／351,390

《通鉴答问》／277

《通鉴纲目》／398

《通鉴纪事本末》／258

《通易西游正旨》／159

《通志》／351

《通志堂经解》／300,389

《图书板本学要略》／66

《图书寮宋本书影》／234

《图书在版编目数据》／112

《土牛经》／256

《陀罗尼经咒》／135,254

《外国记者西北印象记》／154

《外台秘要方》／257

《晚笑堂竹庄画传》／334

《万历藏》／289

《万历续道藏》／290

《万历野获编》／333,365

《万灵药百科全书》／398

《万寿道藏》／261

《万寿衢歌乐章》／361

《王建诗集》／258

《王歧公宫词》／350

《王司马集》／323

461

《望溪先生全集》/ 333
《尉迟恭三夺槊》/ 279
《渭南文集》/ 347
《魏书》/ 260
《温飞卿诗集》/ 338
《文粹》/ 257
《文衡山文稿》/ 366
《文禄堂访书记》/ 228
《文禄堂书影》/ 233
《文体明辨》/ 344
《文献通考》/ 121, 278, 351
《文献著录总则》/ 15
《文选》/ 5, 255, 258, 259, 288, 334, 394
《文选笺证》/ 347
《文选李善注》/ 282
《文选注》/ 286, 327
《文学山房明刻集锦初编》/ 235
《文苑英华》/ 258
《文苑英华律赋选》/ 350
《文苑英华纂要》/ 347
《无闻和尚注金刚波罗蜜经》/ 358
《吴乘古迹补》/ 23
《吴都文粹续编》/ 366
《吴郡图经续记》/ 328
《吴氏拜经楼书目》/ 414

《吴中水利通志》/ 349
《五百家注柳先生文集》/ 175
《五曹算经》/ 256
《五代史记》/ 40, 278, 328
《五经》/ 9, 35, 268, 272, 341, 384
《五经备旨》/ 404
《五经文字》/ 256
《五经正义》/ 256
《五岭文集》/ 369
《午亭文编》/ 323
《武英殿聚珍版丛书》/ 298, 299, 305, 345
《婺源山水游记》/ 346
《雾》/ 312
《西庵集》/ 349
《西湖佳话》/ 360
《西京杂记》/ 327, 384
《西坡集》/ 351
《西厢记》/ 174, 359
《西行漫记》/ 154
《西游记》/ 154, 159
《西游记评注》/ 159
《西游原旨》/ 159
《西游真诠》/ 159
《西游证道书》/ 159
《郋园全书》/ 300
《夏小正》/ 159

《夏小正戴氏传》/ 159
《夏小正集解》/ 159
《夏小正笺》/ 159
《夏小正经传通释》/ 159
《夏小正考注》/ 159
《夏小正疏义》/ 159
《夏小正正义》/ 159
《夏小正注》/ 159
《仙屏书屋初集》/ 342
《先秦诸子文选》/ 309
《现代汉语词典》/ 10，11
《现代文坛短笺》/ 72
《襄阳耆旧传》/ 349
《萧闲老人明秀集注》/ 274
《萧孝忠墓志铭》/ 267
《小名录》/ 390
《小学考》/ 65
《小张屠焚儿救母》/ 279
《孝经》/ 327
《孝经学》/ 347
《孝经义疏》/ 327
《校邠庐逸笺》/ 404
《校补金石例四种》/ 342
《校雠广义·版本编》/ 68，69
《校勘学释例》/ 157，188
《校正刘向说苑》/ 332
《谢宣城集》/ 371

《新编红白蜘蛛小说》/ 283
《新编四六必用方舆胜览》/ 258
《新编诏诰章表机要》/ 273
《新雕初学记》/ 259
《新雕李燕阴阳三命》/ 273
《新雕石林先生尚书传》/ 259
《新雕云斋广录》/ 273
《新雕注疏珞琭子三命消息赋》/ 273
《新订徐文长先生批点音释北西厢》/ 175
《新定三礼图》/ 258
《新旧约圣经》/ 400
《新刊河间刘守真伤寒直格》/ 279
《新刊黄帝明堂针灸经》/ 278
《新刊全相平话》/ 284
《新刊王氏脉经》/ 123，279
《新刊校定集注杜诗》/ 257
《新刊韵略》/ 279
《新刊增广百家详补注唐柳先生文集》/ 175
《新刻校正古本大字音释三国志通俗演义》/ 288
《新刻绣像原本金瓶梅》/ 156
《新刻钟伯敬先生批评封神演义》/ 301

463

《新说西游记》/ 159
《新文学版本》/ 70
《新文学散札》/ 72
《新修絫音引证群籍玉篇》/ 273
《新增说文韵府群玉》/ 338
《性理抄》/ 381
《修书》/ 31
《修业堂集》/ 342
《绣刻演剧》/ 288
《虚受堂十种》/ 300
《徐霞客游记》/ 347, 369
《许王墓志》/ 267
《续幽怪录》/ 258
《续资治通鉴长编》/ 347
《宣和画谱》/ 181, 190
《玄都宝藏》/ 279, 280
《薛涛诗》/ 324
《学海类编》/ 300, 347
《学津讨源》/ 300
《雪》/ 22, 153
《雪岩吟草甲卷忘机集》/ 328
《荀子》/ 256, 392
《押韵释疑》/ 257
《雅雨堂丛书》/ 300
《盐铁论》/ 327
《颜鲁公文集》/ 349
《颜氏家训》/ 34, 39

《衍极》/ 182
《演讲·雄辩·谈话术》/ 312
《艳异编》/ 288
《晏子》/ 32
《燕台大悯忠寺新雕诸杂赞一策》/ 270
《燕闲清赏笺·论藏书》/ 47, 146
《燕香居诗稿》/ 347
《杨树达文集》/ 168
《杨太后宫词》/ 324
《洋相》/ 168, 312
《尧峰文钞》/ 323
《瑶光阁集》/ 347
《也侬诗草》/ 301
《冶城真寓存稿》/ 344
《野客丛谈》/ 295
《野叟曝言》/ 347
《叶太史参补古今大方诗经大全》/ 126
《医垒元戎》/ 381
《仪顾堂题跋》/ 61, 176, 221
《仪礼·聘礼》/ 4
《仪礼》/ 34, 35, 297, 327, 370
《仪礼疏》/ 327
《仪礼注疏详校》/ 304
《夷坚志》/ 44
《怡云阁浣纱记》/ 288

《宜春堂影宋巾箱本丛书》/ 328
《义门郑氏道山集》/ 346
《艺风藏书记》/ 61,221,222
《艺风藏书续记》/ 179,221
《艺文类聚》/ 348
《易》/ 21,29,34,35,268,272,370
《易经》/ 32
《逸雅》/ 152
《逸周书·大聚》/ 5
《意林》/ 296,348
《因明入正理论疏》/ 303
《音论》/ 350
《应县木塔辽代秘藏》/ 269
《英语》/ 311
《楹书隅录》/ 61,218,219
《雍庐书话》/ 72
《永乐北藏》/ 289
《永乐大典》/ 194,284,298,305,362,364,372,374
《永乐南藏》/ 289
《幽闺记》/ 151
《幽兰居士东京梦华录》/ 121
《余时书话》/ 72
《鱼玄机诗》/ 324
《俞氏易说》/ 389,391
《渔洋山人精华录》/ 323
《虞阳说苑》/ 390,391

《舆地广记》/ 327
《雨》/ 312
《玉海》/ 277
《玉海堂影宋元本丛书》/ 328
《玉函山房辑佚书》/ 151,300
《玉茗堂批点南北宋传》/ 288
《玉台新咏》/ 180,328,348,349
《玉堂杂记》/ 341
《御批通鉴纲目》/ 299
《御选唐宋诗醇》/ 361
《御选唐宋文醇》/ 361
《御制丹珠尔》/ 303
《御制耕织图诗》/ 360
《御制攻守卫图》/ 256
《御制律吕正义后编》/ 361
《御纂周易折中》/ 299
《豫章罗先生文集》/ 177
《渊鉴类函》/ 407
《元本》/ 70
《元丰类稿》/ 282
《元官藏》/ 280,281
《元氏长庆集》/ 348
《元文类》/ 286
《原富》/ 153
《云笈七签》/ 279
《云自在龛丛书》/ 300
《韵府群玉》/ 278

《造活字印书法》/ 344,350
《择是居丛书》/ 327
《增订四库简明目录标注》/ 205
《增广音注丁卯诗集》/ 282
《增节标目音注精义资治通鉴》/ 279
《增修附注资治通鉴节要续编》/ 387,391
《增注太平惠民和剂局方》/ 279
《战国策》/ 31,305,327,332
《张深之先生正北西厢秘本》/ 175
《张司业集》/ 43
《张太岳先生集》/ 332
《昭代箫韶》/ 360
《赵城金藏》/ 271,274
《赵子昂诗集》/ 279
《针灸四书》/ 278
《针灸资生经》/ 123,279
《珍稀古籍书影丛刊》/ 229,231—233
《正法眼藏五十三参》/ 152
《正统道藏》/ 290
《知不足斋丛书》/ 300
《直斋书录解题》/ 40,43
《治河总考》/ 381
《中都四子集》/ 381

《中国版本文化丛书》/ 70
《中国版刻图录》/ 235,237,408
《中国丛书综录》/ 70,211,212
《中国地方志联合目录》/ 70
《中国古代史籍校读法》/ 188,189
《中国古代书院发展史》/ 277
《中国古籍版本学》/ 68,69,381
《中国古籍稿抄校本图录》/ 238
《中国古籍善本书目》/ 70,71,198—200,212,236
《中国古籍总目》/ 70
《中国活字本图录·清代民国卷》/ 238
《中国善本书提要》/ 70,132,223,224
《中国书源流》/ 70
《中国通史简编》/ 21
《中国文法革新论丛》/ 170
《中国现代长篇小说名著版本校评》/ 72
《中国小说史略》/ 185
《中国印刷史》/ 351
《中华大藏经》/ 274
《中华古籍总目》/ 71
《中华图书馆协会丛书》/ 65,227
《中论疏》/ 302

《中州集》／279
《中州乐府》／279
《钟山札记》／304
《重编补添分门字苑撮要》／273
《重刻西汉通俗演义》／288
《重校鹤山先生大全文集》／349，387，391
《重校添注音辨唐柳先生文集》／175
《重校五伦传香囊记》／288
《重校正地理新书》／273
《重修政和经史证类备用本草》／279
《重整内阁大库残本书影》／233
《周贺诗集》／258
《周礼·天官·小宰》／4
《周礼》／34,273,297,370
《周礼纂训》／125,126
《周书》／260,297
《周易》／47,301
《周易程朱传义》／279
《周易上经》／394
《周易正义》／279
《周易注疏》／257
《籀经堂集》／347
《朱子语类》／301
《诸子品节》／332

《竹汀先生日记抄》／58
《注东坡先生诗》／257
《注陆宣公奏议》／279
《驻春园小史》／152
《著砚楼书跋》／228
《庄子》／152
《资福藏》／262
《资治通鉴》／21,257,327,365,366,380
《资治通鉴考异》／257
《子夜》／186
《自庄严堪善本书影》／239
《纂图附释音重言重意互注周易》／382
《纂图附释音重意重言互注尚书》／382
《纂图附音重言重意互注周礼郑注》／383
《纂图互注老子道德经》／383
《纂图互注礼记》／383
《纂图互注列子冲虚至德真经》／383
《纂图互注南华真经》／383
《纂图互注文中子》／383
《纂图互注荀子》／383
《纂图互注扬子法言》／383
《遵生八笺》／47,146

图片索引

图 1　甲骨文 / 79
图 2　金文 / 79
图 3　六国古文 / 3
图 4　石鼓文 / 81
图 5　小篆 / 81
图 6　隶书 / 82
图 7　草书 / 83
图 8　楷书 / 84
图 9　行书 / 84
图 10　简册的编连 / 96
图 11　帛书的形制 / 96
图 12　卷轴装 / 97
图 13　旋风装 / 98
图 14　龙鳞装 / 99
图 15　梵夹装 / 99
图 16　经折装 / 100
图 17　蝴蝶装 / 101
图 18　包背装 / 101
图 19　线装 / 101
图 20　活页装 / 104
图 21　古代印本书版式 / 105
图 22　鱼尾的样式 / 106
图 23　现代图书的版面安排 / 108
图 24　开本示意图 / 109
图 25　现代图书的装帧结构 / 111
图 26　明嘉靖三十八年（1559）书林杨氏归仁斋刻《大明一统志》/ 120
图 27　明万历二十八年（1600）福建刘龙田乔山堂刻本《新刻图注伤寒活人指掌》/ 121
图 28　明正德十一年至十四年（1516—1519）刘洪慎独斋刻十六年重修本《文献通考》/ 121
图 29　明弘治五年（1492）詹氏进德书堂刻本《大广益会玉篇》/ 122
图 30　宋绍熙间（1190—1194）眉山程舍人宅刻本《东都事略》/ 122
图 31　宋王叔边刻本《后汉书》/ 122

图 32　元至正十六年（1356）翠岩精舍刻本《广韵》／124

图 33　明正德六年（1511）杨氏清江书堂刻本《新增补相剪灯新话大全》／124

图 34　清乾隆十年（1745）朱续晫刻本《尚书古文疏证》／125

图 35　清康熙间李氏刻本《周礼纂训》／125

图 36　明万历二十九至三十五年（1601—1607）福建建阳崇化坊余氏刻本《叶太史参补古今大方诗经大全》／126

图 37　钤印满纸的宋刻本《唐女郎鱼玄机诗集》／133

图 38　明正德十六年（1521）朱承爵朱氏文房刻本／140

图 39　宋版书中常用的欧、颜、柳三家字体／141

图 40　元版书中常用的赵体字／141

图 41　北宋仁宗时（1023—1063）刻本《姓解》／256

图 42　宋咸淳间（1265—1274）廖氏世彩堂刻本《昌黎先生集》／259

图 43　南宋刘元起家塾刻本《汉书》／259

图 44　宋蜀刻大字本《礼记》／260

图 45　山西应县木塔中发现的辽代刻本《称赞大乘功德经》／269

图 46　金刻本《新修絫音引证群籍玉篇》／273

图 47　元刻本《尚书注疏》276

图 48　元至正五年（1345）江浙、江西行中书省刻本《金史》／276

图 49　元元统三年（1335）建安余氏勤有堂刻《国朝名臣事略》／279

图 50　元大德三年（1299）广信书院刻本《稼轩长短句》／282

图 51　元至元六年（1340）刘氏日新堂刻本《伯生诗续编》／283

图 52　明天顺五年（1461）内府刻本《大明一统志》／285

图 53　明崇祯十六年（1643）毛晋汲古阁刻本《明僧弘秀集》／287

图 54　明嘉靖十四年（1535）吴郡苏献可通津草堂刻本《论衡》／292

图55　明崇祯九年（1636）刻本《古今考》／293

图56　清康熙五十九年（1720）刻本《西江志》／306

图57　清雍正刻本《观妙斋藏金石文考略》／306

图58　清乾隆七年（1742）怡府明善堂刻本《集千家注杜工部诗集》／323

图59　清道光二十四年（1844）安徽泾县翟金生泥活字本《泥版试印初编》／342

图60　清乾隆四十一年（1776）武英殿木活字印本《钦定武英殿聚珍版程式》／345

图61　清乾隆五十七年（1792）萃文书屋木活字印本《红楼梦》／346

图62　明正德十年（1515）锡山华坚兰雪堂铜活字印本《蔡中郎集》／348

图63　清代雍正四年至六年（1726—1728）内府铜活字本《古今图书集成》／349

图64　北京大学图书馆藏瓠活字《论语集注大全》／352

图65　明万历四十八年（1620）闵于忱松筠馆刻套印本《孙子参同》／359

图66　宋理宗时（1225—1264）馆阁写本／362

图67　元人写本／362

图68　明长洲吴氏丛书堂抄本《嵇康集》／364

图69　1944年福建陈氏阁楼写样待刻本《容台文集》／366

图70　李斯《峄山刻石》拓本／376

图71　清咸丰十一年（1861）上海墨海书馆铅印本《大美联邦志略》／401

图72　清光绪间石印本《海上花列传》／405

图73　清光绪五年（1879）点石斋印书局影印本《金陵杂述》／407

后 记

此书名为《中国图书版本学》(新一版),但实际上已经是该书的第四个版本了。

最初的版本是1991年的打字油印本,书名为《图书版本学纲要》。当时我在北京大学图书馆学情报学系(即现在的信息管理系)任教,讲授《图书馆古籍编目》课程,因深感该课所讲的版本学知识远远不能满足学生实际的需要,所以发愿开设《版本学》课程。那时我只有20多岁,系领导担心以我当时的学识能否将该课讲好,但在我以自己从1985年即开始在北大图书馆从事古籍编目实践的事实和本人关于版本学特出的构想据理力争之后,终于批准我开设此课。于是1989年秋,我第一次给本系87级图书馆学专业本科生讲授《版本学》课程,并于1991年7月油印出版了10多万字的《图书版本学纲要》,装订为16开厚厚的一册,看上去还蛮像个样子。

因为《版本学》课程教学效果不错,系里于是将此课扩大为全校性选修课,同时还将其列为函授生的学习课程。我也争取到北京市社会科学理论著作出版基金的支持,确定由北京大学出版社正式出版《版本学》一书,北大中文系的孙钦善教授和本系的白化文教授为此书写了推荐意见。1993年,恰值我而立之年,我的《版本学》正式出版了。

《版本学》分为九章，除第一章"版本与版本学"为5个字外，其他八章都是4个字，即：版本学史、版本分析、版本类型、版本评价、版本鉴定、版本源流、版本对勘、版本目录，看上去非常整齐。我在此书的写作中，努力尝试搭建版本学完整的学科体系，对于涉及的相关名词术语都尽可能从定义学的角度给予规范的定义。现在看来，这些仍然是这一版的优长。但作为可能是北大出版社出版的最后一部铅印本图书，这本书的印刷、用纸和装帧质量都很难令人满意。

　　2004年，北大出版社决定再版此书。但此书先前没有电子版，为了让我节省录入的功夫，他们先将此书进行 OCR 文字识别，然后将识别后的文本交给我，让我在其基础上修改增补。由于 OCR 的错误实在太多，改不胜改；我对其错误的规律也没有掌握，比如"人""入"不分，"从""丛"不分，"日""曰"不分，所以尽管改正了 OCR 文字识别文本的大量错误，但仍然有许多误字没有发现，令人汗颜。

　　2004年的这一版书名改为《中国图书版本学》，这是因为考虑到该书的版本学研究是针对中国图书而言的，没有涉及国外的图书版本，为了名副其实而改为此名。这一版扩充了原来"出版类型"一章的内容，增加为三章的篇幅，即第八章"中国历代图书版本及其鉴别"、第九章"中国古代的主要版本类型及其鉴别"、第十章"近现代图书主要版本类型及其鉴别"，使相关内容稍微充实了一些，但也损失了第一版《版本学》章节标题的整齐性。

　　2018年，我作为天津市领军人才被引进到天津师范大学，创建了古籍保护研究院，重新开始讲授《古籍鉴定与编目》和《古籍版本学》课程。学生们需要版本学的教材，但近年来版本学的论

后 记

著编纂出版很少,于是很自然地想到将自己过去的这本《中国图书版本学》进行修改再版;我还想将包括我这本书在内的天津师大古籍保护研究院老师的相关著作,编为一套《古籍保护丛书》进行出版。我的想法得到广西师范大学出版社各位领导的积极肯定,他们欣然表示愿意由该社出版这套丛书,而《中国图书版本学》将作为这套丛书的第一部首先面世。

虽然换了出版社,但我无意让我的这本书割断与过去的关系,所以依然沿用《中国图书版本学》的书名,将之作为"新一版"出版。

《中国图书版本学》(新一版)沿袭了之前版本的主体内容,但改为分上、下两编。上编继承了第一版《版本学》章节名整齐的特点,重在构建版本学的学科框架;下编沿用了第二版《中国图书版本学》第八、九、十最后三章的基本内容,但做了必要的修改和补充。这一版尽力纠正了以往版本的文字错误,添加了诸如覆刻本、锡活字本等最新研究成果,对一些章节如第一章、第八章第四节的内容做了较大的调整。总体来看,新一版发扬了以往版本的优点,改正了过去的缺点,版本质量有了提升。

为了突出该书的理论价值,同时也为了降低售价,让更多的读者买得起这本书,新一版没有安排彩页。这也是考虑到一部版本学著作不可能容纳足够的古籍彩色书影图像,而现在各种古籍书影图录已经编纂出版了很多,网上的古籍书影资源也日渐丰富,读者可以通过各种途径看到古籍的书影图像。希望读者能够理解作者的苦心,在此书的基础上继续深入学习,不断加深对版本学的认识。

感谢广西师范大学出版社的汤文辉总编辑、总编室肖爱景主任和该社文献分社鲁朝阳社长等诸位同仁,他们鼎力支持古籍保护事业,无条件地慨然应允为我和天津师范大学古籍保护研究院的老师们出版古籍保护学术著作,其眼光和魄力令人感佩!感谢该社负责审校本书的编辑们,他们为保证此书的质量付出了艰辛的努力。最后还要感谢天津师范大学古籍保护研究院2018级、2019级、2020级三届硕士研究生,在为他们讲授《古籍版本学》课程的同时,同学们也对此书的修改完善提出了许多宝贵的意见,使我充分感知了教学相长的深刻道理。

老实地说,虽然经历了这些年,但这部新版的《中国图书版本学》仍然存在着许多令我遗憾和忐忑的地方。学海无涯,越往前走,就越觉得版本学的水深,越觉得自己见识的有限,对于版本学的理解仍是管窥蠡测,希望各方学者有以教我,本人当不胜感激!

在本书之后,《古籍保护丛书》中的其他各书也将在5年内陆续出版,我希望本书的出版是这套丛书的一个良好开端,也坚信我们所做的是一件有利于中华优秀传统文化传承发展的重要工作。

姚伯岳
于学岱斋
2021年10月1日